2019年
中国水稻产业发展报告

中国水稻研究所　国家水稻产业技术研发中心　编

中国农业科学技术出版社

图书在版编目（CIP）数据

2019年中国水稻产业发展报告 / 中国水稻研究所，国家水稻产业技术研发中心编．—北京：中国农业科学技术出版社，2019.11
ISBN 978－7－5116－4521－0

Ⅰ．①2…　Ⅱ．①中…②国…　Ⅲ．①水稻-产业发展-研究报告-中国-2019
Ⅳ．①F326.11

中国版本图书馆CIP数据核字（2019）第261382号

责任编辑　崔改泵
责任校对　李向荣

出 版 者　中国农业科学技术出版社
北京市中关村南大街12号　邮编：100081
电　　话　（010）82109194（编辑室）　（010）82109704（发行部）
（010）82109709（读者服务部）
传　　真　（010）82106650
网　　址　http://www.castp.cn
经 销 者　各地新华书店
印 刷 者　北京富泰印刷有限责任公司
开　　本　787mm×1 092mm　1/16
印　　张　16.5
字　　数　386千字
版　　次　2019年11月第1版　2019年11月第1次印刷
定　　价　65.00元

《2019年中国水稻产业发展报告》
编委会

主　编　程式华

副主编　方福平

主要编写人员（以姓氏笔画为序）

于永红　万品俊　王　玲　王　春
王彩红　方福平　冯金飞　冯　跃
庄杰云　朱智伟　江　帆　纪　龙
杨仕华　李凤博　陈　超　陈正行
陈中督　周锡跃　庞乾林　张振华
胡慧英　邵雅芳　钱　前　徐春春
章秀福　黄世文　曹珍珍　程式华
傅　强　鲁　英　褚　光　魏兴华

前　　言

2018年，中国和世界水稻产销两旺。中国水稻种植面积45 283.5万亩，比2017年减少837.3万亩；亩产468.5kg，提高7.4kg，创历史新高；总产21 213.0万t，减产54.6万t。2018年，国家稻谷最低收购价继续下调，早籼稻、中晚籼稻和粳稻每50kg分别下调10元、10元和20元，幅度较大；国内稻谷库存充裕，主产区早籼稻、中晚籼稻和粳稻收购量分别为778.7万t、2 936万t和3 402万t，同比分别减少121.6万t、45万t和419万t；投放最低收购价稻谷9 848.4万t，实际成交857.5万t，同比减少11.4%，成交率仅8.7%；国内稻谷去库存加速，大米进出口两旺，全年进口大米307.7万t，减少94.9万t，出口208.9万t，增加89.2万t，创近15年来新高；国内稻米市场价格小幅下滑，2018年12月早籼稻、晚籼稻和粳稻的月平均收购价格分别为每50kg122.76元、131.29元和148.97元，分别比2017年同期下跌6.9%、4.4%和0.4%。

2018年，世界稻谷产量7.33亿t，比2017年增产1 000多万t，增幅1.3%，再创历史新高。主要原因是亚洲水稻主产国印度、巴基斯坦、泰国、越南等国家水稻生长期间气候条件较好，单产继续提高；部分拉丁美洲和加勒比生产国家水稻生产形势也较好，马达加斯加受强降雨影响产量下降。2018年，世界大米贸易量4 685万t，略减27万t；国际大米市场价格震荡下行，全年大米平均价格为每吨411.6美元，比2017年上涨8.4%。

2018年，水稻基础研究取得令人瞩目的进展。国内外科学家以水稻为研究对象，在*Nature*及其子刊、*Science*、*PNAS*等国际顶尖学术期刊上发表了一批水稻基础研究论文。在*Nature*及其子刊，如中国农业科学院作物科学研究所黎志康研究员团队联合IRRI等16家单位共同完成了3 000份亚洲栽培稻基因组研究，揭示了亚洲栽培稻的起源和群体基因组变异结构，剖析了水稻核心种质资源的基因组遗传多样性（*Nature*）；中国科学院遗传与发育生物学研究所傅向东研究员团队开展了转录因子GRF4在水稻生长与氮代谢协同调控中的作用机制研究（*Nature*）；日本名古屋大学Motoyuki Ashikari教授团队和美国康奈尔大学Susan R. McCouch教授团队合作的关于“绿色革命”基因*SD1*调控深水稻适应深水环境的分子机制研究（*Nature*）；美国哈佛大学

David R. Liu教授研究团队开发出新的Cas9变体——xCas9可以在哺乳动物细胞中识别NG、GAA以及GAT三种PAM序列，有效拓展了基因组编辑的范围（*Nature*）；美国加州大学戴维斯分校Venkatesan Sundaresan教授团队研究发现，雄配子携带进入雌配子的BABY BOOM1（BBM1）转录因子是受精后启动胚发育的关键，水稻品系能够在不经过减数分裂，并使卵细胞直接发育成胚进而完成无融合生殖过程（*Nature*）；中国水稻研究所王克剑研究员团队利用基因编辑技术在杂交水稻中同时敲除了4个生殖相关基因，建立了无融合生殖体系，得到了杂交稻的克隆种子，实现了杂交稻的杂合基因型固定（*Nature Biotechnology*）；上海师范大学与中国科学院上海生命科学研究院植物生理生态研究所、中国水稻研究所等单位合作，选取66个来自不同水稻类群的栽培稻品种和野生稻株系进行深度测序、序列组装和基因注释分析，获得了水稻各类群材料的精细基因组图谱，鉴定出了水稻基因组中各类复杂的遗传变异，发现很多功能基因存在有多种等位基因类型（*Nature Genetics*）；武汉大学何光存教授团队克隆了抗稻飞虱主效基因*Bph6*，该基因为显性基因，而且在提高水稻抗性的同时，对稻谷产量并无不良影响，所以其在水稻抗褐飞虱杂交稻育种中具有重要应用价值（*Nature Genetics*）；中国科学院遗传与发育生物学研究所高彩霞研究员团队利用nCas9融合人类胞嘧啶脱氨酶APOBEC3A（A3A）和尿嘧啶糖基化酶（UGI），构成新的单碱基编辑系统A3A-PBE，成功在小麦、水稻及马铃薯中实现比原先BE3更加高效的C-T单碱基编辑（*Nature Biotechnology*）；扬州大学刘巧泉教授团队解析了水稻粒形控制基因*GS9*，揭示出该基因通过与*OFP*蛋白家族成员*OFP*8和*OFP*14，形成转录复合体调控水稻粒形的分子机制（Nature Communications）。中国科学院遗传与发育生物学研究所储成才研究员团队克隆了控制水稻低温适应性的转录因子*bZIP73*，揭示了该基因通过与转录因子bZIP71互作，调节脱落酸和活性氧水平，赋予粳稻低温适应性的分子机制（*Nature Communications*）。先正达公司研发团队证明MATL在水稻中的功能与玉米中相同，通过敲除*MATL*基因就可以获得水稻单倍体诱导系，推动了水稻单倍体育种技术的发展（*Nature Plants*）；韩国首尔国立大学Jin-Soo Kim教授研究团队通过利用Cas9变体（nCas9－D10A）融合4个工程化TadA蛋白（ABE 6.3、7.8、7.9和7.10），建立并优化出高效、精确的植物ABE单碱基编辑系统（*Nature Plants*）；中国科学院上海生命科学研究院植物生理生态研究所龚继明研究员团队与中国水稻研究所钱前研究员团队合作，克隆了特异调控镉在水稻叶片中积累的主效QTL基因*CAL1*，可用于培育秸秆镉高积累而籽粒镉含量不超标的“修复型”水稻品种（*Nature Communications*）。

Science 报道，美国哈佛大学和奥地利维也纳大学与考古学家合作，对东南亚古代人类骨架进行基因取样和测序的研究，证实了是由中国迁入的农民将水稻引入了包括越南在内的东南亚地区；中国农业科学院作物科学研究所、南京农业大学万建民院士团队开展了“自私基因系统”控制水稻杂种不育的研究；四川农业大学陈学伟教授团队联合中国科学院遗传与发育生物学研究所李家洋院士团队等揭示了IPA1在水稻产量与抗病协同调控中的新机制，打破了单个基因不可能同时实现增产和抗病的传统观点，为高产高抗育种提供了重要理论基础和实际应用新途径；英国埃克塞特大学 Nicholas J. Talbot 教授团队研究发现真菌丝裂原活化蛋白 MAP 激酶 Pmk1 的化学抑制会阻止稻瘟病菌侵染邻近的植物细胞，从而将真菌困在单个植物细胞中，解析了稻瘟病菌在水稻叶片中的扩散谜团；日本东京大学 Osamu Nureki 教授团队与美国博德研究所张锋教授团队等合作，通过改造 spCas9 的序列获得了 PAM 序列为 NG 的 spCas9 变体（spCas9－NG），可以切割 PAM 为 TGA、TGT 及 TGC 的靶位点，扩大了靶位点候选范围。

PNAS 报道，浙江大学张传溪教授团队通过多组学联合分析鉴定了褐飞虱表达蛋白基因，其中 CPAPn 为首次发现的基因家族，利用 RNA 干扰揭示32个表皮蛋白对褐飞虱的正常发育或产卵，而其他表皮蛋白的功能具有冗余性和互补性；中国科学院上海植物逆境生物学研究中心 Yoji Kawano 研究团队揭示了水稻鸟苷酸交换因子 OsSPK1 受抗性蛋白 Pit 的调控从而直接激活下游小 G 蛋白 OsRac1，实现正调控水稻免疫的机制；四川农业大学陈学伟教授团队克隆了对稻瘟病和白叶枯病均具有广谱抗性的隐性基因 *bsr-k1*，为水稻广谱抗病育种提供了新基因和新策略。

2018年，水稻应用研究方面同样取得显著进展。在水稻栽培、植保、加工等应用技术研究方面，水稻科技工作在水稻同化物转运对籽粒灌浆的调控与机制、水稻绿色高产高效栽培理论、新型植物激素对水稻生长发育的调控机理等方面取得较好进展，侧深施肥、肥料运筹、新型肥料选用、干湿交替灌溉、防灾减灾等研究不断推进，水稻精量穴直播技术、机收再生稻丰产高效栽培技术、水稻钵苗新型宽窄行机插技术、水稻精量穴播大钵机插技术等稻作新技术、新体系推广应用；病虫害发生规律与预测预报技术、化学防治替代技术、化学防治技术、水稻与病虫害互作关系、水稻重要病虫害的抗药性及机理、水稻病虫害分子生物学等方面均取得显著进展，以金龟子绿僵菌、芽孢杆菌等为主要代表的绿色生物农药、以“激健”为代表的农药多功能增效助剂，以种植香根草、螟虫性诱技术、释放赤眼蜂和低毒化学农药相结合的生态工程控虫技术，以植保无人机为代表的高效施药技术等综合措施在水稻病虫害防控方面得到了广泛应用；水稻重金属积累的遗传调控研究、水稻重金属胁迫耐受机理研究、水稻重金属污染控制技术研究、稻米中重金属污染状况及风险评价以及稻米农药残留研究，以及稻米清理、分级、精碾、调质、色选和储藏等稻米产后加工研究水平也不断提高。

2018 年，通过省级以上审定的水稻品种 998 个，比 2017 年增加 226 个，增幅达到 29.3%，其中国家审定品种 268 个，增加 90 个；地方审定品种 730 个，增加 136 个；科研单位为第一完成单位的育成品种占 34.4%，下降 2.3 个百分点；种业公司育成的品种占 65.6%，种业公司育成品种比重继续增加。确认隆两优 1988、深两优 136 等 10 个品种（组合）为 2018 年超级稻品种，取消因推广面积未达到要求的Ⅱ优航 1 号、特优航 1 号等 9 个品种（组合）的超级稻冠名。全国杂交水稻和常规水稻制种面积 340 万亩，杂交稻制种面积增长 1.2%，常规稻减少 12.8%。全年水稻种子出口量增长 24.5%，出口金额增长 26.6%。

2018 年，我国水稻病虫害总体上为中等程度发生，据全国农业技术推广服务中心统计，水稻病虫害累计发生 7 200万公顷次，其中病害 2 300万公顷次，虫害 4 900万公顷次，分别比 2017 年减少 10%、5%和 12%，是近年来少有的发生较轻的年份。根据农业农村部稻米及制品质量监督检验测试中心分析统计，2014 年以来我国稻米品质达标率持续回升，2018 年检测样品达标率达到 43.6%，比 2017 年上升了 6.5 个百分点。其中，籼稻达标率为 43.3%，上升 8.2 个百分点；粳稻达标率为 45.3%，上升 1.0 个百分点；垩白度、直链淀粉含量、整精米率和碱消值的达标率分别比 2017 年上升 2.1、3.4、7.1 和 2.8 个百分点。

本年度报告的前 5 章，继续由中国水稻研究所种质保存与评价、基因定位与分子育种、稻作营养、转基因生态、基因资源挖掘研究室组织撰写，第六章和第十章均由农业农村部稻米及制品质量监督检验测试中心组织撰写，第七章由江南大学食品学院组织撰写，第九章由中国种子集团战略规划部组织撰写，其余章节在中粮集团大米部、全国农业技术推广服务中心粮食作物处等单位的热心支持下，由稻作发展研究室完成撰写。此外，报告还引用了大量不同领域学者和专家的观点，我们在此表示衷心感谢！

囿于编者水平，疏漏及不足之处在所难免，敬请广大读者和专家批评指正。

编　者

2019 年 6 月

目　　录

上篇　2018年中国水稻科技进展动态

下篇　2018年中国水稻生产、质量与贸易发展动态

上篇

2018 年
中国水稻科技进展动态

第一章　水稻品种资源研究动态

2018年，国内外科学家在水稻起源与驯化研究上取得较好进展。4月25日，*Nature* 杂志以长文刊发了由中国农业科学院作物科学研究所牵头，联合国际水稻研究所、上海交通大学、美国亚利桑那大学等16家单位共同完成的“3 000份亚洲栽培稻基因组研究”，该研究针对水稻起源、分类和驯化规律进行了深入探讨，揭示了亚洲栽培稻的起源和群体基因组变异结构，剖析了水稻核心种质资源的基因组遗传多样性（Wang W et al.，2018）。5月17日，*Science* 杂志刊发了由美国哈佛大学和奥地利维也纳大学与考古学家合作，对东南亚古代人类骨架进行基因取样和测序的研究，证实了是由中国迁入的农民将水稻引入了包括越南在内的东南亚地区（Lizzie，2018）。此外，国内外科学家在籼粳亚种不育、株型驯化等分子机制研究上也取得显著进展。

第一节　国内水稻品种资源研究进展

一、栽培稻的起源与驯化

4月25日，*Nature* 杂志长文刊发了由中国科学家主导完成的“3 000份水稻基因组计划”研究成果。中国农业科学院作物科学研究所黎志康团队联合国际水稻研究所、上海交通大学、华大基因、深圳农业基因组研究所、安徽农业大学等16家研究机构，对来自全球89个国家的代表了78万份核心种质约95%遗传多样性的3 010份水稻进行了重测序和大数据分析，共检测到32M的高质量SNPs和Indels。首次揭示了亚洲栽培稻品种中存在的大量微细（>100bp）结构变异（Structure Varieties，包括易位、缺失、倒位和重复）；构建了亚洲栽培稻的泛基因组；通过对大量重要进化相关基因的单倍型和泛基因组分析发现，籼稻携带的很多基因不存在于粳稻中，粳稻的很多基因也不存在于籼稻中。此外，不同地理来源的水稻农家品种群体都带有特异的基因家族，据此提出了籼、粳亚种的独立多起源假说；建立了基于水稻基因组信息的数据库和应用平台，推进传统“经验育种”向现代“精准育种”的跃升。

植物株型是决定作物产量的关键农艺性状，是禾谷类作物驯化的主要目标。从匍匐分蘖的非洲巴蒂野生稻（*Oryza barthii*）到直立分蘖的非洲栽培稻（*Oryza glaberrima*）的株型转变是非洲水稻驯化过程中的关键步骤。Hu M 等（2018）发现7号染色体上的一种锌指转录因子基因 *PROG7*（PROSTRATE GROWTH 7）为非洲野生稻匍匐生长所必需。*prog7* 启动子区的突变降低了茎基中的基因表达水平，从而使得非洲栽培稻直立生长。在 *prog7* 基因附近60kb基因组区域检测到一个较强信号，暗示该区域为驯化过程中的强正向选择区。*PROG7* 基因的鉴定为作物株型建成的分子基础提供了新的见解，并有助于探究非洲水稻驯化的历史。

1 月 16 日，*Nature Genetics* 杂志在线发表了上海师范大学与中国科学院上海植物生理生态研究所、中国水稻研究所等单位合作的题为“Pan-genome analysis highlights the extent of genomic variation in cultivated and wild rice”的研究论文。该研究选取了 66 个来自不同水稻类群的栽培稻品种和野生稻株系，对它们进行深度测序、序列组装和基因注释分析，获得了水稻各类群材料的精细基因组图谱，鉴定出了水稻基因组中各类复杂的遗传变异，发现很多功能基因存在有多种等位基因类型。此外，该研究系统鉴定到栽培稻和普通野生稻中几乎饱和的编码基因集及其在不同品种中的“存在-缺失”变异；该研究成果将有助于精确发掘复杂农艺性状的关键变异位点，有力推动水稻的进化和功能基因组学研究；此外，该研究将有助于育种家充分利用各类群水稻中丰富的遗传变异，为进一步提升我国水稻产量潜力、抗逆特点等提供了重要的基础信息（Zhao et al.，2018）。

我国水稻栽培已有7 000多年的历史，大约距今 1 万年前后，居住在我国长江中下游、珠江流域一带的先民就完成了野生稻驯化为栽培稻的实践，逐步开发了水稻栽培和稻米主食。水稻土是中国重要的土地资源，也是面积最大、分布最广的耕地土壤类型。关于水稻是何时、何地、在什么环境下开始驯化等问题一直是学术界关注的热点。得益于分析技术的进步，近年来考古学和遗传学研究在水稻驯化起源问题上取得了重要进展。宋志平等（2018）简要综述了长江流域水稻驯化起源的遗传学和考古学的研究进展，并讨论了水稻驯化与稻作文化及长江文明的关系。遗传学研究结果认为，水稻（粳稻）最早起源于中国长江流域及以南地区（珠江流域），考古学证据则表明水稻最先于10 000～8 000BP 在中国长江流域被驯化。

二、遗传多样性与资源评价

张晓丽等（2018）用 72 对 SSR 引物对 316 份东南亚水稻种质资源进行遗传多样性和遗传结构分析。结果表明，共检测到 387 个等位基因，平均每对引物检测到 5.4 个。*Nei's* 多样性指数（*He*）变化幅度为 0.055～0.855。*He* 以菲律宾的种质资源最为丰富（*He*＝0.619）。聚类分析显示可分为籼稻和粳稻两大群体；AMOVA 分析表明，遗传变异主要来源于不同地理类群间，且遗传分化极显著。遗传结构结果显示 K＝2 时，有明显的遗传结构。东南亚引进水稻种质资源丰富的遗传多样性和明显的遗传结构能够为后期水稻育种的亲本选择提供依据。

潘英华等（2018）利用覆盖水稻 12 条染色体的 64 个分子标记，对广西境内已发现的 283 个野生稻自然居群按居群取样原则采集4 173份代表性样本进行遗传结构分析并构建核心种质，结果共检测出1 180个等位变异，Shannon 指数为1.736 7，*Nei's* 多样性指数为0.718 2，表明广西普通野生稻资源遗传多样性十分丰富。同时，基于广西普通野生稻群体结构，构建了包含351份种质的广西普通野生稻核心种质，占原样本数的8.41%。

提高稻米中的硒含量、增加人们膳食中的硒摄入量是我国居民的重要补硒途径之一。为发掘高富硒水稻种质资源，张标金等（2018）收集了80个水稻品种，在江西省丰城市天然富硒土壤进行种植，并对其糙米硒含量进行评价。结果表明，水稻糙米硒含量范围为0.024 9～0.142 6mg/kg，基因型差异明显，其中‘IR19735’‘黑帅’‘乌严粳’‘黑占96’和‘豫南黑籼糯’等的糙米硒含量较高，可作为高富硒水稻种质资源应用于富硒水稻新品种的选育。

疣粒野生稻（*O. meyeriana*）是中国3种野生稻资源之一，为进一步了解其稻瘟病抗性，王韵茜等（2018）利用来自不同稻作区的稻瘟病菌株，对疣粒野生稻进行系统的稻瘟病抗性鉴定，发现疣粒野生稻对接种的所有稻瘟病菌株都感病；进一步采用3′RACE和5′RACE方法，从疣粒野生稻中克隆了水稻同源基因*Pid2*和*Pid3*，并构建过表达转基因株系对基因功能进行研究。结果表明，*Pid2*和*Pid3*与疣粒野生稻中同源基因间在DNA和氨基酸水平上有较大的序列差异，过表达转基因的日本晴植株对稻瘟病菌的敏感性与对照相似。推测疣粒野生稻在自然接种条件下，表现出的抗稻瘟病表型很可能是其旱生叶片结构特征形成了对稻瘟病菌侵染的天然屏障。研究结果为疣粒野生稻的研究利用提供了新信息和新思路。

金建楚等（2018）通过对湖南农户自留种原地保存（简称农户保存）与异地低温保存在湖南种质库（简称种质库保存）的92份同（近）名水稻材料间的表现型及基因型进行分析，结果表明，供试同（近）名材料间，及农户保存与种质库保存的同（近）名材料间在表现型性状上都有极显著差异。通过SSR标记基因型比较分析，发现除E组外，其他组都是农户保存的等位基因变异数小于种质库保存的等位基因变异数，说明农户保存的材料在年复一年的种植、收种过程中经历了自然选择和人工选择留种，进行了加代纯化。除C、E组外，在同（近）名组内SSR标记遗传相似系数显示，农户保存的材料间＞种质库保存的材料间＞农户保存材料与种质库保存材料，表明农户自留种保存的同（近）名水稻资源值得收集评价。

为研究高光合速率水稻品种（系）顶部3片叶片的叶倾角特征，孔许等（2018）筛选出群体光合速率高、叶片分布理想的65个常规粳稻种质材料，在大田试验条件下，研究了不同基因型水稻品种（系）灌浆期群体光合速率及剑叶、顶二叶和顶三叶叶倾角的差异。结果表明，65个常规粳稻品种（系）灌浆期群体光合速率可分为7大类群。通过对65个常规粳稻品种的群体光合速率及其剑叶、顶二叶与顶三叶叶倾角分布形态指标的鉴定分析筛选出第Ⅳ类群品种（系）香宝3号、R8018和838-1，第Ⅵ类群品种（系）早丰9号、金世纪和泗稻9号为株型合理和高群体光合速率品种。

王显宗等（2018）利用黑龙江省226份水稻种质资源进行苗期耐立枯病鉴定，以轮枝镰刀菌为供试菌株，采用人工接种，筛选得到不同表现值的抗源材料。鉴定结果表明：高抗品种12份，分别为龙粳20号、东农429、富士光、龙稻5号、龙粳27号、垦稻18、黑粳2号、龙粳21号、朴洪根稻、石狩白毛、垦稻9和垦稻11，占资源总数的5.31%；中抗品种29份，占总数的12.83%；中感品种63份，占总数的27.88%。该研究为培育抗立枯病水稻品种提供了理论依据。

部丽群等（2018）利用32个表型性状对105份新疆水稻种质资源和253份国内其他地区以及国外水稻种质资源进行表型性状遗传多样性、主成分和聚类分析。结果表明，水稻种质资源数量性状的平均变异系数为16.73%，新疆水稻种质资源数量性状的平均遗传多样性指数为1.95，质量性状为0.51；国内其他地区、国外水稻种质资源数量性状的平均遗传多样性指数为2.02，质量性状为0.40。利用UPGMA法，将参试材料划分为5类，新疆材料主要分在第Ⅰ和第Ⅳ类群；研究表明，新疆水稻种质资源和国内其他地区以及国外水稻种质资源之间存在一定的遗传差异，在育种工作中可挖掘不同地区资源的有利基因，增加遗传多样性。

赵璐等（2018）对193份宁夏及新疆水稻种质资源的表型性状进行了遗传多样性分析与综合评价。结果表明：14个数量性状的遗传变异均达到了极显著水平，其中单株产量的变异系数最大，为23.8%；遗传多样性指数变幅为1.86～2.08；通过聚类分析将193份水稻种质资源划分为8个类群，大部分种质资源分布在第Ⅰ类群和第Ⅲ类群，分别占比65.3%和20.7%。通过主成分分析，将14个数量性状指标转换为7个主成分；利用隶属函数与权重对193份水稻种质进行综合评价，获得了可综合评价种质资源农艺性状的D值，排名前5的种质资源均来自宁夏，表现出较好的综合性状，其中以宁218表现最为突出。

为研究不同生态区水稻群体的遗传多样性及其遗传结构分化、群体特异性及其相互关系，林春雨等（2018）选取均匀分布在水稻12条染色体上的119对SSR标记，对440个品种进行了遗传多样性和群体结构分析。在太湖流域水稻中检测到781个等位基因，平均多态信息含量（PIC）为0.52；在黑龙江水稻中检测到295个等位基因，PIC为0.25；在越南水稻中共检测到370个等位基因，PIC为0.30，这表明越南水稻和黑龙江水稻的多样性低于太湖水稻。将3个地区的440个品种分为7类血缘，发现每个血缘都不是独立的而是相互渗透的。不同生态类型水稻遗传背景既相互融合又相互补充，在品种培育上加以利用可以拓宽育种资源。

马孟莉等（2018）利用均匀分布于水稻基因组的100对SSR标记分析元阳哈尼梯田60份红米地方品种的遗传多样性。100对SSR引物共扩增条带477个，有效等位基因数（*Ne*）分布在1.0到6.0之间，多态性信息含量（PIC）范围为0.064～0.838，基因杂合度（Ho）从0到0.950。聚类分析可将60个红米品种分为两大类，第一类为籼稻亚种，包括57个水稻品种；第二类为粳稻亚种，只有3个品种。研究表明，云南哈尼梯田水稻红米品种具有丰富的遗传多样性。

为了挖掘优良的耐旱水稻资源，王宝祥等（2018）以91份国内水稻资源为材料，采用水作和旱作两种栽培模式考察不同水稻资源抽穗期和成熟期耐旱性差异。结果显示，干旱胁迫下水稻各产量构成因子均有不同程度下降，其中有效穗数下降最显著，表明有效穗数对于干旱胁迫的响应比较敏感。根据各项指标胁迫系数的隶属函数值将供试品种分为 3 类：强耐旱、耐旱和敏感。共筛选出强耐旱品种 17 份、耐旱品种 69 份，这些耐旱资源为培育耐旱水稻品种提供了优良材料。

为筛选芽期抗旱性强的种质资源，牛同旭等（2018）以 20%聚乙二醇-6000 溶液模拟干旱，对不同水稻品种（系）芽期的各项指标进行了测定。结果表明：相对芽鞘长、相对芽长、相对芽干重可以作为芽期抗旱性筛选鉴定指标，筛选出 DPB112、DPB71、龙粳 4 号、DPB120、松粳 16、DPB15、DPB70 共 7 个抗旱性较强的品种（系），其中抗旱性最强的是 DPB112。

抗除草剂水稻品种的推广应用可解决田间杂草、杂草稻，提高杂交稻纯度等生产实践问题。范方军等（2018）利用咪唑啉酮类除草剂，以 70g/hm^2使用量，配制咪草烟的水剂，在水稻生长到 2 叶 1 心时进行喷雾除草，从 7 403份水稻品种资源中，获得 1 份抗咪草烟的水稻新资源。

三、有利基因发掘与利用

自私基因在真核生物基因组中普遍存在，但它们的作用仍然存在争议。Yu 等（2018）发现 *qHMS7*，是南方野生稻与亚洲栽培稻杂种雄性不育的一个主要数量性状遗传位点，包含两个紧密连锁的基因：*ORF2* 和 *ORF3*。*ORF2* 编码一种毒性蛋白，在孢子体中导致花粉死亡，而 *ORF3* 编码一种解毒蛋白，以配子体效应保护花粉。缺失 *ORF3* 的花粉被选择性清除，导致后代分离的失真。遗传序列分析说明首先出现 *ORF3*，然后逐渐功能化 *ORF2*。此外，这种毒素-解毒系统可能促进了分化和/或维持野生稻和栽培稻的基因组稳定性。

植物免疫通常以“牺牲”生长和产量为代价。转录因子“理想株型 IPA1”能减少无效分蘖并增加每穗粒数，从而提高水稻产量。Yu 等（2018）报道了 *IPA1* 既能提高水稻产量又能增强对稻瘟病抗性的调控新机制。研究发现 *IPA1* 磷酸化修饰是平衡产量与抗性的关键调节枢纽。通常情况下，*IPA1* 结合 *DEP1* 等穗发育相关基因的启动子，促进其表达，调控水稻理想株型建成与水稻产量；受稻瘟病菌诱导后，*IPA1* 发生磷酸化修饰并改变其与 DNA 序列的结合特性，使得 *IPA1* 结合抗病相关基因 *WRKY45* 的启动子，促进其表达，增强免疫反应，提高抗病性。

为明确 6 个主效抗稻瘟病基因 *Piz-t*、*Pikm*、*Pit*、*Pi25*、*Pid2* 及 *Pid3* 在河南省主要水稻种质资源中的分布情况，王亚等（2018）采用基于抗、感稻瘟病等位基因间序列差异设计的特异性分子标记，对 140 份河南稻种资源进行了抗稻瘟病基因分子检测，显示大部分材料均携带 1～2 个抗稻瘟病基因。检测的 6 个抗稻瘟病基因中，*Piz-t* 基因的分布最为广泛，其次为 *Pikm* 和 *Pid3*，*Pid2* 分布较少，*Pit* 和 *Pi25* 分布极少。河南本地材料（87 份）携带 3 个以上抗稻瘟病基因的材料所占比例为 10.3%，外地材料（53 份）携带 3 个以上抗稻瘟病基因的材料所占比例则为 32.1%。

寄主植物抗性是克服褐飞虱对水稻危害的最理想和经济的方法。Hu J 等（2018）利用斯里兰卡抗褐飞虱品种 KOLAYAL 和 POLIYAL 与感病品种 9311 杂交衍生的 $F_{2:3}$ 群体和近等基因系，将一个新的抗性基因 *Bph33* 定位在第 4 染色体短臂 60kb 的区间内，在这个区间内包括 7 个可以预测的基因。基于测序和表达分析，一个亮氨酸富集重复（LRR）家族基因 *LOC _ Os04g02520* 被确定为 *Bph33* 最有可能的候选基因。该基因从苗期到分蘖期表现出持续稳定的抗性，对褐飞虱表现抗氧化和抗菌作用。该研究结果将促进 *Bph33* 的克隆和分子标记辅助选择。

Zhang 等（2018）利用水稻 5k 基因芯片检测 249 份中国籼稻品种的 SNP 标记分布，并对芽期耐冷性进行遗传解析。研究人员通过改良耐冷性评价方法，使用低温损伤率和低温存活率作为指标，对耐冷性进行鉴定。共检测到 47 个显著性位点，在水稻 1 号染色体物理位置 31.6Mb 附近检测到一个主效 QTL；通过 LD 衰减、GO 富集、转录组测序等方法对该主效位点进行候选基因分析，结果证实 3 个最优候选基因（*LOC _ Os01g55510*、*LOC _ Os01g55350* 以及 *LOC _ Os01g55560*）在耐冷与不耐冷品种中差异表达。该研究提出了一种新的水稻芽期耐冷性的评价方法，对籼稻群体耐冷性的遗传解析有助于后期的功能基因克隆和耐冷育种。

为明确 *Pi9* 等 5 个抗稻瘟病主效基因在云南省抗稻瘟病育种中的利用状况，明确种质资源携带的抗性基因，孙一丁等（2018）用 4 个分子标记对云南省 20 世纪 80 年代以来育成的 60 个推广品种和 23 份优异地方稻种的 *Pik-h*、*Pi2*、*Pi9*、*Pi5* 抗稻瘟病基因进行分子检测，并对抗稻瘟病基因 *Pita* 第二编码区功能位点碱基进行了测序分析。结果表明：*Pik-h*、*Pi5*、*Pita* 在地方品种中出现频率比较高，分别为 65.22%、52.17% 和 43.48%；现代育成推广品种中 *Pik-h*、*Pi5*、*Pi9*、*Pita* 出现频率分别为 70%、38.33%、33.33%和 11.67%；一个品种一般携带 5 个基因中的 0～3 个；根据基因组合，可将 83 个品种归为 14 种基因型，现代育成品种具有 14 种，其中 *Pik-h*、（*Pik-h*）-*Pi5*、（*Pik-h*）-*Pi9* 等组合是优势类型；地方品种具有 14 种基因组合中的 9 种，2000 年后审定品种集中携带 *Pik-h*，比例高达此类品种的 57.89%，抗性基因单一化严重，易造成成批品种抗性丧失。

种子休眠性是影响作物产量和品质的重要农艺性状之一，为了更好地揭示该性状的分子机理，Lu 等（2018）利用包含 5 291个 SNP 标记的订制芯片对 453 份籼稻群体进行基因分型，开展种子休眠性的全基因组关联分析，共找到了 9 个已知或新的显著性关联位点，预测到 212 个候选基因。通过公共表达数据库分析，其中有 8 个候选基因显示了一定的组织特异性表达，特别是候选基因 *LOC _ Os03g10110*，与玉米调控种子胚发育的基因同源。该研究结果为种子休眠性的遗传解析提供了一定的理论基础，新的休眠性关联位点将为以后的分子育种提供有效标记。

为了解析东北地区水稻抽穗期的遗传机制，Ye 等（2018）通过全基因组关联分析的方法解析抽穗期的主要控制位点，共关联到 3 个主效的抽穗期基因 *Hd1*、*Ghd7* 和 *DTH7*。研究人员重新测序了这 3 个基因以分析自然变异并鉴定它们的功能。这 3 个基因的功能丧失促进了东北地区水稻早抽穗向更高纬度的扩张，而有功能等位基因组合促进了东北南部地区的水稻晚抽穗以获得高产。在育种选择中，可以根据不同地区的积温来选择适合的等位基因组合。由于独特的抽穗期特性，其他地区品种遗传背景比较难以直接引入东北粳稻中导致遗传多样性较低，将南方早籼品种（*Hd1*、*Ghd7* 和 *DTH7* 基本都无功能）的血缘引入东北粳稻中提高遗传多样性是比较合理的策略。

Xiong 等（2018）报道了 ERF 家族转录因子 OsLG3 正向调控水稻的耐旱性。研究人员发现干旱胁迫下 *OsLG3* 在旱稻中比水稻中的表达更强。通过候选基因关联分析，发现 *OsLG3* 启动子中的自然变异，与萌发中水稻种子的抗渗透胁迫能力相关。*OsLG3* 过表达显著提高了水稻对模拟干旱的抗性。系统进化分析说明了 *OsLG3* 的抗性等位基因可以改良栽培粳稻的耐旱性。包含 *OsLG3*$^{\mathrm{IRAT109}}$ 等位基因的导入系与互补转基因系，耐旱性增强，说明 *OsLG3* 自然变异有利于水稻的耐旱性。该研究揭示了 *OsLG3* 自然变异有利于水稻耐旱性，*OsLG3* 优良等位基因是一份有希望培育耐旱性水稻品种的遗传资源。

第二节 国外水稻品种资源研究进展

一、栽培稻的起源与驯化

稻属可作为从时间尺度上研究分子进化的一个模型。Stein 等（2018）使用由 13 种水稻参考基因组生成的系统进化树，分析发现，尽管没有大规模的染色体重排，但谱系特异性和许多转座子及编码和非编码基因等新元件的出现造成了物种迅速多样化，并认为澳大利亚南方野生稻种是所有栽培稻祖先的最直接相关物种。该研究由包含两个驯化物种的较新的“AA”支系的不同染色体间基因渐渗的复杂历史，解决了水稻系统分类有争议的地方。这项研究凸显了抗病基因结合功能的可行性，并确定了许多可能用于未来作物保护的新单倍型。

水稻种植在古代东南亚得到远距离和大范围扩散，但它是如何到达那里的一直是个谜。如今，对4 000年前 DNA（该领域的罕见发现）的研究表明，它伴随着从中国迁入的农民而来。而中国是水稻种植的起源地。这意味着已经生活于此的狩猎采集者并非自己或者从最近的邻居那里学会了水稻种植，而是从迁入其领地的远方来客那里获得经验（Lizzie，2018）。

目前栽培稻的起源有两种模型：一种是籼稻、粳稻独立驯化；另一种是认为先驯化出粳稻，然后通过基因渗入到预先驯化的种群，得到了籼稻和 aus 类型品种。鉴定已知基因流对栽培稻基因组的影响对于区分上述两种模型和了解栽培稻的驯化历史至关重要。Civan 和 Brown（2018）利用群体多态性数据来鉴定籼稻、粳稻和 aus 稻的祖先基因池。栽培稻群组中共有变异但至少有一个祖先群体缺失的被鉴定并推定该基因组区域在栽培稻种群中发生了基因转移。研究表明，籼稻和 aus 稻的主要驯化位点（*Prog1*、*Rc*、 *qSH1*、*qSH3*、*Sh4*）缺失渗入信号，表明这些位点不受粳稻基因流的影响，其他驯化相关位点（*Ghd7*、*LABA1*、*Kala4*、*LG1*）显示从粳稻或籼稻到 aus 稻的渐渗信号。在粳稻中 *LABA1* 存在一个可能从籼稻渗入的强烈信号。籼稻基因组受基因流的影响非常小。研究结果表明，栽培稻的进化过程中发生了渐渗现象，但不负责转移栽培稻种群间关键的驯化等位基因的转移。该研究结果与籼稻、粳稻和 aus 稻从野生稻独立驯化的模型相一致。

为了解非洲水稻的起源与驯化，Cubry 等（2018）收集了 163 份非洲栽培稻和 83 份非洲短舌野生稻共 246 份水稻样本，通过重测序分析，表明非洲栽培稻的驯化地理起源在非洲马里北部。研究人员发现与植物直立结构表型相关的基因 *PROG1* 在亚洲稻和非洲稻栽培种中表现出趋同选择。相比之下，落粒基因 *SH5* 在非洲水稻驯化期间表现出选择特征，但在亚洲水稻驯化期间则没有。总体而言，该研究揭示了非洲水稻驯化的复杂历史，受到撒哈拉地区重要气候变化、非洲农业社会扩张等影响。

二、遗传多样性与遗传结构

Yelome 等（2018）采用 20 对 SSR 和 77 对 AFLP 标记调查了 42 份非洲西部水稻的遗传结构和遗传多样性。此外，还进行了田间试验，以了解水稻遗传群体的表型特征。分析表明供试材料中 SSR 标记平均多态信息含量（PIC）为 0.78。种质结构表明普通栽培稻不完全分离于非洲栽培稻品种。结果鉴定到 5 个非洲栽培稻品种与普通栽培稻品种分为一组，在分析的 20 个 SSR 标记中，有 18 个位点具有相同的等位基因。种群结构分析表明，普通栽培稻和非洲栽培稻品种间存在基因流，可用于育种中几个有趣性状的结合。

Ravikiran 等（2018）利用形态生理和 SSR 标记分析了水稻苗期耐盐型的多样性和单倍型。在 192 个水稻基因型中筛选出 13 个与 1 号染色体耐盐性区域相关的 SSR 标记，其中 10 个标记的结果是可得分的。多态性信息含量（PIC）和遗传多样性指数表明，标记 RM493 和 RM10793 对基因型的鉴别具有较高的实用价值。聚类分析显示表型和基因型数据有 11 个簇，但两个树形图之间的对应关系非常低。与 FL478 基因型比较，耐盐性相关基因型的单倍型显示 CST7-1 和 Arvattelu 基因型可能是水稻中控制耐盐性的优良候选基因的新的基因组区域。

鉴于抗性品种对于小规模农民来说是一种可持续的管理策略，Mvuyekure 等（2018）基于 SNP 标记评估了纹枯病抗性育种亲本选择的遗传多样性。采用 94 个 SNP 标记分析了 10 个抗性和 15 个易感种质。每个基因座扩增的等位基因数为 1～4，从 25 种基因型中共检测到 189 个等位基因。每个标记观察到的数量为 11～25。平均主效等位基因频率为 76.2%，平均多态性信息量为 0.263，基因多样性指数为 0.325。遗传距离范围从 0～0.63，UPGMA 树状图较好区分抗和感基因型。该研究揭示了通过当地适应性品种杂交改良纹枯病抗性的可能性。

三、有利基因鉴定和资源筛选

众所周知，aus稻亚群地方品种对于环境胁迫如干旱和高温的耐受性较强，因此被认为是对作物改良有价值的遗传资源。Casartelli等（2018）以两个aus稻品种（Dular、N22）和两个干旱敏感品种（IR64、IR74）为材料，进行了干旱胁迫相关的非靶标代谢组学分析。结果表明，耐旱品种Dular和N22与正常灌溉条件下对照品种相比，产量没有显著降低，不耐旱品种表现出总穗粒数和产量显著下降。研究人员在分蘖期干旱处理结束后，对植株的地上部和根进行了代谢组学分析，数据显示耐旱品种地上部中的富含N代谢物（氨基酸，核苷酸相关代谢产物尿囊素和尿苷）整体表现出更高的积累；在根中aus型品种的特征是TCA循环和糖酵解的代表代谢物如苹果酸、甘油酸和甘油酸-3-磷酸的减少更多。另外，敏感基因型的地上部和根中的低聚糖棉子糖均表现出更高倍数的增加。数据进一步表明，对于某些对干旱敏感的代谢物，在正常灌溉条件下不同水稻品种间差异已经很明显。该研究为在aus型品种中鉴定的与耐旱相关的代谢产物提供了一套有价值的保护化合物，并为评估水稻和其他作物抗旱潜在途径的遗传多样性提供了一个切入点。

为了鉴定泰国旱稻品种中稻瘟病抗性，Chumpol等（2018）在温室和田间条件下对256份泰国旱稻品种进行了稻瘟病抗性鉴定，结果有10个泰国旱稻品种ULR292、ULR242、ULR219、ULR162、ULR161、ULR134、ULR109、ULR098、ULR081和ULR066在温室条件下，自然感染和人工接种均鉴定为抗叶瘟；另外这10个品种中的6个ULR162、ULR161、ULR134、ULR109、ULR098和ULR081在田间条件下表现出抗穗颈瘟。这些从泰国本地旱稻品种中鉴定的新的抗稻瘟病资源被证明比对照品种具有更强的抗性，表明这些品种在泰国水稻抗稻瘟病改良计划中具有进一步应用的潜力。

由于对竞争能力遗传基础的认识有限，竞争品种的选育长期以来一直充满困难。Onishi等（2018）检查了亚洲水稻竞争能力的多样性和这种变异的遗传基础。结果表明，栽培品系和野生多年生品系比野生一年生品系具有更高的竞争能力。研究人员利用栽培稻和一年生野生稻杂交群体对3种杂草的竞争能力进行了QTL分析，鉴定到3个综合竞争能力（GCA）QTL。GCA-QTL赋予了栽培水稻更高的竞争能力，并与植株结构和根生长在同一群体中共定位在相同区间。此外，这3个GCA相关QTL存在显著的累加和上位性互作。进一步研究竞争能力的遗传控制将有利于水稻竞争品种的选育。

Sutrisno等（2018）对印度尼西亚本地黑米水稻品种进行了白叶枯病抗性筛选，并分析了黑米水稻品种在接种*Xoo*后抗性基因的表达。黑米水稻品种Cempo Ireng、Pari Ireng、Melik、Pendek和Indmira接种*Xoo*，白米品种Conde、IRBB21、IR64和Java14作为对照。研究人员分析了栽培稻样本接种*Xoo*后的表现并分析了接种*Xoo*后24h和96h的抗性基因表达。根据病害流行曲线下的最低病强度和面积值，Cempo Ireng表现为最抗白叶枯病的品种。Cempo Ireng在接种*Xoo*后表达抗性基因*Xa5*、*Xa10*、*Xa21*

和 *RPP13-like*，在 Cempo Ireng 中 *Xa5*、*Xa10* 和 *Xa21* 表达上调，而 *RPP13-like* 表达下调。

Mishra 等（2018）对之前从 130 份来自印度科拉普特地区的材料经过严格的抗旱筛选得到的 6 份抗旱性地方品种在模拟干旱条件下进行了进一步详细的生理和分子评估。研究表明，这 6 份地方种质的抗旱性生理参数与耐旱品种 N22 相当。采用之前报道的 19 个与抗旱性连锁的 SSR 标记对上述 6 份材料进行了遗传多样性分析，共检测到 50 个等位基因，平均每个位点 2.6 个。Nei's 遗传多样性（*He*）和多态性信息量（PIC）范围分别从 0.0～0.767 和 0.0～0.718。7 个 SSR 标记了（RM324、RM19367、RM72、RM246、RM3549、RM566 和 RM515）表现出最高的 PIC 值，因此可用于评估抗旱性水稻品系的遗传多样性。该研究表明，水稻地方种 *Pandkagura* 和 *Mugudi* 对各种耐性检测表现出最高的相似指数；而水稻地方种 *Kalajeera*、*Machhakanta* 和 *Haldichudi* 与 N22 相比更多样化且遗传距离最高，可作为潜在的遗传资源用于抗旱性育种。

参考文献

部丽群，田玲，赵璐，等. 2018. 外引水稻种质资源表型性状遗传多样性分析［J］. 河南农业科学，47（5）：28-35.

范方军，王芳权，李文奇，等. 2018. 抗咪草烟水稻资源的筛选［J］. 中国稻米，24（6）：108-109.

金建楚，李小湘，黎用朝，等. 2018. 农户保存与种质库保存的同近名地方稻品种的遗传多样性研究［J］. 植物遗传资源学报，19（3）：478-497.

孔许，徐丽娜，詹俊辉，等. 2018. 水稻高群体光合速率品种筛选及其叶倾角特征研究［J］. 河南农业大学学报，52（4）：526-532.

林春雨，梁晓宇，马淑梅，等. 2018. 亚洲不同生态区水稻群体遗传多样性与特异性分析［J］. 中国农学通报，34（14）：1-5.

马孟莉，郑云，周晓梅，等. 2018. 云南哈尼梯田红米地方品种遗传多样性分析［J］. 作物杂志（5）：21-26.

牛同旭，郑桂萍，吕艳东，等. 2018. 寒地水稻种质资源芽期抗旱性筛选与评价［J］. 黑龙江农业科学（1）：1-10.

潘英华，徐志健，梁云涛，等. 2018. 广西普通野生稻群体结构解析与核心种质构建［J］. 植物遗传资源学报（3）：498-509.

宋志平，陈家宽，赵耀. 2018. 水稻驯化与长江文明［J］. 生物多样性，26（4）：346-356.

孙一丁，马继琼，杨奕，等. 2018. 5 个稻瘟病抗性基因在云南水稻育种中的利用分析［J］. 分子植物育种，16（6）：1 844-1 854.

王宝祥，余剑锋，徐波，等. 2018. 水稻种质资源耐寒性鉴定与评价［J］. 北方农业科学，46（5）：1-8.

王显宗，孙健，关永鑫，等. 2018. 水稻立枯病抗性资源筛选［J］. 西北农业学报，27（4）：518-527.

王亚，陈献功，尹海庆，等 . 2018. 河南主要水稻种质资源中抗稻瘟病基因的分子检测 [J]. 分子植物育种，16（10）：3 203－3 212.

王韵茜，苏延红，杨睿，等 . 2018. 云南疣粒野生稻稻瘟病抗性 [J]. 植物学报（4）：477－486.

张标金，史华新，魏益华，等 . 2018. 高富硒水稻种质资源的筛选初报 [J]. 热带农业科学，38（2）：52－55.

张晓丽，吕荣华，唐茂艳，等 . 2018. 东南亚国家引进水稻种质的遗传多样性和遗传结构分析 [J]. 植物遗传资源学报，19（1）：29－38.

赵璐，杨治伟，部丽群，等 . 2018. 宁夏和新疆水稻种质资源表型遗传多样性分析及综合评价 [J]. 作物杂志（1）：25－34.

Casartelli A，Riewe D，Hubberten H，et al. 2018. Exploring traditional aus-type rice for metabolites conferring drought tolerance [J]. Rice，11：9.

Chumpol A，Chankaew S，Saepaisan S，et al. 2018. New sources of rice blast resistance obtained from Thai indigenous upland rice germplasm [J]. Euphytica，214：183.

Civan P，Brown T. 2018. Role of genetic introgression during the evolution of cultivated rice（*Oryza sativa* L.）[J]. BMC Evolutionary Biology，18：57.

Cubry P，Tranchant-Dubreuil C，Thuillet A，et al. 2018. The rise and fall of African rice cultivation revealed by analysis of 246 new genomes [J]. Current Biology，28（14）：2 274－2 282.

Hu J，Chang X，Zou L，et al. 2018. Identification and fine mapping of Bph33，a new brown planthopper resistance gene in rice（*Oryza sativa* L.）[J]. Rice，11：55.

Hu M，Lv S，Wu W，et al. 2018. The domestication of plant architecture in African rice [J]. The Plant Journal，94：661－669.

Lizzie W. 2018. How rice farming may have spread across the ancient world. Science，DOI：10.1126/science. aau2108.

Lu Q，Niu X，Zhang M，et al. 2018. Genome-wide association study of seed dormancy and the genomic consequences of improvement footprints in rice（*Oryza sativa* L.）[J]. Frontiers in Plant Science，8：2213.

Mishra S，Behera P，Kumar V，et al. 2018. Physiological characterization and allelic diversity of selected drought tolerant traditional rice（*Oryza sativa* L.）landraces of Koraput，India [J]. Physiol Mol Biol Plants，24（6）：1035－1046.

Mvuyekure S，Sibiya J，Derera J，et al. 2018. Assessment of genetic diversity of rice based on SNP markers for selection of parents for sheath rot（*Sarocladium oryzae*）resistance breeding [J]. South African Journal of Plant and Soil，35（1）：51－59.

Onishi K，Ichikawa N，Horiuchi Y，et al. 2018. Genetic architecture underlying the evolutionary change of competitive ability in Asian cultivated and wild rice [J]. Journal of Plant Interactions，13（1）：442－449.

Ravikiran K，Krishnamurthy S，Warraich A，et al. 2018. Diversity and haplotypes of rice genotypes for seedling stage salinity tolerance analyzed through morpho-physiological and SSR markers [J]. Field Crop Research，220：10－18.

Stein J，Yu Y，Copetti D，et al. 2018. Genomes of 13 domesticated and wild rice relatives highlight genetic conservation, turnover and innovation across the genus *Oryza* [J]. Nature Genetics, 50: 285 -296.

Sutrisno, Susanto F, Wijayanti, et al. 2018. Screening of resistant Indonesian black rice cultivars against bacterial leaf blight [J]. Euphytica, 214: 199.

Wang J, Zhou L, Shi H, et al. 2018. A single transcription factor promotes both yield and immunity in rice [J]. Science, 361: 1026 - 1028.

Wang W, Mauleon R, Hu Z, et al. 2018. Genomic variation in 3 010 diverse accessions of Asian cultivated rice [J]. Nature, 557: 43 - 49.

Xiong H, Yu J, Miao J, et al. 2018. Natural variation in *OsLG3* increases drought tolerance in rice by inducing ROS scavenging [J]. Plant Physiology, 178 (1): 451 - 467.

Ye J, Niu X, Yang Y, et al. 2018. Divergent *Hd1*, *Ghd7*, and *DTH7* alleles control heading date and yield potential of japonica rice in northeast China [J]. Frontiers in Plant Science, 9: 35.

Yelome O, Audenaert K, Landschoot S, et al. 2018. Analysis of population structure and genetic diversity reveals gene flow and geographic patterns in cultivated rice (*O. sativa* and *O. glaberrima*) in West Africa [J]. Euphytica, 214: 215.

Yu X, Zhao Z, Zheng X, et al. 2018. A selfish genetic element confers non-Mendelian inheritance in rice [J]. Science, 360: 1130 - 1132.

Zhang M, Ye J, Xu Q, et al. 2018. Genome-wide association study of cold tolerance of Chinese indica rice varieties at the bud burst stage [J]. Plant Cell Reports, 37: 529 - 539.

Zhao Q, Feng Q, Lu H, et al. 2018. Pan-genome analysis highlights the extent of genomic variation in cultivated and wild rice [J]. Nature Genetics, 50: 278 - 284.

第二章　水稻遗传育种研究动态

2018 年，国内外水稻分子遗传学研究精彩纷呈，重大成果频现，多项研究成果发表在世界顶级学术期刊上，其中在 *Science* 上发表的有 3 篇，分别是中国农业科学院作物科学研究所、南京农业大学万建民院士团队开展的“自私基因系统”控制水稻杂种不育研究，中国科学院遗传与发育生物学研究所傅向东研究员团队开展的转录因子 *GRF4* 在水稻生长与氮代谢协同调控中的作用机制研究，四川农业大学陈学伟教授团队与中国科学院遗传与发育生物学研究所李家洋院士团队合作开展的转录因子 *IPA1* 同时增加产量和提高稻瘟病抗性研究；发表在 *Nature* 上的是，日本名古屋大学 Motoyuki Ashikari 教授团队和美国康奈尔大学 Susan R. McCouch 教授团队合作开展的有关“绿色革命”基因 *SD1* 调控深水稻适应深水环境的分子机制研究。国内科学家在其他国际主流高影响力学术期刊发表文章的数量也呈上升态势，研究涉及水稻生长发育的各个方面，克隆和鉴定了一批控制水稻产量、耐生物/非生物胁迫、生殖和发育等重要农艺性状的基因，并解析了它们的分子调控机制。同时，国内外水稻科学家继续创新水稻育种理论和育种技术，通过现代分子育种技术与传统杂交育种方法相结合，创制出了一大批各具优点和特色的杂交水稻亲本材料，育成了一批水稻新品种。

第一节　国内水稻遗传育种研究进展

一、水稻产量性状分子遗传研究进展

中国农业科学院作物科学研究所万建民院士团队报道了 *OsALMT7* 基因调控水稻穗顶部小花退化的分子机理（Heng et al.，2018）。该研究鉴定到一个穗顶部小花退化突变体，其幼穗发育后期经历程序性细胞死亡，同时核 DNA 呈片段化，过氧化氢和丙二醛含量增加。图位克隆显示，该突变表型是由 *OsALMT7* 基因突变造成的。*OsALMT7* 编码一个具有转运苹果酸功能的质膜蛋白。进一步发现苹果酸的积累在突变体小穗中呈梯度减少，而外源施用苹果酸能使得突变表型恢复正常。该研究表明，*OsALMT7* 介导的苹果酸转运在幼穗发育中扮演重要角色。

中国科学院上海植物生理生态研究所郭房庆研究员团队报道了转录因子 SPL6 调控水稻穗发育的分子机理（Wang Q L et al.，2018）。该研究发现，SBP-box 家族转录因子 SPL6 功能的缺失，能够导致植株穗顶部小花退化。进一步研究发现，SPL6 能够特异性结合内质网胁迫感应因子 *IRE1* 的启动子，抑制后者的表达。在 *spl6* 突变体中对 *IRE1* 进行 RNAi 干涉，可以部分恢复顶端小穗退化表型。该研究发现了一种新的细胞生存机

制，SPL6抑制*IRE1*的转录激活，从而调控*IRE1*介导的内质网胁迫信号输出，最终决定了水稻穗的发育过程。

扬州大学刘巧泉教授团队解析了*GS9*基因调控水稻粒形的分子机制（Zhao D S et al.，2018a）。该研究通过图位克隆鉴定出一个新的粒形基因*GS9*，其编码未知功能的表达蛋白。*GS9*对粒长和粒宽的作用相反，过表达该基因导致籽粒变得短圆；而该基因功能缺失能够使得水稻籽粒变得细长，并且引起垩白率和垩白度降低。进一步研究发现，*GS9*可以与OFP蛋白家族成员OFP8和OFP14结合，形成转录复合体，影响颖壳细胞分裂，进而控制粒形。*GS9*仅控制籽粒形状，并不影响粒重等产量性状，通过引入能够减少垩白的细长等位基因，可在不影响生长发育和产量的前提下，改良稻谷外观品质。

中国农业大学李自超教授团队揭示了*Gnp4/LAX2*调控水稻谷粒长度的分子机制（Zhang Z et al.，2018）。*Gnp4/LAX2*编码一个具有RAWUL结构域的蛋白，其通过影响颖壳细胞的大小来调控谷粒长度，过表达该基因可显著增加粒长和千粒重。研究发现，Gnp4/LAX2蛋白可通过与OsIAA3结合，干扰OsIAA3-OsARF25之间的互作。对OsIAA3进行RNAi干涉可显著增加粒长，而*osarf25*突变体的粒长显著变小。进一步研究发现，OsARF25可结合在调控植物器官大小的*OsERF142/SMOS1*基因的启动子上，增强后者表达。这些结果说明*Gnp4/LAX2*通过OsIAA3-OsARF25-OsERF142通路调控水稻籽粒长度。

华中农业大学张启发院士和欧阳亦聃教授团队揭示G蛋白复杂网络调控水稻粒形与粒重分子机制（Sun et al.，2018）。该研究发现，水稻G蛋白α、β和γ亚基均参与水稻种子大小的调控：α亚基RGA1为籽粒大小的调控提供基础；β亚基RGB1为植物生长所必需；而3个γ亚基DEP1、GGC2和GS3通过拮抗作用调控籽粒大小。当DEP1和GGC2单独或同时与RGB1结合形成复合体时，可增加粒长，提高粒重。GS3可竞争性的结合RGB1，从而抑制DEP1和GGC2的作用，导致粒长减小，粒重降低。对各个亚基的不同等位基因进行组合，可使得粒长和粒重发生大幅变化，从粒长降低35%到增加19%，粒重降低40%到增加28%均可实现。这一调控网络的发现，为精确调控水稻外观品质和产量提供了可能。

中国科学院遗传与发育生物学研究所傅向东团队报道了转录因子OsMADS1与G蛋白复合体γ亚基DEP1和GS3互作，调控水稻粒型和产量的分子机制（Liu Q et al.，2018）。该研究通过图位克隆分离到一个控制籽粒长度和稻谷产量的QTL *qLGY3*。*qLGY3*编码转录因子OsMADS1。该基因座位上，*OsMADS1*^{lgy3}等位基因能够使得籽粒变长。研究发现G蛋白的γ亚基DEP1和GS3能够与OsMADS1结合，作为辅因子增强*OsMADS1*的转录活性，提高下游基因的表达。该研究还发现，将*OsMADS1*^{lgy3}与高产基因等位基因*dep1-1*和*gs3*组合，可以同时提高稻米品质和稻谷产量，为培育高产优质水稻品种提供了有效策略。

来自浙江大学、复旦大学、中国科学院植物研究所、华中农业大学的不同研究团队以“背靠背”的方式，同时报道了 *qTGW3/TGW3/GL3.3* 基因调控水稻粒型的分子机制（Hu Z et al.，2018；Xia et al.，2018；Ying et al.，2018）。上述团队应用不同的水稻品种配置组合，采用图位克隆的方式，分离到同一个粒型 QTL，该位点编码 OsGSK5 蛋白。该基因功能的缺失，使得水稻粒长和千粒重增加。浙江大学刘建祥教授团队与复旦大学罗小金教授团队合作，发现 OsGSK5 能够与 OsARF4 作用，将 OsARF4 磷酸化。OsARF4 是植物生长素调控途径中的转录抑制因子，该蛋白功能缺失同样可以增加水稻粒长。OsSK41 与 OsARF4 共表达可增强 OsARF4 的转录抑制功能，抑制生长素下游基因的表达。中国科学院植物研究所宋献军研究员团队发现 OsGSK5 蛋白可能通过形成同源二聚体的形式发挥功能。华中农业大学何予卿教授团队发现 *OsGSK5* 与 *GS3* 存在遗传互作，两者叠加能够使得粒型显著增大。3 个团队所发现的 *qTGW3/GL3.3/TGW3* 大粒等位基因并不相同，从一个侧面反映了水稻驯化过程的复杂性。

二、水稻耐生物胁迫分子遗传研究进展

四川农业大学陈学伟教授团队、中国科学院遗传与发育生物学研究所李家洋院士团队合作报道了水稻理想株型基因 *IPA1* 在稻瘟病抗性中的作用，并揭示了 *IPA1* 同时提高产量和稻瘟病抗性的分子机制（Wang J et al.，2018）。该研究发现，IPA1 的磷酸化修饰是平衡水稻产量与抗性的关键调节枢纽。稻瘟病菌侵害可诱导 IPA1 蛋白 163 位的丝氨酸发生磷酸化，导致 IPA1 的 DNA 结合特性发生变化，更倾向结合抗病基因 *WRKY45* 的启动子，促进后者表达，从而提高抗病性。更有意思的是，IPA1 的磷酸化水平达到一定峰值后，逐渐降低，在稻瘟病菌侵染 48h 后，恢复到正常水平。此时的 IPA1 更倾向结合 *DEP1* 等产量控制基因，促进它们的表达以提高稻谷产量。这一机制使得同时提高稻瘟病抗性和稻谷产量成为可能，打破了单个基因不可能同时实现增产和抗病的传统观点，为培育高产高抗水稻品种提供了基础。

浙江大学农学院舒庆尧教授团队报道了五羟色胺在水稻抗褐飞虱和螟虫中的作用（Lu et al.，2018）。该研究发现害虫啃食水稻时，植株体内的五羟色胺含量会增加；而抑制五羟色胺的表达则能够赋予植株的抗性。水稻中，五羟色胺和水杨酸均由分支酸合成而来。细胞色素 P450 基因 *CYP71A1* 编码色胺 5-羟化酶，是催化五羟色胺合成途径中的关键酶。*CYP71A1* 功能正常的植株在受到害虫啃食时，体内的五羟色胺和水杨酸均表现合成上调；但在 *CYP71A1* 突变体中，由于五羟色胺不能合成，体内的水杨酸则表达更高，使得植株获得了更高的抗虫性。这一研究表明，五羟色胺的合成调控在水稻抗虫害方面具有重要作用；而且，很多植物中都存在五羟色胺和水杨酸合成代谢通路，该研究对于其他作物的抗虫育种具有启发意义。

中国农业科学院植物保护研究所王国梁研究员团队报道了单子叶植物特有的受体激酶 SDS2 在细胞程序性死亡和水稻先天免疫反应中的作用（Fan et al.，2018）。该研究对类病斑突变体 *spl11* 进行进一步诱变，筛选到 *spl11* 的抑制子 *sds2*。*SDS2* 突变导致

植株先天免疫反应和稻瘟病抗性降低，而过表达该基因诱导植株程序性死亡的同时，能够提高先天免疫反应和稻瘟病抗性。*SDS2* 编码一个单子叶植物特异的 SD-1 类型的受体激酶，其具有特异性的激酶活性，可磷酸化修饰 SPL11。而 SPL11 可以反过来通过泛素化促进 *SDS2* 的降解。进一步分析发现，*SDS2* 与类受体胞质激酶 OsRLCK118 和 OsRLCK176 存在相互作用；而 OsRLCK118 可通过磷酸化修饰 NADPH 氧化酶 OsRbohB 促进活性氧产生，进而正调控水稻先天免疫。该研究对水稻先天免疫分子机制的进一步解析具有重要意义。

武汉大学生命科学学院杂交水稻国家重点实验室何光存教授团队克隆了抗稻飞虱主效基因 *Bph6*，并揭示了该基因介导的抗虫机制（Guo et al.，2018）。*Bph6* 编码一种新型抗虫基因，其定位于 exocyst 复合体中，与 exocyst 复合体亚基 EXO70E1 存在互作。*Bph6* 可激活细胞分裂素、水杨酸和茉莉酸等多种激素通路；增加胞外分泌，维持和加强细胞壁完整性。更为重要的是，*Bph6* 是一个显性基因，而且其在提高水稻抗性的同时，对稻谷产量并无不良作用。因此，该基因在水稻抗褐飞虱育种，尤其是杂交稻育种中具有重要应用价值。

四川农业大学陈学伟教授团队克隆了水稻稻瘟病和白叶枯病广谱抗性基因 *bsr-k1*（Zhou et al.，2018）。该研究筛选到一个对水稻稻瘟病和白叶枯病均具有广谱抗性的突变体 *bsr-k1*。图位克隆显示，*bsr-k1* 编码一个 TPR 蛋白，其能够结合 *OsPAL* 基因家族成员 *OsPAL1* 到 *OsPAL7* 的 mRNA，促进它们的折叠和降解。*OsPAL* 基因家族成员与水稻免疫反应相关，过表达 *OsPAL1* 可增加植株稻瘟病抗性。*Bsr-k1* 突变后，使得 *OsPAL* 基因家族成员 mRNA 积累，木质素合成增多，免疫反应增强，进而赋予植株广谱抗性。*Bsr-k1* 突变激活的免疫反应比较温和，对水稻的主要农艺性状没有明显的不良影响。所以，该基因的发现对于水稻抗病分子机制的解析和育种应用均具有重要价值。

华中农业大学生命科学技术学院王石平教授团队报道了磷酸丙糖异构酶 TPI1.1 通过与 *XA3/XA26* 互作参与白叶枯病抗性调控（Liu Y et al.，2018c）。该研究通过酵母双杂筛选到 *XA3/XA26* 的一个互作蛋白，其编码磷酸丙糖异构酶 TPI1. 1。研究发现，TPI1. 1 的抗病作用依赖于自身糖酵解酶活性，而通过与 XA3/XA26 互作，这一活性可以得到增强。进一步研究发现，*OsTPI1.1* 的抗病性与活性氧有关。*OsTPI1.1* 过表达材料具有更高的 NADPH/$NADP^+$ 比值，使得碳代谢流更多地流向磷酸戊糖途径，继而提高 H_2O_2 含量，从而增强抗病性。而在 RNAi 材料中，NADPH/$NADP^+$ 比值降低，H_2O_2 也降低，抗病性减弱。该研究为抗病及育种研究提供了新思路。

中国水稻研究所钱前研究员团队报道了 ATP-柠檬酸裂解酶调控水稻细胞凋亡和抗病的机理（Ruan B et al.，2018）。该研究鉴定到一个类病斑突变体，图位克隆显示其表型是由编码 ATP-柠檬酸裂解酶 A2 亚基的基因 *ACL-A2* 突变造成的。该基因的突变导致泛素化 26S 蛋白酶体降解，柠檬酸裂解酶活性下降，进而促进了细胞内活性氧的积累和细胞核 DNA 的降解。进一步发现，该基因突变能够引起抗病相关基因表达上调和白叶枯病抗性增强。对该突变体进一步进行 EMS 诱变，发现 *ACL-A2* 对编码 P450 单加氧

酶的 *OsSL* 基因具有负调控作用，可通过血清素代谢途径影响植物抗病反应。

三、水稻耐非生物胁迫分子遗传研究进展

华中农业大学熊立仲教授团队揭示了干旱胁迫导致水稻抽穗提早和分蘖数减少的分子机制（Du et al.，2018）。该研究发现，在水稻发育早期进行干旱处理可引起抽穗提前和分蘖数减少。干旱处理可调节包括生物钟和光接收系统在内的多个抽穗相关基因。其中，*OsTOC1*、*Ghd7* 和 *PhyB* 通过脱落酸依赖的方式参与干旱导致的提早抽穗过程；而 *OsGI*、*OsELF3*、*OsPRR37* 和 *OsMADS50* 对提前抽穗过程的调节，并不依赖于脱落酸。该研究还发现独脚金内酯和 *OsTB1* 基因参与了干旱胁迫对分蘖的抑制作用。这一研究表明水稻逃旱性是通过多种途径协同调控实现的。

中国科学院植物研究所种康院士团队报道了转录因子 *OsMADS57* 和 *OsTB1* 通过影响防御基因 *OsWRKY94* 和器官发生基因 *D14* 的表达，平衡水稻生长发育和低温胁迫响应的分子机制（Chen et al.，2018）。该研究发现，过表达 *OsMADS57* 可在低温胁迫下维持水稻的分蘖过程。*OsMADS57* 蛋白能够与 *OsWRKY94* 的启动了结合，在低温胁迫下激活 *OsWRKY94* 转录，启动防御反应；而在常温下抑制 *OsWRKY94* 的表达。一方面，OsTB1 可以通过与 OsMADS57 的互作，增强 OsMADS57 对 *OsWRKY94* 启动子的结合作用。另一方面，OsMADS57 可以在低温条件下促进 *D14* 的表达，从而抑制分蘖；而正常条件下，*D14* 的表达被抑制，分蘖得以正常进行。

山东农业大学刘鹰高教授团队报道了 *OsCBL10* 在水稻适应淹水环境中的作用（Ye et al.，2018）。该研究发现旱稻品种和水稻品种 *OsCBL10* 基因的启动子区域存在较大差异。过表达和基因编辑实验证实 *OsCBL10* 在水稻适应淹水环境中起着重要作用。进一步研究发现，*OsCBL10* 启动子可以分为 T 型和 I 型两种。T 型启动子仅存在于粳稻低地栽培品种中，而 I 型启动子存在于粳稻旱地和籼稻品种中。T 型启动子能够降低 *OsCBL10* 的表达，继而提高下游 CIPK15 蛋白的积累和 α-淀粉酶活性，最终提高植株对淹水环境的适应性。

中国农业科学院生物技术研究所陈涛研究员团队报道了水稻转录因子 *IDS1* 通过表观调控响应盐胁迫的分子机制（Cheng et al.，2018）。该研究通过构建 RNAi 干涉和过表达转基因植株，发现 *IDS1* 是水稻耐盐性的负调控因子。进一步通过染色质免疫沉淀和 ChIP 定量 PCR 发现，IDS1 可结合在非生物胁迫应答基因 *LEA1* 和 *SOS1* 的启动子上，抑制它们的表达。这一抑制过程是通过与转录抑制因子 TPR1 和组蛋白去乙酰化酶 HDA1 结合，形成 IDS1-TPR1-HDA1 复合体实现的。

中国科学院遗传与发育生物学研究所储成才研究员团队报道了转录因子 *bZIP73* 在粳稻低温适应中的作用（Liu et al.，2018）。该研究对 bZIP 转录因子家族成员进行关联分析，发现 *bZIP73* 与苗期低温耐受性存在关联。*bZIP73* 在籼稻和粳稻间仅存在 1 个功能多态性位点。该变异赋予粳稻品种对低温的适应性。粳稻的 bZIP73 蛋白能够与 bZ-

IP71互作，调节脱落酸和活性氧水平。进化和群体遗传学分析发现，*bZIP73*的粳稻等位基因在野生稻和粳稻的早期驯化中便受到了选择。

四、水稻抽穗期分子遗传研究进展

中国科学技术大学丁勇教授团队报道了OsTrx1、SIP1和OsWDR5a蛋白通过表观遗传的方式调控水稻抽穗期的分子机制（Jiang et al.，2018a，2018b）。OsTrx1是TRX类蛋白，具有H3K4me3甲基转移酶活性。该研究发现，SIP1蛋白能够结合在抽穗期基因*Ehd1*的启动子上，招募OsTrx1对*Ehd1*进行H3K4me3修饰，通过提高*Ehd1*的转录促进抽穗。进一步研究发现，OsWDR5a能够与OsTrx1结合，形成COMPASS复合物，提高OsTrx1的H3K4me3修饰效率，从而促进水稻抽穗。

南京农业大学万建民院士团队报道了GRAS蛋白DHD1调控水稻抽穗期的分子机制（Zhang H et al.，2018）。该研究发现过表达*DHD1*，可抑制*Ehd1*、*Hd3a*和*RFT1*的表达，导致抽穗延迟。进一步研究发现，DHD1能够与OsHAP5C、OsHAP5D相互作用；而过表达*OsHAP5C*和*OsHAP5D*也会引起*Ehd1*、*Hd3a*和*RFT1*表达下调，延迟抽穗。这些结果说明，DHD1通过与OsHAP5C、OsHAP5D形成复合物，调控*Ehd1*的表达，最终影响水稻抽穗。

华中农业大学吴昌银教授团队报道了E3泛素连接酶HAF1通过影响OsELF3蛋白积累调控水稻抽穗期的分子机制（Zhu et al.，2018）。该研究发现，HAF1与长日照调控水稻抽穗期的关键基因*OsELF3*存在互作，HAF1可通过26S蛋白酶复合体降解OsELF3，这一过程决定了OsELF3蛋白的昼夜节律性累积。进一步研究发现，OsELF3与HAF1互作的结构域中，存在一个由SNP引起的氨基酸替换L558S，其对HAF1与OsELF3的互作存在影响，OsELF3（S）型蛋白不能与HAF1结合。该变异在水稻品种的地域分布中受到选择：粳稻中携带OsELF3（L）型等位基因的品种分布在高纬度地区，而携带OsELF3（S）型等位基因的品种则分布在低纬度地区。

五、水稻株型分子遗传研究进展

中国科学院遗传与发育生物学研究所王永红研究员团队报道了依赖*LAZY1*的生长素不对称分布调控水稻分蘖角度的分子机制（Zhang N et al.，2018）。该研究对苗期水稻进行重力响应刺激，在不同的时间节点取样进行动态转录组分析，鉴定到3个控制水稻重力响应和分蘖角度的转录因子：*HSFA2D*、*WOX6*和*WOX11*。*HSFA2D*位于*LAZY1*介导的生长素途径上游，可以诱导*LAZY1*的表达，引起生长素的不平衡分布。*WOX6*和*WOX11*呈功能冗余，生长素可以引起这两个基因的不对称性表达，引起分蘖角度的变化。该研究的一大亮点是高通量动态转录组分析在分蘖角度的遗传解析中的应用。

中国农业科学院农业资源与农业区划研究所易可可研究员团队报道了 SPX 和 RLI1 在水稻响应外界磷元素含量调节叶片直立性中的作用（Ruan Y et al.，2018）。该研究发现，低磷胁迫能够抑制水稻叶枕细胞的伸长，限制叶枕的大小，使叶片变得更直立。在此过程中，低磷胁迫诱导的 SPX1 和 SPX2 蛋白起着负向作用。进一步研究发现，SPX1 可以与 RLI1 结合，抑制 RLI1 的转录活性，使 RLI1 不能激活细胞伸长调控基因 *BU1* 和 *BC1* 的表达，从而使得叶片直立。正常条件下，*SPX1* 表达受到抑制，RLI1 正常激活 *BU1* 和 *BC1* 的表达，促使叶枕处的细胞伸长，使得叶片倾斜。

六、水稻生殖发育分子遗传研究进展

中国科学院植物研究所漆小泉研究员团队报道了三萜合成酶 *OsOSC12/OsPTS1* 基因在水稻育性调控中的作用机制（Xue et al.，2018）。*OsOSC12/OsPTS1* 编码三萜合成酶，能够催化 2，3 -环氧鲨烯产生二环三萜化合物“禾谷绒毡醇”。该研究发现，*Os-OSC12/OsPTS1* 功能缺失突变体的花粉层中 3 种主要脂肪酸缺少或含量降低，花粉粒得不到有效保护而容易失水，其在湿度小于 60％的环境中表现为不育，而在湿度高于 80％的环境中表现为完全可育。进一步研究发现，应用亚麻酸和棕榈酸或硬脂酸的混合物能够防止突变体花粉粒过度脱水。这种湿度敏感型雄性不育材料，可作为一种新的条件型雄性不育材料，在杂交稻生产中具有重要的应用潜力。

上海交通大学张大兵教授团队报道了转录因子 *OsMADS6* 调控水稻花器官发育的新机制（Tao et al.，2018）。该研究发现，*OsMADS6* 能够直接结合在 *OsFDML1* 基因的启动子上，促进后者的表达。*OsFDML1* 突变导致花器官发育异常，过表达 *OsFDML1* 也导致花器官发育缺陷。进一步发现，*OsFDML1* 是通过与其同源基因 *OsFDML2* 形成异源二聚体行使功能的。这些结果使我们对 *OsMADS6* 调控水稻花器官发育的作用机制有了更深入的了解。

上海交通大学张大兵教授团队报道了氨酰基- tRNA 合成酶基因 *OsERS1* 在水稻早期花药发育中的作用（Yang et al.，2018）。该研究鉴定到一个雄性不育突变体，图位克隆显示，其不育表型是由 *OsERS1* 基因突变造成的。*OsERS1* 编码氨酰基- tRNA 合成酶。该基因突变导致花药第二层的细胞过度增殖和解体，在早期花药中产生额外的生殖细胞。另外，*osers1* 突变体的花药缺陷与过氧化氢的异常积累有关。该研究提出 *OsERS1* 可能通过影响水稻中的蛋白质合成和氧化还原状态来维持花药早期发育。

中国农业科学院作物科学研究所、南京农业大学万建民院士团队报道了“自私基因”调控水稻杂种不育的作用机制。该研究采用野生稻品种 82031 和粳稻品种 DJY1 配置组合，克隆了控制杂种不育的主效 QTL *qHMS7*（Yu et al.，2018）。该位点包含 3 个紧密连锁的基因：*ORF1*、*ORF2* 和 *ORF3*。其中，*ORF1* 作用不明；*ORF2* 编码一个毒性蛋白，能够杀死配子；*ORF3* 编码一个解毒蛋白，能够保护配子，从而选择性地确保携带它的花粉可育。进一步研究发现，*ORF2* 存在于所检测的所有野生稻和栽培稻品种中，其从没有毒性功能的单倍型逐步演变成有毒性功能的单倍型；而*ORF3*仅存在于普通野生稻和栽培稻中，它是在普通野生稻中由*ORF1*复制而来，并在驯化过程中传递到亚洲栽培稻。该研究发现的毒素-毒剂系统可以促进野生稻和栽培稻基因组的分化或维持它们的稳定性。该研究破解了自私基因在维持植物基因组的稳定性和促进新物种形成中的分子机制，探讨了毒性-解毒分子机制在水稻杂种不育上的普遍性。

七、水稻分子遗传学其他方面研究进展

上海师范大学黄学辉教授团队、中国科学院植物生理生态研究所韩斌院士团队和中国水稻研究所魏兴华研究员团队合作报道了栽培稻和野生稻的泛基因组学研究成果（Zhao et al.，2018c）。基因组重测序往往将数据比对到日本晴的参考基因组上，这导致了许多遗传变异的丢失。该研究对包括栽培稻和野生稻在内的66个水稻品种进行了深度测序和重新组装，构建了栽培稻-野生稻泛基因组图谱。在不同品种间共鉴定到2 300万个序列变异，尤其是存在大量“存在-缺失”变异。这一泛基因组资源将进一步促进水稻的进化和功能研究。

中国水稻研究所曹立勇研究员和程式华研究员团队报道了甲基转移酶基因*OsMTS1*在调控叶片衰老中的作用机制（Hong et al.，2018）。该研究鉴定到一个叶片早衰突变体，其叶绿体含量显著降低，而丙二醛和过氧化氢含量显著升高，衰老相关基因*Osh36*和*RCCR1*也显著提高。图位克隆显示，该突变表型是由编码褪黑激素生物合成途径中的O-甲基转移酶基因*OsMTS1*突变导致的。该基因的突变导致褪黑激素含量显著降低，而外源施用褪黑激素能够使得突变体表型得以恢复。更有意思的是，在野生型植株中过量表达*OsMTS1*，可以显著提高稻谷产量。

中国科学院遗传与发育生物学研究所傅向东研究员团队报道了DELLA-GRF4介导的作物生长与氮代谢的协同调控机制（Li et al.，2018）。水稻绿色革命基因*sd1*基因的突变，导致生长抑制蛋白DELLA积累，使得植株半矮化，产量增加。然而，这一过程也降低了氮素的利用效率。该研究鉴定到2个控制氮素利用效率的数量性状座位，图位克隆显示，其中之一为*SD1*基因，另一为转录因子*GRF4*。RNA干涉和过表达实验表明，*GRF4*正向调控氮素利用效率，并能够抵消*sd1*背景下的DELLA过量积累产生的氮素利用抑制。进一步研究发现，GRF4能够与GIF1结合，激活下游氮素吸收同化相关基因；而DELLA蛋白可以抑制GRF4和GIF1的互作。这些结果表明，DELLA和GRF4通过拮抗作用调节植物生长和氮代谢。提高*GRF4*的表达水平，不仅能够提高氮素利用率，同时还保留了绿色革命半矮化表型赋予的抗倒伏和高产特性。

中国水稻研究所钱前研究员团队报道了一种能够在实验室内进行大规模种植的新型水稻种质“小薇”（Hu S et al.，2018）。该研究通过EMS诱变粳稻品种日本晴，获得了一种新型的水稻品系“小薇”，该品种具有株高矮、生物量小、空间利用率高等优势。图位克隆显示，该矮秆表型是由于赤霉素合成基因*D18*突变导致的。该研究进一步将

早熟基因 *se5* 导入"小薇"中，使其生育期更短。将 *d18* 导入籼稻品种 93－11 中，获得了籼稻背景下的"小薇 93"，解决了利用小薇背景下的遗传材料进行遗传分析及相关研究中杂交配组的问题。研究人员应用"小薇日本晴"衍生品种和"小薇 93"，克隆了控制节间伸长的 *EUI1* 基因和控制分蘖角度的 *LAZY1* 基因的克隆，验证了"小薇"的实用性和室内研究体系的可操作性。"小薇"的发现，可以促使更多的生物学家选择水稻为研究对象来开展基础研究，其不仅可以为大田作物提供范本，也为林木等植物的遗传学研究模式提供理论参考。

八、育种材料创制与新品种选育

（一）水稻育种新材料创制

开展水稻种质资源的收集、筛选和评价，创制一批优良新种质及中间材料，能够为水稻育种提供资源性材料。2018 年，湖北省选育并审定通过了鄂丰 249A、田佳 A 和荆楚 818A 等 3 个籼型三系不育系，1 个红莲型籼糯三系不育系红糯 1A 以及荆 11－2S、韵 2013S 和亮 S 等 3 个籼型光温敏核不育系，这些不育系具有开花习性好、柱头外露高、品质优良、配合力好等特点；江西省选育并审定通过昌 287A、泰乡 1209A、赣 73A 等 3 个籼型三系不育系，株型适中、茎秆粗壮、分蘖力强，选育欢 S 籼型两用核不育系；福建省选育并审定通过紫两优 3 号、宁 12A、福农 A、潢达 A、利达 A、明 1A、明 2A 等 7 个籼型三系不育系，智农 S、苿 01S 等 2 个光温敏互作核不育系以及 1 个光温敏互作籼型两系核不育系旺 9S（T528S）；海南省选育并审定通过了东丰 A、川种 7A 等 2 个籼型三系不育系，不育性较稳定，可恢复性较好，配合力较强。

（二）水稻新品种选育

在农业农村部主要农作物品种审定绿色通道政策实施以及商业化育种体系的引领和推动下，水稻审定品种数量继续呈现大幅增长。2018 年全国水稻科研单位和种业企业共选育 998 个水稻新品种通过国家和省级审定，比 2017 年增加 226 个，增幅达到 29.3%。通过国家审定品种 268 个（表 2－1），其中杂交稻品种 234 个、常规稻品种 34 个。杂交稻品种中，籼型三系杂交稻品种 101 个、占 37.7%，籼型两系杂交稻品种 126 个、占 47.0%，杂交粳稻品种 7 个、占 2.6%；常规稻品种中，常规粳稻 33 个、占 97.1%，常规籼稻 1 个、占 2.9%。分稻区育成品种结构看，东北稻区以常规粳稻品种为主，内蒙古自治区（以下简称内蒙古）、辽宁、吉林和黑龙江四省（自治区）合计审定通过 110 个水稻品种，其中常规粳稻品种 105 个，辽宁和黑龙江分别育成 3 个和 2 个杂交粳稻品种。华北地区审定通过水稻品种 28 个，比 2017 年增加 12 个。其中，京津冀地区建立了主要农作物联审共推工作机制，开创了国内相邻省市品种联合审定的先河，品种通过审定后即可在三地同时推广应用，2018 年京津冀联合审定通过了津原 97、垦育 99、津育粳 22 和金粳 818 等 4 个常规粳稻品种；河南审定通过了 9 个水稻品种，比 2017 年增加 4 个。西北地区审定通过水稻品种 8 个，比 2017 年增加 2 个，其中陕西审定通过 6 个水稻品种，宁夏回族自治区（以下简称宁夏）审定通过 3 个品种，新疆维吾尔自治区（以下简称新疆）审定通过 2 个水稻品种。西南地区仍以籼型三系杂交稻为主，重庆、四川、贵州和云南四省（直辖市）合计审定通过 100 个水稻品种，比 2017 年增加 37 个，其中籼型三系杂交稻品种 64 个、占 64.0%。长江中下游稻区各类型水稻品种并存，两系杂交水稻继续呈现快速发展势头，上海、江苏、浙江、安徽、江西、湖北和湖南七省（直辖市）合计审定通过 226 个，比 2017 年增加 7 个，其中籼型两系杂交稻品种 83 个、占 36.7%，籼型三系杂交稻品种 67 个、占 29.6%；籼粳亚种间杂交水稻继续保持较快发展势头，在相邻省份有多个组合通过审定。华南地区审定品种较多，福建、广东、广西壮族自治区（以下简称广西）和海南四省（自治区）合计审定通过 255 个水稻品种，比 2017 年增加 79 个，其中籼型三系杂交稻品种 142 个、占 55.7%，籼型两系杂交稻品种 56 个、占 22.0%。从选育单位来看，34.4%左右的品种由科研单位育成，65.6%的品种由种业公司育成，种业公司育成品种继续呈现增加趋势。

表 2-1　2018 年国家及主要产稻省（自治区、直辖市）审定品种情况

审定级别	总数	类型							第一选育单位	
		常规籼稻	常规粳稻	籼型三系杂交稻	籼型两系杂交稻	籼型不育系	杂交粳稻	籼粳交三系杂交稻	科研单位	种业公司
国家	268	1	33	101	126		7		44	224
津京冀	1		1						1	
天津	4		4						4	
河北	8		7				1		7	1
内蒙古	9		9						2	7
辽宁	21		18				3		7	14
吉林	44		44						35	9
黑龙江	36		34				2		25	11
上海	10		3	2			5		4	6
江苏	14		9	2	1		2		8	6
浙江	21	4	4	2	5			6	15	6
安徽	28	3	10	3	11			1	15	13
福建*	33	1		14	8	10			21	12
江西*	60	8	1	28	19	4			13	47
山东	6		6						5	1
河南	9		2	3	2		1	1	3	6

（续表）

审定级别	总数	类型							第一选育单位	
		常规籼稻	常规粳稻	籼型三系杂交稻	籼型两系杂交稻	籼型不育系	杂交粳稻	籼粳交三系杂交稻	科研单位	种业公司
湖北*	45	5		16	16	7		1	12	33
湖南	48	3		14	31				2	46
广东	64	19		34	11				26	38
广西	139	20		84	34			1	23	116
海南*	19	4		10	3	2			6	13
重庆	20	1		14	5				13	7
四川	21			21					11	10
贵州	24			19	3		2		7	17
云南	35	8	13	11	3				25	10
陕西	6			6					4	2
宁夏	3		3						3	
新疆	2		2						2	

注：* 部分省份审定品种中含不育系

九、超级稻品种认定与示范推广

（一）新认定超级稻品种

2018 年，为规范超级稻品种认定，加强超级稻示范推广，根据《超级稻品种确认办法》（农办科〔2008〕38 号），经各地推荐和专家评审，新确认隆两优 1988、深两优 136 等 10 个品种（组合）为 2018 年超级稻品种，取消因推广面积未达要求的Ⅱ优航 1 号、特优航 1 号、D 优 527、协优 527、Ⅱ优 162、Ⅱ优 7 号、松粳 9 号、培杂泰丰、千重浪 2 号等 9 个品种（组合）的超级稻冠名。2019 年，新确认宁粳 7 号、深两优 862 等 10 个品种为 2019 年超级稻品种，取消推广面积未达要求的国稻 1 号、金优 299、Ⅱ优 084、Ⅱ优 7954、准两优 527、甬优 6 号、天优 122、金优 527、D 优 202 等 9 个品种的超级稻冠名。截至 2019 年，由农业农村部冠名的超级稻示范推广品种共计 132 个。其中，籼型三系杂交稻 48 个、占 36.4%，籼型两系杂交稻 42 个、占 31.8%，粳型常规稻 27 个、占 20.5%，籼型常规稻 8 个、占 6.1%，籼粳杂交稻 7 个、占 5.3%。

（二）超级稻高产示范与推广

2018 年，在农业农村部水稻绿色高质高效创建等科技项目示范带动下，我国水稻绿色高产高效技术集成与示范力度继续加大，高产攻关在多个方面取得新的突破，再创多项世界纪录。其中，超级杂交稻品种“湘两优900（超优千号）”在云南个旧大屯镇袁隆平超级杂交稻个旧示范基地里百亩连片亩产1 152.3kg，再创超级杂交稻百亩示范片平均亩产新高；籼粳超级杂交稻“甬优12号”在浙江衢州江山百亩示范方平均亩产1 017.28kg，创浙江省水稻百亩示范方平均亩产纪录，连续3年蝉联“冠军”；“甬优1540”在浙江省常山县作再生稻种植，百亩示范方再生季的平均产量为428.15kg/亩，加上头季稻731.16kg/亩，两季相加百亩示范方的平均产量为1 159.31kg/亩，创浙江省再生稻百亩方亩产新纪录。

第二节　国外水稻遗传育种研究进展

一、水稻元素吸收与转运遗传研究进展

日本冈山大学马建峰教授团队报道了*ART2*基因调控水稻耐铝性的分子机制（Che et al.，2018）。该研究通过同源克隆的方式，分离了水稻耐铝毒性转录因子*ART1*的同源基因*ART2*。与ART1蛋白类似，ART2也定位于细胞核中，并在酵母中具有转录激活活性。与*ART1*不同的是，*ART2*在根中特异性表达，并受到铝的诱导。利用CRISPR /Cas9敲除*ART2*，导致植株对铝毒性的敏感性增加。有趣的是，敲除植株对低pH值的耐受性并没有发生改变，表明*ART2*参与耐铝毒性，但不参与水稻质子毒性。该研究还发现*ART2*不能激活受*ART1*调控的基因，说明*ART1*和*ART2*通过不同途径水稻耐铝性。

日本东京大学Toru Fujiwara团队克隆的控制水稻金属元素含量基因*LC5*（Tanaka et al.，2018）。该研究筛选到一个突变体，其幼苗中铜元素、锌元素和锰元素积累降低，矮化和分蘖减少。图位克隆显示，其突变表型是由*LC5*基因突变造成的。该基因编码一个转录因子，是拟南芥*TTA*的同源基因，其在水稻各组织中呈组成型表达，蛋白定位于核中。进一步研究发现，突变体中锌、锰和铁等金属元素转运蛋白的表达显著低于野生型，但其自身的表达并不受外界元素含量多少的影响。此外，突变体的生长缺陷可以通过补充锌、锰和铁得到部分挽救。

日本东北大学Toshihiko Hayakawa教授团队报道了*OsACTPK1*基因调控水稻铵吸收的作用机制（Beier et al.，2018）。*OsACTPK1*编码一个丝氨酸/苏氨酸/酪氨酸蛋白激酶。该研究发现，*OsACTPK1*的mRNA和蛋白质的积累依赖铵含量。*OsACTPK1*突变导致水稻铵获取能力增加，高亲和系统（HATS）的活性增加，突变植株在1mmol/L浓度下根和茎生长能力提高。OsACTPK1蛋白定位于质膜，与受铵诱导负责HATS的OsAMT1；1和OsAMT1；2重叠。进一步研究发现，OsACTPK1与AMT1蛋白存在互作，其高铵条件下可以磷酸化和灭活AMT1；2蛋白，ACTPK1突变导致AMT1的苏氨酸磷酸化水平下降。

二、水稻生物胁迫分子遗传研究进展

美国农业部国家水稻研究中心植物病理学家贾育林研究团队克隆了稻瘟病广谱抗性基因 *Ptr*（Zhao H et al.，2018）。该基因编码的两种异构体蛋白均具有 ARM 重复结构域，主要在细胞质中表达。*Ptr* 基因与 *Pi-ta* 基因相距大约 200kb，其广谱抗性不依赖 *Pi-ta*，但 *Pi-ta* 的广谱抗性需要 *Ptr*，而且 *Ptr* 仅特异性参与 *Pi-ta*/*Pi-ta2* 介导的抗性。在2 167份水稻材料中，仅发现有 48 份含有 *Ptr* 抗性基因型，所以该基因对水稻抗性育种具有重要作用。

日本国家农业和粮食组织（NARO）的 Masaki Mori 团队报道了 *BSR1* 基因在调控水稻抗病性方面的新机制（Sugano et al.，2018）。该研究发现，BSR1 是一种双特异性激酶，不仅能够磷酸化丝氨酸/苏氨酸残基，对酪氨酸也具有磷酸化作用。而 BSR1 酪氨酸的磷酸化，对于自身在细胞中的定位表达和抗病性具有重要影响。将 BSR1 位于 63 位的酪氨酸突变为丙氨酸，进行过表达获得的转基因植株，较正常 BSR1 的过表达植株的抗病性显著降低。这一研究支持了酪氨酸磷酸化在从细胞表面受体复合物向植物下游信号成分的传导过程中起着重要调控作用的观点。

东京农业大学 Mark J. Banfield 团队报道了植物细胞内免疫受体基因 *Pik* 不同等位基因的蛋白结构，并揭示它们特异性识别稻瘟病菌效应物的作用机制（De la Concepcion et al.，2018）。表达 *Pikm* 等位基因的水稻植株，对所有 3 种瘟病菌 AVR-Pik 效应物均具有抗性，而表达 *Pikp* 等位基因的仅对其中一种具有抗性。研究发现，Pikm 蛋白的内表面 HMA 结构域对 3 种效应物均具有高亲和力。*Pikp* 与 *Pikm* 识别特异性的差异来自上述结构的变异。该研究通过分析共同进化如何塑造植物细胞内免疫受体的等位基因，揭示了自然选择如何推动新受体特异性的出现。

三、水稻分子遗传学其他方面研究进展

新加坡国立大学 Yu Hao 研究团队报道了 *OsFTIP7* 基因在生长素介导的花药开裂过程中的作用（Song et al.，2018）。花粉有丝分裂期间，生长素水平的下调对于促进花药开裂以及花粉成熟是必不可少的。该研究鉴定到一个由于花药不开裂导致雄性不育的突变体。图位克隆显示，其突变表型由 *OsFTIP7* 基因突变导致。研究发现，*OsFTIP7* 在有丝分裂前的花粉中高度表达，帮助转录因子 OSH1 的核定位过程。而在花药发育晚期，*OSH1* 能够抑制生长素合成基因 *OsYUCCA4* 的表达，下调生长素水平，从而控制水稻开花期间花药开裂的时间。

日本京都大学 Yohei Koide 团队报道了 *SSP* 基因调控水稻种间杂交不育的作用机制（Koide et al.，2018）。前期研究发现，S_1 位点是控制亚洲栽培稻和光稃稻之间杂种不育的主要位点，来自光稃稻的等位基因 S_1^g 能够导致杂合子 S_1^g/S_1^s 中的配子流产，产生杂

种不育。该研究通过辐射诱变筛选到一个 S_1 新的中性等位基因 S_1^M，其在 S_1^M/S_1^s 和 S_1^M/S_1^g 状态下均能保持杂合子育性正常。进一步研究发现，S_1^M 等位基因是光稃稻 S_1^g 座位上肽酶编码 *SSP* 突变导致的，而亚洲栽培稻中不存在 *SSP* 基因。该研究揭示了特异性基因的缺失/获得决定水稻种间杂交不育的分子机制，人工破坏控制生殖隔离的单个基因能够产生“中性”等位基因，这有利于种间杂交在水稻育种中的应用。

印度国家生物科学中心（NCBS）的 Chenna Swetha 团队报道了 miRNA 介导的漆酶基因沉默在籼稻驯化中的作用机制（Swetha et al.，2018）。该研究对多个野生稻、地方品种和推广品种进行测序分析发现，野生稻中存在丰富的 22-nt 的 sRNA，尤其是在 miR397 前体中；miR397 在野生近缘种中表达水平非常高，在高产栽培品系中表达水平可忽略不计。野生稻中特异性的 22-nt 的核苷酸序列，使得 miR397 靶向沉默漆酶的 mRNA。漆酶能够强烈诱导 RNA 依赖性 RNA 聚合酶介导的二级级联沉默。在野生稻中漆酶表达降低导致木质化程度减少，而在栽培稻中过表达 miR397 能够使其产生去驯化表型。该研究揭示了 miRNA 在水稻驯化中的作用。

日本名古屋大学 Motoyuki Ashikari 教授团队报道了绿色革命基因 *SD1* 在深水稻适应深水环境过程的作用机制（Kuroha et al.，2018）。该研究通过全基因组关联分析在第 1 染色体长臂定位到一个耐深水 QTL；然后采用不耐深水品种 T65 和深水品种 C9285 配置组合，构建近等基因系群体，最终发现该 QTL 为 *OsGA20ox2* 基因，即“绿色革命”基因 *SD1*。进一步研究发现，在乙烯和深水处理条件下，乙烯相关转录因子 *OsEIL1a* 可以直接结合 *SD1* 的启动子，上调 *SD1* 的表达。*SD1* 编码赤霉素合成关键酶 GA20 氧化酶，*SD1* 的上调表达促进了 GA12 转化为 GA9，进而促使节间伸长，使得植株适应深水环境。进化分析表明，*SD1* 深水稻特异性单倍型来自野生稻，经驯化选择，在孟加拉深水稻中被广泛使用。

印度德里大学 Jitendra P. Khurana 教授团队报道了转录因子 *OsbZIP48* 在光调控的水稻生长中的作用（Burman et al.，2018）。该研究发现，作为拟南芥 *HY5* 的同源基因，*OsbZIP48* 可以恢复拟南芥 *hy5* 突变体的表型。而与 *HY5* 不同，其在黑暗生长的水稻和拟南芥植株中并不降解。过表达 *OsbZIP48* 能够显著降低水稻的株高，RNA 干涉的转基因植株和 T-DNA 插入的突变体均表现出幼苗致死的表型。进一步分析发现，*OsbZIP48* 可以与赤霉素生物合成途径基因 *OsKO2* 的启动子结合，在 *OsbZIP48* 过表达植株中 *OsKO2* 表达上调。

控制水稻重要农艺性状的一些基因见表 2-2。

表 2-2　控制水稻重要农艺性状的部分基因

基因	登录号	功能描述	参考文献
ACL-A2	Os12g0566300	突变导致类病斑、提高白叶枯病抗性	Ruan B et al.，2018
ART2	Os04g0165200	突变导致耐铝毒性降低	Che et al.，2018

（续表）

基因	登录号	功能描述	参考文献
Bph6	Os04g0431700	单倍性 H51 提高褐飞虱和白背飞虱抗性	Guo et al.，2018
BSR1	Os09g0533600	过表达导致稻瘟病和叶枯病的抗性降低	Sugano et al.，2018
Bsr-k1	Os10g0548200	突变提高稻瘟病和白叶枯病广谱抗性	Zhou et al.，2018
bZIP73	Os09g0474000	粳稻等位基因提高苗期低温耐受性	Liu C et al.，2018
CAL1	Os02g0629800	正向调控叶片镉积累	Luo et al.，2018
CYP71A1	Os12g0268000	突变导致褐飞虱抗性增加	Lu et al.，2018
DHD1	Os11g0706200	过表达延迟抽穗	Zhang H et al.，2018
Gnp4	Os03g0244600	过表达导致粒长和千粒重增加	Zhang Z et al.，2018
GRF4	Os02g0701300	正向调控氮素利用效率	Li et al.，2018
GS9	Os09g0448500	突变导致水稻籽粒细长	Zhao D S et al.，2018
IDS1	Os03g0818800	负向调控耐盐性	Cheng et al.，2018
IPA1	Os01g0350900	同时提高稻瘟病抗性和稻谷产量	Wang J et al.，2018
LC5	Os03g0239200	突变导致幼苗铜、锌、锰、铁含量降低	Tanaka et al.，2018
OsACTPK1	Os02g0120100	突变导致铵获取能力增加	Beier et al.，2018
OsALMT7	Os02g0673100	突变导致穗顶部小花退化	Heng et al.，2018
OsbZIP48	Os06g0601500	过表达降低株高	Burman et al.，2018
OsCBL10	Os01g0711500	携带 T 型启动子的等位基因提高淹水适应性	Ye et al.，2018
OsERS1	Os10g0369000	突变导致不育	Yang et al.，2018
OsFTIP7	Os05g0370600	突变导致雄性不育	Song et al.，2018
OsLG3	Os03g0183000	正向调控耐旱性	Xiong et al.，2018
OsMADS1	Os03g0215400	等位基因 *OsMADS1lgy3* 增加粒长	Liu Q et al.，2018
OsMADS57	Os02g0731200	过表达在低温胁迫下维持分蘖	Chen et al.，2018
OsMADS6	Os02g0682200	突变导致水稻花器官发育异常	Tao et al.，2018
OsMTS1	Os07g0247100	突变导致叶片早衰	Hong et al.，2018
OsOSC12	Os08g0223900	突变体在低湿度环境中不育，在高湿度下可育	Xue et al.，2018
OsTPI1.1	Os01g0147900	过表达提高白叶枯病抗性调控	Liu et al.，2018c
Ptr	Os12g0285100	单倍性 16 提高稻瘟病广谱抗性	Zhao H et al.，2018
qHMS7	Os07g0646300	调控南方野生稻与亚洲栽培稻间的杂种不育	Yu et al.，2018

（续表）

基因	登录号	功能描述	参考文献
GSK3	Os03g0841800	功能缺失等位基因籽粒变长、千粒重增加	Hu Z et al. ，2018；Xia et al. ，2018；Ying et al. ，2018
SD1	Os01g0883800	单倍型 DWH 增强深水适应性	Kuroha et al. ，2018

参 考 文 献

Che J，Tsutsui T，Yokosho K，et al. 2018. Functional characterization of an aluminum（Al）-inducible transcription factor，ART2，revealed a different pathway for Al tolerance in rice［J］. New Phytol，220：209 - 218.

Chen L，Zhao Y，Xu S，et al. 2018. *OsMADS57* together with OsTB1 coordinates transcription of its target *OsWRKY94* and D14 to switch its organogenesis to defense for cold adaptation in rice［J］. New Phytol，218：219 - 231.

Cheng X，Zhang S，Tao W，et al. 2018. INDETERMINATE SPIKELET1 recruits histone deacetylase and a transcriptional repression complex to regulate rice salt tolerance［J］. Plant Physiol，178：824 -837.

De la Concepcion J C，Franceschetti M，Maqbool A，et al. 2018. Polymorphic residues in rice NLRs expand binding and response to effectors of the blast pathogen［J］. Nat Plants，4：576 - 585.

Du H，Huang F，Wu N，et al. 2018. Integrative Regulation of Drought Escape through ABA-dependent and-independent pathways in rice［J］. Mol Plant，11：584 - 597.

Fan J，Bai P，Ning Y，et al. 2018. The monocot-Specific receptor-like kinase SDS2 controls cell death and immunity in rice［J］. Cell Host Microbe，23：498 - 510.

Guo J，Xu C，Wu D，et al. 2018. Bph6 encodes an exocyst-localized protein and confers broad resistance to planthoppers in rice［J］. Nat Genet，50：297 - 306.

Heng Y，Wu C，Long Y，et al. 2018. *OsALMT7* maintains panicle size and grain yield in rice by mediating malate transport［J］. Plant Cell，30：889 - 906.

Hong Y，Zhang Y，Sinumporn S，et al. 2018. Premature leaf senescence 3，encoding a methyltransferase，is required for melatonin biosynthesis in rice［J］. Plant J，95：877 - 891.

Hu S，Hu X，Hu J，et al. 2018. Xiaowei，a new rice germplasm for large-scale indoor research［J］. Mol Plant，11：1 418 -1 420.

Hu Z，Lu S J，Wang M J，et al. 2018. A Novel QTL *qTGW3* Encodes the GSK3/SHAGGY-Like Kinase OsGSK5/OsSK41 that interacts with OsARF4 to negatively regulate grain size and weight in rice［J］. Mol Plant，11：736 - 749.

Jiang P，Wang S，Jiang H，et al. 2018a. The COMPASS-like complex promotes flowering and panicle branching in rice [J]. Plant Physiol, 176: 2 761-2 771.

Jiang P, Wang S, Zheng H, et al. 2018b. *SIP1* participates in regulation of flowering time in rice by recruiting *OsTrx1* to *Ehd1* [J]. New Phytol, 219: 422-435.

Koide Y, Ogino A, Yoshikawa T, et al. 2018. Lineage-specific gene acquisition or loss is involved in interspecific hybrid sterility in rice [J]. Proc Natl Acad Sci U S A, 115: E1955-E1962.

Kuroha T, Nagai K, Gamuyao R, et al. 2018. Ethylene-gibberellin signaling underlies adaptation of rice to periodic flooding [J]. Science, 361: 181-186.

Li S, Tian Y, Wu K, et al. 2018. Modulating plant growth-metabolism coordination for sustainable agriculture [J]. Nature, 560: 595-600.

Liu C, Ou S, Mao B, et al. 2018a. Early selection of bZIP73 facilitated adaptation of *japonica* rice to cold climates [J]. Nature communications, 9: 3 302.

Liu Q, Han R, Wu K, et al. 2018. G-proteinbetagamma subunits determine grain size through interaction with MADS-domain transcription factors in rice [J]. Nature communications, 9: 852.

Liu Y, Cao Y, Zhang Q, et al. 2018. A cytosolic triosephosphate isomerase is a key component in XA3/XA26-mediated resistance [J]. Plant Physiol, 178: 923-935.

Lu H P, Luo T, Fu H W, et al. 2018. Resistance of rice to insect pests mediated by suppression of serotonin biosynthesis [J]. Nat Plants, 4: 338-344.

Ruan B, Hua Z, Zhao J, et al. 2018a. OsACL-A2 negatively regulates cell death and disease resistance in rice [J]. Plant Biotechnol J, 17: 1 344-1 356.

Ruan W, Guo M, Xu L, et al. 2018b. An SPX-RLI1 module regulates leaf inclination in response to phosphate availability in rice [J]. Plant Cell, 30: 853-870.

Song S, Chen Y, Liu L, et al. 2018. *OsFTIP7* determines auxin-mediated anther dehiscence in rice [J]. Nat Plants, 4: 495-504.

Sugano S, Maeda S, Hayashi N, et al. 2018. Tyrosine phosphorylation of a receptor-like cytoplasmic kinase, BSR1, plays a crucial role in resistance to multiple pathogens in rice [J]. Plant J, 96: 1 137-1 147.

Sun S, Wang L, Mao H, et al. 2018. A G-protein pathway determines grain size in rice [J]. Nature communications, 9: 851.

Swetha C, Basu D, Pachamuthu K, et al. 2018. Major domestication-related phenotypes in *indica* rice are due to loss of miRNA-mediated laccase silencing [J]. Plant Cell, 30: 2 649-2 662.

Tao J, Liang W, An G, et al. 2018. *OsMADS6* controls flower development by activating rice FACTOR OF DNA METHYLATION LIKE1 [J]. Plant Physiol, 177: 713-727.

Wang J, Zhou L, Shi H, et al. 2018. A single transcription factor promotes both yield and immunity in rice [J]. Science, 361: 1 026-1 028.

Wang Q L, Sun A Z, Chen S T, et al. 2018. *SPL6* represses signalling outputs of ER stress in control of panicle cell death in rice [J]. Nat Plants, 4: 280-288.

Wang W, Mauleon R, Hu Z, et al. 2018. Genomic variation in 3,010 diverse accessions of Asian cultivated rice [J]. Nature, 557: 43-49.

Xia D, Zhou H, Liu R, et al. 2018. GL3. 3, a novel QTL encoding a GSK3/SHAGGY-like kinase, epistatically interacts with GS3 to produce extra-long grains in rice [J]. Mol Plant, 11: 754－756.

Xue Z, Xu X, Zhou Y, et al. 2018. Deficiency of a triterpene pathway results in humidity-sensitive genic male sterility in rice [J]. Nature communications, 9: 604.

Yang X, Li G, Tian Y, et al. 2018. A rice glutamyl-tRNA synthetase modulates early anther cell division and patterning [J]. Plant Physiol, 177: 728－744.

Ye N H, Wang F Z, Shi L, et al. 2018. Natural variation in the promoter of rice calcineurin B-like protein10 (OsCBL10) affects flooding tolerance during seed germination among rice subspecies [J]. Plant J, 94: 612－625.

Ying J Z, Ma M, Bai C, et al. 2018. TGW3, a major QTL that negatively modulates grain length and weight in rice [J]. Mol Plant, 11: 750－753.

Zhang H, Zhu S, Liu T, et al. 2019. DELAYED HEADING DATE1 interacts with OsHAP5C/D, delays flowering time and enhances yield in rice [J]. Plant Biotechnol J, 17: 531－539.

Zhang N, Yu H, Yu H, et al. 2018. A Core Regulatory Pathway Controlling Rice Tiller Angle Mediated by the LAZY1 － Dependent Asymmetric Distribution of Auxin [J]. Plant Cell, 30: 1 461－1 475.

Zhang Z, Li J, Tang Z, et al. 2018. Gnp4/LAX2, a RAWUL protein, interferes with the OsIAA3－OsARF25 interaction to regulate grain length via the auxin signaling pathway in rice [J]. J Exp Bot, 69: 4 723－4 737.

Zhao D S, Li Q F, Zhang C Q, et al. 2018. *GS9* acts as a transcriptional activator to regulate rice grain shape and appearance quality [J]. Nature communications, 9: 1 240.

Zhao H, Wang X, Jia Y, et al. 2018b. The rice blast resistance gene ptr encodes an atypical protein required for broad-spectrum disease resistance [J]. Nature communications, 9: 2 039.

Zhao Q, Feng Q, Lu H, et al. 2018. Pan-genome analysis highlights the extent of genomic variation in cultivated and wild rice [J]. Nat Genet, 50: 278－284.

Zhu C, Peng Q, Fu D, et al. 2018. HAF1 modulates circadian accumulation of OsELF3 controlling heading date under long-day conditions in rice [J]. Plant Cell.

第三章　水稻栽培技术研究动态

2018年，我国水稻栽培技术研究在水稻高产栽培理论创新、技术研发与推广等方面做了大量工作，取得了丰硕成果，一些代表性科研成果已应用于水稻生产实践，推动我国水稻产业不断向前发展。如多项科研成果荣获国家级与省部级科技进步奖励，扬州大学张洪程院士领衔研发的“多熟制地区水稻机插栽培关键技术”获2018年度国家科技进步二等奖，该成果创建了毯苗、钵苗机插水稻“三协调”高产优质栽培技术新模式，集成应用了适应不同稻区的毯苗、钵苗机插高产优质栽培技术，促进了多熟制地区水稻机插栽培与生产水平的提升；华中农业大学彭少兵教授团队研发的“机收再生稻丰产高效栽培技术”获2018年度湖北省科技进步一等奖，该技术模式省工、省种、省水、省肥、省药、省秧田、省季节，增产、增收、米质优。在水稻高产栽培理论研究方面，水稻同化物转运对籽粒灌浆的调控与机制、水稻绿色高产高效栽培理论、新型植物激素对水稻生长发育的调控机理等方面取得了一定成绩；在水稻机械化生产技术方面，水稻精量穴直播技术、机收再生稻丰产高效栽培技术、水稻钵苗新型宽窄行机插技术、水稻精量穴播大钵机插技术等新技术、新体系得到推广应用。此外，针对生产中存在的过量施用氮肥、水肥利用效率低、气象灾害预防与补救等问题，侧深施肥、肥料运筹、防灾减灾等技术研究不断推进，提升水稻栽培理论研究与技术创新水平。

第一节　国内水稻栽培技术研究进展

一、水稻高产高效栽培理论

（一）同化物转运对籽粒灌浆的调控机制研究

协调植株衰老、光合作用与光合同化物向籽粒转运的关系是水稻栽培学研究的一个科学难题。研究解决这一难题，对阐明促进茎鞘中同化物向籽粒转运和籽粒灌浆的调控途径与机制，阐明目前生产上部分水稻品种在高氮水平下茎、鞘中同化物向籽粒转运率低、籽粒灌浆慢和充实不良等问题均具有十分重要的理论和实践意义。徐云姬等（2018）认为花后轻度干湿交替灌溉增强了茎鞘α-淀粉酶和β-淀粉酶活性，促进同化物质再运转与分配，提高茎鞘储藏物质对粒重的贡献率。Chu等（2018a）发现花后适度土壤干旱可以协调植株衰老、光合作用与同化物向籽粒转运的关系，促进籽粒灌浆，提高收获指数、产量和水分利用效率。Tian等（2018）发现水稻灌浆期茎中与糖代谢有关的一些酶，如β-淀粉酶、淀粉磷酸化酶和蔗糖磷酸合成酶等的活性及基因表达与茎中

ABA含量及ABA合成相关基因（*NCED1*）的表达密切相关，茎中较高的ABA含量及*NCED1*表达有利于糖代谢相关基因的表达和酶活性的增强，促进茎中同化物向籽粒转运。杨建昌和张建华（2018）认为花后适度土壤干旱，通过提高ABA与乙烯、GAs比值，能有效促进籽粒灌浆；在水稻活跃灌浆期，籽粒充实需要较高的内源ABA水平、较高的ABA与乙烯比值及ABA与GAs比值；通过适度土壤干旱或施用低浓度ABA适度增加体内ABA水平，可以增强茎和籽粒中糖代谢关键酶活性，增加同化物在源端的装载与在库端的卸载能力，进而促进同化物向籽粒转运和淀粉在籽粒中的合成与累积。

（二）水稻绿色高产高效栽培理论研究

长期以来，我国水稻生产以矮秆、抗倒、耐肥品种的培育和应用为基础，以增加化肥、农药和水资源的用量为手段，大幅提高了水稻单位面积产量，但同时也形成了高投入、高产出、高污染、低效益的“三高一低”生产模式，给社会、经济和环境带来了巨大压力。针对这一严重问题，张启发院士提出了“绿色超级稻”的理念，倡导以功能基因组研究新成果为基础，培育“少打农药、少施化肥、节水抗旱、优质高产”的“绿色超级稻”品种，实现农业绿色发展。杨建昌等（2018）认为叶片蒸腾效率和碳、氮代谢相关酶活性较高，激素之间平衡特别是脱落酸与乙烯比值及精胺或亚精胺与腐胺比值高，根量大、根系扎得深、根系活性强，根尖细胞中的线粒体、高尔基体等数目多，根系分泌物中苹果酸和琥珀酸浓度较高，群体冠层质量好尤其是粒叶比、糖花比和收获指数高是绿色超级稻高产形成的重要生理基础。Huang等（2018）发现与农民习惯栽培相比，在轻简化栽培模式下7个候选绿色超级稻品种的平均产量减产幅度较超级杂交稻低，其中9优6号在所有候选绿色超级稻中表现最为突出，参试2年均能保持较高的产量与氮肥利用效率。王飞等（2018）通过试验表明，绿色超级稻百亩示范方的平均产量为11.5t/hm^2，比当地高产水稻品种增加了16.6%，氮肥施用量比当地高产栽培减少10%，氮肥偏生产力提高30.4%，并认为再生稻、双季稻双直播和双水双绿模式是目前我国发展绿色超级稻的3个主要栽培途径。

（三）新型植物激素对水稻生长发育的调控机理研究

植物激素是一些由植物体合成，可以从合成部位输送至作用部位，微量浓度便可使植物体产生某种生理反应的活性有机信号分子。植物激素在调控水稻自身生长发育及协调水稻与周围环境相互作用等多个方面起关键作用。最早被发现的植物激素有生长素、赤霉素、细胞分裂素、脱落酸和乙烯，新型植物激素有油菜素内酯、茉莉素、水杨酸和独脚金内酯等。2018年，国内科研工作者针对新型植物激素对水稻生长发育的调控作用展开了较多研究。Yao等（2018）认为，水稻的α/β水解酶DWARF14蛋白可以恢复拟南芥d14突变体的分枝表型，暗示D14蛋白在单子叶植物和双子叶植物之间的功能保守性；进一步发现水稻D14也遵循上述新发现的“受体-配体”不可逆识别规律感知独脚金内酯、调控分蘖形成。何永明等（2018）研究发现，花药茉莉酸及其活性结合物茉莉脂异亮氨酸水平从开裂前急剧上升，与茉莉酸生物合成相关基因 *OsLOX6*、*OsAOS1*、*OsAOC* 和 *OsOPR7* 的表达水平在开裂前有不同程度的上升。Tao 等（2018）利用反向遗传学策略来研究精胺合成基因 *OsSPMS1* 的生物学功能，发现 *OsSPMS1* 影响乙烯合成，并可通过影响 ACC 和乙烯途径调控种子萌发和植物生长，最终影响粒型与产量。

二、水稻机械化生产技术

（一）水稻精量穴直播

针对目前直播稻生产中出现的问题以及生产实际需要，华南农业大学罗锡文院士研究团队研制了水稻精量穴直播机，并与中国水稻研究所章秀福、陆永良研究团队合作研发了配套栽培技术体系，在技术创新、机具发明和农艺创建三方面取得了显著成效：创新提出了同步开沟起垄穴播、同步开沟起垄施肥穴播和同步开沟起垄喷药/膜穴播的“三同步”水稻机械化精量穴直播技术；发明了适合水稻精量穴直播技术的机械式和气力式排种器及同步深施肥装置、水稻精量水穴直播机和水稻精量旱穴直播机，实现了行距可选、穴距可调、播量可控和仿形作业；创建了“精播全苗”“基蘖肥一次深施”和“播喷同步杂草防除”等配套栽培技术，发明了浸种剂、包衣剂和水稻生态专用肥等物化技术，制定了不同区域水稻精量穴直播技术规程。

（二）机收再生稻丰产高效栽培技术

机收再生稻丰产高效栽培技术是通过综合组装高产优质且再生力强的水稻品种、头季稻机械化育插秧高产高效技术、头季稻丰产高效水肥管理技术、头季机收模式下再生季促蘖增穗水肥管理和化控技术、头季机械高效收获少碾压保茬技术等一系列关键生产技术，集成创新了“机收再生稻丰产高效栽培技术模式”，列入 2018 年农业农村部主推技术。王森等（2018）研究发现，再生稻的总干物质积累呈“S”形曲线，茎、叶的干物质积累量分别在灌浆期和齐穗期达到最大；头季稻桩的干物质积累量从头季收割后呈下降趋势。Chen 等（2018）比较了杂交稻与常规稻在再生季的产量差异，发现杂交稻品种茎秆再生率、头季与再生季产量都显著高于常规稻品种，研究表明杂交稻更适合在长江中游地区作机收再生稻使用。

（三）水稻钵苗机插优质增产技术

2018 年，水稻钵苗机插优质增产技术继续被农业农村部列为全国农业主推技术。针对等行距水稻钵苗机插行距偏大，栽插基本苗不足的问题，扬州大学张洪程院士团队牵头有关单位与常州亚美柯机械设备有限公司协同攻关研究，成功研制出新型宽窄行水稻钵苗高速插秧机。该插秧机的行距配置是宽行 33cm、窄行 23cm，穴距（钵距）调节范围为 12.4～28.2cm，亩（1 亩≈667m^2。全书同）插穴数在 0.84 万～1.92 万穴之间合理调节，可以适应不同稻区、不同栽培制度（单季稻、双季稻）、不同穗型品种适宜密度的调节需求，解决了过去等行距密度调节范围小、适应性差的卡脖子问题，大面积示范片宽窄行配置，群体结构优化，植株健壮，穗大粒饱，熟相清秀，经测产一般可增产10%左右，超高产田可增产15%以上；一般可以早熟5～7d，为下茬小麦适时播种创造了条件，利于周年多熟增产增效。胡雅杰等（2018）研究认为钵苗机插较毯苗机插生育的中、后期氮素吸收能力强，后期叶片氮素转运量大、贡献率高，植株总氮素积累量和氮肥利用率显著提高。韩超等（2018）认为在淮北地区选择中熟中粳优质食味粳稻品种并配套毯苗机插方式是实现粳稻优质、高产和温光资源高效利用的最佳生产模式。

（四）水稻精量穴播大钵机插技术

采用传统育秧机插技术，杂交稻播种量为70～90g/盘，同时传统机械育插秧技术育成的秧苗质量差，不能发挥杂交稻增产增效的优势，迫切需要解决杂交稻育秧机插技术，提高杂交稻增产增效效果。中国水稻研究所联合浙江锦禾农业科技有限公司和浙江博仁工贸有限公司等，创新了杂交稻机械精量穴播育插秧技术，该技术应用种子气吸定量，秧盘及播种红外线定位，吸嘴防阻方法，槽式自流浇水等新技术，确保杂交稻每穴播种2～3粒。整盘播种均匀一致，标准秧盘每盘播量30g左右，比传统播种节省种子50%～60%，每亩节省种子成本50～80元，大幅提高秧苗质量。与杂交稻精量穴播相配套，研发了大钵苗插秧机械装备，实现水稻大钵苗机插。经在富阳区步桥开展的甬优538精量穴播大钵机插试验示范比较，2018年该技术亩产达836.5kg，比对照传统机插技术的760.8kg增产9.95%，实现了杂交稻绿色增产增效。

三、水稻肥水管理技术

（一）稻田培肥技术

水稻单产高低和土壤肥力水平密切相关，合理进行土壤培肥是维持和提升土壤肥力水平的最主要措施，也是作物高产优质的重要保证。He等（2018）以江西省南昌市1984年开始的有机肥料替代化肥氮素的长期试验为基础，探究有机替代对土壤生化指标的影响，发现土壤碳氮比显著影响水稻产量，当土壤碳氮比范围在10.12～10.19之间，每公顷水稻产量可达7.0t左右。土壤碳氮比和pH值均显著影响碳循环水解酶活性和真菌群落。与氮循环水解酶相比，碳循环水解酶更易受土壤碳氮比的影响。有机替代管理通过降低土壤碳氮比和提高土壤pH值，进而导致革兰氏阳性菌/革兰氏阴性菌以及真菌/细菌的比值降低。Guo等（2018）发现不同秸秆还田方式下水稻产量表现为：粉碎翻埋＞粉碎翻埋减N 20%＞粉碎旋耕＞粉碎旋耕减N 20%，提出晚稻栽插前采用粉碎翻埋方式秸秆还田。利用稳定同位素^{13}C标记，发现放线菌门中链霉菌目、毛虫胞目和棒状杆菌目是水稻秸秆碳源利用的主要微生物类群；真菌群落子囊菌门中的散囊菌目、粪壳菌目和格孢腔菌目在秸秆腐解中后期占主导地位。韩上等（2018）研究发现增施有机肥在提高耕层和亚耕层土壤养分含量、水稻产量及其稳定性上均有较好效果，耕层（0～15cm）和亚耕层（15～30cm）土壤养分状况对水稻产量及其稳定性均有显著影响，生产上要重视对亚耕层土壤的培肥。赵学敏等（2018）发现稻鸭共育后的稻田全氮、碱解氮、速效钾和有机质等土壤营养含量有所增加，土壤结构有效改善；稻鸭共育田的水体中铵态氮、硝态氮和磷含量有所提高，增加了降水或搁田时排水的氮磷流失风险。

（二）水稻高效施肥技术

我国粮食生产中过量施肥、不合理施肥现象仍普遍存在，不仅导致我国粮食作物的肥料利用率远低于发达国家水平，而且造成地下水硝酸盐污染、水体氮磷富营养化和温室气体排放增加等环境问题，严重影响农业生态环境，危害人类健康。因此，节本、省工、稳产高产、高效、绿色的轻简化农业生产方式越来越受到重视。深施肥技术可将养分精确送达根区，减少氮素损失，促进稻株吸收氮素，提高氮肥利用率和稻谷产量。Ke等（2018）研究发现，与氮肥面施相比，氮肥深施可以减少稻田表层水中氮素含量，但却提高了深层土壤中氮的淋溶量，与硫包衣尿素和树脂包衣尿素相比，复合肥氮淋溶量最低，水稻产量与植株含氮量也最高。Yao Y L等（2018a）发现，尿素深施可以减少稻田氨挥发，提高早期土壤中铵态氮的含量，促进水稻早生快发，提高产量和氮肥利用效率。此外，Yao Y L等（2018b）研究还发现，绿萍和氮肥深施相结合，可进一步减少氮素流失，提高水稻产量与氮肥利用效率。

科学调配基、蘖、穗肥的施用比例，少施或不施低效肥，是提高水稻全生育期N肥利用效率的有效方法。Wang D Y等（2018）认为，虽然水稻植株对穗肥N的吸收效率显著高于蘖肥和穗肥N，但在土壤-作物系统中，基肥N的利用效率高达69.7%，显著高于蘖肥（30%）和穗肥（46.0%），由于残留在土壤中的肥料N是土壤N的重要来源，可被后季作物吸收利用，因此当季作物对基肥N的低吸收并不能说明其是高损失的低效N肥。成臣等（2018）认为，采用基蘖穗粒肥比为4∶2∶2∶2的氮肥运筹水平，晚粳稻产量表现最好；采用基蘖穗肥比为4∶2∶4时可兼顾水稻高产和优质，其中穗肥二次均施的氮肥运筹表现优于穗肥一次施用。

水稻常规氮肥的施用一般采用基肥加多次追肥的方式，这种方式存在施肥次数多、费工费时、肥料利用率低等缺点，难以满足高效、资源节约、环境友好的现代水稻生产要求。近年来，一次性施肥技术正在我国水稻生产中快速发展。一次性施肥从狭义来讲，是指在作物整个生育期只施用一次肥料的生产技术，该技术既可实现粮食生产的高产高效和节本增收、提高农民种粮积极性，又可节约劳动力、解决第二三产业发展“用工荒”的难题，对促进国民经济协调发展和有效解决“三农”问题等具有重要意义，也是当前我国农业劳动力短缺条件下保障国家粮食安全的迫切需求。不同于将普通速效肥料底肥一次性施入不再进行追肥的“一炮轰”施肥方式，一次性施肥技术核心是绿色新型肥料产品和机械产品的研发与应用，通过专用机械将作物专用缓控释肥料一次施用，实现肥料养分释放与作物生长养分需求的时空匹配。近期有研究发现，与非超级稻品种相比，超级稻品种在施用树脂包衣尿素后可以获得更高产量水平和氮肥利用效率（Chu et al.，2018c）。丁武汉等（2018）研究认为，对于长江中下游典型种植系统而言，综合考虑对氮素淋失、作物产量和经济效益的影响，一次性基施控释肥技术能在保证作物稳产或增产、提高农民经济效益的同时显著降低氮淋失量，是未来水稻-油菜轮作系统值得推荐的一种生产技术。侯红乾等（2018）也发现一次性施用缓/控释肥产量水平与推荐分次施肥水平相当，但施用缓/控释肥能显著提高水稻氮素吸收量和含量。黄巧义等（2018）研究了聚脲甲醛缓释肥在华南双季稻上的肥料效应，认为在早、晚稻生产过程中，聚脲甲醛减氮23%一次性基施处理均获得了稳定且较高的产量和氮肥利用率，且其施肥成本与常规分次施肥方式持平，可以作为早、晚稻轻简化施肥和氮肥减施的有效途径。

（三）干湿交替灌溉与环境效应

干湿交替灌溉作为一种新的节水灌溉技术已经在中国、孟加拉国、印度、越南等国家被广泛采用。该技术在水稻生育过程中保持土壤水层和自然落干相互交替，可以显著减少灌溉用水，提高灌溉水利用效率。朱宽宇等（2018）发现干湿交替灌溉可以改善叶片性能、促进花后茎中较多的同化物向籽粒转运、提高茎鞘淀粉水解酶活性以及弱势粒中较高的糖代谢酶活性，进而提高产量和水分利用效率。Wang Z Q等（2018）认为轻度干湿交替灌溉可以提高幼穗形成期颖花中精胺与亚精胺的含量，提高多胺与乙烯的比值，减少颖花退化，从而提高每穗颖花数。Bao等（2018）认为适度干湿交替灌溉既可以提高水稻产量，又可增加稻米香气2-乙酰-1-吡咯啉的形成。Li等（2018）认为与常淹灌溉相比，轻度干湿交替灌溉可以延缓根系衰老，加快根际土壤养分的循环与转移，进而促进水稻对土壤养分的吸收与利用。干湿交替灌溉对水稻产量的影响，也因品种而异，Chu等（2018c）发现节水抗旱稻品种在干湿交替灌溉下的产量水平显著高于常规粳稻品种。

温室气体引起的全球变暖和臭氧层破坏是当今世界备受关注的环境问题。一般认为，干湿交替灌溉可以减少稻田甲烷排放，但土壤干湿交替使得硝化作用和反硝化作用交替进行，促进了N_2O排放。Kritee等（2018）在国际顶尖杂志*PNAS*发表学术论文，认为印度、中国等国家在水稻种植策略中片面关注CH_4减排，却忽略了N_2O的排放，并指出稻田N_2O在干湿交替灌溉下的排放量是常淹灌溉的30～45倍，比此前相关研究报道中的最高数据高出三倍，并指出通过对水、氮和碳的共同管理，水稻种植的净气候影响可以减少90%。随后，中国科学院南京土壤研究所颜晓元研究员和日本农研机构学者秋山博子博士联名在*PNAS*杂志刊文，认为Kritee等人不仅夸大了稻田N_2O的排放量，也夸大了稻田的减排潜力，有误导作用；并指出Kritee等提出的通过管理措施减排90%根本不可能实现（Yan et al.，2018）。

四、水稻抗灾栽培技术

（一）高温胁迫

随着工业化的加快和温室效应的加剧，短期异常高温发生频繁，已经成为影响作物生长的主要灾害因子之一。何亮等（2018）基于我国早稻种植区 214 个气象站近 40 年的数据，探讨我国早稻高温热害的时空变化趋势和极值概率分布规律，发现湖南中南部、江西中部、浙江和福建中部早稻遭受高温热害的风险较大。中国水稻研究所陶龙兴研究团队的研究表明高温胁迫下水稻同化物转运能力下降主要是由于蔗糖转运体 OsSUT1 和 OsSUT2 表达显著下调，韧皮部蔗糖质外体途径装载和卸载能力降低，同时叶片及叶鞘胞间连丝表面胼胝质沉积，蔗糖转运的共质体途径受抑；籽粒中糖代谢失衡，尤其是 OsSUSs 及 OsINVs 表达下调，蔗糖含量变化而影响源库关系，对同化物在源端的装载和向籽粒的运输产生反馈抑制（Zhang C X et al.，2018a）。缓解高温热害栽培技术方面的研究，主要集中于外源化学物质的调控。研究表明，水稻开花期高温影响雌蕊组织 IAA 含量及 POD 活性变化可能是导致花粉管伸长受阻的主要原因，而外源萘乙酸（NAA）可显著提高雌蕊组织生长素含量，促进花粉管在子房中的伸长从而增强水稻耐热性（Zhang C X et al.，2018b）。此外，脱落酸（ABA）及水杨酸（SA）均能减轻高温胁迫对水稻花粉粒的伤害。Islam 等（2018）首次阐述了 ABA 通过影响水稻颖花蔗糖的代谢及转运防止颖花败育，提高水稻耐热性。Feng B H 等（2018）的研究表明，高温下水杨酸能防止花药中 PCD 的产生，并能提高水稻花粉粒育性。韩瑞才等（2018）认为黄嘌呤脱氢酶通过调控酰脲类物质的合成，补偿自身的抗氧化能力并增强抗氧化酶系统的活性，从而有效提高水稻对高温胁迫的耐受能力。江晓东等（2018）研究表明，外源喷施氯化钙溶液和磷酸二氢钾溶液，可以显著提高高温胁迫下水稻叶片的抗衰老能力，对水稻高温胁迫有较强的缓解作用。

（二）干旱胁迫

干旱是全球范围内频繁发生的气候灾害，严重影响粮食作物生产和社会经济可持续发展，其风险研究日益受到关注。徐学中等（2018）认为过量表达 *OsNCED3* 的转基因株系在干旱胁迫下有较高的 ABA 水平，抗氧化酶 SOD、POD、CAT 活性及逆境响应蛋白基因 *Dehydrin* 和 *LEA* 的表达升高，水稻抗旱性增强；而抑制 *OsNCED3* 表达的转基因植株表现为干旱敏感，并推测 *OsNCED3* 是水稻干旱胁迫响应基因，调节了干旱环境下 ABA 水平和抗逆性。陈苏等（2018）认为，干旱生境下接种根际促生菌蜡状芽孢杆菌 F06 菌株，可调节植物体内的激素含量，减少干旱胁迫下光合色素的分解或流失，提高光合速率，增强水稻在干旱环境中的适应能力。Chen J G 等（2018）将 *OsNAR2.1* 基因导入武运粳 7 号，发现其对干旱胁迫下水稻的耐旱性有较好的正向调控作用。Chen

T T等（2018）首次揭示了一个新的水稻耐旱调控途径，即花粉母细胞减数分裂期干旱条件下，耐旱性强的水稻品种可通过调控导水率，减少穗中水分蒸腾散失，防止失水过多而导致颖花败育。

第二节　国外水稻栽培技术研究进展

一、机械直播技术

美国共有近160万hm^2的耕地种植水稻，直播率接近100%，其中80%是旱直播，20%是水直播（飞播）。澳大利亚水稻生产模式与美国较为接近，直播率也为100%。美、澳等西方发达国家的水稻生产有以下共同特点：计算机与激光技术结合的大型平地机高质量完成整地平地作业；机械精控播量、播深，播种质量高；水、肥、药管理均实现机械化、智能化，实现精准灌溉、施肥与打药；稻田与大豆轮作补足土壤肥力等。

二、保护性耕作技术

保护性耕作就是用大量秸秆残茬覆盖地表，将耕作减少到只要能保证种子发芽即可，主要用农药来控制杂草和病虫害的耕作技术。保护性耕作的主要技术措施有以下几种。

（1）残茬覆盖，在农田表面覆盖一层作物残茬，形成地表、阳光、降水、气流相互作用的缓冲带，减少土壤水分蒸发，调节土壤温度、提高土壤肥力和控制土壤侵蚀。

（2）免耕，美国的免耕技术保护环境效果最好。此外，还有留茬耕作模式、条带垄作模式、少耕模式、粮草轮作模式等技术。

（3）深松，用凿式犁或深松机进行只松土而不翻转土层，仍保护熟土在上、生土在下的耕层状况。

（4）免耕播种，使用特殊的专用免耕播种机，集开沟、播种、施肥、覆土、镇压于一体，国外保护性耕作机具的开发生产向专业化、复式化、大型化、产业化和智能化的方向发展。

（5）杂草、病虫控制，国外重视非化学除草技术的研究，如机械除草、覆盖压制除草、轮作控制杂草、生物除草等。

参考文献

陈苏，谢建坤，黄文新，等．2018．根际促生细菌对干旱胁迫下水稻生理特性的影响[J]．中国水稻科学，32（5）：485-492．

成臣，曾勇军，王祺，等．2018．氮肥运筹对南方双季晚粳稻产量及品质的影响[J]．植物营养与肥料学报，24（5）：1 386－1 395.

丁武汉，谢海宽，徐驰，等 . 2018. 一次性施肥技术对水稻-油菜轮作系统氮素淋失特征及经济效益的影响［J］. 应用生态学报，在线出版 .

韩超，许方甫，卞金龙，等 . 2018. 淮北地区机械化种植方式对不同生育类型优质食味粳稻产量及品质的影响［J］. 作物学报，44（11）：1 681－1 693.

韩瑞才，苏如奇，万建林，等 . 2018. 高温胁迫下黄嘌呤脱氢酶基因超表达对水稻幼苗的保护作用［J］. 中国水稻科学，32（4）：365－373.

韩上，武际，张祥明，等 . 2018. 增施有机肥对稻田亚耕层土壤的培肥效应［J］. 农业资源与环境学报，35（4）：334－341.

何亮，吴门新，侯英雨，等 . 2018. 基于极值概率分布函数的中国早稻高温热害时空分布统计特征［J］. 中国生态农业学报，26（11）：1 601－1 612.

何永明，刘遂飞，雷抒情 . 2018. 水稻花药开裂前茉莉酸水平及信号途径相关基因表达的动态变化［J］. 江西农业大学学报，40（3）：429－434.

侯红乾，冀建华，刘益仁，等 . 2018. 缓/控释肥对双季稻产量、氮素吸收和平衡的影响［J］. 土壤，50（1）：43－50.

胡雅杰，吴培，朱明，等 . 2018. 钵苗机插水稻氮素吸收与利用特征［J］. 中国水稻科学，32（3）：257－264.

黄巧义，张木，黄旭，等 . 2018. 聚脲甲醛缓释氮肥一次性基施在双季稻上的应用效果［J］. 中国农业科学，51（20）：3 996－4 006.

江晓东，姜琳琳，华梦飞，等 . 2018. 喷施不同化学制剂对水稻叶片抗高温胁迫的效果分析［J］. 中国农业气象，39（2）：92－99.

王飞，彭少兵 . 2018. 水稻绿色高产栽培技术研究进展［J］. 生命科学，30（10）：1 129－1 136.

王森，莫菁华，汪洋，等 . 2018. 水稻-再生稻体系干物质积累及氮磷钾养分的吸收利用［J］. 中国水稻科学，32（1）：67－77.

徐学中，汪婷，万旺，等 . 2018. 水稻 ABA 生物合成基因 *OsNCED3* 响应干旱胁迫［J］. 作物学报，44（1）：24－31.

徐云姬，许阳东，李银银，等 . 2018. 干湿交替灌溉对水稻花后同化物转运和籽粒灌浆的影响［J］. 作物学报，44（4）：55－568.

杨建昌，展明飞，朱宽宇 . 2018. 水稻绿色性状形成的生理基础［J］. 生命科学，30（10）：1 137－1 145.

杨建昌，张建华 . 2018. 促进稻麦同化物转运和籽粒灌浆的途径与机制［J］. 中国科学，63：2 932－2 943.

赵学敏，徐云连，吴蔚君，等 . 2018. 稻鸭共育对稻田培肥及氮磷流失的影响［J］. 中国稻米，24（2）：10－13.

朱宽宇，展明飞，陈静，等 . 2018. 不同氮肥水平下结实期灌溉方式对水稻弱势粒灌浆及产量的影响［J］. 中国水稻科学，32（2）：155－168.

Bao G G，Ashraf U，Wang C L，et al. 2018. Molecular basis for increased 2-acetyl-1-pyrroline contents under alternate wetting and drying（AWD）conditions in fragrant rice［J］. Plant Physiology and Biochemistry，133：149－157.

Chen J G, Qi T T, Hu Z, et al. 2018. *OsNAR2. 1* GPositively regulates drought tolerance and grain yield under drought stress conditions in rice [J]. Frontiers in Plant Science, 10: 197.

Chen Q, He A B, Wang W Q, et al. 2018. Comparisons of regeneration rate and yields performance between inbred and hybrid rice cultivars in a direct seeding rice-ratoon rice system in central China [J]. Field Crops Research, 223: 164 - 170.

Chen T T, Feng B H, Fu W M, et al. 2018. Nodes protect against drought stress in rice (Oryza sativa) by mediating hydraulic conductance [J]. Environmental and Experimental Botany, 155: 411 - 419.

Chu G, Chen T T, Chen S, et al. 2018a. The effect of alternate wetting and severe drying irrigation on grain yield and water use efficiency of *indica-japonica* hybrid rice (*Oryza sativa* L.) [J]. Food Energy Security, 7: e00133.

Chu G, Chen T T, Chen S, et al. 2018b. Polymer-coated urea application could produce more grain yield in "Super" rice [J]. Agronomy Journal, 110 (1): 1 - 14.

Chu G, Chen T T, Chen S, et al. 2018c. Agronomic performance of drought-resistance rice cultivars grown under alternate wetting and drying irrigation management in southeast China [J]. The Crop Journal, 6: 482 - 94.

Feng B H, Zhang C X, Chen T T, et al. 2018. Salicylic acid reverses pollen abortion of rice caused by heat stress [J]. BMC Plant Biology, 18: 245.

Guo T F, Zhang Q, Ai C, et al. 2018. Nitrogen enrichment regulates straw decomposition and its associated microbial community in a double-rice cropping system [J]. Scientific Reports, 8: 1 847.

He W T, Jiang R, He P, et al. 2018. Estimating nitrogen balance at regional scale in China's croplands from 1984 to 2014 [J]. Agricultural Systems, 167: 125 - 135.

Huang L Y, Sun F, Yuan S, et al. 2018. Responses of candidate green super rice and super hybrid rice varieties to simplified and reduced input practice [J]. Field Crops Research, 218: 78 - 87.

Islam M R, Feng B H, Chen T T, et al. Abscisic acid prevents pollen abortion under high-temperature stress by mediating sugar metabolism in rice spikelets [J]. Physiologia Plantarum, 165: 644 -663.

Ke J, He R C, Hou P F, et al. 2018. Combined controlled-released nitrogen fertilizers and deep placement effects of N leaching, rice yield and N recovery in machine-transplanted rice [J]. Agriculture, Ecosystems and Environment, 265: 402 - 412.

Kritee K, Drishya N, Daniel Z, et al. 2018. High nitrous oxide fluxes from rice indicate the need to manage water for both long-and short-term climate impacts [J]. Proceedings of the National Academy of Sciences of the United States of America, 115: 39.

Li B X, Cai L H, Zhu W K, et al. A positive response of rice rhizosphere to alternate moderate wetting and drying irrigation at grain filling stage [J]. A Agricultural Water Management, 207: 26 - 36.

Tao Y J, Wang J, Miao J, et al. 2018. The spermine synthase OsSPMS1 regulates seed germination, grain Size, and yield [J]. Plant Physiology, 178 (4): 1 522 - 1 536.

Tian B, Talukder S K, Fu J M, et al. 2018. Expression of a rice soluble starch synthase gene in transgenic wheat improves the grain yield under heat stress conditions [J]. Vitro Cellular & Developmental Biology-Plant, 54: 216 - 227.

Wang D Y, Xu C M, Ye C, et al. Low recovery efficiency of basal fertilizer-N in plants does not indicate high basal fertilizer-N loss from split-applied N in transplanted rice [J]. Field Crops Research, 229: 8 -16.

Wang Z Q, Gu D J, Beebout S S, et al. 2018. Effect of irrigation regime on grain yield, water productivity, and methane emissions in dry direct-seeded rice grown in raised beds with wheat straw incorporation [J]. The Crop Journal, 6 (5): 495 - 508.

Yan X Y, Hiroko A. 2018. Overestimation of N_2O mitigation potential by water management in rice paddy fields [J]. Proceedings of the National Academy of Sciences of the United States of America, 115: 48.

Yao R, Wang L, Li Y, et al. 2016. DWARF14 is a non-canonical hormone receptor for strigolactone [J]. Nature, 536 (7617): 469 - 473.

Yao R, Wang L, Li Y, et al. 2018. Rice DWARF14 acts as an unconventional hormone receptor to restore strigolactone signaling in *Arabidopsis* d14 mutant [J]. Journal of Experimental Botany, 69 (9): 2 355 - 2 365.

Yao Y L, Zhang M, Tian Y, et al. 2018a. Urea deep placement for minimizing NH3 loss in an intensive rice cropping system [J]. Field Crops Research, 218: 254 - 266.

Yao Y L, Zhang M, Tian Y, et al. 2018b. Urea deep placement in combination with Azolla for reducing nitrogen loss and improving fertilizer nitrogen recovery in rice field [J]. Field Crops Research, 218: 141 - 149.

Zhang C, Feng B H, Fu W M, et al. 2018b. Heat stress-reduced kernel weight in rice at anthesis is associated with impaired source-sink relationship and sugars allocation [J]. Environmental and Experimental Botany, 155: 718 - 733.

Zhang C, Li G Y, Chen T T, et al. 2018a. Heat stress induces spikelet sterility in rice at anthesis through inhibition of pollen tube elongation interfering with auxin homeostasis in pollinated pistils [J]. Rice, 11: 14.

Zhang M, Wang Z, Luo X, et al. 2018. Review of precision rice hill-drop drilling technology and machine for paddy [J]. International Journal of Agriculture and Biology, 11 (3): 1 - 11.

第四章　水稻植保技术研究动态

2018 年，我国水稻病虫害发生总体上为中等程度发生。据全国农业技术推广服务中心统计，水稻病虫害累计发生 7 200万公顷次，其中病害 2 300万公顷次，虫害 4 900万公顷次，分别比 2017 年减少 10%、5%和 12%，是近年来少有的发生较轻的年份。国内水稻植保技术研究在病虫害发生规律与预测预报技术、化学防治替代技术、化学防治技术、水稻与病虫害互作关系、水稻重要病虫害的抗药性及机理、水稻病虫害分子生物学等方面均取得显著进展。在水稻绿色防控技术方面，以金龟子绿僵菌、芽孢杆菌等为主要代表的绿色生物农药、以“激健”为代表的农药多功能增效助剂，以种植香根草、螟虫性诱技术、赤眼蜂和低毒化学农药相结合的生态工程控虫技术，以植保无人机为代表的高效施药技术等综合措施在水稻病虫害防控方面得到了广泛应用。在病虫与水稻互作方面，进一步解析了植物激素介导的信号调控在抗稻飞虱中的分子途径，克隆并解析了抗褐飞虱基因 *Bph6* 的分子机制，解析了褐飞虱表皮蛋白、唾液腺蛋白等重要基因的生物学功能及与水稻的互作机制中的作用。揭示了水稻理想株型建成基因 *IPA1*、隐性基因 *bsr-k1*、泛素连接酶基因 *SPL11*、SD-1 类型受体激酶、鸟苷酸交换因子 Os-SPK1 等在提高水稻抗病性方面的作用机制，明确了效应蛋白 AvrPiz-t、组蛋白表观调节因子等在稻瘟病病菌侵染寄主时的重要作用。

第一节　国内水稻植保技术研究进展

一、水稻主要病虫害防控关键技术

（一）病虫害发生规律与预测预报技术

气候型水稻病害稻曲病的研究取得多项进展。任义方等（2018）基于构建的综合稻曲病指数及相应划分的气象适宜度等级，利用历史气象资料、水稻生育期资料以及两套精细化预报产品，针对 2015 年和 2017 年稻曲病典型发生年份，结合病害监测时段中易于病菌入侵和流行的气象条件，选择病害起报时间，分别给出了基于欧洲中期天气预报中心细网格预报产品和江苏省气象局精细化预报产品的稻曲病流行气象适宜度等级预测结果，发现提前 7 天给出稻曲病发生气象适宜度等级的预测结果与江苏省实际稻曲病发病趋势和程度基本相符，实现了对稻曲病监测和预警的及时性、连续性和动态性。

刘文菁等（2018）根据中长期天气预报原理，充分考虑大气环流和太平洋海温对区域气象条件影响的滞后性，利用江苏逐日气象观测资料、大气环流指数和海温资料，采用空间拓扑原理和最优相关普查等统计方法，挑选出了对综合稻曲病指数影响最显著的预报因子，并通过滑动平均和主成分识别等检验方法确保预报因子的稳定性和独立性，最终分别基于大气环流因子和海温因子建立了综合稻曲病指数长期预报模型，这两种模型均能提前一个月预报出综合稻曲病指数以及对应发病气象等级。

饶汉宗等（2018）报道了中浙优1号、中浙优8号和甬优1540等品种在浙南山区青田县的田间能较好抗（耐）稻曲病，适宜在浙南山区种植，稻曲病的发生程度与孕穗—破口期至灌浆初期的气候条件密切相关，适温（26～28℃）高湿（80%以上）条件特别有利于稻曲病的发生，施肥特别是氮肥施用量对稻曲病的发生有重要影响，穗大粒多着粒密度高的品种（组合）易感稻曲病。

陆明红等（2018）探讨了中国和越南水稻“两迁”害虫发生规律的相关性，提出越南中部、北部“两迁”害虫发生动态可分别作为我国“两迁”害虫早期、早稻中后期预警指标。Hu Y等（2018）开发了一种可检测二化螟雄虫交配状态的技术。朱凤等（2018）认为性诱监测能准确鉴别稻纵卷叶螟种类、反映田间种群数量动态，并且在指示性成熟状态、虫源性质方面有一定作用。

包云轩等（2018a）和刘垚等（2018）提出WRF-FlexPart耦合模式能较好地反映系统性垂直气流和下垫面起伏对其上层三维流场和种群迁飞的影响，并认为近年来云南省褐飞虱迁入的虫源主要来自缅甸，部分来自老挝和泰国，少数来自越南，还有极少量来自孟加拉国，进一步分析了2013年5月22—26日发生在云南勐海、麻栗坡和广南的一次典型褐飞虱迁入过程的背景场对褐飞虱迁飞的影响。胡朝兴（2018）融合了多个昆虫迁飞行为参数，开发了适用于不同应用场景的专业昆虫轨迹模拟模型Flexpart-Insect。包云轩等（2018b）分析了中国褐飞虱境外主要虫源地中南半岛前期异常气候条件对中国南方稻区褐飞虱发生程度的影响，结果表明：①中南半岛气候异常区主要分布在北部，异常气候的发生次数在中南半岛呈现出北高南低的特征，并从北向南呈环状递减趋势；②中南半岛前期温度偏高（暖冬、暖春）、相对湿度偏大（湿冬、湿春），易引起褐飞虱在中国南方稻区的偏重以上发生，反之则常导致褐飞虱在中国南方稻区的偏轻以下发生；③SVM更加适用于生产实际中的褐飞虱发生程度预测。

孙思思（2018）报道了华南早期迁入白背飞虱的虫源主要来自越南中北部、老挝及泰国东北部，揭示种群大暴发的3个原因：①虫源地的扩大可作为一个前提条件；②秋季回迁种群规模的巨大和越南南部以及老挝冬季温度的偏高增加了初始虫源基数；③在种群主迁期时，连续盛行的西南气流有利于种群的北迁。田维逵等（2018）认为云南勐海稻区4月的白背飞虱虫源地主要集中在缅甸中部，部分来自缅甸南部和金三角地区，5月的虫源地集中在缅甸东部，泰国、老挝、越南的北部地区也能提供部分虫源，第2代白背飞虱为危害勐海早稻的主害代，时间为4月中旬至5月中旬。

（二）化学防治替代技术

1. 病害生防菌的筛选与应用

抗病微生物资源是水稻病害防治的重要材料。王玉双等（2018）从中药提取液中分离纯化到一株性能优良的拮抗细菌 CWJ2，根据菌落、菌株形态、16S r DNA 和 *gyr B* 基因序列，鉴定该菌株为解淀粉芽孢杆菌 *Bacillus amyloliquefaciens*。CWJ2 菌株发酵滤液可明显抑制稻瘟病菌菌丝生长和孢子萌发，且在高温、蛋白酶 K、紫外线和酸碱处理下，抑菌活性无显著变化，该菌有望作为生防菌株开发防治稻瘟病制剂。蔡长平等（2018）分离纯化得到了 1 株拮抗放线菌 CZ133（链霉菌属），该菌对稻瘟病菌的平均抑制率为 59.47%，对菌丝生长的最高抑制率达 100%，2.5%的发酵滤液能明显导致稻瘟病菌菌丝膨大或异常扭曲甚至自溶，5%～50%的发酵滤液能明显抑制孢子的萌发，孢子萌发抑制率最高达 74.27%。沙月霞等（2018）筛选获得 2 株对稻瘟病菌 *Magnaporthe oryzae* P131 具明显抑菌活性的菌株 S09（短小芽孢杆菌）和 S170（解淀粉芽孢杆菌），对稻瘟病的温室防治效果分别为 76.56%和 80.57%，对叶瘟的田间防治效果分别为 70.59%和 73.19%，对穗颈瘟的田间防治效果分别是 71.55%和 74.82%（表 4－1）。田间试验结果表明，菌株 S09 和 S170 对水稻有明显的促生和增产作用，分别能够提高田间水稻种子发芽率 17.37%和 12.34%，促进根长 18.68%和 33.85%，增加株高 12.44%和 28.49%，降低空秕率 25.17%和 35.59%。张清霞等（2018）报道了 7－5、4－74 和 4－78 等室内保存菌株对水稻纹枯病有一定的防治效果，其防效分别为 69.0%、70.8%和 75.4%。Liu L 等（2018）报道了生防菌株 H158 分别与甲氧基丙烯酸酯类杀菌剂、戊唑醇混用在水稻纹枯病和稻曲病的防治上表现出强烈的增效作用。安俊霞等（2018）发现公主岭霉素可提高水稻植株叶片中 PAL、SOD、GLU 等防御酶的活性，持效期达 30 天，对田间水稻叶瘟和穗颈瘟均具有一定防控作用，其中对叶瘟的预防和防治效果最高分别为 82.26%和 74.49%，对穗颈瘟则为 72.09%和 63.97%，还可促进水稻增产 0.71%～8.22%（表 4－1）。

表 4－1　几种农药对水稻主要病害的防治效果

药剂	用量	防治对象	防治效果（%）	参考文献
短小芽孢杆菌	1×10^8 CFU/mL	叶瘟、穗颈瘟	70.59，71.55	沙月霞等（2018）
解淀粉芽孢杆菌	1×10^8 CFU/mL	叶瘟、穗颈瘟	73.19，74.82	
绿地康	7 500mL/hm^2	叶瘟、穗颈瘟	75.62，76.25	
75%三环唑	1 050～1 200g/hm^2	叶瘟、穗颈瘟	73.45，74.18	

（续表）

药剂	用量	防治对象	防治效果（%）	参考文献
公主岭霉素	4 500mL/hm²	叶瘟、穗颈瘟	74.49，63.97	安俊霞等（2018）
加收米	1 500mL/hm²	叶瘟、穗颈瘟	89.24，84.66	
京博施美清	750mL/hm²	叶瘟、穗颈瘟	91.61，84.52	
5%苯醚甲环唑·烯肟菌胺	180g/hm²	稻曲病	79.89	胡茂林等（2018）
5%烯肟菌胺水剂	75g/hm²	稻曲病	74.10	
25%苯醚甲环唑	120g/hm²	稻曲病	81.10	
300g/L苯醚甲环唑·丙环唑	67.5g/hm²	稻曲病	80.06	
2.5%井冈霉素·100亿枯草芽孢杆菌	112.5g·4.5×10^{13}/hm²	稻曲病	71.69	
拿敌稳（75%肟菌·戊唑醇）		稻曲病	76.82	乐丽红等（2018）
爱苗（30%苯甲丙环唑）		稻曲病	73.18	
菌刀（24%井冈霉素A）		稻曲病	69.21	
头等功（30%己唑醇）		稻曲病	68.54	
阿米妙收（20%嘧菌酯，12.5%苯醚甲环唑）		稻曲病	48.68	
井冈霉素		稻曲病	49.01	
好立克（43%戊唑醇）		稻曲病	42.05	
32.5%嘧菌酯·苯醚甲环唑	750mL/hm²	稻曲病	81.72	狄蕊等（2018）
75%戊唑醇·肟菌酯	225g/hm²	稻曲病	67.31	
12.5%氟环唑	750mL/hm²	稻曲病	55.22	
45%咪鲜胺	750mL/hm²	稻曲病	60.10	
45%苯甲·丙环唑	300mL/hm²	稻曲病	62.84	

2. 虫害的非化学防治技术

以金龟子绿僵菌等为主要代表的绿色生物农药得到了广泛应用。金龟子绿僵菌CQMa421可分散油悬浮剂是由重庆聚立信生物工程有限公司科研人员研发的一种广谱性真菌类生物农药，对稻飞虱、稻纵卷叶螟、二化螟的防治效果分别为35.57%～78.5%、53.22%和60.73%（表4-1），该生物农药对人畜和天敌相对安全，值得进一步示范应用。陈春秋等（2018）报道了纳米农药水性制剂组合药后7天对稻飞虱、稻纵卷叶螟的防治效果分别为95.69%、78.80%～82.49%，总体防效优于常规对照农药，且适用于植保无人机飞防使用。牛洪涛等（2018）报道了粘质沙雷氏菌S-JS1与不同浓度杀虫剂混用，均可提高杀虫剂对灰飞虱的致死率。Niu等（2018）报道了一种昆虫病原细菌粘质沙雷氏菌S-JS1（Serratia marcescens-JS1）与杀虫剂组合使用对褐飞虱防治具有增效作用。刘民华等（2018）通过室内筛选试验研究新化合物 HNPC-A69 的生物活性，该化学物具有广谱杀虫和杀菌生物活性，其对稻飞虱（LC_{50}＝1.08mg/L）等害虫的杀虫活性明显优于对照药剂吡虫啉（LC_{50}＝2.00mg/L）。陈诚（2018）合成并测试了 4 种白桦脂酸类衍生物对稻飞虱、黏虫、斜纹夜蛾、蚕豆蚜等有害生物的杀虫活性。

以激健为代表的农药助剂助力水稻减药。王军（2018）报道了 50％吡蚜酮水分散剂减量 50％＋激健、70％吡虫啉水分散剂减量 50％＋激健的防效均在 70％以上，有效控制了白背飞虱的发生，减少了农药使用量，提高了农药使用效率，达到了减量控害的目的。孙华明等（2018）的研究结果表明，添加激健（225g/hm^2），农药使用量比正常用量减少 20％～50％，达到了减量控害效果，而且随着用量减少，控害效果也逐步降低。

张建军等（2018）和谢春甫等（2018）研究发现，综合利用香根草、螟虫性诱技术、赤眼蜂和低毒化学农药等措施对螟虫的防治效果明显。姜海平等（2018）应用性诱剂与赤眼蜂协同防控水稻二化螟的效果显著优于单独使用赤眼蜂或性诱剂，与常规化学防治效果相当。李姝等（2018）研究发现在南北水稻产区，松毛虫赤眼蜂、螟黄赤眼蜂和稻螟赤眼蜂等 3 种赤眼蜂对二化螟卵的田间寄生率及控害效果的变化趋势相同，从高到低依次为稻螟赤眼蜂、螟黄赤眼蜂和松毛虫赤眼蜂。徐健等（2018）研究发现，田间喷洒稻纵卷叶螟专性杆状病毒 Cnme GV（7.500×10^5 OB/m^2、1.125×10^6 OB/m^2）24d 后，感病显症幼虫比例达 69.16％～70.77％。此外，蓝妮等（2018）研究发现，水稻与美人蕉间作不仅能降低稻纵卷叶螟发生，而且能提高水稻分蘖数和产量。郑许松等（2018）研究结果表明，与常规水稻相比，彩色稻更易吸引稻纵卷叶螟为害，但稻螟赤眼蜂对紫色稻上稻纵卷叶螟卵具有低选择性，不利于其在紫色稻上的害虫防控。

（三）化学防治技术

1. 农药新品种、新剂型研究

（1）杀菌剂。为筛选防治稻曲病的杀菌剂，胡茂林等（2018）报道了苯醚甲环唑和烯肟菌胺按 9∶1 混配的复配制剂 5％苯醚甲环唑·烯肟菌胺微乳剂（180g/hm^2）对病穗防效达 79.89％，病粒率防效达 81.94％，高于 5％烯肟菌胺水剂（75g/hm^2）和 2.5％井冈霉素·100 亿枯草芽孢杆菌水剂（112.5g·4.5×10^{13}/hm^2），与 25％苯醚甲环唑乳油、苯醚甲环唑·丙环唑乳油（300g/L）无显著差异（表 4－1）。乐丽红等（2018）开展了南方粳稻大田稻曲病防治药剂的筛选试验，发现拿敌稳、爱苗、菌刀、头等功等药剂对稻曲病的病指防效可达 68.54％～76.82％，极显著优于阿米妙收（48.68％）、井冈霉素（49.01％）和好立克（42.05％），且水稻增产可达 4.38％～7.89％，破口前 10 天、破口前 3 天和齐穗后各施 1 次药的效果较好（表 4－1）。狄蕊等（2018）研究了 5 种杀菌剂对水稻稻曲病的田间防治效果，发现 32.5％嘧菌酯·苯醚甲环唑悬浮剂对稻曲病防治效果最佳，病指防效达 81.72％，75％戊唑醇·肟菌酯水分散粒剂、12.5%氟环唑悬浮剂、45%咪鲜胺水乳剂和45%苯甲·丙环唑悬浮剂等4种药剂的防治效果均在50%以上（表4-1），推荐32.5%嘧菌酯·苯醚甲环唑悬浮剂为稻曲病防治的首选药剂，并与其他4种药剂交替使用。

张玲等（2018）报道，琥珀酸脱氢酶抑制剂类杀菌剂6.25% Fluindapyr（研发代号IR9792）EC、甲氧基丙烯酸酯类杀菌剂25%吡唑醚菌酯EC、三唑硫酮类杀菌剂48%丙硫菌唑SC的对稻瘟病菌的EC_{50}分别为1.01mg/L、0.01mg/L、0.70mg/L，24%噻呋酰胺SC、20%丁香菌酯SC、48%丙硫菌唑SC对纹枯病菌的EC_{50}分别为0.07mg/L、0.52mg/L、1.19mg/L。

（2）杀虫剂。以三氟苯嘧啶为代表的新型杀虫剂正广泛应用于水稻害虫控制，该药由美国杜邦公司生产，作用于乙酰胆碱受体，与新烟碱类杀虫剂无交互抗性的介离子类杀虫剂，2017年在我国正式登记。研究结果表明，三氟苯嘧啶对褐飞虱的防治效果为75.72%～99.51%，且其持效期可达42～60d，显著优于常规化学农药（表4-2）。孙文青（2018）认为三氟苯嘧啶显著降低了褐飞虱的生殖力，对调控生殖的保幼激素、生殖相关营养物质蛋白的合成与积累以及褐飞虱的卵巢发育均存在显著的抑制作用。Wang W等（2018）报道了三氟苯嘧啶对稻飞虱种群的毒性高于常用杀虫剂吡虫啉，对稻虱缨小蜂、黑肩绿盲蝽、隐翅虫、拟水狼蛛、食虫沟瘤蛛、草间钻头蛛和拟环纹豹蛛等天敌无危害，对八叶螨危害较小，提出三氟苯嘧啶对我国稻飞虱种群具有较好的防治效果，与我国稻飞虱天敌具有较好适应性。

表4-2　几种农药对水稻主要害虫的防治效果

药剂	用量	调查对象	药后防治效果（%）	参考文献
金龟子绿僵菌（mL/hm²）	600	褐飞虱	75.2～78.5（7～14d）	欧阳传禄（2018）
	1 200	白背飞虱	68.7～78.0（7～14d）	车正明等（2018）
		褐飞虱	35.57～68.14（7～14d）	张舒等（2018）
	900	稻纵卷叶螟	53.22（7d）	
		二化螟	60.73（7d）	
10%三氟苯嘧啶（mL/hm²）	250	褐飞虱	97.01～98.61（3～42d）	朱友理等（2018）
	240		75.72～99.91（3～60d）	韦世训等（2018）
	240		90.45～99.51（7～45d）	黄怡兵等（2018）
	240		97.65～96.08（7～14d）	
30%醚菊酯（mL/hm²）	375		86.72～86.15（7～14d）	杨月策（2018）
25%吡虫啉（g/hm²）	150		84.65～1.38（7～14d）	
25%吡蚜酮（g/hm²）	300		79.71～95.09（7～14d）	
25%吡蚜酮（g/hm²）	300		81.01～85.48（7～14d）	陈时健等（2018）
72%吡蚜·异丙威（g/hm²）	225		89.76～91.24（7～14d）	

2015年开始，浙江、湖南和江西部分地区二化螟对氯虫苯甲酰胺敏感性迅速下降，筛选高效替代药剂或配方成为防治水稻害虫的一个重要热点。胡选祥等（2018）研究发现，在浙江省建德市田间施用34%乙多·甲氧虫悬浮剂（450mL/hm^2）、24%甲氧虫酰肼悬浮剂（450mL/hm^2）后15d，对二化螟的防治效果均达85%以上，优于5%氯虫苯甲酰胺（72.7%）和5%虱螨脲（73.2%）。吴树业等（2018）研究发现，浙江省瑞安市田间施用34%乙多·甲氧虫悬浮剂（450mL/hm^2）对早稻一代二化螟1～2龄幼虫盛期的防治效果（90.9%）优于2～3龄幼虫盛期（70.4%），施用2次的保苗效果（88.0%）好于1次（77.6%）。张帅等（2018）在江西省南昌市的研究发现，移栽前早稻秧苗经40%氯虫·噻虫嗪（15kg/hm^2）、19%溴氰虫酰胺（26.25 L/hm^2）、5%阿维菌素（6 L/hm^2）处理，对早稻1代二化螟的防治效果均在80%以上，并指出合理提高药剂用量可延长秧苗"送嫁药"的持效期。Yang等（2018）报道了甲维盐、多杀菌素对浙江省杭州市的稻纵卷叶螟的亚致死作用强于毒死蜱和氯虫苯甲酰胺。陆智文和罗春红（2018）通过江苏省太仓市的田间药效试验发现，15%茚虫威（240mL/hm^2）、20%氯虫苯甲酰胺（150mL/hm^2）、10%四氯虫酰胺（1 500mL/hm^2）对稻纵卷叶螟的保叶效果（93.1%～95.8%）和杀虫效果（94.2%～96.7%）高于6%甲维·杀虫单（0.9kg/hm^2）、42%甲维·抑食肼WG（0.5kg/hm^2）（保叶效果为51.3%～55.9%，杀虫效果为59.0%～62.1%）。应小军等（2018）比较了11种杀虫剂对浙江省余姚市早稻一代二化螟的防治效果，发现20%甲维·甲虫肼、10%阿维·甲虫肼、34%乙多·甲氧虫对二化螟的防治效果较好（枯心率为2.2%～3.2%），优于40%三唑磷（7.0%）、45%马拉硫磷（10.6%）、45%杀螟硫磷（10.7%）、40%二嗪·辛硫磷（16.2%）等有机磷药剂和5%丁虫腈（23.6%）、40%氯虫·噻虫嗪（15.6%）等药剂。吴亚坚等（2018）报道了水稻移栽前撒施0.5%吡蚜酮·杀虫双缓释粒剂对水稻二化螟（药后30～45d）、稻纵卷叶螟（药后60～70d）和稻飞虱（药后60～75d）的田间防效分别为66.99%～91.80%、51.23%～77.75%、91.37%～98.04%，对天敌蜘蛛杀伤率为13.55%～24.52%。

2. 施药新技术

袁会珠等（2018）认为植保无人飞机低容量喷雾技术将会得到更广泛的应用，植保无人飞机专用药剂和配套助剂、变量施药、多传感器数据融合、多机协同、精准施药、施药标准和规范等都将得到长足发展，为现代农业和智慧农业发展提供技术支持。何勇等（2018）综述了各类植保无人机常用喷嘴的原理、特点及应用场合，提出了喷嘴性能评价指标，总结了雾滴收集方法、雾滴沉积量测试方法以及仪器测量法等雾滴评价方法，提出合理的施药决策是结合靶标作物、喷药需求以及喷施环境三方面因素共同作用的结果，分析了喷嘴选型的思路。李继宇等（2018）报道了雾滴在水稻冠层上、中、下部的沉积量之间差异显著，但是下部的雾滴沉积量高于上部和中部（可能由于下压风场过大所致），喷雾粒径显著影响雾滴在靶标上的沉积量，单位面积药液沉积量具有随喷雾粒径减小而增大的趋势。孙娟等（2018）报道了无人机飞行高度1.8m、速度3m/s、喷液量 12L/hm^2，亩施用 25%甲维·茚虫威水分散粒剂 12g+48%苯甲·嘧菌酯悬浮剂 30g+80%烯啶·吡蚜酮水分散粒剂 8g，对水稻纹枯病和稻纵卷叶螟的防效分别为 95.6%和 94.1%，但与同等剂量药剂的背负式电动喷雾器喷施的防效无显著差异。方海维（2018）开展了植保无人机全程施药防治水稻病虫害防治示范，对二化螟枯心防效 92.45%、白穗率防效 89.36%，对稻飞虱的防效为 87.55%～88.82%，对纹枯病的防效为 73.34%～78.57%，对稻纵卷叶螟保叶防效为 96.47%，对稻曲病防效为 91.00%，优于或相当于常规施药方法。顾中言等（2018）认为，通过人工智能，将杀虫剂直接喷洒在褐飞虱发生为害的部位，并根据虫量进行变量施药，可提高杀虫剂防治水稻褐飞虱的有效利用率。

二、水稻病虫害的应用基础研究

（一）水稻与病虫害互作关系

1. 水稻抗病性及其机制

余山红等（2018）发现浙江省 23 个水稻主栽品种中杂交稻比常规稻感病，籼粳杂交稻发病最严重，病穗率、平均每穗稻曲球数与病情指数高度相关且存在直线回归关系，并认为病穗率可作为大量水稻品种抗性评价指标，提出浙江省水稻主栽品种对稻曲病的抗性水平较低，需引起重视。

曾慧芳（2018）报道水稻品种在室内人工接种和田间自然诱发的抗瘟性表现相近，其中 FJSM-25（元优 2105）、FJSM-26（元优 919）、FJSM-70（春优 84）等 43 个水稻新品种对稻瘟病抗性较好，FJSM-21（绿两优 2740）、FJSM-23（瑞优 178）、FJSM-24（宜优嘉 7）等 33 个水稻新品种对稻曲病抗性表现较好，FJSM-1（广优 1029）、FJSM-11（天丰优 110）、FJSM-25（元优 2105）等 9 个水稻新品种对稻瘟病和稻曲病均具有较好的抗性，水稻稻瘟病和稻曲病混合发生的比率达 92%以上。

2. 水稻抗虫性与害虫致害性

Hu X 等（2018）评价了 25 个江西水稻品种苗期和成株期对褐飞虱的抗性水平，其中龙良友 534 和吴山寺尾在苗期表现中等抗性，但在成虫期表现敏感，高优红 88 和丰原优 2297 在成虫期表现中等抗性，但在苗期表现敏感。李月鲲等（2018）通过苗期群体鉴定筛选，初步从 304 份水稻品种（组合）中筛选出 1 份抗性品种（R373），2 份中抗品种（特优 373 和特优 582）。

抗飞虱基因克隆、定位及分子标记开发研究取得重要进展，其中抗褐飞虱基因 *Bph6* 的研究取得重大突破。Guo 等（2018）从水稻资源 Swarnalata 中克隆得到了位于水稻第 4 染色体长臂上的显性广谱抗虫基因 *Bph6*，该基因编码产物位于胞泌复合体 exocyst，不仅通过与 exocyst 的 EXO70E1 亚基的互作调控水稻细胞分泌，维持细胞壁完整性，进而阻碍褐飞虱取食，而且该基因可调控 SA、JA、细胞分裂素（CK）等多种激素通路，并证实了细胞分裂素在水稻抗虫中的重要作用。此外，第4染色体上，Wang H等（2018）定位了遗传距离为37.5 kb的抗性基因*Bph30*。刘毅等（2018）开发了一个功能标记H14，该标记可准确地区分含或不含抗虫基因*Bph14*的基因型，且选择效率达95%以上。邓钊等（2018）开发了两对用于鉴定*Bph3*基因型的分子标记。Jiang H等（2018）通过苗期和成株期抗性级别、蜜露量、存活率等指标评价了6个带有单个基因（*Bph3*、*Bph14*、*Bph15*、*Bph18*、*Bph20*、*Bph21*）和1个聚合基因（*Bph14*、*Bph15*）近等基因系的抗性水平，其抗性水平由高至低分别为*Bph14*/*Bph15*、*Bph15*、*Bph14*、*Bph20*、*Bph21*、*Bph3*、*Bph18*。Han等（2018）报道了含有*Bph14*和*Bph15*的多基因聚合系BR4831表现出较强的抗生性和不选择性，单基因株系HF106和C602则仅表现抗生性。

植物激素介导的分子信号调控途径仍是抗虫机制的研究热点。Chen等（2018）克隆了一个水稻赤霉素信号受体基因*OsGID1*，其表达受褐飞虱取食、机械损伤和水杨酸所诱导，其过表达可降低褐飞虱诱导的SA、H_2O_2水平及*OsWRKY13*、*OsWRKY30*、*OsWRKY33*的表达量，提高乙烯含量，抑制褐飞虱的取食、产卵及卵的孵化，由此证实*OsGID1*介导的赤霉素信号途径在水稻对褐飞虱的抗性机制中有积极作用。陈梦婷等（2018）报道机械损伤和褐飞虱产卵行为均能诱导水稻转录因子*OsERF7*的表达，抑制*OsERF7*降低了褐飞虱及白背飞虱卵的孵化率，延长褐飞虱卵的发育历期，影响JA、JA-lle、SA等防御信号分子的含量。Ge等（2018）认为水稻调控因子miR156主要抑制靶基因*SPL14*，改变了JA信号途径中*MPK6*或*OsHI-LOX*等的表达，降低了JA和JA-Ile的含量，从而参与对褐飞虱抗性调节。Pan G等（2018）报道褐飞虱取食水稻后，抑制了油菜素类固醇（BR）途径，激活了SA和JA途径，过量表达BR突变体增强了水稻对褐飞虱的敏感性，而缺失突变体减弱了其对褐飞虱的敏感性，BR降低了SA途径相关基因及SA含量，提高了JA基因的表达量及JA含量，BR通过SA和JA信号途径开启了水稻对褐飞虱的敏感性。Hao等（2018）分离得到一种抗褐飞虱的化合物夏佛托苷（schaftoside），该化合物可抑制Nl-CDK1上氨基酸残基（苏氨酸-14）的磷酸化，从而参与水稻对褐飞虱的抗性。刘晓丽和娄永根（2018）发现褐飞虱和白背飞虱的雌成虫均可诱导水稻JA、SA、ET和H_2O_2等防御相关信号分子及挥发物含量升高，但二者的诱导作用存在差异，且水稻对白背飞虱的防御反应更强。

王亭等（2018）报道了稻纵卷叶螟取食粳稻品种秀水134后的蛹重（12.45mg）、产卵量（34.1粒/雌）均低于中早39、中浙优8号、甬优12，并认为秀水134不利于稻纵卷叶螟的种群发展。李永洪等（2018）研究三化螟产卵趋性和幼虫取食趋性与水稻植株主要农艺性状的相关关系，发现幼虫为害性状枯心指数与株高、第二叶鞘长、第二叶宽、第二叶基角和播抽天数等性状呈正相关，枯心指数与第二叶鞘长和第二叶基角两性状相关达极显著水平，叶片上毛的存在及其多少与抗螟性相关。

何雨娟等（2018）发现*OsLTPL164*和*OsLTPL151*的表达量受二化螟取食以及机

械损伤所诱导，但在不同水稻品种间存在差异。Cao 等（2018）发现 *OsMPK4* 受到 JA、ET、SA 信号通路的调控，参与水稻对二化螟的抗性过程。Zhou P 等（2018）研究发现，杀菌剂噻枯唑诱导 JA、JA-Ile、ET 和 H_2O_2 的生物合成，提高了稻虱缨小蜂对白背飞虱卵的寄生率和水稻对褐飞虱及二化螟的抗性。

（二）水稻重要病虫害的抗药性及机理

1. 抗药性监测

邓春林等（2018）报道了湖北省孝感、赤壁等地褐飞虱对除第二代烟碱类药剂烯啶虫胺外的吡虫啉、噻虫嗪、噻嗪酮、毒死蜱等药剂几乎都产生了不同程度的抗性。肖汉祥等（2018）发现广东褐飞虱种群对吡虫啉抗性仍处于极高水平抗性阶段（161.9～3 576.4倍），对噻嗪酮、噻虫嗪的抗性仍处于高水平至极高水平抗性阶段（分别为 93.4～1 497.8倍、61.0～517.8 倍），对吡蚜酮抗性处于敏感性下降至中等水平抗性阶段（3.7～11.0 倍）。张欧等（2018）报道了湖北省褐飞虱田间种群对吡虫啉、噻虫嗪处于极高水平抗性阶段（4 483.4～6 087.8倍、608.9～1 025.6倍），对烯啶虫处于低至中等水平抗性阶段（7.3～11.9 倍），白背飞虱田间种群对噻嗪酮处于中等至高水平抗性阶段（89.1～122.5 倍），对烯啶虫胺和氟啶虫胺腈处于低水平抗性阶段（1.4～6.1 倍、4.7～6.9 倍）。

徐丽娜等（2018）报道 2016—2017 年安徽省 6 个地区的二化螟对杀虫单、三唑磷和毒死蜱均产生不同程度的抗性，其中六安种群对三唑磷的 LD_{50} 最高（350.57μg/g)。马惠等（2018）报道山东省东营、济南、济宁、临沂 4 个代表性稻区二化螟（年份不详）对甲维盐、印楝素的敏感度最高，对阿维菌素、氯虫苯甲酰胺、苏云金杆菌的敏感度较高，对毒死蜱的敏感度较低。黄孝龙等（2018）报道江西省八个县区二化螟种群（2016 年采集）对多杀菌素、甲维盐、阿维菌素的相对抗性水平分别为 1.0～1.7、1.0～6.2、1.0～7.6。邱良妙等（2018）发现 6 种杀虫剂对同一地区的种群稻纵卷叶螟（对福建省福州、闽侯和沙县 3 个地区）的毒力排序为：阿维菌素＞乙基多杀菌素＞甲氨基阿维菌素＞氯虫苯甲酰胺＞茚虫威＞毒死蜱，均未产生明显的抗药性，其中福州种群最为敏感。李忠良等（2018）监测了洞庭湖周围 6 个县区稻田 2017 年 5 —9 月稻纵卷叶螟对 7 种主要药剂的抗性水平，各药剂抗性指数在 0～5.0 之间，抗性水平为敏感或敏感性下降。Wu 等（2018）报道 3 个大螟种群（南京、南通、杭州）对二酰胺类杀虫剂仍然敏感。

Tang 等（2018）发现二化螟抗 Cry1C 室内种群（抗性倍数为 42.6，遗传力为 0.096）尚未对转 cry1Ab 抗虫水稻品种和转 *cry1Ab* ＋ *cry1C* 双价抗虫水稻品种表现强适应性。陈耕等（2018）发现转 *cry1Ab*＋*cry1C* 双价抗虫水稻不仅能高效防治二化螟，还能延缓害虫抗性，表现出良好的应用前景。Jiao 等（2018）认为 *Bt* 水稻可以保护相邻的非 *Bt* 水稻免受二化螟的侵害。翁绿水等（2018）报道了转基因水稻 B2A68 中各器官（乳熟期）中的 Cry2Aa 蛋白含量与二化螟幼虫和稻纵卷叶螟的死亡率正相关，相关系数分别为 0.837 和 0.988，杂合植株叶片对稻纵卷叶螟幼虫的致死时间不超过 5d。

2. 抗药性机制

Fang 等（2018）报道了耐吡虫啉褐飞虱种群对吡虫啉的抗性为 27.63 倍，对乙酰酰胺（16.64 倍）、噻虫啉（12.64 倍）和烯啶虫胺（16.90 倍）的交叉抗性较低，对环氧虫啶没有交叉抗性（1.92 倍），认为环氧虫啶可能是一种有效的吡虫啉替代品。Zhang 等（2018d）发现，灰飞虱对环氧虫啶耐药性较其他药物发展缓慢，对毒死蜱或噻嗪酮无交叉抗性。Sheng 等（2018）建立了抗乙虫腈灰飞虱种群，该种群对乙硫磷的抗性增加5 000倍以上，对氟虫腈和丁烯氟虫腈的交互抗性增加了约 200 倍，揭示了 A2'N 突变在抗性中的作用。Ren M 等（2018）报道了 Kir1 通道为氟啶虫酰胺的分子靶标。Sun X 等（2018）发现褐飞虱 P450 活性的增强和 *CYP6ER1* 基因的过表达参与了其对噻虫嗪和呋虫胺的抗性。Zhang 等（2018e）报道灰飞虱 *P450* 和 *nAChR* 表达水平变化与对吡虫啉抗药性相关。

二化螟抗药性机制的研究集中在抗 *Bt* 和抗氯虫苯甲酰胺等方面。陈耕（2018）揭示二化螟中肠氨肽酶 N（*CsAPN1*）的缺失突变与 *Bt* 抗性密切相关。Qiu 等（2018）利用 RNAi 技术，鉴定出 CsALP1、CsALP2 和 CsALP4 等蛋白为 Cry1Ab、Cry1Ac、Cry2Aa、Cry1Ca 的功能受体，CsALP3、CsALP5 为 Cry1Ca 的功能受体。Fan 等（2018）通过稻纵卷叶螟幼虫中肠转录组数据，揭示了编码丝氨酸蛋白酶、解毒酶和 ABC 转运蛋白等蛋白质的基因参与稻纵卷叶螟对 Cry1C 毒素的应答。Shi 等（2018）发现 Cry9Aa、Vip3Aa 等蛋白与 BBMV 上不同受体的特异性结合是其协同增效的杀虫机制。Sun Y 等（2018）在二化螟抗氯虫苯甲酰胺（抗性倍数为 110.4）室内种群中，发现了鱼尼丁受体基因上新的突变型 Y4667D，而在田间种群（抗性倍数为 249.6）发现了中低频率的突变型 Y4667D、Y4667C。金燕璐等（2018）鉴定出二化螟 16 个谷胱甘肽-S-转移酶基因（*CsGST*），推测 *CsGSTd1～3*、*CsGSTe1～3*、*CsGSTo2～4* 和 *CsGSTt1* 参与对氯虫苯甲酰胺的解毒代谢。

（三）水稻病虫害分子生物学研究进展

1. 水稻病害

福建农林大学 Zhong 等（2018）研究组利用全基因组 SNP 位点信息将来自中国和其他国家和地区的 100 个稻瘟病菌田间菌株划分为 3 个亚群，发现每个亚群在各地均有不同程度分布，并报道类群 1 包含 Mat 1-1 和 Mat1-2 两种交配型，类群 2、3 分别包含 Mat1-2、Mat1-1 之一，认为籼、粳稻的不同可能是导致类群 2 和类群 3 群体交配型单一化的主要驱动力。

四川农业大学陈学伟研究团队的 He M 等（2018）系统阐明了 MoSnt2 对 MoTor 介导的自噬及致病性的调控作用，揭示了组蛋白表观调节机制在稻瘟病菌侵染寄主时的重要作用，丰富了对稻瘟病菌致病机理的认识；研究发现，MoSnt2 依赖自身 PHD 结构域来结合乙酰化 H3，并通过 ELM2 结构域来招募组蛋白去乙酰化酶，从而调控 H3 的乙酰化修饰水平，影响自噬和致病等过程相关重要基因的表达活性，其转录表达受控于 MoTor 信号通路。与此同时，该团队的 Zhou 等（2018）克隆了一个对水稻稻瘟病和白叶枯病均具有广谱抗性的隐性基因 *bsr-k1*，该基因编码一个 TPR 蛋白，具有与免疫反应相关基因（*OsPAL1 -7*）结合特性，通过对其 mRNA 折叠降解，减少木质素合成，削弱免疫反应，该 *bsr-k1* 基因的单碱基变异而导致蛋白功能失活，促进木质素合成，提高免疫反应，并认为该基因免疫激活反应相对比较温和，可以为水稻广谱抗性育种提供新基因和新策略。此外，Shi 等（2018）发现稻瘟病菌效应蛋白 AvrPiz-t 可以特异性地靶标水稻的钾离子通道 OsAKT1 蛋白，并抑制 OsAKT1 介导的内向钾电流活性，而 AvrPiz-t 可以与 OsAKT1 上游调节因子蛋白激酶 OsCIPK23 竞争性结合 OsAKT1，进而影响 OsAKT1 的正常激活。

植物病原真菌的生长发育及侵染均受到了胞内外信号通路的精确调控。许金荣团队的 Jiang C 等（2018）以稻瘟菌和赤霉菌为主要研究对象，系统阐明并分析了 3 个 MAPK 信号通路中的核心组分在宿主表面识别、侵染结构形成分化、侵染菌丝扩展等过程中的关键作用，揭示了 MAPK 信号通路上游膜受体的识别模式及不同信号通路之间的协同工作机制。Cheng 等（2018）敲除了稻瘟病菌的转运必需内体分选复合物系统中的核心亚基蛋白 MoSnf7，导致营养生长和对寄主致病力明显下降。

真菌病毒是一类感染真菌并能在其体内进行复制增殖的病毒，可引起宿主真菌表型或代谢的显著变化，有的甚至可以降低病原真菌对作物的致病毒力，并有待开发成为一种优越的生防制剂。弱毒病毒可通过真菌菌株之间菌丝的融合进行水平传播，形成一个弱毒力真菌群体，控制田间病原菌的发展。Zhang M 等（2018）、Liu C 等（2018）、Lyu 等（2018）分别从水稻纹枯病菌中分离了多个 dsRNA 病毒（RsRV3、RsPV3、RsPV4、RsPV5），这些病毒均隶属于双分体病毒属（Partitivirus），含有 RNA 依赖性的 RNA 聚合酶和外壳蛋白结构；有些含有 dsRNA 病毒的菌株致病力较弱，有望应用于水稻纹枯病的生物防治。

中国科学院微生物研究所的 Qin 等（2018）对水稻白叶枯病菌 16 个 non-TAL 效应子的功能进行了系统分析，分离了在水稻黄单胞菌致病性中发挥关键作用的效应子 Xanthomonas outer protein K（XopK）。研究发现，XopK 具有 E3 泛素连接酶活性，通过直接泛素化修饰水稻重要免疫受体激酶 OsSERK2 并介导其降解，抑制植物免疫反应从而促进病菌致病性。该研究揭示了水稻白叶枯病 non-TAL 效应子 XopK 的生化活性，阐明了其操控植物免疫的机理和在病菌致病过程中的功能。

包含核苷酸结合域和富含亮氨酸重复序列的抗性蛋白（R）家族作为重要的免疫受体，在动植物中均可诱导产生强烈的免疫反应。尽管自第一个 R 基因被报道以来已有近 30 年，但 R 蛋白激活的免疫分子机制在很大程度上仍是未知的，特别是 R 蛋白的直接下游信号分子仍不清楚。中国科学院上海植物逆境生物学研究中心 Wang Q 等（2018）研究揭示了水稻鸟苷酸交换因子 *OsSPK1* 受抗性蛋白 Pit 的调控从而直接激活下游小 G

蛋白 OsRac1，实现正调控水稻免疫的机制。

微小 RNA（miRNA）在植物响应病原微生物侵染过程中起着关键作用。南京农业大学的 Zhang X 等（2018）探究了 miRNA 在水稻对稻瘟病免疫过程中的作用，发现稻瘟病菌 Guy11 侵染能够特异性地诱导水稻 miR319 的表达，通过 JA 合成关键抑制基因 *OsLOX2* 和 *OsLOX5* 调节 JA 信号转导，从而抑制其靶基因 *OsTCP21*（编码一种转录因子）的表达。

宁波大学植物病毒学研究所的 Xie 等（2018）首次报道了 ABA 抑制 JA 生物合成和信号传导基因的表达，降低 JA 的含量并抑制 JA 介导的对 RBSDV 感染的抗性，诱导 SOD 和 CAT 的表达来阻止基础活性氧积累，进而影响水稻抗病毒感染的能力，促进水稻对 RBSDV 感染的易感性。

2. 水稻虫害

（1）水稻害虫重要生命活动的分子机制。褐飞虱表皮蛋白、唾液腺蛋白等重要基因的生物学功能及与水稻的互作机制等热点领域研究取得重要进展。Huang 等（2018）通过转录组学和蛋白质组学的方法鉴定了褐飞虱、灰飞虱和白背飞虱的唾液腺蛋白，包括丝氨酸蛋白酶、羧酸酯酶、氨肽酶 N、脂蛋白、伸长因子、碳酸酐酶、钙结合蛋白等保守型蛋白及飞虱特有蛋白等。与之类似，Miao 等（2018）分析鉴定了白背飞虱唾液蛋白，推测黏液样蛋白参与植物防御调控的候选效应物。Shangguan 等（2018）进一步研究了黏液样蛋白 NlMLP 在褐飞虱和植物中的互作机制功能，发现 NlMLP 抑制性表达破坏了褐飞虱唾液鞘的形成及取食行为，该蛋白可诱导植物细胞死亡，提高防御反应相关基因的表达，增强胼胝质沉积，改变了钙离子平衡、MAPK 信号以及 JA 信号途径。Pan P 等（2018）通过组学手段鉴定了褐飞虱表达蛋白基因，将其分为 CPR、CPF、TWDL、CPLCP、CPG、CPAP1、CPAP3、CPAPn 等 8 个家族，其中 CPAPn 为首次报道的家族，并分别在低龄、高龄若虫和初羽化雌成虫中，干扰了 135 个 *CP* 基因的表达量，揭示了 32 个基因对褐飞虱的正常发育或产卵至关重要，而其他基因具有功能的冗余性和互补性。除上述重要基因外，相关研究报道了 *Nl10847*、*NlugCSP10*、*NlE93*、*NlW* 等基因在褐飞虱的卵巢发育、化学感受、生长发育、解毒代谢、胚胎发育、脂质代谢、表皮形成、免疫应答、温度响应、眼色形成、海藻糖代谢、交配行为等重要生理过程中的作用（表 4－3）。此外，相关研究报道了 *SfTOR*、*mucin*、*SfCHS1* 等基因在白背飞虱生理中的重要功能，及 *PKG* 等基因在螟虫滞育、抗药性、温度响应、解毒代谢等生理中的作用。

表 4－3　水稻害虫重要功能基因的鉴定

基因	功能	参考文献
褐飞虱		
Nl10847	卵巢发育	Li et al.（2018a）

（续表）

基因	功能	参考文献
Dnmts	卵巢发育	Lu K et al. （2018A）
NlLpR	卵巢发育	Lu K et al. （2018b）
NlChP	卵巢发育	Lou et al. （2018）
NlACE、*NlE74A*	卵巢发育	Sun et al. （2018）
NlCDase	卵巢发育	史肖肖（2018）
Ubx、*Dpp*、*Vg*、*apA*	翅型发育	刘方舟（2018）
NlugCSP10	化学感受	WARIS（2018）
NlCBP1～2	化学感受	周涵宇（2018）
ORs、*GRs*、*IRs*	化学感受	He P et al. （2018）
NlE93	生长发育	Shao et al. （2018）
NlPER1	生长发育	曾佳妹等（2018）
ATPSb	生长发育	冯娅琳等（2018）
Apn、ALP、Cad	解毒代谢	林莉等（2018）、Shao et al. （2018）
NlHox3	胚胎发育	Ren Z et al. （2018）
Nlbmm	脂质代谢	Zhou J et al. （2018a，2018b）
NlCP21.92	表皮形成	Lu J et al. （2018a）
NlPPO1～2	免疫应答	陈静等（2018b）
HSP70B、*HSP70*	温度响应	陈静等（2018c）
NlW、*NlSt*、*NlBw*	眼色	Jiang Y et al. （2018c）
org	眼色	葛家桢等（2018），任泽苇（2018）
GS、*GP*	海藻糖代谢	汪慧娟（2018）
dsx	交配行为	Zhuo et al. （2018）
白背飞虱		
SfTOR	卵巢发育	邓瑶（2018）
FALC	解毒代谢	Zhang X et al. （2018 b）
CYP4DE1	解毒代谢	Zhu et al. （2018）
Mucin	唾液鞘形成	苗雨桐（2018）
SfCHS1	几丁质合成	陈静等（2018a）
miRNA	翅型分化	Chang et al. （2018）
二化螟		
PKG、*myosin-IIIb*、*CBP E63-1*、*inaD*	滞育	周媛（2018）、宋杰等（2018）
CsRDL1A、*CsRDL2S*	抗药性	Sheng et al. （2018）
hsp705、*hsp706*、*hsp21.7c*、*hsp21.3* 等	温度响应	潘丹丹（2018）

（续表）

基因	功能	参考文献
CsCYP4M38～*39*	解毒代谢	白琪等（2018）
CsmMnSOD、*CsTpx3*	氧化损伤	Tu et al.（2018）、Cao et al.（2018）
CsCht10	白僵菌互作	Zhao et al.（2018）
CSP1～3	化学感受	Zhu et al.（2018）
稻纵卷叶螟		
CmedCSP1～*3*	化学感受	Zeng et al.（2018）
CmCPR	解毒代谢	Zhang et al.（2018）
OBPs	化学感受	孙双凤（2018）
CmTre1	糖代谢	夏浪等（2018）

（2）水稻害虫与水稻病毒的互作机制。He K 等（2018）研究水稻条纹病毒（RSV）对灰飞虱的生物学特性，包括发育、卵巢发育和酶活性的影响，发现 RSV 影响灰飞虱若虫的发育，但不影响灰飞虱免疫系统和卵巢发育等生物学特性，推测灰飞虱与 RSV 之间不存在明显互惠关系。Li S 等（2018）揭示了核糖体蛋白 L18（RPL18）是灰飞虱中 RSV 积累所需的关键因子，载体因子 RPL18 可能是控制水稻病毒传播的潜在靶点。

Lan 等（2018）通过全基因组和降解组分析发现，9311 和 Nipponbare 中分别含有 25 个和 11 个宿主基因是水稻黑条矮缩病毒（RBSDV）vsiRNAs 的靶点。Liu Y 等（2018）报道了 RBSDV 不断积累会引起白背飞虱和灰飞虱消化道中细胞结构的改变。在灰飞虱中也发现了类似的中肠超微结构的细胞病理学改变。这些结果不仅为现有 siRNA 通路具有抗病毒作用的证据提供了支持，也揭示了 SRBSDV 对媒介和非媒介昆虫组织均具有普遍和潜在的损伤能力。

第二节　国外水稻植保技术研究进展

一、水稻病虫害防控技术

（一）非化学农药防治技术

稻瘟病是水稻生产最重要的病害，利用拮抗微生物进行生物防治是一种经济有效的防控措施。Amruta 等（2018）分离得到一株适合水稻种子处理的菌株 *B. amyloliquefaciens* UASBR9。Rais 等（2018）报道促生细菌 *Bacillus* spp. KFP-5、KFP-7、KFP-17 对水稻稻瘟病的防效达到 40%～52%。植物提取物因其成本低廉、环境友好等优势而在植物病害防控中的应用越来越广泛。Abed-Ashtiani 等（2018）报道了

Tonic 9 对水稻稻瘟病菌的菌丝生长和孢子萌发的抑制率均能达到 80%以上，其最佳使用浓度为 250 倍，防效优于丙环唑，且对水稻安全，其在绿色有机水稻生产上具有很大应用潜力。

Sunil 等（2018）探究 *Rhynocoris fuscipes* 生物学特征，其卵块呈深黄色，每个卵块有 6～12 粒卵，单雌虫产卵量 46.1 粒，若虫可分为 5 个龄期，平均历期分别为 12.67、13.07、15.23、27.38 和 44.88d，卵至成虫约为 113.23d，雌、雄成虫平均寿命分别为 75.17、66.00d，雌雄比为 1∶3，食物密度与被捕食的褐飞虱数量之间符合 Holling's type Ⅱ 功能响应，并存在正相关性。

Tangkawanit 等（2018）揭示了不同栖息地环境中黑肩绿盲蝽对褐飞虱的搜索效率和捕食时间存在差异。Sann 等（2018）研究发现，与非稻田栖息地相比，在稻田栖息地上的稻飞虱寄生数量及卵孵化率更高。在种植区中，水稻和再生稻的种植结构和时间异质性可维持高密度寄生蜂种群。

Muhammad 等（2018）研究发现，10%浓度生物炭（Biochar amendment）能够增加水稻品种 Cheongcheong、Nagdong 的生理特征，提高 Cheongcheong 中茉莉酸含量，降低对白背飞虱的抗性。

（二）化学农药防治技术及抗药性

水稻纹枯病和条纹叶枯病是美国南部地区最重要的水稻病害，长期以来甲氧基丙烯酸酯类杀菌剂被当作防控这两个病害的特效杀菌剂使用，导致了严重的抗药性。Uppala 等（2018）经过多年监测，发现嘧菌酯等多种杀菌剂都能较好地防控水稻纹枯病，丙环唑和氟唑菌酰胺对水稻条纹叶枯病的防效最好。

细菌生物膜（biofilm）在细菌生长和抵抗外界不利条件等方面有重要作用。白叶枯病是水稻最重要的病害之一，氯硝柳胺（Niclosamide）可以抑制水稻白叶枯病菌的生长，但相关机制尚不明确。Sahu 等（2018）研究认为，氯硝柳胺可以通过减少病原菌的黄单胞菌色素和 EPS 的产生抑制细菌生物膜的形成，从而对水稻白叶枯菌的生长和致病产生不利影响。Ham 等（2018）发现链霉菌合成物邻氨基苯甲酰胺（Anthranilamide）可抑制水稻白叶枯病菌生物膜的产生，但并不会对该病菌的生长造成影响。

化学农药是控制水稻害虫的必要应急手段。Rajendra 等（2018）比较了 7 种杀虫剂对印度的叶蝉、褐飞虱和白背飞虱的防治效果，发现用量为 300～400g/hm^2 的 50%吡蚜酮对三者的防治效果最好，其次是 17.8%吡虫啉和 5%氟虫腈。Ghosal 等（2018）发现 15%噻嗪酮与 35%乙酰甲胺磷的复配剂（1 500mL/hm^2）对印度西孟加拉邦的褐飞虱和白背飞虱的防治效果较好。Sasmal 等（2018）报道 24%氟虫双酰胺与 24%噻虫啉复配剂（300mL/hm^2）对印度二化螟、二化螟和褐飞虱具有较高的杀虫效果。

Matsumura 等（2018）报道 2006—2011 年间，东亚、红河三角洲和湄公河三角洲等地区的褐飞虱对吡虫啉、噻虫嗪分别表现为高抗和中抗，白背飞虱对氟虫腈表现高抗。Elzaki 等（2018）明确了灰飞虱 CYP6FU1 的代谢底物为对硝基苯甲醚和乙氧基间苯二酚，代谢产物为 4-羟基溴氰菊酯，其过量表达有利于抗性灰飞虱对溴氰菊酯的抗性发展。

Shalaby（2018）报道虫螨威与氯氟氰菊酯复配剂对埃及二化螟和稻瘿蚊具有较好的防治效果。Sharma 等（2018）报道 5％氟虫腈与 20％噻嗪酮复配剂对印度二化螟防治效果较好，其次是 10％茚虫威与 10％噻虫嗪复配剂。Mahendiran 等（2018）报道 25％噻虫嗪浸种（0.2～0.6g/L）降低了印度三化螟对 TN1、Ptb33 和 AD09219 水稻品种的危害。

二、水稻病虫害发生规律及其机制

（一）主要病虫害发生规律

国外关于水稻主要虫害发生规律的研究较少。Hullio 等（2018）报道了巴基斯坦 Larkana、Jacobabad、Badin 等 3 个地区 2012—2013 年间的白背飞虱发生情况，结果显示，白背飞虱发生数量的峰值出现在 2012 年 8 月（50％相对湿度，38℃）。Faruq 等（2018）调查了孟加拉 Patuakhali 等地区水稻品种 BINA10 上叶蝉和稻飞虱的种类与发生数量，并揭示温度与白背飞虱（$R^2=0.707$）、灰飞虱（$R^2=0.707$）、褐飞虱（$R^2=0.310$）发生量呈负相关。

（二）水稻对主要病虫的抗性及病虫对水稻的致害性

1. 水稻对主要病虫的抗性

Rath（2018）报道了 PS3、Satabdi、Radhi，Kalinga 1、Hazaridhan 等 5 个品种对白背飞虱表现高抗，Annada、Satyakrishna、Virendra、Sadabahar、Heera、Varsadhan、Jogen、Neela、Khanish、Tara、ASD-16、CSR-4 、PR113 等 13 个品种表现中抗。

抗褐飞虱基因的鉴定及抗性机制在国外研究颇热。Kusumawati 等（2018）在 Rathu Heenati 中，利用分子标记筛选出 8 个抗飞虱候选基因（*LOC_Os06g03240*、*LOC_Os06g03380*、*LOC_Os06g03486*、*LOC_Os06g03514*、*LOC_Os06g03520*、*LOC_Os06g03610*、*LOC_Os06g03676*、*LOC_Os06g03890*）。Naik 等（2018）从 RP2068-18-3-5 水稻中鉴定出定位于 1 号染色体的抗褐飞虱基因 *Bph33*。Kishor 等（2018）鉴定出位于 4 号染色体长臂上抗褐飞虱基因 *Bph34*，该基因包含 11 个候选编码基因。Ji 等（2018）开发了两个分别定位于 4 号和 12 号染色体上的分子标记 Bph3IND 和 BPH26IND，可用于抗褐飞虱基因鉴定。Deepa 等（2018）探究不同水稻品种对褐飞虱的抗性机制，发现 BG 367-2、Kattanur 对褐飞虱若虫表现不选择性。Begum 等（2018）报道水稻丝氨酸棕榈转移酶基因的转录水平受褐飞虱取食诱导，且在抗虫水稻中表现更为突出。Pavviya 等（2018）发现不同水稻品种中的饱和烃含量差异较大，且与害虫取食诱导相关，可能参与其抗虫性。

2. 主要病原菌的致病性

英国埃克塞特大学的 Sakulkoo 等（2018）在 *Science* 上发文解析了稻瘟病菌在水稻叶片中的扩散谜团。真菌丝裂原活化蛋白 MAP 激酶 Pmk1 的化学抑制会阻止稻瘟病菌侵染邻近的植物细胞，从而将真菌困在单个植物细胞中。Pmk1 调节真菌分泌抑制宿主免疫防御的效应蛋白表达，阻止了胞间连丝内活性氧的生成和过度的胼胝质沉积。此外，Pmk1 还控制菌丝收缩，限制了真菌的自我压缩，导致无法通过胞间连丝进行跨细胞转移。

稻瘟病菌通过分生孢子萌发分化产生的附着胞进行侵染。附着胞通过甘油积累产生的压强穿破细胞形成侵染钉，侵染钉逐渐分化成侵染菌丝并进行菌丝生长与扩展。在此期间，稻瘟病菌需要向水稻细胞内或者质外体分泌效应子，然而这个界面膜系统的完整性如何维持仍未知。美国内布拉斯加大学林肯分校的 Sun 等（2018）通过正向遗传筛选对雷帕霉素不敏感的 TOR 突变体，鉴定到一个膜蛋白编码基因（*Imp1*），该蛋白为一个新的 TOR 下游自噬通路的组分。在活体寄生过程中，代谢调节中枢雷帕霉素靶标激酶对外界营养、胁迫等环境因素进行动态响应，通过 *Imp1* 介导并激活早期自噬产生自噬小体与内含体协同或融合并作为重要的生物膜资源提供到活体寄生界面膜系统进而维持其完整性，从而保证稻瘟菌前期在水稻细胞内的生长与扩展。*Imp1* 突变体对雷帕霉素不敏感，失去致病力，在营养菌丝内表现出在自噬、液泡酸化、膜系统融合等方面的明显缺陷，在植物体内无法进行正常胞间扩展。

3. 水稻的抗病机制

Sugano 等（2018）报道了水稻类受体胞质激酶（RLCK）基因 *BSR1* 对稻瘟病和白叶枯病的抗性机理，BSR1 是一种非受体型双特异性激酶，其对酪氨酸和丝氨酸/苏氨酸残基的磷酸化有助于水稻抵抗多种病原菌的侵害，证实在水稻对上述两种病害的防御信号从细胞膜表面受体复合物传递到下游的过程中，酪氨酸磷酸化发挥了重要作用。

Doucouré 等（2018）研究了马里地区携带 *OsSWEET14* 等位基因的水稻品种对两种白叶枯病菌转录激活效应子（TALEs）的抗性，揭示了不同的 TALEs 在分子结构和功能上的差异，有助于研究非洲西部地区的水稻对白叶枯病抗性发展。

参考文献

安俊霞，张正坤，李晓光，等 . 2018. 公主岭霉素对水稻稻瘟病田间防治效果 [J]. 安徽农业科学，46 (34)：130－134.

包云轩，尚洁，孙思思，等 . 2018a. 云南省褐飞虱早期迁入虫源及其发生大气背景分析 [J]. 生态学报，38 (16)：5 621－5 635.

包云轩，唐辟如，孙思思，等 . 2018b. 中南半岛前期异常气候条件对中国南方稻区褐飞虱灾变性迁入的影响及其预测模型 [J]. 生态学报，38 (8)：2 934－2 947.

蔡长平，黄军，雷平，等 . 2018. 稻瘟病拮抗放线菌 CZ133 的筛选、鉴定及抑菌活性分析 [J]. 湖南农业科学（9）：1-5.

车正明，朱楚波，李正祥，等 . 2018. 金龟子绿僵菌 CQMa 421 防治水稻白背飞虱试验 [J]. 云南农业科技（6）：42-43.

陈春秋，尤伟 . 2018. 纳米农药水性制剂对水稻病虫害的防效试验 [J]. 基层农技推广，6（12）：26-28.

陈耕 . 2018. 二化螟中肠氨肽酶-N（CsAPN1）的原核表达及其与 Bt 毒素的结合特性分析 [D]. 北京：中国农业科学院 .

陈耕，何珊，韩兰芝，等 . 2018. 转 cry1Ab+cry1C 双价抗虫水稻对二化螟的抗性评价 [J]. 中国生物防治学报，34（1）：71-78.

陈静，张道伟，钱正敏 . 2018a. 白背飞虱几丁质合成酶 1 基因的结构及特性研究 [J]. 生物技术通报，34（1）：195-201.

陈静，张道伟，钱正敏 . 2018b. 褐飞虱两个酚氧化酶原基因的特性及细菌诱导后的表达分析 [J]. 中国生物防治学报，34（1）：44-51.

陈静，张道伟，余亚娅，等 . 2018c. 褐飞虱 *HSP70* 与 *HSP90* 基因特性及温度诱导表达 [J]. 生物技术，28（5）：434-440，507.

邓春林，谢华伦，张欧 . 2018. 2010—2017 年湖北省水稻褐飞虱抗药性监测及综合治理措施 [J]. 湖北植保（1）：26-29.

邓钊，石媛媛，赵新辉，等 . 2018. 水稻抗褐飞虱基因 *Bph3* 特异性分子标记开发及应用 [J]. 分子植物育种，16（11）：3 563-3 568.

狄蕊，吴水祥，张震，等 . 2018. 5 种杀菌剂对水稻稻曲病的防治效果 [J]. 浙江农业科学，59（5）：778-779.

方海维 . 2018. 水稻主要病虫害植保无人机全程施药防治示范效果初报 [J]. 中国农技推广，34（7）：67-69.

冯娅琳，郝培应，俞飞飞，等 . 2018. 褐飞虱 ATP 合酶 b 亚基基因 ATPSb 的克隆与功能分析 [J]. 昆虫学报，61（5）：519-526.

葛家桢，楼玉婷，张传溪 . 2018. 一种白背飞虱橙眼突变体 [J]. 昆虫学报，61（11）：1 356-1 362.

顾中言，徐广春，徐德进 . 2018. 杀虫剂防治水稻褐飞虱的有效利用率分析 [J]. 农药学学报，20（6）：704-714.

何勇，肖舒裴，方慧，等 . 2018. 植保无人机施药喷嘴的发展现状及其施药决策 [J]. 农业工程学报，34（13）：113-124.

何雨娟，鞠迪，王悦，等 . 2018. 水稻蛋白酶抑制剂基因 *OsLTPL164* 和 *OsLTPL151* 的组成型及诱导型表达模式 [J]. 中国农业科学，51（12）：2 311-2 321.

胡茂林，黄晓冬，罗来鑫，等 . 2018. 苯醚甲环唑与烯肟菌胺复配防治稻曲病 [J]. 植物保护，44（3）：230-234.

胡选祥，潘晓智，赵帅锋，等 . 2018. 乙多·甲氧虫等 4 种药剂防治水稻二化螟的效果 [J]. 浙江农业科学，59（12）：2 199+2 201.

黄孝龙，吴珍平，杨晨，等 . 2018. 江西省部分地区水稻二化螟抗药性检测 [J]. 生物灾害科学，41（1）：25-28.

黄怡兵，王娟，胡宇舟，等．2018. 三氟苯嘧啶（伍靓珑）防治水稻稻飞虱试验［J］. 湖北植保（4）：10－11.

姜海平，朱凤，蔡超，等．2018. 应用性诱剂监测结果指导赤眼蜂防控水稻二化螟［J］. 中国农技推广，34（2）：69－71＋28.

金燕璐，张邦贤，林华峰．2018. 二化螟谷胱甘肽－S－转移酶基因的鉴定与表达模式分析［J］. 应用昆虫学报，55（3）：349－359.

蓝妮，向慧敏，章家恩，等．2018. 水稻与美人蕉间作对水稻生长、病虫害发生及产量的影响［J］. 中国生态农业学报，26（8）：1 170－1 179.

乐丽红，陈忠平，程飞虎．2018. 南方粳稻稻曲病防治药剂及防治适期探讨［J］. 中国稻米，24（2）：60－63.

李继宇，兰玉彬，彭瑾．2018. 无人机喷雾粒径对水稻冠层雾滴沉积效果的影响［J］. 湖南农业大学学报（自然科学版），44（4）：442－446.

李姝，郑和斌，陈立玲，等．2018. 三种赤眼蜂对水稻二化螟田间控害效果比较［J］. 中国生物防治学报，34（3）：336－341.

李永洪，郭小艺，刘成元，等．2018. 抗感 RILs 株系（岗 46B/A232）主要农艺性状与三化螟抗性的相关分析［J］. 西南农业学报，31（2）：329－334.

李月鲲，黄凤宽，袁潜华，等．2018. 水稻品种（组合）对褐飞虱的抗性鉴定及评价方法比较［J］. 南方农业学报，49（5）：891－897.

李忠良，杨卓玛，吴兰军，等．2018. 洞庭湖区稻纵卷叶螟对防治药剂的抗药性监测［J］. 现代农业科技（16）：100－102.

林莉，邵恩斯，陈雪琳，等．2018. 褐飞虱中肠上皮细胞膜结合氨肽酶 N 在 Sf9 昆虫细胞内的表达［J］. 农业生物技术学报，26（5）：839－848.

刘民华，任叶果，龙楚云，等．2018. 新化合物 HNPC-A69 生物活性研究［J］. 精细化工中间体，48（3）：15－17.

刘文菁，徐敏，徐经纬，等．2018. 基于环流和海温的稻曲病指数长期预报模型研究［J］. 气象科学，38（5）：659－665.

刘垚，魏巍，刘维，等．2018. FLEXPART 模式模拟褐飞虱回迁的适用性［J］. 生态学报，38（8）：2 948－2 957.

刘毅，张安宁，王飞名，等．2018. 水稻抗褐飞虱基因 *Bph14* 分子标记开发及其育种应用［J］. 分子植物育种，16（14）：4 658－4 662.

陆明红，刘万才，胡高，等．2018. 中越水稻迁飞性害虫稻飞虱、稻纵卷叶螟发生关系分析［J］. 植物保护，44（3）：31－36＋60.

陆智文，罗春红．2018. 五种农药防治稻纵卷叶螟的田间药效试验简报［J］. 上海农业科技（2）：111，121.

马惠，杨军，纪祥龙，等．2018. 山东稻区二化螟对 6 种药剂的敏感度研究［J］. 北方水稻，48（5）：6－10.

牛洪涛，肖李俊杰，王娜，等．2018. 粘质沙雷氏菌 S-JS1 与 5 种杀虫剂对灰飞虱的联合作用及该菌对灰飞虱相关酶活性的影响［J］. 农药学学报，20（2）：185－191.

欧阳传禄．2018. 金龟子绿僵菌 CQMa421 防治稻飞虱田间药效试验初报［J］. 基层农技推广，6

(4)：24 - 25.

邱良妙，刘其全，卢学松，等 .2018. 福建省水稻稻纵卷叶螟田间种群对 6 种杀虫剂的敏感性测定 [J]. 南方农业学报，49 (1)：62 - 67.

饶汉宗，谢子正，李阳，等 .2018. 浙南山区单季杂交稻稻曲病发生与气候的关系及防控 [J]. 中国稻米，24 (5)：89 - 92.

任义方，朱凤，高苹，等 .2018. 稻曲病气象适宜度等级精细化预报技术 [J]. 植物保护，44 (5)：217 - 223.

沙月霞，曾庆超，王昕，等 .2018. 防治稻瘟病芽胞杆菌的筛选及效果评价 [J]. 中国生物防治学报，34 (3)：414 - 422.

孙华明，吴波，李生智，等 .2018. “激健”在水稻稻飞虱防治中的减量控害效果研究 [J]. 农业科技通讯 (6)：77 - 79.

孙娟，蔡银杰，冯成玉，等 .2018. 无人机施药防治水稻病虫害参数组合初选 [J]. 中国植保导刊，38 (12)：72 - 73.

田维逵，李朝疆，吴俨 .2018. 云南勐海旱稻白背飞虱种群动态及虫源地分析 [J]. 应用昆虫学报，55 (3)：329 - 337.

王军 .2018. 江淮地区白背飞虱发生规律及减量控害方法初探 [J]. 南方农业，12 (25)：35 - 37.

王亭，徐红星，杨亚军，等 .2018. 不同品种水稻对稻纵卷叶螟生长发育和产卵量的影响 [J]. 环境昆虫学报，40 (3)：532 - 535.

王玉双，肖蓉，郭照辉，等 .2018. 来源于中药的稻瘟病菌拮抗解淀粉芽胞杆菌鉴定及其活性成分特性 [J]. 中国生物防治学报，34 (5)：746 - 752.

韦世训，周荣金，王信霞 .2018. 10%三氟苯嘧啶悬浮剂防治水稻稻飞虱大田药效试验 [J]. 生物灾害科学，41 (2)：97 - 100.

翁绿水，王作平，肖国樱 .2018. 转基因水稻 B2A68 中抗虫蛋白 Cry2Aa 的表达特征和抗性分析 [J]. 农业生物技术学报，26 (5)：756 - 763.

吴树业，郑晓微，范仰东，等 .2018. 乙多・甲氧虫防治抗性二化螟效果及技术探讨 [J]. 浙江农业科学，59 (9)：1 555 - 1 557.

吴亚坚，徐赛，李保同 .2018. 0.5%吡蚜酮・杀虫双缓释粒剂对水稻主要害虫的防效及蜘蛛消长的影响 [J]. 热带作物学报，39 (12)：2 452 - 2 457.

肖汉祥，李燕芳，凌善锋，等 .2018. 广东褐飞虱种群对 4 种杀虫剂的抗药性 [J]. 华南农业大学学报，39 (2)：70 - 74.

谢春甫，王记安，刘华曙，等 .2018. 四种绿色防控技术对水稻虫害的防治效果 [J]. 湖北农业科学，57 (6)：67 - 69.

徐健，李传明，韩光杰，等 .2018. 颗粒体病毒 (CnmeGV) 对稻纵卷叶螟的感染及害虫种群增长的影响 [J]. 江苏农业学报，34 (1)：29 - 33.

徐丽娜，周子燕，胡飞，等 .2018. 安徽省二化螟不同地理种群对主要杀虫剂的敏感性 [J]. 安徽农业大学学报，45 (4)：740 - 744.

杨月策 .2018. 不同药剂防治稻飞虱田间药效试验 [J]. 现代农业科技 (24)：118 - 119.

应小军，魏杰，顾国伟，等 .2018. 甲维・甲虫肼等 11 种杀虫剂防治水稻二化螟的效果 [J]. 浙江农业科学，59 (3)：492 - 493.

余山红，马义虎，王会福 . 2018. 浙江省水稻主栽品种抗稻曲病性鉴定与评价 [J]. 山西农业科学，46 (2)：163 - 166.

袁会珠，薛新宇，闫晓静，等 . 2018. 植保无人飞机低空低容量喷雾技术应用与展望 [J]. 植物保护，44 (5)：152 - 158，180.

曾慧芳 . 2018. 水稻新品种对稻瘟病和稻曲病的综合抗性评价 [J]. 福建农业学报，33 (8)：842 -848.

曾佳姝，见煜坤，叶文丰，等 . 2018. 细胞黏附蛋白 NlPER1 影响褐飞虱的存活与繁殖 [J]. 植物保护学报，45 (5)：987 - 997.

张建军，王炜，夏中卫，等 . 2018. 香根草在水稻螟虫绿色防控中的作用评价 [J]. 农业与技术，38 (8)：1 - 2.

张玲，马文秀，任佐华，等 . 2018. 7 种杀菌剂对稻瘟病菌和水稻纹枯病菌的室内毒力测定 [J]. 中国农学通报，34 (20)：126 - 129.

张欧，王京安，顾辉，等 . 2018. 湖北省稻飞虱抗药性试验研究 [J]. 湖北植保 (5)：11 - 12，10.

张清霞，张迎，何玲玲，等 . 2018. 水稻纹枯病拮抗细菌 7 - 5 的鉴定及其生防机制初步研究 [J]. 中国水稻科学，32 (3)：277 - 284.

张舒，张求东，罗汉钢，等 . 2018. 金龟子绿僵菌 CQMa421 对水稻重要害虫的防治效果 [J]. 湖北农业科学，57 (17)：53 - 55.

张帅，舒宽义，黄向阳，等 . 2018. 移栽前杀虫剂处理秧苗对早稻二化螟的防效 [J]. 中国植保导刊，38 (7)：68 - 70.

郑许松，田俊策，侯建军，等 . 2018. 彩色稻对稻纵卷叶螟的发生危害程度及其卵寄生蜂寄生行为的影响 [J]. 中国农业科学，51 (22)：4 288 - 4 296.

朱凤，曾娟，田子华 . 2018. 性诱技术在稻纵卷叶螟种群数量和发育状态监测中的应用效果 [J]. 中国植保导刊，38 (3)：43 - 47.

朱友理，何东兵，曹书培，等 . 2018. 三氟苯嘧啶对稻飞虱的防效及对天敌的安全性 [J]. 中国植保导刊，38 (8)：71 - 74.

Abed-Ashtiani F, Arzanlou M, Nasehi A, et al. 2018. Plant tonic, a plant-derived bioactive natural product, exhibits antifungal activity against rice blast disease [J]. Industrial Crops and Products, 112：105 - 112.

Amruta N, Prasanna Kumar M K, Puneeth M E, et al. 2018. Exploring the potentiality of novel rhizospheric bacterial strains against the rice blast Fungus Magnaporthe oryzae [J]. The Plant Pathology Journal, 34 (2)：126 - 138.

Begum M A, Shi X, Bai Y, et al. 2018. Molecular cloning and characterization of a serine palmitoyltransferase gene from rice (*Oryza sativa*) and its gene expression in defense response to brown planthopper [J]. Journal of Zhejiang University, 44 (3)：365 - 372.

Cao Y, Yang Q, Tu X H, et al. 2018. Molecular characterization of a typical 2 - Cys thioredoxin peroxidase from the Asiatic rice borer Chilo suppressalis and its role in oxidative stress [J]. Archives of Insect Biochemistry and Physiology, 99 (1)：e21476.

Chang Z, Akinyemi I A, Guo D, et al. 2018. Characterization and comparative analysis of microRNAs in the rice pest *Sogatella furcifera* [J]. PLoS ONE, 13 (9)：e0204517.

Chavan S M, Patel K G. 2018. Morphological basis of resistance in rice against yellow stem borer, *Scirpophaga incertulas* (Walker) [J]. Indian Journal of Entomology, 80 (1): 27 - 35.

Chen L, Cao T, Zhang J, et al. 2018. Overexpression of *OsGID1* enhances the resistance of rice to the brown planthopper Nilaparvata lugens [J]. International Journal of Molecular Sciences, 19 (9): e2744.

Cheng J, Yin Z, Zhang Z, et al. 2018. Functional analysis of MoSnf7 in Magnaporthe oryzae [J]. Fungal Genetics and Biology, 121: 29 - 45.

Deepa K, Pillai M A and Murugesan N. 2018. Studying the mechanisms of resistance in different rice accessions against brown planthopper (*Nilaparvata lugens*) [J]. Journal of Entomological Research, 42 (2): 167 - 172.

Doucouré H, Pérez-Quintero A L, Reshetnyak G, et al. 2018. Functional and genome sequence-driven characterization of tal effector gene repertoires reveals novel variants with altered specificities in closely related *Malian Xanthomonas oryzae* pv. oryzae strains [J]. Frontiers in Microbiology, 9: 1 657 - 1 657.

Elzaki M E A, Miah M A, Peng Y, et al. 2018. Deltamethrin is metabolized by CYP6FU1, a cytochrome P450 associated with pyrethroid resistance, in *Laodelphax striatellus* [J]. Pest Management Science, 74 (6): 1 265 - 1 271.

Fan J, Bai P, Ning Y, et al. 2018. The monocot-specific receptor-like kinase SDS2 controls cell death and immunity in rice [J]. Cell Host & Microbe, 23 (4): 498 - 510.

Fang Y, Xie P, Dong C, et al. 2018. Cross-resistance and baseline susceptibility of brown planthopper *Nilaparvata lugens* (Hemiptera: Delphacidae) from China to cycloxaprid [J]. Journal of Economic Entomology, 111 (5): 2 359 - 2 363.

Faruq M O, Khan M M H, Rahman M A, et al. 2018. Rice growth stages and temperature affect the abundance of leafhoppers and planthoppers [J]. SAARC Journal of Agriculture, 16 (1): 95 - 104.

Ge Y, Han J, Zhou G, et al. 2018. Silencing of miR156 confers enhanced resistance to brown planthopper in rice [J]. Planta, 248 (4): 813 - 826.

Ghosal A, Dolai A K, Chatterjee M L. 2018. Evaluation of a new ready mixed insecticide (buprofezin 15% + acephate 35% WP) against BPH (*Nilaparvata lugens* (Stål)) and WBPH (*Sogatella furcifera* (Horváth)) of rice in West Bengal [J]. Journal of Crop and Weed, 14 (1): 205 - 211.

Guo J, Xu C, Wu D, et al. 2018. Bph6 encodes an exocyst-localized protein and confers broad resistance to planthoppers in rice [J]. Nature Genetics, 50 (2): 297 - 306.

Ham Y, Kim TJ. 2018. Anthranilamide from Streptomyces spp. inhibited *Xanthomonas oryzae* biofilm formation without affecting cell growth [J]. Applied Biological Chemistry, 61 (6): 673 - 680.

Han Y, Wu C, Yang L, et al. 2018. Resistance to Nilaparvata lugens in rice lines introgressed with the resistance genes *Bph14* and *Bph15* and related resistance types [J]. PLoS ONE, 13 (6): e0198630.

Hao P, Feng Y, Zhou Y, et al. 2018. Schaftoside interacts with NlCDK1 protein: A mechanism of rice resistance to brown planthopper, *Nilaparvata lugens* [J]. Frontiers in Plant Science, 9: 710.

He K, Guo J, Li F, et al. 2018a. Impact of the rice stripe virus (RSV) on the biological, physiological and biochemical characteristics of the small brown planthopper, *Laodelphax striatellus* (Hemiptera:

Delphacidae) [J]. Chinese Journal of Applied Entomology, 55 (1): 87 - 95.

He M, Xu Y, Chen J, et al. 2018. MoSnt2 - dependent deacetylation of histone H3 mediates MoTor-dependent autophagy and plant infection by the rice blast fungus *Magnaporthe oryzae* [J]. Autophagy, 14 (9): 1 543 - 1 561.

He P, Engsontia P, Chen G, et al. 2018. Molecular characterization and evolution of a chemosensory receptor gene family in three notorious rice planthoppers, *Nilaparvata lugens*, *Sogatella furcifera* and *Laodelphax striatellus*, based on genome and transcriptome analyses [J]. Pest Management Science, 74 (9): 2 156 - 2 167.

Hu X, Yang J, Li X, et al. 2018. Resistance of different rice varieties (lines) to the brown planthopper (*Nilaparvata lugens*) [J]. Chinese Journal of Applied Entomology, 55 (3): 374 - 381.

Hu Y, Dai C, He J, et al. 2018. A technique for determining the nating status of Chilo suppressalis (Lepidoptera: Crambidae) males [J]. Journal of Entomological Science, 53 (1): 11 - 16.

Huang H, Lu J, Li Q, et al. 2018. Combined transcriptomic/proteomic analysis of salivary gland and secreted saliva in three planthopper species [J]. Journal of Proteomics, 172: 25 - 35.

Hullio A H, Lanjar A G, Dhuyo A R, et al. 2018. Thriving situation of white backed planthopper (*Sogatella furcifera* H.) in Sindh Province Pakistan [J]. Pakistan Journal of Agricultural Research, 31 (3): 246 - 253.

Ji H, Ahn E, Seo B, et al. 2018. Detection of genes conferring resistance to the brown planthopper (BPH) in Gayabyeo through genome resequencing and development of their selection markers [J]. Korean Journal of Breeding Science, 50 (2): 104 - 115.

Jiang C, Zhang X, Liu H, et al. 2018. Mitogen-activated protein kinase signaling in plant pathogenic fungi [J]. PLOS Pathogens, 14 (3): e1006875.

Jiang H, Hu J, Li Z, et al. 2018b. Evaluation and breeding application of six brown planthopper resistance genes in rice maintainer line Jin 23B [J]. Rice, 11 (22): 22.

Jiang Y and Lin X. 2018. Role of ABC transporters White, Scarlet and Brown in brown planthopper eye pigmentation [J]. Comparative Biochemistry and Physiology. B, Biochemistry and Molecular Biology, 221 (222): 1 - 10.

Jiao Y, Hu X, Peng Y, et al. 2018. Bt rice plants may protect neighbouring non-Bt rice plants against the striped stem borer, Chilo suppressalis [J]. Proceedings of the Royal Society B: Biological Sciences, 285 (1883): 20181283.

Kishor K, Sarao P S, Dharminder B, et al. 2018. High-resolution genetic mapping of a novel brown planthopper resistance locus, *Bph34* in *Oryza sativa* L. X *Oryza nivara* (Sharma & Shastry) derived interspecific F2 population [J]. Theoretical and Applied Genetics, 131 (5): 1 163 - 1 171.

Kusumawati L, Chumwong P, Jamboonsri W, et al. 2018. Candidate genes and molecular markers associated with brown planthopper (*Nilaparvata lugens* Stål) resistance in rice cultivar Rathu Heenati [J]. Molecular Breeding, 38 (7): 88.

Lan Y, Li Y, ZhiGuo E, et al. 2018. Identification of virus-derived siRNAs and their targets in RBSDV-infected rice by deep sequencing [J]. Journal of Basic Microbiology, 58 (3): 227 - 237.

Li D, Guan Z, Huang S, et al. 2018. Functional analysis of ovarian specific gene *M10847* in the brown planthopper *Nilaparvata lugens* [J]. Journal of Environmental Entomology, 40 (3): 497-504.

Li S, Li X and Zhou Y. 2018. Ribosomal protein L18 is an essential factor that promote rice stripe virus accumulation in small brown planthopper [J]. Virus Research, 247: 15-20.

Liu C, Zeng M, Zhang M, et al. 2018. Complete nucleotide sequence of a partitivirus from *Rhizoctonia solani* AG-1 IA strain C24 [J]. Viruses, 10 (12): 703.

Liu L, Liang M, Li L, et al. 2018. Synergistic effects of the combined application of *Bacillus subtilis* H158 and strobilurins for rice sheath blight control [J]. Biological Control, 117: 182-187.

Liu Y, Mao Q, Lan H, et al. 2018c. Investigation of alimentary canal ultrastructure following knockdown of the Dicer-2 gene in planthoppers reveals the potential pathogenicity of southern rice black streaked dwarf virus to its insect vector [J]. Virus Research, 244: 117-127.

Lou Y H, Pan P L, Ye Y X, et al. 2018. Identification and functional analysis of a novel chorion protein essential for egg maturation in the brown planthopper [J]. Insect Molecular Biology, 27 (3): 393-403.

Lu J, Luo X, Zhang X, et al. 2018a. An ungrouped cuticular protein is essential for normal endocuticle formation in the brown planthopper [J]. Insect Biochemistry and Molecular Biology, 100: 1-9.

Lu K, Chen X, Li W, et al. 2018b. Insulin-like peptides and DNA/tRNA methyltransferases are involved in the nutritional regulation of female reproduction in *Nilaparvata lugens* (Stål) [J]. Gene, 639 96-105.

Lu K, Chen X, Li Y, et al. 2018c. Lipophorin receptor regulates *Nilaparvata lugens* fecundity by promoting lipid accumulation and vitellogenin biosynthesis [J]. Comparative Biochemistry and Physiology. A, Molecular & Integrative Physiology, 219 (220): 28-37.

Lyu R, Zhang Y, Tang Q, et al. 2018. Two alphapartitiviruses co-infecting a single isolate of the plant pathogenic fungus *Rhizoctonia solani* [J]. Archives of Virology, 163 (2): 515-520.

Mahendiran A, Vasantha-Srinivasan P, Annamalai T, et al. 2018. Effect of thiamethoxam on growth, biomass of rice varieties and its specialized herbivore, *Scirpophaga incertulas* Walker. (Special Issue: Natural pesticide research.) [J]. Physiological and Molecular Plant Pathology, 101 146-155.

Matsumura M, Sanada-Morimura S, Otuka A, et al. 2018. Insecticide susceptibilities of the two rice planthoppers *Nilaparvata lugens* and *Sogatella furcifera* in East Asia, the Red River Delta, and the Mekong Delta [J]. Pest Management Science, 74 (2): 456-464.

Miao Y, Deng Y, Jia H, et al. 2018. Proteomic analysis of watery saliva secreted by white-backed planthopper, *Sogatella furcifera* [J]. PLoS ONE, 13 (5): e0193831.

Muhammad W, Shahzad R, Muhammad H, et al. 2018. Biochar amendment changes jasmonic acid levels in two rice varieties and alters their resistance to herbivory [J]. PLoS ONE, 13 (1): e0191296.

Naik S B, Dhanasekar D, Nihar S, et al. 2018. A new gene Bph33 (t) conferring resistance to brown planthopper (BPH), *Nilaparvata lugens* (Stål) in rice line RP2068-18-3-5 [J]. Euphytica, 214 (3): 34 376.

Niu H, Wang N, Liu B, et al. 2018. Synergistic and additive interactions of Serratia marcescens S-JS1 to the chemical insecticides for controlling *Nilaparvata lugens* (Hemiptera: Delphacidae) [J].

Journal of Economic Entomology，111 (2)：823－828.

Pan G，Liu Y，Ji L，et al. 2018. Brassinosteroids mediate susceptibility to brown planthopper by integrating with the salicylic acid and jasmonic acid pathways in rice [J]. Journal of Experimental Botany，69 (18)：4 433－4 442.

Pan P，Ye Y，Lou Y，et al. 2018. A comprehensive omics analysis and functional survey of cuticular proteins in the brown planthopper [J]. Proceedings of the National Academy of Sciences of the United States of America，115 (20)：5 175－5 180.

Pavviya A，Nalini R，Kalyanasundaram M，et al. 2018. Saturated hydrocarbons in rice yellow stem borer *Scirpophaga incertulas* (Walker) damaged rice varieties [J]. Indian Journal of Entomology，80 (1)：47－50.

Qin J，Zhou X，Sun L，et al. 2018. The Xanthomonas effector XopK harbours E3 ubiquitin-ligase activity that is required for virulence [J]. New Phytologist，220 (1)：219－231.

Qiu L，Wang P，Wu T，et al. 2018. Downregulation of Chilo suppressalis alkaline phosphatase genes associated with resistance to three transgenic *Bacillus thuringiensis* rice lines [J]. Insect Molecular Biology，27 (1)：83－89.

Rais A，Shakeel M，Malik K，et al. 2018. Antagonistic Bacillus spp. reduce blast incidence on rice and increase grain yield under field conditions [J]. Microbiological Research，208：54－62.

Rajendra S，Neelam K，Vimla P，et al. 2018. Bio-efficacy of novel insecticides and Pymetrozine 50% WG against insect pests of paddy [J]. International Journal of Plant Protection，11 (1)：23－29.

Rath P C. 2018. Net house evaluation of resistance in rice genotypes against white backed plant hopper, *Sogatella furcifera* (Horváth) [J]. Oryza，55 (1)：234－236.

Ren M，Niu J，Hu B，et al. 2018. Block of Kir channels by flonicamid disrupts salivary and renal excretion of insect pests [J]. Insect Biochemistry and Molecular Biology，99：17－26.

Ren Z，Zhuo J，Zhang C，et al. 2018. Characterization of *NlHox3*，an essential gene for embryonic development in *Nilaparvata lugens* [J]. Archives of Insect Biochemistry and Physiology，98 (2)：e21448.

Sahu S K，Zheng P，Yao N. 2018. Niclosamide blocks rice leaf blight by inhibiting biofilm formation of *Xanthomonas oryzae* [J]. Frontiers in Plant Science，9 (408)：408.

Sakulkoo W，Oses-Ruiz M，Oliveira Garcia E，et al. 2018. A single fungal MAP kinase controls plant cell-to-cell invasion by the rice blast fungus [J]. Science，359 (6382)：1 399－1 403.

Sann C，Theodorou P，Heong K L，et al. 2018. Hopper parasitoids do not significantly benefit from non-crop habitats in rice production landscapes [J]. Agriculture，Ecosystems and Environment，254：224－232.

Sasmal A，Patro B，Sarangi P K. 2018. Bio-efficacy evaluation of some insecticides (solo and pre mixed) against major insect pests of rice [J]. Journal of Crop and Weed，14 (1)：238－244.

Shalaby S E M. 2018. Influence of sowing dates and insecticides on the rice stem borer (*Chilo agamamnon* Bles) and rice leafminer (*Hydrellia griseola* Fallén) [J]. Journal of Entomological Research，42 (2)：195－200.

Shangguan X，Zhang J，Liu B，et al. 2018. A mucin-like protein of planthopper is required for feeding and induces immunity response in plants [J]. Plant Physiology, 176 (1): 552 - 565.

Shao E, Lin L, Liu S, et al. 2018. Analysis of homologs of cry-toxin receptor-related proteins in the midgut of a non-bt target, *Nilaparvata lugens* (Stål) (Hemiptera: Delphacidae) [J]. Journal of Insect Science, 18 (1): 1 - 10

Sharma K R, Raju S V S, Jaiswal D K, et al. 2018. Efficacy of certain newer insecticide formulations against yellow stem borer, *Scirpophaga incertulas* (Walker) infesting on rice crop [J]. Journal of Experimental Zoology, India, 21 (2): 771 - 775.

Sheng C, Casida J E, Durkin K A, et al. 2018. Fiprole insecticide resistance of *Laodelphax striatellus*: electrophysiological and molecular docking characterization of A2'N RDL GABA receptors [J]. Pest Management Science, 74 (11): 2 645 - 2 651.

Shi X, Long Y, He F, et al. 2018. The fungal pathogen *Magnaporthe oryzae* suppresses innate immunity by modulating a host potassium channel [J]. PLOS Pathogens, 14 (1): e1006878.

Sugano S, Maeda S, Hayashi N, et al. 2018. Tyrosine phosphorylation of a receptor-like cytoplasmic kinase, BSR1, plays a crucial role in resistance to multiple pathogens in rice [J]. The Plant Journal, 96 (6): 1 137 - 1 147.

Sun G, Elowsky C, Li G, et al. 2018. TOR-autophagy branch signaling via Imp1 dictates plant-microbe biotrophic interface longevity [J]. PLOS Genetics, 14 (11): e1007814.

Sun X, Gong Y, Ali S, et al. 2018. Mechanisms of resistance to thiamethoxam and dinotefuran compared to imidacloprid in the brown planthopper: roles of cytochrome P450 monooxygenase and a P450 gene *CYP6ER1* [J]. Pesticide Biochemistry and Physiology, 150: 17 - 26.

Sun Y, Xu L, Chen Q, et al. 2018. Chlorantraniliprole resistance and its biochemical and new molecular target mechanisms in laboratory and field strains of *Chilo suppressalis* (Walker) [J]. Pest Management Science, 74 (6): 1 416 - 1 423.

Sun Z, Shi Q, Xu C, et al. 2018. Regulation of NlE74A on vitellogenin may be mediated by angiotensin converting enzyme through a fecundity-related SNP in the brown planthopper, *Nilaparvata lugens* [J]. Comparative Biochemistry and Physiology. A, Molecular and Integrative Physiology, 225: 26 -32.

Sunil V, Sampathkumar M, Lydia C, et al. 2018. Biology, predatory potential and functional response of *Rhynocoris fuscipes* (Fabricius) (Hemiptera: Reduviidae) on rice brown planthopper, *Nilaparvata lugens* (Stål) (Homoptera: Delphacidae) [J]. Journal of Experimental Zoology, India, 21 (1): 259 - 263.

Tang H, Chen G, Chen F, et al. 2018. Development and relative fitness of Cry1C resistance in *Chilo suppressalis* [J]. Pest Management Science, 74 (3): 590 - 597.

Tangkawanit U, Hinmo N, Khlibsuwan W. 2018. Role of different habitats for the functional response of *Crytorrhinus lividipennis* (Hemiptera: Miridae) on *Nilaparvata lugens* (Hemiptera: Delphacidae) [J]. Biocontrol Science and Technology, 28 (7): 663 - 671.

Uppala S, Zhou X G. 2018. Field efficacy of fungicides for management of sheath blight and narrow brown leaf spot of rice [J]. Crop Protection, 104: 72 - 77.

Wang H, Shi S, Guo Q, et al. 2018. High-resolution mapping of a gene conferring strong antibiosis to brown planthopper and developing resistant near-isogenic lines in 9311 background [J]. Molecular Breeding, 38 (8): 107.

Wang J, Zhou L, Shi H, et al. 2018b. A single transcription factor promotes both yield and immunity in rice [J]. Science, 361 (6406): 1 026 - 1 028.

Wang Q, Li Y, Ishikawa K, et al. 2018c. Resistance protein Pit interacts with the GEF OsSPK1 to activate OsRac1 and trigger rice immunity [J]. Proceedings of the National Academy of Sciences, 115 (49): 11 551 - 11 560.

Wang W, Wan P, Lai F, et al. 2018. Double-stranded RNA targeting calmodulin reveals a potential target for pest management of *Nilaparvata lugens* [J]. Pest Management Science, 74 (7): 1 711 - 1 719.

Wu S F, Zhao D-D, Huang J M, et al. 2018. Molecular characterization and expression profiling of ryanodine receptor gene in the pink stem borer, *Sesamia inferens* (Walker) [J]. Pesticide Biochemistry and Physiology, 146: 1 - 6.

Xie K, Li L, Zhang H, et al. 2018. Abscisic acid negatively modulates plant defence against rice black-streaked dwarf virus infection by suppressing the jasmonate pathway and regulating reactive oxygen species levels in rice [J]. Plant, Cell and Environment, 41 (10): 2 504 - 2 514.

Yang Y, Wang C, Xu H, et al. 2018. Sublethal effects of four insecticides on folding and spinning behavior in the rice leaffolder, *Cnaphalocrocis medinalis* (Guenée) (Lepidoptera: Pyralidae) [J]. Pest Management Science, 74 (3): 658 - 664.

Zhang M, Zheng L, Liu C, et al. 2018. Characterization of a novel dsRNA mycovirus isolated from strain A105 of *Rhizoctonia solani* AG-1 IA [J]. Archives of Virology, 163 (2): 427 - 430.

Zhang X, Bao Y, Shan D, et al. 2018. Magnaporthe oryzae induces the expression of a microRNA to suppress the immune response in rice [J]. Plant Physiology, 177 (1): 352 - 368.

Zhang X, Ding J, Xu B, et al. 2018b. Long chain fatty acid coenzyme A ligase (FACL) regulates triazophos-induced stimulation of reproduction in the small brown planthopper (SBPH), *Laodelphax striatellus* (Fallen) [J]. Pesticide Biochemistry and Physiology, 148: 81 - 86.

Zhang Y, Han Y, Yang Q, et al. 2018a. Resistance to cycloxaprid in *Laodelphax striatellus* is associated with altered expression of nicotinic acetylcholine receptor subunits [J]. Pest Management Science, 74 (4): 837 - 843.

Zhang Y, Liu B, Zhang Z, et al. 2018b. Differential Expression of P450 Genes and nAChR Subunits Associated With Imidacloprid Resistance in *Laodelphax striatellus* (Hemiptera: Delphacidae) [J]. Journal of Economic Entomology, 111 (3): 1 382 - 1 387.

Zhong Z, Chen M, Lin L, et al. 2018. Population genomic analysis of the rice blast fungus reveals specific events associated with expansion of three main clades [J]. The ISME Journal, 12 (8): 1 867 - 1 878.

Zhou J, Chen X, Yan J, et al. 2018a. Brummer-dependent lipid mobilization regulates starvation resistance in *Nilaparvata lugens* [J]. Archives of Insect Biochemistry and Physiology, 99 (2): e21481.

Zhou J, Yan J, You K, et al. 2018b. Characterization of a *Nilaparvata lugens* (Stål) brummer gene and analysis of its role in lipid metabolism [J]. Archives of Insect Biochemistry and Physiology, 97

(3)：21 442.

Zhou P，Mo X，Wang W，et al. 2018. The commonly used bactericide bismerthiazol promotes rice defenses against herbivores [J]. International Journal of Molecular Sciences，19 (5)：1 271.

Zhu G H，Liao H，Sun J-B，et al. 2018. Expression profile and functional characterization suggesting the involvement of three chemosensory proteins in perception of host plant volatiles in *Chilo suppressalis* (Lepidoptera：Pyralidae) [J]. Journal of Insect Science，18 (5)：1 - 8.

Zhuo J，Hu Q，Zhang H，et al. 2018. Identification and functional analysis of the doublesex gene in the sexual development of a hemimetabolous insect，the brown planthopper [J]. Insect Biochemistry and Molecular Biology，102：31 - 42.

第五章 水稻基因组编辑技术研究动态

2012 年以来，基于 CRISPR/Cas 系统的基因组编辑技术发展迅速，已被广泛应用于基础科学研究、人类基因治疗与作物遗传育种等领域，迅速成为生命科学领域的研究热点。目前，我国在水稻基因组编辑的研究水平整体处于国际领先地位。2018 年，在水稻基因组编辑领域，主要集中在单碱基编辑技术发展、基因组编辑范围扩展、多基因编辑体系优化、基因编辑后突变体鉴定方法开发、无转基因成分残留基因编辑新技术、水稻全基因组基因编辑脱靶率检测等方面，并在基因组编辑技术的多方位应用及应用安全上取得了较好进展。与此同时，通过基因组编辑技术获得相关水稻突变体，并进一步开展分子生物学研究，明确其分子机理及遗传关系，已经成为研究基因功能的必需手段，且可快速获得相关重要农艺性状的水稻新种质。此外，利用基因组编辑技术在水稻单倍体诱导技术的开发、无融合生殖的研究等领域获得了重大突破，极大推进了农业育种新技术的发展，将改变未来育种产业形势，引发新一轮农业新革命。

第一节 基因组编辑技术在水稻中的研究进展

一、单碱基编辑技术

单碱基编辑技术（Base editor）是基于 CRISPR/Cas 系统的新型靶基因定点修饰技术，它不需要产生 DNA 双链断裂（DSB）及 DNA 模板就可以对基因组特定碱基进行高效替换。单碱基编辑技术可以应用于通过精确改变单个碱基实现关键氨基酸的改变，通过引入终止密码子实现基因的功能缺失突变，还可以对一些启动子区的调控位点进行改变实现对基因的表达调控。与利用定向同源修复来进行碱基替换相比，单碱基编辑的单碱基替换效率要高得多，在许多重要农艺性状的改良上具有重要意义。目前单碱基编辑系统包括胞嘧啶单碱基编辑系统（cytosine base-editor system，CBE）和腺嘌呤单碱基编辑系统（adenine base-editor system，ABE）。

（一）胞嘧啶单碱基编辑系统（CBE）

胞嘧啶单碱基编辑系统由胞嘧啶脱氨酶及切口 nCas9 或失活 dCas9 融合表达组成，胞嘧啶脱氨酶在 CRISPR/Cas 系统引导下，对靶序列一定范围内的胞嘧啶（Cytosine，C）进行脱氨基反应，将胞嘧啶变为尿嘧啶（Uracil，U），进而通过 DNA 修复或复制将尿嘧啶转变为胸腺嘧啶（Thymine，T），最终实现 C 至 T 或 G 至 A 的直接替换。

基于融合大鼠胞嘧啶脱氨酶 APOBEC1 的 BE3 介导的 C-T 碱基编辑技术已广泛应用

在植物中，但该系统仍然存在一定缺陷，如编辑效率低、编辑的活性窗口相对狭窄以及对 GC 序列的编辑效率明显降低甚至没有编辑活性等。中国科学院遗传与发育生物学研究所的高彩霞研究组利用 nCas9 融合人类胞嘧啶脱氨酶 APOBEC3A（A3A）和尿嘧啶糖基化酶（UGI），构成新的单碱基编辑系统 A3A-PBE，成功在小麦、水稻及马铃薯中实现比原先 BE3 更加高效的 C-T 单碱基编辑，通过农杆菌转化法在水稻中的单碱基编辑效率高达 82.9%（Zong et al.，2018）。A3A-PBE 碱基编辑系统具有高效、宽脱氨化窗口及对靶标 C 上文无序列偏好性等优势，拓宽植物单碱基编辑的范围。该体系的建立对实现植物基因组大规模体内饱和突变，研究植物基因功能及基因调控元件作用等具有重要的技术支撑意义。

中国农业科学院植物保护研究所周焕斌团队则利用人源胞嘧啶脱氨酶 AID 蛋白开发出 rBE5 和 rBE9 升级版单碱基编辑系统，对 TC、AC、GC 和 CC 都具有较高的编辑效率，大大拓展了单碱基编辑技术在植物上的应用（Ren et al.，2018）。

（二）腺嘌呤单碱基编辑系统 ABE

腺嘌呤单碱基编辑系统的作用原理与 CBE 相似，由经改造的腺嘌呤脱氨酶及 nCas9 组成，腺嘌呤脱氨酶将靶位点处于一定范围内的腺嘌呤（Adenosine，A）脱氨变成次黄嘌呤（Inosine，I），次黄嘌呤可与胞嘧啶（C）配对，进而通过 DNA 修复或复制将次黄嘌呤转变为鸟嘌呤（Guanosine，G），最终实现 A 至 G 或 T 至 C 的替换。

与胞嘧啶脱氨酶不同，自然界中并不存在天然的 DNA 腺嘌呤脱氨酶。2017 年 11 月，美国哈佛大学 David R. Liu 研究组通过几轮定向进化和蛋白质工程将大肠杆菌一种 tRNA 腺苷脱氨酶 TadA 进化成能作用在 DNA 上的腺苷脱氨酶。然后，将改造后的 TadA 与 nCas9 切口酶融合成 ABE，实现了将 DNA 中的 A-T 碱基转换为 G-C 碱基对（Gaudelli et al.，2017）。

植物中关于 ABE 的研究也迅速跟进。2018 年 4 月，中国科学院上海植物逆境生物学研究中心的朱健康研究组同样通过融合 dCas9－D10A 和 ecTadA* 7.10 的方法在水稻中实现了 *IPA1* 等基因的编辑，编辑效率最高可达 45.2%，成功开发了水稻中的腺嘌呤单碱基编辑器，从而拓宽了植物中的基因组工程工具。这项工作证明了腺嘌呤碱基编辑器可以在植物中高效、特异性地将目标 A-T 转换成 G-C，并且没有在目标位点或潜在的脱靶位点上发现任何插入缺失或其他碱基转换或颠换的突变。这些特征使腺嘌呤碱基编辑可能优于胞苷脱氨酶介导的 C-T 编辑和 HDR 介导的序列替换（Hua et al.，2018）。

与此同时，中国农业科学院植物保护研究所周焕斌研究组通过引入 TadA 及其两个突变体 TadA* 7.10 和 TadA* 7.8，将其密码子优化后，分别与 CRISPR/Cas9 系统融合，开发了 rBE14、rBE15、rBE17 和 rBE18 等多套碱基编辑器，对 *OsMPK6*、*OsMPK13*、*OsSERK2*、*OsWRKY45* 等多个水稻内源基因靶位点编辑，成功获得预期的水稻突变体材料，效率高达 62%。同样证明了腺嘌呤碱基编辑器可以在植物中有效地将目标 A-T 转换成 G-C（Yan et al.，2018）。

中国科学院遗传与发育生物学研究所高彩霞研究组利用nCas9融合大肠杆菌野生型腺嘌呤脱氨酶（ecTadA）和人工定向进化的腺嘌呤脱氨酶（ecTadA*）二聚体，建立并优化出高效、精确的植物ABE单碱基编辑系统，在小麦和水稻中实现高效的A-T＞G-C碱基的替换（Li C et al.，2018）。通过优化腺嘌呤脱氨酶二聚体的位置以及核定位信号（NLS）的位置和个数，以及测试3种不同形式的sgRNA（native sgRNA、esgRNA和tRNA-sgRNA），发现ecTadA-ecTadA＊-nCas9－3NLS使A-T＞G-C的替换效率提高了1.1倍，并且esgRNA具有最高的单碱基编辑效率，是native sgRNA的2倍，tRNA-sgRNA的3倍。利用该系统，水稻转基因植株中实现了高达59.1％的A-T＞G-C编辑效率，并展示了通过植物ABE系统定点编辑*ALS*基因的水稻表现出除草剂抗性。

韩国首尔国立大学Jin-Soo Kim研究团队通过利用Cas9变体（nCas9－D10A）融合四个工程化TadA蛋白（ABE6.3、7.8、7.9和7.10），建立并优化出高效、精确的植物ABE单碱基编辑系统（Kang et al.，2018）。通过拟南芥和油菜原生质体的瞬时表达，发现ABE在两个物种的所有靶位点都有活性，其中ABE7.10在拟南芥中的A至G碱基编辑频率最高。使用35S启动子、YAO和RPS5A启动子分别表达ABE7.10－nCas9－D10A和靶向*FT*和*PDS3*基因的sgRNA，研究发现RPS5A启动子系统是最有效的。通过使用RPS5A-ABE的腺嘌呤碱基编辑在拟南芥中*FT*基因碱基编辑窗口内的A7（84％的A至G转换效率）和*PDS3*中的A6（52％/66％频率的碱基编辑效率）实现了A到G的转换，并且引入晚花和白化表型。

二、扩大基因组编辑范围

CRISPR/Cas系统在基因组上的精准编辑范围常受限于PAM序列，比如spCas9识别的PAM序列为NGG，Cpf1识别的PAM是TTTN，极大地限制了基因组的可编辑范围。研究人员通过开发各种新的变体蛋白增加新的基因编辑工具，以扩大基因组编辑范围。

中国水稻研究所王克剑团队和中国科学院遗传与发育生物学研究所李家洋团队、高彩霞团队合作，报道了CRISPR/Cas9系统可以高效编辑水稻中含有前间区序列邻近基序（PAM）为NAG的基因位点（Meng et al.，2018）。研究人员前期在对CRISPR/Cas9系统编辑过的水稻进行脱靶检测时，发现一个PAM为NAG的位点也被同时高效编辑。在动物细胞及微生物的前期实验结果揭示，NAG只能够被Cas9很低频率识别，应用非常有限。而这个意外发现促使研究人员在水稻中重新评估CRISPR-Cas9系统识别NAG邻近基序的效率。通过一系列基因组编辑实验揭示CRISPR-Cas9系统能够在水稻中高效识别和编辑NAG位点。该发现大幅度拓展了CRISPR-Cas9系统在水稻中的基因组可编辑范围，同时也表明在进行基因组编辑时需要更多考虑到在NAG邻近基序处的潜在脱靶效应。

美国哈佛大学David R. Liu研究团队开发出新的Cas9变体——xCas9可以在哺乳动

物细胞中识别NG、GAA以及GAT三种PAM序列，有效拓展了基因组编辑的范围（Hu et al.，2018）。中国水稻研究所王克剑研究团队与中国科学院遗传与发育生物学研究所李家洋院士研究团队合作（Wang J et al.，2019），通过定点突变对水稻常用的spCas9进行改造，获得了xCas9 3.6和xCas9 3.7两个变体，分别设计了靶向*D14*、*MOC1*、*PDS*三个基因，包括NG、GAA以及GAT 3种PAM序列在内的63个靶序列，在水稻愈伤组织中进行转化实验，利用实验室前期开发的Hi-TOM高通量突变检测工具，分析发现xCas9在GAA、AGA、TGT、CGC、GGG、NGG、CAG等PAM位点产生突变，但是整体编辑效率较低（2.0%～29%）。在经典的NGG位点，两种xCas9的编辑效率（4%～10%）也显著低于未经修改的spCas9（41%～77%）。该研究扩展了水稻的基因组编辑范围，为在水稻中开展更广泛的基因组编辑提供新的选择，但是还需要进一步优化提高其在水稻中的编辑效率。

日本东京大学Osamu Nureki团队与美国博德研究所张锋团队等合作，通过改造spCas9的序列，引入7个氨基酸的突变R1335V/L1111R/D1135V/G1218R/E1219F/A1322R/T1337R（命名为VRVRFRR），获得了PAM序列为NG的spCas9变体（spCas9－NG），可以切割PAM为TGA、TGT及TGC的靶位点，扩大了靶位点候选范围（Nishimasu et al.，2018）。同时证实SpCas9－NG的D10A突变（nSpCas9）同样具有切口活性，与胞嘧啶脱氨酶AID融合表达能够实现PAM为NG的靶位点的单碱基编辑。尽管SpCas9－NG的活性比野生型SpCas9低，并且NGC位点的活性低于NGD，或许通过进一步修饰改变，可以提高编辑效率。理论上，该技术使得靶位点附近PAM有一个C或者G就可以进行基因编辑，使得CRISPR/Cas9的靶位点几乎不受PAM限制。Endo等（2019）证明，在水稻和拟南芥中spCas9－NG同样有效，可以识别NG PAMs、nSpCas9－NG-AID，也能够实现PAM为NG的靶位点的C-T的单碱基编辑。

中国科学院上海植物逆境生物学研究中心朱健康研究团队通过利用spCas9和saCas9的变体开发了新的腺嘌呤和胞嘧啶碱基编辑器，扩展了水稻基因组中的单碱基编辑范围（Hua et al.，2019）。研究人员使用Cas9变体切口酶VQR-Cas9（D10A）、VRER-Cas9（D10A）和SaKKH-Cas9（D10A）代替ABE/CBE-P1碱基编辑器中SpCas9（D10A）切口酶，分别产生新的碱基编辑器ABE/CBE-P3、ABE-P4和ABE/CBE-P5。已有报道VQR-Cas9识别的PAM序列为NGA，而VRER-Cas9的PAM为NGCG序列，则SaKKH-Cas9的PAM是NNNRRT，在很大程度上扩增了碱基编辑器的应用。同时还证明腺嘌呤和胞嘧啶碱基编辑器可以在水稻中同时进行，增加了碱基编辑的范围和种类。

Cpf1蛋白隶属于Ⅱ类type V CRISPR系统，是比Cas9蛋白更小且更简单的核酸内切酶。Cpf1识别前间隔序列5′端的PAM位点TTTN；Cpf1只需要单个RNA分子，即crRNA（CRISPR RNA），然后利用加工后产生的成熟crRNA特异性地靶向和切割与crRNA 3′端23 nt前间隔序列互补的DNA序列，因而组装更加简单；CRISPR/Cpf1具有可进行基因多重编辑、编辑效率高和脱靶率较低等优点。Endo和Toki（2018）在水稻和烟草中使用了来自 *Francisella novicida* 的 FnCpf1，实现了对 PAM 是 TTN 的位点进行编辑，与 AsCpf1 或 LbCpf1 识别的 PAM 是 TTTN 相比，FnCpf1 识别的 PAM 更短、可编辑的范围更广。

美国博德研究所张锋研究团队通过对来源于氨基酸球菌属（*Acidaminococcus*）的 AsCpf1 进行改造，获得了 RR 及 RVR 变体，使其在人类细胞中能够识别 TYCV 及 TATV 的 PAM 位点，扩大了其在基因组的编辑范围（Gao et al.，2017）。

加州大学圣地亚哥分校赵云德教授研究团队、中国农业科学院作物科学研究所夏兰琴研究员研究团队合作，受 AsCpf1 的研究成果启发，利用相似的策略对已经被证实能够在植物基因组编辑有效工作的 LbCpf1 进行基因工程改造，定点突变 LbCpf1 蛋白，LbCpf1（RR）变体可以有效识别水稻基因组中“TYCV”的 PAM 位点（Li S et al.，2018）。相较于 LbCpf1 识别的 TTTV 位点在水稻基因组中 96％的覆盖率，LbCpf1（RR）变体所识别的 TYCV 位点在水稻基因组中覆盖率可达 99.6％。这一人工改造 LbCpf1 的获得，有效提高了 CRISPR/Cpf1 系统对水稻基因组的潜在应用价值。

同一时间，电子科技大学张勇教授研究团队、美国马里兰大学戚益平教授研究团队的合作团队以 FnCpf1 为基础，重新评估了 FnCpf1 核酸酶在水稻中的 PAM 偏好性，并证明“TTTV”是 FnCpf1 核酸酶的首选 PAM 位点。此外，为了进一步拓展在植物基因组编辑中的应用范围，该团队还构建了 FnCpf1、LbCpf1 核酸酶的 RR 及 RVR 变体植物表达系统，测试其在水稻基因组“CCCC”“TYCV”“TATV”位点进行编辑的可行性。结果表明，LbCpf1 核酸酶的 RR、RVR 变体可以成功识别水稻基因组中“CCCC”“TYCV”及“TATG”类型的 PAM 位点，并在对应 PAM 位点远端有效介导多碱基缺失为主的基因组编辑事件发生。该工作有效拓展了水稻基因组可编辑位点的可选择范围，为 CRISPR-Cpf1 核酸酶在植物基因组编辑中的有效应用提供了可供选择的多种丰富的分子操纵工具（Zhong et al.，2018）。

借助同源重组修复途径（HDR）途径实现目的基因替换和基因定点插入，进而创制农作物新种质是基因组编辑研究的重要课题之一。但由于植物细胞内 HDR 发生频率低，这在很大程度上阻碍了利用 CRISPR/Cas 系统对农作物基因进行精确编辑。CRISPR/Cpf1 产生的 DSBs 具有 5′突出端，其交错切割模式可能促进修复模板与基因组 DNA 的配对并使之插入基因组中，但其潜在修复机制仍需要进一步探究。Li 等（Li et al.，2018c）研究发现，当同源修复模板存在时，Cpf1 产生的 DNA 双链切口（Double strand breaks，DSBs）经同源重组修复途径（homology-directed DNA repair，HDR）修复时，其主要的修复机制为合成依赖性修复（synthesis dependent strand annealing，SDSA），并在水稻中成功实现 *ALS* 基因的等位基因替换，获得抗除草剂水稻。进一步，当修复模板中只含有左侧同源臂时，同源替换事件仍可精确发生。

三、多基因编辑体系的优化

多基因编辑技术对于植物基因家族和通路的研究以及作物改良具有十分重要的意义。利用 CRISPR/Cas 系统在植物中进行多基因编辑需要同时表达 Cas 基因和多个 sgRNA，组成一个多转录元件系统。通常使用 pol Ⅱ 型启动子（RNA polymerase Ⅱ，如 CaMV 35S、ZmUbi）、pol Ⅲ 型启动子（RNA polymerase Ⅲ，如 At/OsU6、At/OsU3）分别驱动 Cas 核酸酶蛋白编码单元及向导 RNA 单元的转录。为了简化多基因编辑体系或有效实现 Cas9 蛋白与 sgRNA 的协同表达，多个研究组通过利用 RNA 自剪切工具和植物内源的 RNA 加工机制把多转录元件改造成双转录元件和单转录元件，构建了新的多基因编辑系统。

电子科技大学张勇研究团队基于之前利用核酶（ribozyme，RZ）自剪切成熟原理构建的“单转录单元 CRISPR-Cas9”（single transcript unit CRISPR-Cas9，STU-Cas9）植物基因组编辑系统（Tang et al.，2016）及高效 CRISPR-Cas12a 植物基因组编辑系统，构建了基于 RZ（ribozyme）、tRNA、Csy4（Csy4 ribonuclease）多元化 RNA 剪切加工顺、反式因子，开发了 STU-CRISPR 2.0 植物基因组编辑新系统，可有效实现 Cas9、Cas12a 核酸酶的多基因编辑；并进一步基于 STU-CRISPR 2.0 系统，优化 APOBEC1、PmCDA1 胞嘧啶脱氨酶单元，有效实现了 C-T 替换的单碱基编辑（Tang et al.，2018b）。

之前研究结果表明，植物体内 sgRNA 的 5′和 3′端均能容忍一定的多余序列并保持活性。根据这个结果，朱健康研究组（Wang et al.，2018）直接将 Cas9 或 Cpf1 的编码序列和一个或多个 sgRNA 直接串连在一起，由一个 pol Ⅱ 启动子驱动形成一个表达盒，称为植物多基因编辑简化单转录元件系统（simplified single transcriptional unit，SSTU）。在该系统中，各个 sgRNA 之间由一个很短的 linker 序列（可以只有几个碱基）隔开，而 Cpf1 系统里的各个 guide 之间则由其独有的 DR 序列作间隔。研究人员分别构建了 FnCpf1 和 LbCpf1 的 SSTU 系统，同时靶向水稻内源的 8 个和 9 个基因位点，同时，还构建了基于 Cas9 的 SSTU 系统对 3 个水稻内源基因进行多位点敲除。水稻稳定转化结果表明，SSTU 系统的多基因编辑效率总体上与经典的 MCTU 或 TCTU 系统的效率相当。

华中农业大学谢卡斌研究团队（Ding et al.，2018）则开发了利用内含子表达 sgRNA 的新方法，可广泛应用于 Cas9 和 Cpf1 介导的多基因编辑。UBI10 启动子的 5′UTR 区域包含一段非常保守的内含子序列，该序列的边界上具有在 mRNA 成熟过程中内含子被切除时识别的基序 5′-GU-A-AG-3′，将其中的内含子序列换成 sgRNA 模块，在用 UBI10 启动子驱动 Cas9 时，位于 5′UTR 区域 GU-A-AG 基序内的 sgRNA 被识别为内含子而切割分离，而作为外显子的 Cas9 则正常表达。在装载 Cas9 的多基因编辑系统里，多个 sgRNA 之间用 tRNA 元件连接，而在装载 Cpf1 的多基因编辑系统里，由于

Cpf1 蛋白自身兼具 RNA 酶活性，各 crRNA 单元之间可直接用其 DR 序列作间隔。水稻转化实验表明，这两套系统均能有效地进行单基因和多基因位点敲除。

四、基因编辑后突变体鉴定方法

在完成基因编辑后通常需要进行大规模的测序分析来解读突变信息。如何快速高效地进行突变体检测和鉴定是植物基因组编辑技术迅速发展面临的重要问题之一。为了更快、灵敏度更高、信息更全面、成本更低地检测突变情况，研究人员开发了一些新的检测方法。

浙江省农业科学院徐俊峰团队开发了一种简单、灵敏、高通量的实时定量 PCR (qPCR) 检测方法。该方法利用 PAM 位点的编辑特性，在靶标区域的一个复制子中设置两个不同的标记探针（HEX 和 FAM），分别覆盖在非编辑位置和编辑位置，通过这两种探针扩增比例的变化，可同时检测出野生型和基因编辑突变体。研究结果表明，该方法能够准确地区分水稻、拟南芥、高粱和玉米等不同植物的野生型和 CRISPR/Cas9 编辑突变体，且其 PCR 产物可以直接测序，从而确定突变形式。此外，该方法还可区分 T_0代转化植株的杂合或纯合类型，显著提高了 CRISPR/Cas9 编辑系统的筛选效率 (Peng et al.，2018)。

中国科学院遗传与发育生物学研究所高彩霞研究组利用 CRISPR/Cas 系统（包括 Cas9 和 Cpf1）的体外切割特性，在六倍体小麦和二倍体水稻中建立了一种简单、高效、廉价的 PCR/RNP 植物突变体筛选策略。该方法不受限制性内切酶位点的限制，比 PCR/RE 具有更强的广适性；比 T7EI 具有更高的准确度；比 Sanger 测序更廉价，而且灵敏度更高。基于 spCas9 和 fnCpf1 RNPs 的 PCR/RNP 方法可以用于检测基因组编辑中经 NHEJ 修复产生的所有 indel 突变；基于 FnCpf1 RNPs 的 PCR/RNP 方法可以用于检测位于种子区域内的 SNP 突变 (Liang et al.，2018)。

目前，二代测序已经越来越多地应用到各种检测分析中，但是复杂的测序文库构建方法以及专业的生物信息学分析限制了二代测序在基因编辑检测领域的应用。中国水稻研究所王克剑团队面向普通生物学实验室开发了 Hi-TOM 检测方法，只需两步普通 PCR 即可完成多样本混合测序文库构建，在得到测序数据后，只需要将测序数据上传至 Hi-TOM 在线分析网站（http：//www. hi-tom. net/hi-tom/），就可以解析获得每个样品每个位点的详细突变序列以及对应的基因型信息。以六倍体小麦、人类细胞和水稻样品为例，测试发现 Hi-TOM 具有极高的灵敏度与准确性。Hi-TOM 工具的开发为普通实验室提供了一个简单、经济、高效的基因编辑突变鉴定策略 (Liu R et al.，2019)。

五、无转基因成分残留的基因编辑新技术

利用 CRISPR/Cas9 技术通过转基因的方法进行基因编辑，在转基因植物的后代中

Cas9 表达盒的存在和持续表达会带来不必要的麻烦，如脱靶效应和转基因安全问题。因此，如何快速、有效去除基因编辑后代中的转基因片段是将该技术应用于作物改良的一个重要问题。南京农业大学赵云德教授团队分别将“自杀”基因 BARNASE（降解 RNA）和 CMS2（引起花粉败育）与正常的 CRISPR/Cas9 基因编辑元件整合在一个表达系统中，可以在不影响基因编辑效率的情况下在转基因水稻的 T_1 代就可以 100％剔除转基因，有效减少分离无转基因的基因编辑植物所需要的时间和劳力，同时可以防止转基因漂移。该技术在作物改良中具有良好的应用前景（He Y et al.，2018）。

六、水稻全基因组基因编辑脱靶率检测

尽管 CRISPR/Cas 系统已经被广泛应用于各种生物的基因组定点编辑，但是向导 RNA 引导的 Cas 核酸酶定向剪切活性实际上存在一定程度的容错概率，存在着“脱靶”可能，即 Cas 核酸酶在目标位点序列相似的基因组区域存在潜在的非特异剪切活性。虽然 CRISPR/Cas 介导的植物基因组编辑事件的脱靶效应，相对其在基因治疗领域存在的潜在负面影响并不明显，但脱靶效应对基于基因组编辑策略的植物功能基因组研究及分子育种实践的不利影响同样不容忽视。电子科技大学张勇教授团队及其合作者（Tang et al.，2018a），以水稻为模型，基于“WGS＋大数据”分析策略，针对 CRISPR-Cas9、CRISPR-Cpf1（Cas12a）介导的植物基因组编辑脱靶效应进行有效解读。该研究选择了多种类型的非编辑水稻对照材料，以翔实的全基因组大数据证据（测序深度为 45×～105×，平均测序深度 70×，2.5T 测序数据量），对全基因组 SNV、InDel 突变位点绝对数量、基因组分布特征等进行分析，定量界定了植物基因组编辑中 Cas9、Cpf1 核酸酶的脱靶效应，提出了如何最大限度消除脱靶效应的可行策略。研究结果为植物中的脱靶效应提供参考，为 CRISPR-Cas 基因组编辑技术在植物功能基因组研究及分子育种实践中的可行应用提供有效信息，更为进一步推动 CRISPR-Cas 基因组编辑技术发展、打消公众对基因组编辑植物的疑虑，以及相关产业政策的制定等提供了确实科学证据及重要参考依据。

第二节 基因组编辑技术在水稻基因功能研究及育种上的应用

一、水稻单倍体诱导系的获得

单倍体（Haploid）指只具有配子染色体数目的细胞或个体。利用自然发生或人工诱导受体亲本产生单倍体植株，再通过自然或化学加倍获得二倍体纯合系 DH（Doubled Haploid），仅需两个世代即可获得纯系，可直接用于育种，与传统育种选系遗传纯合需要 7～8 个世代相比，具有重要的技术优势与应用价值。玉米单倍体育种普遍采用孤雌生殖诱导系诱导产生单倍体，已成为玉米育种选系的主要策略。

由于 *MTL* 基因在单子叶植物中高度保守，先正达公司在水稻中确认了玉米 *ZmMTL* 的同源基因 *OsMATL* 同样参与单倍体的形成，并利用基因编辑技术进行敲除，获得纯合突变体，确认 *OsMATL* 突变的 T_1代的单倍体概率为 6%左右，与玉米中的结果相似。该成果证明 *MATL* 在水稻中的功能与玉米中相同，通过敲除 *MATL* 基因就可以获得水稻单倍体诱导系，推动了水稻单倍体育种技术的发展（Yao et al.，2018）。

二、水稻无融合生殖体系的建立

杂种优势是指杂交后代在生活力、抗逆性、适应性和产量等方面优于双亲的现象。然而，由于遗传分离，杂交种后代会发生性状分离，无法保持其杂种优势。无融合生殖（Apomixis）是指不发生雌雄配子核融合而产生种子的一种无性繁殖过程。在无融合生殖植物中，种子的形成没有经历减数分裂过程中的交换，可以实现杂种优势的固定。但是，无融合生殖发生机制复杂，常规育种手段难以将其应用于主要农作物育种中，限制了无融合生殖在作物育种中的应用。

美国加州大学戴维斯分校 Venkatesan Sundaresan 教授团队在水稻中研究发现，雄配子携带进入雌配子的 *BABY BOOM1*（*BBM1*）转录因子是受精后启动胚发育的关键。在卵细胞中异位表达 *BBM1* 可以绕过受精过程产生孤雌生殖，获得单倍体。之后，他们利用 CRISPR/Cas9 基因组编辑技术共敲除 *PAIR1*、*REC8*、*OSD1* 这 3 个与减数分裂相关的基因以获得产生类似发生有丝分裂、与体细胞基因型一致的二倍体配子，并同时在卵细胞中异位表达 *BBM1*，最终使这些水稻品系能够在不经过减数分裂，并使卵细胞直接发育成胚进而完成无融合生殖过程（Khanday et al.，2018）。

中国水稻研究所王克剑团队利用 CRISPR/Cas9 基因编辑技术在杂交稻春优 84 中同时敲除 4 个水稻生殖相关基因，包括调控减数分裂的 3 个关键基因 *PAIR1*、*REC8* 和 *OSD1*（*Mitosis instead of Meiosis*；*MiMe*）和调控单倍体诱导的 *MTL* 基因，使得生殖细胞的减数分裂转变为类似有丝分裂使其不发生遗传重组分离，并诱导该二倍体雌配子通过单性生殖发育成种子，获得了可以发生无融合生殖的 *Fix*（*Fixation of hybrids*）材料。*Fix* 植株在营养生长阶段表现正常，但育性明显下降。通过细胞倍性检测，在其子代中获得了细胞倍性为二倍体且基因型与亲本完全一致的植株，这些 F_2代植株的表型也与其 F_1代杂交稻高度相似。由此证明，通过基因编辑技术同时编辑四个基因，就可将无融合生殖特性引入杂交稻中，获得杂交稻的克隆种子，从而实现杂合基因型的固定（Wang et al.，2019a）。

这两项技术的突破理论上可以保持 F_1代的杂种优势，快速固定品种间、亚种间甚至远缘间的遗传优势，还可以省去年年制种的巨大成本，通过自交就可以完成杂交种的制种工作。此外，由于同源 *BBM* 类似基因、*MiMe* 相关基因以及 *MTL* 同源基因广泛存在于不同农作物中，所描述的通过无融合生殖进行杂种优势固定的方法还可以推广到大多数禾谷类作物，为在其他作物中实现杂种优势固定提供了重要参考。这些基因的挖掘及功能验证为一系法育种奠定了良好的理论基础，有助于创制可快速固定杂种优势的优异种质，应用前景广阔。

三、提高水稻产量及品质

Miao等（2019）发现水稻中编码B型Gγ亚基的RGG2蛋白是植物生长和器官大小的负调节因子。在日本晴中过表达*RGG2*会导致植株高度降低和粒度减小。在Zhenshan 97背景中，通过CRISPR/Cas9产生*zrgg2-1*和*zrgg2-2*两个突变体，该突变体表现出生长增强，包括节间伸长、千粒重增加和单株产量提高，同时进一步揭示了*RGG2*基因通过GA途径调节谷粒和植物器官大小。这为通过基因编辑*RGG2*基因，促使水稻谷粒产量增加提供了新的策略。

米糠油（RBO）中含有许多有价值的健康成分，包括单不饱和脂肪酸——油酸。改善RBO中的脂肪酸组成，增加油酸含量，有助于抑制疾病的发生，有益健康。脂肪酸脱氢酶2（*FAD2*）在植物中催化油酸向亚油酸的转化，调控油酸和亚油酸含量。水稻基因组中存在3个功能性*FAD2*基因，其中*OsFAD2-1*基因的表达在水稻种子中最高。Abe等（2018）为了产生高油酸/低亚油酸RBO，通过CRISPR/Cas9靶向破坏*OsFAD2-1*基因，获得了纯合的*OsFAD2-1*基因敲除突变体，发现突变体中油酸的含量增加到野生型的2倍以上，与此同时，亚油酸（FAD2的油酸分解代谢物）在突变体糙米种子中显著降低至不可检测的水平。该研究表明，通过基于基因组信息的基因组编辑，可以快速改良脂肪酸组成的大米，利于健康食用。

四、提高水稻氮吸收效率

水稻*NRT1.1B*基因在粳稻和籼稻之间单核苷酸多态性的差异是氮吸收效率不同的重要原因。中国农业科学院作物科学研究所夏兰琴研究组（Li et al.，2018b）采用CRISPR/Cas9介导的同源重组技术，以*NRT1.1B*基因为例，通过等位基因定点替换，成功将粳稻中*NRT1.1B*基因替换为氮吸收效率高的籼稻*NRT1.1B*等位基因。该研究的创新点在于未利用额外的筛选压力（如除草剂）或标记基因对等位基因的定点替换事件进行富集，通过PCR和酶切鉴定，获得了15棵精确编辑的水稻植株，重组效率高达6.7%。与操作烦琐、育种周期长的杂交育种技术相比，该技术简便、快速，有望在短期内实现农作物优异等位基因的替换，为快速定向创制农作物新种质提供技术支撑。

五、增强水稻抗病性

水稻东格鲁病（Rice tungro disease，RTD）是亚洲热带水稻生产的严重制约因素。RTD由水稻东格鲁球形病毒（Ricetungro spherical virus RTSV）和杆状病毒（Rice tungro bacilliform）之间的相互作用引起。传统栽培品种中发现的RTSV抗性有助于降低田间RTD的发生率。天然RTSV抗性是由翻译起始因子4γ基因（*eIF4G*）控制的隐性性状。已知eIF4G的Y1059 V1060 V1061残基与RTSV的反应有关。Macovei等（2018）为了开发新的RTD抗性来源，使用CRISPR/Cas9系统在广泛生长在亚洲热带地区的RTSV敏感品种IR64中产生*eIF4G*突变，突变率效率为36.0%～86.6%，并且突变成功传递到了下一代。在各种突变的*eIF4G*等位基因中，只有那些导致与YVV残基相邻的SVLFPNLAGKS残基（主要是NL）的非移码突变的材料，才具有RTD抗性。此外，数据表明*eIF4G*对正常发育至关重要，因为截短的*eIF4G*的等位基因不能维持纯合状态。因此，具有新型*eIF4G*等位基因的RTSV抗性植物为将来代开发更多样化的RTSV抗性品种具有重要价值。

exocyst是一种参与胞吐作用的进化上保守的八聚体蛋白复合物。Ma等（2018）在水稻中研究了exocyst复合物的重要亚基OsSEC3A的分子功能，发现*OsSEC3A*基因在各组织中都有表达，且与其他几种胞囊亚基互作。利用CRISPR/Cas9敲除*OsSEC3A*获得的突变体植株变矮，并有类病变表型。此外，*Ossec3a*突变体防御反应增强，水杨酸合成相关基因的转录水平上调，水杨酸水平增加，并对稻瘟病菌的抗性增强。*OsSEC3A*与水稻*OsSNAP32*相互作用，该蛋白通过C-末端参与抗稻瘟病，并通过其N-末端与磷脂酰肌醇脂质，特别是磷脂酰肌醇-3-磷酸结合。这些发现揭示了水稻exocyst亚基SEC3在防御反应中的新功能，并为增加抗病性提供了新的基因。

六、获得雄性不育系

*OsPKS2*是拟南芥*PKSB/LAP5*的水稻同源基因，编码与水稻花粉壁形成有关的聚酮合成酶。在开花植物中，花粉壁保护雄配子免受各种环境胁迫和病原体攻击，以及促进花粉萌发。绒毡层细胞中孢粉质的生物合成对花粉壁形成至关重要。Zou等（2018）研究发现，*OsPKS2*中的点突变通过影响花粉壁形成的正常进程而导致水稻雄性不育。使用CRISPR/Cas9系统获得*OsPKS2*的两个等位基因突变体，同样也是完全雄性不育的。研究结果表明，*OsPKS2*对花粉壁的形成至关重要，在孢粉质生物合成中起着保守作用，可以通过基因编辑手段敲除该基因以获得水稻雄性不育系。

在开花植物中，花药壁，特别是绒毡层的及时分化和降解对于花粉形成和花药开裂都是雄性生殖发育所必需的。Sun等（2018）研究发现水稻中一个保守的甘油-3-磷酸酰基转移酶基因*OsGPAT3*在调节花药壁降解和花粉外壁形成中发挥关键作用。*gpat3-2*突变体具有乌氏体的合成缺陷，内部3个花药层的程序性细胞死亡（PCD）延迟，以及微孔/花粉粒的异常降解，导致花粉成熟失败和完全雄性不育。利用CRISPR/Cas9基因编辑技术敲除*OsGPAT3*同样获得了雄性不育的水稻植株。该研究为了解*OsGPAT3*在调控水稻雄性生殖发育中的作用提供了参考，也为杂交水稻育种奠定了理论基础。

参考文献

Abe K, Araki E, Suzuki Y, et al. 2018. Production of high oleic/low linoleic rice by genome editing [J]. Plant Physiology and Biochemistry, 131: 58 - 62.

Ding D, Chen K, Chen Y, et al. 2018. Engineering introns to express RNA guides for Cas9 - and Cpf1 - mediated multiplex genome editing [J]. Molecular Plant, 11: 542 - 552.

Endo A, Toki S. 2018. FnCpf1 - mediated targeted mutagenesis in plants [J]. Methods in Molecular Biology, 1795: 223 - 239.

Endo M, Mikami M, Endo A, et al. 2019. Genome editing in plants by engineered CRISPR-Cas9 recognizing NG PAM [J]. Nature Plants, 5: 14 - 17.

Gao L, Cox D B T, Yan W X, et al. 2017. Engineered Cpf1 variants with altered PAM specificities [J]. Nature Biotechnology, 35: 789 - 792.

Gaudelli N M, Komor A C, Rees H A, et al. 2017. Programmable base editing of A * T to G * C in genomic DNA without DNA cleavage [J]. Nature, 551: 464 - 471.

He Y, Zhu M, Wang L, et al. 2018. Programmed Self-Elimination of the CRISPR/Cas9 Construct Greatly Accelerates the Isolation of Edited and Transgene-Free Rice Plants [J]. Molecular Plant, 11: 1 210 - 1 213.

Hu J H, Miller S M, Geurts M H, et al. 2018. Evolved Cas9 variants with broad PAM compatibility and high DNA specificity [J]. Nature, 556: 57 - 63.

Hua K, Tao X, Yuan F, et al. 2018. Precise A. T to G. C Base editing in the rice genome [J]. Molecular Plant, 11: 627 - 630.

Hua K, Tao X, Zhu J K. 2019. Expanding the base editing scope in rice by using Cas9 variants [J]. Plant Biotechnology Journal, 17: 499 - 504.

Kang B C, Yun J Y, Kim S T, et al. 2018. Precision genome engineering through adenine base editing in plants [J]. Nature Plants, 4: 427 - 431.

Kelliher T, Starr D, Richbourg L, et al. 2017. MATRILINEAL, a sperm-specific phospholipase, triggers maize haploid induction [J]. Nature, 542: 105 - 109.

Khanday I, Skinner D, Yang B, et al. 2018. A male-expressed rice embryogenic trigger redirected for asexual propagation through seeds [J]. Nature, 565: 91 - 95.

Li C, Zong Y, Wang Y, et al. 2018. Expanded base editing in rice and wheat using a Cas9 - adenosine deaminase fusion [J]. Genome Biology, 19: 59.

Li J, Zhang X, Sun Y, et al. 2018. Efficient allelic replacement in rice by gene editing: A case study of the *NRT1. 1B* gene [J]. Journal of Integrative Plant Biology, 60: 536 - 540.

Li S, Li J, Zhang J, et al. 2018a. Synthesis-dependent repair of Cpf1 - induced double strand DNA breaks enables targeted gene replacement in rice [J]. Journal of Experimental Botany, 69: 4 715 - 4 721.

Li S, Zhang X, Wang W, et al. 2018b. Expanding the scope of CRISPR/Cpf1 - mediated genome editing in rice [J]. Molecular Plant, 11: 995 - 998.

Liang Z, Chen K, Yan Y, et al. 2018. Genotyping genome-edited mutations in plants using CRISPR ribonucleoprotein complexes [J]. Plant Biotechnology Journal, 16: 2 053 - 2 062.

Liu C, Li X, Meng D, et al. 2017. A 4 - bp insertion at zmPLA1 encoding a putative phospholipase a generates haploid induction in maize [J]. Molecular Plant, 10: 520 - 522.

Liu Q, Wang C, Jiao X, et al. 2019. Hi-TOM: a platform for high-throughput tracking of mutations induced by CRISPR/Cas systems [J]. Science China Life Sciences, 62: 1 - 7.

Ma J, Chen J, Wang M, et al. 2018. Disruption of OsSEC3A increases the content of salicylic acid and induces plant defense responses in rice [J]. Journal of Experimental Botany, 69: 1 051 - 1 064.

Macovei A, Sevilla N R, Cantos C, et al. 2018. Novel alleles of rice eIF4G generated by CRISPR/Cas9 - targeted mutagenesis confer resistance to Rice tungro spherical virus [J]. Plant Biotechnology Journal, 16: 1 918 - 1 927.

Meng X, Hu X, Liu Q, et al. 2018. Robust genome editing of CRISPR-Cas9 at NAG PAMs in rice [J]. Science China Life Sciences, 61: 122 - 125.

Miao J, Yang Z, Zhang D, et al. 2019. Mutation of *RGG2*, which encodes a type B heterotrimeric G protein gamma subunit, increases grain size and yield production in rice [J]. Plant Biotechnology Journal, 17: 650 - 664.

Nishimasu H, Shi X, Ishiguro S, et al. 2018. Engineered CRISPR-Cas9 nuclease with expanded targeting space [J]. Science, 361: 1 259 - 1 262.

Peng C, Wang H, Xu X, et al. 2018. High-throughput detection and screening of plants modified by gene editing using quantitative real-time polymerase chain reaction [J]. The Plant Journal: for cell and molecular biology, 95: 557 - 567.

Ren B, Yan F, Kuang Y, et al. 2018. Improved base editor for efficiently inducing genetic variations in rice with CRISPR/Cas9 - guided hyperactive hAID mutant [J]. Molecular Plant, 11: 623 - 626.

Sun L, Xiang X, Yang Z, et al. 2018. OsGPAT3 plays a critical role in anther wall programmed cell death and pollen development in rice [J]. International Journal of Molecular Sciences, 19.

Tang X, Liu G, Zhou J, et al. 2018a. A large-scale whole-genome sequencing analysis reveals highly specific genome editing by both Cas9 and Cpf1 (Cas12a) nucleases in rice [J]. Genome Biology, 19: 84.

Tang X, Ren Q, Yang L, et al. 2018b. Single transcript unit CRISPR 2. 0 systems for robust Cas9 and Cas12a mediated plant genome editing [J]. Plant Biotechnology Journal.

Tang X, Zheng X, Qi Y, et al. 2016. A Single Transcript CRISPR-Cas9 system for efficient genome editing in plants [J]. Molecular Plant, 9: 1 088 - 1 091.

Wang C, Liu Q, Shen Y, et al. 2019a. Clonal seeds from hybrid rice by simultaneous genome engineering of meiosis and fertilization genes [J]. Nature Biotechnology, 37: 283 - 286.

Wang J, Meng X, Hu X, et al. 2019. xCas9 expands the scope of genome editing with reduced efficiency in rice [J]. Plant biotechnology journal, 17: 709 - 711.

Wang M, Mao Y, Lu Y, et al. 2018. Multiplex gene editing in rice with simplified CRISPR-Cpf1 and CRISPR-Cas9 systems [J]. Journal of Integrative Plant Biology, 60: 626 - 631.

Yan F, Kuang Y, Ren B, et al. 2018. Highly Efficient A-T to G-C Base Editing by Cas9n-Guided tRNA

Adenosine Deaminase in Rice [J]. Molecular Plant, 11: 631-634.

Yao L, Zhang Y, Liu C, et al. 2018. OsMATL mutation induces haploid seed formation in indica rice [J]. Nature Plants, 4: 530-533.

Zhao D S, Li Q F, Zhang C Q, et al. 2018. GS9 acts as a transcriptional activator to regulate rice grain shape and appearance quality [J]. Nature Communications, 9: 1 240.

Zhong Z, Zhang Y, You Q, et al. 2018. Plant Genome Editing Using FnCpf1 and LbCpf1 Nucleases at Redefined and Altered PAM Sites [J]. Molecular Plant, 11: 999-1 002.

Zong Y, Song Q, Li C, et al. 2018. Efficient C-to-T base editing in plants using a fusion of nCas9 and human APOBEC3A [J]. Nature Biotechnology.

Zou T, Liu M, Xiao Q, et al. 2018. OsPKS2 is required for rice male fertility by participating in pollen wall formation [J]. Plant Cell Reports, 37: 759-773.

第六章　稻米品质与质量安全研究动态

2018年，国内稻米品质研究继续围绕稻米品质的理化基础、生态环境对品质的影响以及农艺措施对稻米品质的影响等方面开展，稻米质量安全研究主要集中在水稻重金属积累的遗传调控研究、水稻重金属胁迫耐受机理研究、水稻重金属污染控制技术研究、稻米中重金属污染状况及风险评价以及稻米农药残留研究等方面；国外稻米品质与质量安全研究主要集中在稻米品质的理化基础、稻米品质与生态环境的关系、水稻对重金属转运的调控机理研究、水稻重金属胁迫耐受机理研究、减少稻米重金属吸收及相关修复技术研究以及稻米重金属污染风险评估研究等方面。

第一节　国内稻米品质研究进展

一、稻米品质的理化基础

卢毅等（2018）以26个淀粉含量有差异的品种为材料，研究大米直链淀粉含量与米饭物性特征及感官品质之间的相关特性。研究发现，稻米的直链淀粉含量与谷粒长宽比呈极显著正相关，与脂肪和蛋白质呈显著负相关关系；与黏性长度、硬度显著正相关，与弹性、内聚性、胶黏性、咀嚼性呈极显著正相关，与黏性呈负相关关系（不显著）。直链淀粉含量越高，稻米食味品质越差，并随感官食味值的降低呈上升趋势。近年来，支链淀粉精细结构对稻米食味品质的重要性受到关注。支链淀粉结构的不同是导致直链淀粉含量相近的水稻品种间品质差异的主要原因。周慧颖等（2018）测定了26个不同类型水稻品种的稻米支链淀粉精细结构，分析了支链淀粉结构与淀粉RVA成糊特性及DSC热特性的相关性。支链淀粉结构对淀粉RVA成糊特性及糊化温度有较大影响，低平均链长、平均外链长及高A∶B值的稻米淀粉RVA成糊特性较好、糊化温度较低。

抗性淀粉是一种新型的膳食纤维，虽然在健康人体的小肠中不被酶解吸收，但对人体有许多特殊的生理功能。抗性淀粉含量作为稻米的一个重要的新品质指标越来越受到重视。商金颖等（2018）研究了抗性淀粉添加量对复合营养强化米质构和相关品质的影响。结果表明，当抗性淀粉添加量为55%时，复合营养强化米断面比较平整，加热吸水率和膨胀率最大，可溶性固形物含量最低，蒸煮品质较优，质构特征最佳，感官评价最优。

崔琳琳等（2018）采用顶空固相微萃取气相色谱质谱联用技术和电子鼻分析了8种市售大米中的挥发性物质。结果表明，粳稻和籼稻在挥发性成分上差异明显。籼米的挥发性成分（149种）多于粳米（94种），籼稻中挥发性物质最多的是茉莉香米，粳稻中挥发性物质最多的是稻花香米。壬醇、癸醇和2-乙基-1-己醇等醇类物质只存在于籼米中，而2-环己酮和2-癸酮等酮类物质只在粳米中检测到。粳米和籼米中的重要风味物质主要是醛类、酮类和醇类，如己醛、辛醛、壬醛、苯甲醛、2-戊基呋喃等物质，对大米特征香气的形成起重要作用。

二、生态环境对品质影响

（一）温度

褚春燕等（2018）以三江平原主栽水稻品种龙粳29、龙粳31和龙粳46为材料研究了孕穗—灌浆期低温稻米品质的影响。结果表明，孕穗期、抽穗期和灌浆期低温处理后水稻的结实率、千粒重、糙米率、精米率、整精米率以及食味评分均降低，且与对照相比呈显著差异；低温处理后稻米蛋白质含量显著升高，直链淀粉含量在孕穗期和抽穗期显著降低，灌浆期逐渐增加，灌浆末期高于对照；RVA谱特征参数因品种差异与对照相比有增有减，但均呈显著性差异。孕穗期低温胁迫对水稻产量、研磨品质和营养品质影响最大，灌浆期低温胁迫对水稻RVA谱特征参数影响最大，且3个品种间存在明显差异。

播期不同，水稻生长期的温度不同，也会对稻米品质产生影响。陆佳岚等（2018）研究了2017年长江流域中稻区的不同温光条件对中籼9311产量和品质的影响。结果表明，中籼9311产量与开花至成熟期的平均温度呈正相关；碾米品质与开花至成熟期的平均温度呈正相关；外观品质与开花至成熟期的平均温度、开花后28d的平均温度和开花后35d的平均温度呈正相关，总蛋白含量和直链淀粉含量与开花后21d的平均温度呈正相关；胶稠度和糊化温度则与整个生殖生长期温度没有相关性。

（二）土壤

赫臣等（2018）以龙粳21与垦粳5号为材料，分析苏打盐碱土对稻米品质的影响。结果表明，与对照（田园土）相比，苏打盐碱土处理可以极显著提高龙粳21与垦粳5号的整精米率；提高食味评分，降低蛋白质含量，但差异不显著。宋双等（2018）研究了高盐浓度（0.15%、0.20%、0.25%、0.30%、0.35%、0.40%）对水稻产量及食味品质的影响。结果表明，盐分浓度升高引起水稻产量降低，0.30%盐分浓度的稻米品质最好，0.40%盐分浓度对试验材料造成严重盐胁迫。盐分浓度与试验品种产量性状呈极显著负相关，与稻米完整性呈显著负相关，与其他蒸煮品质之间的相关性不明显。

（三）海拔

张现伟等（2018）对不同海拔高度下（500m、600m、700m、800m、900m）渝香

203 的稻米品质进行了比较分析。结果表明，海拔高度对粒长、长宽比的影响较小，而对垩白度、垩白粒率、透明度等的影响较大。渝香 203 的整精米率随海拔高度的增加而显著提高，直链淀粉含量随海拔高度的升高而升高，胶稠度则随海拔高度的增加而降低，垩白粒率和垩白度在海拔 600m 时最低。

三、农艺措施对品质的影响

（一）水分管理

节水灌溉对稻米品质的影响逐步受到重视。王飞名等（2018）以 7 个籼型水稻品种为材料，研究了旱种旱管栽培对水稻产量和稻米品质的影响。结果表明，旱种旱管条件下，7 份材料产量较水种水管栽培均有不同程度减产，有效穗数、每穗颖花数及千粒重极显著降低，结实率表现因品种而异；稻米直链淀粉含量、精米率和整精米率明显提高，对于改善稻米品质有一定积极作用。李奇等（2018）以化感稻 3 号、两优 78 号、玉香油占、百香占为材料，研究不同水分管理（孕穗期晒田 WN、孕穗期不晒田 WS）和处理下稻米的产量、品质以及籽粒中铅和镉含量的变化。结果表明，水分处理对化感水稻的产量和稻米品质影响不显著，但 WS 处理能够显著降低化感水稻籽粒中镉含量。

（二）肥力管理

张桂莲等（2018）以桃优香占和隆晶优 1 号为材料，研究不同施钾量对杂交晚稻产量和稻米品质的影响。结果表明，随着施钾量的增加，成穗率、有效穗数、每穗总粒数、结实率和产量均呈现先增加后降低的趋势，以施钾量 150kg/hm^2 处理的产量为最高，比对照增产 6.21％和 5.89％；适量增施钾肥可以提高稻米糙米率、精米率和整精米率，降低垩白粒率、垩白度和直链淀粉含量，还可以降低最终黏度、消减值和回复值，增加胶稠度、最高黏度、热浆黏度和崩解值，有利于改善稻米品质，同样以施钾量 150kg/hm^2 处理的稻米品质最佳。

成臣等（2018a）以晚粳稻甬优 1538 为材料，研究施氮量对稻米产量和品质的影响。结果表明，随着施氮量增加，南方晚粳稻产量呈先增后降的抛物线关系，在施氮 255kg/hm^2 时水稻产量达到最高；随着施氮量增加，南方晚粳稻加工品质、外观品质和营养品质变优，蒸煮与食味品质中直链淀粉含量降低，胶稠度增加，以及 RVA 谱特征值有变劣的趋势。平衡高产、优质和高效，以 255kg/hm^2 的施氮量为宜。郑恩楠等（2018）以在节水灌溉条件下 0、60、85、110、135、160kg/hm^2 氮肥处理的典型黑土区水稻生长基质为例，探讨黑土区不同氮肥施加对稻米品质及变异性影响。结果表明，不同施氮量不仅能够促进稻米品质的改善，而且可以改变田间区域内稻米品质的变异性，除垩白度和不施氮肥处理的蛋白质含量属中等变异外，其他处理下的蛋白质含量、直链淀粉含量、垩白度3个品质指标均属于弱变异。进一步分析发现，随着施氮量的增加，土壤中硝态氮和铵态氮呈先增加后减小的变化趋势，不同施氮量土壤硝态氮和铵态氮含量的变化与稻米品质变异强度的顺序恰好相反。研究表明，硝态氮对稻米品质变异性起主导作用，不同氮肥的施加可以通过改变土壤中硝态氮和铵态氮的含量进而对稻米品质变异性有一定的影响。

余锋等（2018）以杂交稻Y两优900和Y两优6号为材料，研究了不同穗肥施用时期对杂交稻稻米品质的影响。结果表明，幼穗分化Ⅱ期之前施用穗肥，可获得较好的稻米加工品质和外观品质、较高的直链淀粉含量、适宜的胶稠度和蛋白质含量。方华舟和项智峰（2018）比较研究了不同肥料种类及运筹方式对稻米品质的影响。结果表明，不同施肥处理之间稻米垩白、蛋白质含量等指标存在较大差异，施用秸秆堆沤肥的处理稻米食味值均较高，其中，50%水稻秸秆堆沤肥+25%化肥的处理食味值最高。水稻秸秆堆沤肥具有改善稻米垩白、提高食味品质以及减少化肥用量等作用。

（三）生态种养

寇祥明等（2018）采用田间试验比较稻鸭、稻虾及稻鱼3种生态种养模式对稻米品质的影响。结果表明，生态种养可在一定程度上改善稻米品质。3种生态种养模式的稻米整精米率均呈上升趋势，精米率和粒形无明显改善，而垩白粒率和垩白度呈下降趋势；胶稠度呈上升趋势，崩解值显著提高，消减值显著降低。

（四）播种期

成臣等（2018b）以南方优质晚粳稻品种甬优1538为材料，研究了不同播期对稻米品质变化的影响。结果表明，随着播期的推迟，甬优1538的产量呈先增后降的趋势；加工品质、外观品质及蒸煮与食味品质均变劣，而营养品质变化趋势因指标而异，峰值黏度、热浆黏度、冷胶黏度和崩解值呈逐渐降低趋势，而回复值和消减值呈逐渐增加趋势。建议在南方双季稻区晚粳稻生产中，适当早播有利于同步实现高产和优质。彭波等（2018）研究发现，随着播种期的延迟，灌浆期温度降低，日本“黄金晴”稻米加工品质（糙米率、精米率和整精米率）、蛋白质含量、垩白率、垩白面积、垩白度和食味值等重要品质性状均得到逐步提高。建议通过改变日本“黄金晴”播种期，将其灌浆期调整到一个相对有利的时期，从而提升稻米品质。

第二节　国内稻米质量安全研究进展

由于重金属和农药残留会在食物链中积累，严重威胁人民的身体健康，近年来对稻米重金属和农药残留污染的研究引起国内外学者的广泛关注。

一、重金属

（一）水稻重金属积累的遗传调控研究

大量研究表明，不同水稻品种由于遗传上的差异，在对稻田重金属元素的吸收和分配上存在很大差异。这种差异不仅存在于种间，而且在种内也存在。

袁珍贵等（2018）以谷粒镉积累能力不同的3个晚稻品种（天优华占、星2号和湘晚籼13号）为材料，研究土壤镉含量提高对水稻产量与稻穗镉累积分配特性的影响及其品种间差异。结果表明，稻穗与谷粒各部分镉含量均随土壤镉含量提高而显著提高，但并不呈直线增长趋势，3个品种的提高幅度表现为天优华占＞星2号＞湘晚籼13号。稻穗镉主要累积在实粒中，但实粒镉所占比例随土壤镉含量提高呈下降趋势，3个品种实粒镉所占比例呈星2号＞天优华占＞湘晚籼13号趋势。可见土壤镉含量提高对水稻产量与稻穗镉累积分配的影响具有明显的品种间差异，镉污染程度不同的稻田应因地制宜选择水稻品种。

水稻不同器官对重金属元素的吸收蓄积能力存在很大差异。周静等（2018）选取适合湖南种植的48个水稻品种（系）在中轻度和重度镉污染土壤上进行盆栽试验，探明不同镉污染土壤对水稻镉富集、转运及净化效率的影响。结果表明，两种镉污染土壤水稻各器官镉富集大小顺序均为糙米＜叶＜茎秆＜根系，转运效率则为土—根＞茎—叶＞茎—糙米＞根—茎，土壤镉主要转运至根部并富集于根部。稻谷不同部位重金属分布也存在一定差异。刘兰英等（2018）以闽西矿区周边种植的水稻为研究对象，分析镉、铅、铜、锌4种重金属在稻谷各部位的分布及迁移规律，结果表明，在不同程度镉污染环境下种植的水稻，其镉、铜、锌在稻谷中不同部位的含量基本呈糠粉＞糙米＞精米＞稻壳的趋势，而铅在稻谷各部位的含量呈稻壳＞糠粉＞糙米＞精米或糠粉＞稻壳＞精米＞糙米的趋势；稻壳中的镉较易被迁移到糙米中，糙米中的铅、铜、锌极易积累到糠粉中，而糠粉中积累的镉、铅、铜、锌较难被迁移到精米中；糙米从去掉糠粉加工成精米的过程中，镉、铅、铜、锌含量最大程度可分别减少70.2%、95.0%、97.1%和81.4%。

水稻对重金属元素的积累因不同生育时期而异。王倩倩等（2018）采用水培试验，探究水稻不同生育时期镉胁迫对水稻成熟期糙米镉累积的影响。结果表明，各生育时期镉胁迫下糙米镉累积量大小顺序为：全生育时期镉胁迫＞灌浆期镉胁迫＞成熟期镉胁迫＞孕穗期镉胁迫＞拔节期镉胁迫＞分蘖期镉胁迫。孕穗期、灌浆期和成熟期是水稻糙米镉累积的关键生育时期，对成熟期糙米镉累积相对贡献率分别为19.7%、39.3%和22.6%，而分蘖期、拔节期和腊熟期的镉累积对成熟期糙米镉累积相对贡献较小，贡献率分别为2.4%、4.2%和11.9%。该研究表明水稻的孕穗期、灌浆期和成熟期是控制水稻糙米镉累积的关键时期。可以在水稻孕穗期和灌浆期施加改良剂阻隔根系吸收镉或者阻隔根系吸收的镉向糙米中转运，从而降低水稻糙米中镉的累积。

基于品种间镉含量的遗传差异，国内学者利用QTL、分子生物学等技术初步探讨了水稻镉积累的遗传机制。蒋友如等（2018）将46个杂交稻组合（包括4×7不完全双列杂交的28个杂交组合与其他18个杂交组合）和5个杂交父本种植于2块镉污染大田，考察稻米镉含量表型并分析其遗传构成。研究发现，杂交组合与其父本相比稻米镉含量表型差异无明显规律；在土壤镉重度污染的环境下，杂交组合品种间的基因型差异对其稻米镉含量的贡献率最高，达到64.20%，其次是基因型差异和土壤镉污染的互作，达到9.64%，而土壤镉污染最小，只占2.50%；配合力分析发现，母本和父本的一般配合力效应分别为0.25和0.51，双亲间的特殊配合力效应为0.17；利用低镉位点*qCd7*和*qCd11*对46份材料进行基因型鉴定，研究发现H18、H19、H20和H21均含有*qCd7*和*qCd11*这2个低镉位点，这些材料的稻米镉含量的均值极显著低于高镉位点的材料。研究表明，遗传是影响稻米镉积累的重要因素之一，通过遗传改良可以有效降低稻米镉含量。

（二）水稻重金属胁迫耐受机理研究

许多重金属都是植物必需的微量元素，对植物生长发育起着十分重要的作用。但当环境中重金属数量超过某一临界值时，就会对植物产生一定的毒害作用，如降低抗氧化酶活性、改变叶绿体和细胞膜的超微结构以及诱导产生氧化胁迫等，严重时可导致植物死亡。植物在适应污染环境的同时，逐渐形成了一系列忍耐和抵抗重金属毒害的防御机制。

重金属胁迫下植物细胞产生活性氧（ROS）会造成细胞氧化损伤。为了应对胁迫，植物会产生抗氧化剂，包括抗氧化酶（CAT、POD、SOD、APX）及非酶抗氧化剂（GSH、ASA等）清除自由基，抵抗ROS对细胞的损伤。畅凯旋等（2018）通过盆栽试验，研究了不同重金属污染程度下，多金属胁迫对水稻植株的株高、生物量、生理指标（SOD、POD、Chl、MDA）含量的影响。结果表明，土壤综合污染负荷指数PLI（Pollution load index）与水稻株高、生物量呈显著负相关。PLI与叶片POD活性呈显著正相关，与SOD活性及MDA含量呈正相关，与Chl含量呈负相关。其中PLI为4.36时，水稻幼苗叶片中SOD活性达最大值235.02 U/gFW，PLI为5.96时，水稻幼苗叶片中POD活性和MAD含量达到最大，分别为155.54 U/gFW和41.48 nmol/gFW。多金属胁迫下，水稻能够通过抗氧化酶系统减少植株受到的损害，但当污染负荷指数过大、影响水稻生长的时候，水稻就会死亡。

刘大丽等（2018）将外源表达重组质粒pGEX-6p-3－OsCATb转化到大肠杆菌BL21中，研究水稻Catalase b（OsCATb）在重金属逆境胁迫下的作用机制。SDS-PAGE表明，通过IPTG的诱导表达，在53 kDa的位置获得了与推测分子量大小一致的可溶性目的蛋白。在1mmol/L镉、锌和铜的重金属逆境胁迫下，过量表达GST-OsCATb的重组菌表现出优于对照菌株（BL21）以及过量表达标签蛋白GST的空载体菌株的耐受性；

同时，目的基因重组菌体内的过氧化氢酶活性也要远高于实验对照组。研究结果也进一步暗示了水稻 OsCATb 作为重要的抗氧化剂，能够参与到细胞的重金属逆境胁迫应答、解毒和耐受机制过程中。

金属硫蛋白（MT）、植物螯合肽（PC）、非蛋白巯基物质（NPT）等巯基与重金属离子螯合形成无毒或低毒的络合物，可以降低或缓解重金属的毒害作用。李江遐等（2018）以两种籽粒镉含量不同的水稻品种宁粳 4 号和徽两优 6 号为试验材料，研究了硅对两种水稻吸收累积镉及其 NPT 含量的影响。研究结果表明，外源硅（1.8mmol/L）会显著降低水稻对镉的吸收和转运。镉胁迫条件下，硅对水稻植株体内的 NPT 的含量产生了影响，单独镉处理时两种水稻根部的 NPT 含量较对照明显升高，硅镉复合处理时宁粳 4 号根 NPT 含量变化不明显但显著降低了地上部 NPT 含量，徽两优 6 号根中 NPT 含量增加，地上部 NPT 含量下降。

（三）水稻重金属污染控制技术研究

1. 低重金属积累品种的筛选

通过选择籽粒低重金属积累的水稻品种种植，从而在重金属轻中度污染的土壤上持续进行稻米安全生产已被公认为是最经济有效的途径。赵均良等（2018）以引进的来自 31 个国家（地区）的 181 份多样性丰富的籼稻种质为研究材料，利用水培和中度镉污染的农田分别对这些种质的苗期地上部分镉吸收和成熟期稻米镉积累进行测定。结果表明，苗期地上部分和成熟期稻米镉积累量在品种间存在很大差异。苗期地上部分镉含量变异范围为 9.90～106.80mg/kg，而稻米镉含量的变异范围为 0.12～1.23mg/kg。鉴定出稻米镉含量低于 0.20mg/kg 的种质 3 份，地上部和稻米镉含量均较高的种质 16 份。相关性分析结果表明，苗期镉吸收与稻米镉积累呈极显著相关，苗期镉吸收低的稻种，其稻米镉含量亦相对较低，苗期镉吸收可作为稻米镉累积的重要指示之一。该研究结果为籼稻低镉积累品种选育和镉污染农田的植物修复提供良好的材料基础。

周静等（2018）以 22 个不同水稻品种（系）为材料，采取盆栽试验研究了重度镉胁迫下品种间籽粒产量、糙米镉含量及镉富集系数差异变化。结果表明，不同水稻品种（系）籽粒产量、糙米镉含量及富集系数存在较大差异，其变幅分别为 54.10～142.50g/盆、0.094～0.358mg/kg、0.049～0.187，最高值与最低值分别相差 2.63 倍、3.81 倍、3.82 倍。重度镉胁迫下水稻产量与糙米镉富集能力不存在显著相关性。依据籽粒产量和糙米镉富集能力进行聚类分析表明，可将参试水稻品种分为 3 大类：第一类产量较低，包括 1 个镉富集较弱和 3 个镉富集较强品种；第二类产量中等，包括 6 个镉富集较弱和 2 个镉富集极强品种；第 3 类产量较高，镉富集能力中等（10 个品种）。基于籽粒产量和糙米镉富集差异，可以通过筛选、培育低镉高产品种用于镉污染区种植，对于保障粮食安全生产具有重要意义。

2. 农艺措施

主要指通过肥料运筹、水分管理以及改变耕作制度等传统农艺措施来减少水稻重金属污染。苏雨婷等（2018）以陵两优 211 和威优 46 为材料，通过大田试验比较研究了全生育期 5cm 淹水灌溉与间歇灌溉对土壤有效镉含量与水稻产量形成及镉累积分配的影响。结果表明，灌溉方式显著影响水稻产量，早、晚稻均以淹水灌溉处理产量较高，其原因主要是淹水灌溉处理具有较高的有效穗数、株高、叶面积和干物质积累量；灌溉方式对早、晚稻土壤有效镉含量的影响一致，分蘖盛期处理间的有效镉含量无显著差异，孕穗阶段以间歇灌溉处理显著较高，而灌浆阶段以淹水灌溉处理显著较高；镉在水稻各器官中分布不均匀，各器官镉含量呈现根系茎鞘叶片稻穗的趋势；除成熟期根系外，间歇灌溉条件下早、晚稻生育中后期各器官镉含量均显著高于淹水灌溉处理；间歇灌溉使水稻籽粒镉含量明显增大，且晚稻增加更明显；早、晚稻成熟期茎秆镉积累量与地上部镉积累总量均以间歇灌溉处理较高。可见，灌溉方式能影响土壤有效镉含量与早晚稻产量及籽粒镉含量，实行全生育期 5cm 淹水灌溉能获得较高产量，且籽粒镉含量显著降低。

3. 施用改良剂

主要指向污染稻田投入改良剂或抑制剂，通过改变 pH 值、Eh 等理化性质，使稻田重金属发生氧化、还原、沉淀、吸附、抑制和拮抗等作用，降低有毒重金属的生物有效性。目前稻田添加改良剂主要有以下几种方法。

（1）添加碱性物质。通过添加石灰、碳酸钙、钙镁磷肥、铬渣钙镁磷肥、草炭、粉煤灰及其组合提高稻田 pH 值，促使土壤中重金属元素形成氢氧化物或碳酸盐结合态盐类沉淀，降低有毒重金属在糙米中的累积。辜娇峰等（2018）通过镉砷复合污染稻田的土壤调理剂原位治理，研究了三元土壤调理剂 QFJ（羟基磷灰石＋沸石＋改性秸秆炭）对稻田土壤基本理化性质和水稻各部位镉砷累积转运的影响。结果表明，在土壤镉总量 3.58mg/kg、砷总量 124.79mg/kg 污染程度下，施用 QFJ 后，水稻根际土壤 pH 值、阳离子交换量及有机质含量呈现增大趋势；土壤交换态镉和砷含量可分别从 0.37mg/kg、0.07mg/kg 下降到 0.12mg/kg、0.04mg/kg。QFJ 的施用，可有效降低水稻各部位中镉和砷含量，在 9.00t/hm^2 施用量水平，可将糙米中镉含量从 0.46mg/kg 下降到 0.18mg/kg，无机砷含量从 0.25mg/kg 降低到 0.16mg/kg，同时低于国家食品污染物限量标准 0.2mg/kg 的要求，实现水稻安全生产。施用 QFJ 减少了水稻根系对镉和砷的富集，降低了水稻植株将镉从地下部转运到地上部的能力，降低了根系转运镉的能力以及茎叶、谷壳转运砷的能力。

罗惠莉等（2018）以木质生物炭为基础，与沸石、石灰石、磷酸钙等混配制生物炭基调理剂，通过田间水稻栽培实验，探讨该生物炭基调理剂的合适配比及其应用效果。结果表明，随着木炭用量增加，土壤中有效态镉减少，施用 0.48kg/m^2 木炭时降幅高达 23.87％。施用不同配比炭基调理剂实验中，木炭：石灰石：沸石：磷酸钙＝4：1：1：1 时对土壤中有效态镉的钝化效果最好，达到 36.42％。水稻根、茎累积镉量高于叶、壳、糙米，并且稻米中镉含量与栽培后期 50d 土壤中有效态镉含量高度相关，相关系数为 0.921 6。

（2）施用离子拮抗物质。即利用金属间的协同作用或拮抗作用来缓解重金属对植株的毒害，并抑制对重金属的吸收和向作物可食部分的转移，从而达到降低重金属含量的目的，是调控重金属污染的一种有效措施。

管文文等（2018）以大田水稻作为研究对象，分析了不同硒肥量对水稻生长特性及重金属（砷、铬、镉、铅）累积的影响。结果发现：施用不同量硒肥（30kg/hm^2、60kg/hm^{2}和 120kg/hm^2）对水稻分蘖数、株高、单株干物重和产量有促进作用，但差异不显著。施用 120kg/hm^{2}硒肥显著增加了大米中的总硒、无机硒及有机硒的含量，并使有机硒比例增加了 16.6%。施用 120kg/hm^{2}硒肥有效抑制了水稻穗部铬和镉的累积量（53%和 45%），而对铅无明显抑制作用。施用硒肥促进了硒向精米、糠中转移，同时有效降低了精米中镉、铬、铅的累积量。

吕光辉等（2018）采用田间小区试验研究在水稻灌浆初期叶面喷施不同浓度锌对水稻（株两优 189）产量、各器官镉锌含量和镉转运的影响。结果表明，叶面喷施 1～5g/L $ZnSO_4$后，水稻产量无显著影响，各器官镉含量降低、而锌含量提高。糙米镉含量降低 9.0%～47.8%，锌含量提高 31.7%～55.6%。喷锌后根到第一节镉转运系数（TF）、旗叶向第一节镉转运系数和穗轴到糙米镉转运系数分别降低 5.8%～43.7%、1.0%～30.3%和 4.7%～26.7%。糙米镉含量与 TF 第一节/根、TF 糙米/穗轴和根镉含量呈极显著正相关关系。结果表明，叶面喷锌降低糙米镉含量主要是由于抑制根对镉的吸收以及降低根和旗叶向第一节及穗轴向糙米的转运引起的。喷施 3～5g/L $ZnSO_4$显著降低糙米镉含量，是叶面调控稻米镉含量的适宜用量。

（3）添加吸附剂。即利用重金属离子能被褐煤、海泡石和高岭土、石膏、沸石、斑脱土等吸附固定的特点，通过在土壤中施加这些吸附剂达到降低土壤重金属污染的目的。

胡雪芳等（2018）以无机类土壤改良剂材料海泡石（SEP）、有机类土壤改良剂材料生物炭（BC）作为对比，考察新型交联改性甲壳素（CC）对大田环境下土壤重金属的生物有效性、水稻生长、产量以及吸收累积重金属的影响。结果表明，添加 167～333kg/hm^{2}剂量的 CC 可使土壤 pH 值提高 0.36～0.45 个单位，使得土壤中有效铅、镉的含量分别下降 46.39%～64.01%、29.73%～43.24%。添加 167～333kg/hm^{2}剂量的 CC 与 CK 相比，可显著降低水稻各部位中的铅、镉含量，籽粒中的铅、镉含量分别降低 29.47%～58.25%和 44.75%～64.02%；添加 333kg/hm^{2}剂量的 CC 可使水稻籽粒中的铅、镉含量分别降低到（0.204 1±0.011）mg/kg 和（0.1922±0.021）mg/kg，低于或接近于 GB 2762—2005 中大米铅、镉的限量值（0.20mg/kg）。施用 167～333kg/hm^{2}的 CC 与 CK、SEP 处理及 BC 处理相比，亩产均增加，其中 CC-2 增产效果最明显，增产率为 8.59%。CC 对铅、镉污染土壤重金属修复及降低水稻体内铅、镉含量效果不亚于 SEP、BC，对重金属铅、镉在土壤-水稻系统的迁移与再分配具有较好的阻控作用，且增产作用明显，具有较高的保障实现水稻安全生产的潜力和推广应用价值。

4. 生物修复

生物修复是指通过种植超富集植物、挑选耐性微生物定植在植物根际或引入富集镉的动物（如蚯蚓）等，利用生物萃取、根系过滤和生物吸附等作用，将土壤重金属转移至生物体或改变重金属生物有效性等，达到土壤修复的目的。在污染土壤的修复措施中，生物修复是一种绿色技术，具有传统土壤治理方法所无法比拟的优点，也是现今国际环境修复的热点和前沿领域。

刘玉玲等（2018）通过传统的分离方法和室内培养实验，从镉污染土壤中筛选和分离出一株对镉离子吸附率高的菌株 B9，16S rRNA 序列分析、形态和生理生化指标鉴定其为代尔福特菌。B9 在 pH 值 8、温度为 35℃、培养时间为 48h 时，对镉离子的吸附效果最好，且镉浓度低于 10mg/L 时，吸附率均在 60%以上。接种 B9 可促进污染土壤中的镉从弱酸可溶态向可还原态和残渣态转化。添加 3mL（接种量为 1.44×10^{11} CFUs）和 10mL（接种量为 4.8×10^{11} CFUs）B9 菌悬液处理能使弱酸可溶态镉含量分别减少 22.17%和 25.06%，可还原态镉含量分别增加 9.66%和 12.17%，对可氧化态镉含量无明显影响，残渣态镉含量分别增加 13.55%和 13.61%。研究结果可为镉污染土壤微生物修复方法及菌株 B9 的实际应用提供数据参考与理论支持。

邓亚男等（2018）采用浓度梯度压力驯化法从镉污染稻田土壤中分离到耐镉菌株 HD228，综合菌株形态特征、ITS 基因序列系统进化分析，鉴定其为棘孢木霉（*Trichoderma asperellum*）并研究了其镉吸附特性。结果表明，该菌株耐 22mmol/L 镉，对镉的吸附率可达 79.88%；对铅、锌、铜具有很强耐受性，铅、锌、铜对 HD228 的最低抑制浓度（MIC）分别为＞80mmol/L、＞80mmol/L、＞30mmol/L。HD228 菌落直径与重金属浓度呈负相关，浓度为 20mmol/L 时菌落不规则。该菌能在 pH 值 4～8、温度 20～35℃ 条件下生长良好，最适生长和耐镉 pH 值为 5、温度为 30℃，温度和 pH 值均不影响其耐镉能力。其发酵液对水稻出苗、幼苗生长无抑制作用，发酵液 40mL（200g 土）用量对水稻具有促生作用，对镉胁迫水稻具有解毒作用。此耐镉真菌 HD228 具有应用于镉污染水稻田治理的潜力。

（四）稻米中重金属污染状况及风险评价

稻米的食用安全性问题受到社会广泛关注，尤其是毒性大、蓄积能力强的重金属污染问题。随着我国农产品风险监测与评估技术的发展，基于稻米重金属污染数据，大米膳食摄入量数据和风险评价模型等对稻米食用安全风险进行科学评估已成为我国农产品质量安全领域研究的热点之一。

郑堃等（2018）选取韶关市凡口铅锌矿、大宝山多金属矿、曲江发电厂 3 个典型工矿区为研究对象，采集周边村庄的 54 个稻田土壤及对应的 54 个稻米样品，采用潜在生态风险评价法和人体健康风险评价法对土壤-稻米中重金属进行生态风险及人体健康风险评价。研究表明，3 个典型工矿区周边水稻土和稻米中重金属镉、铅、铜、锌含量超标，其中镉和铅是稻米中最主要的健康风险因子，在稻米中超标率分别为

94%和85%。稻米中重金属的健康风险远高于土壤，对周围村民存在明显的非致癌风险，甚至慢性致毒效应；其中镉和铅是研究区域稻米中最主要的非致癌风险元素因子；稻米中镉的致癌风险度在10^{-3}～10^{-2}范围，远远超过了可接受风险水平（10^{-6}）。研究结果为当地如何采取有针对性的措施以防止土壤重金属污染、保障矿区居民健康提供了更全面的依据。

田美玲等（2018）探讨了南丹矿业活动对周边稻田土壤和稻米中重金属含量的影响，并评估当地居民通过稻米摄入重金属的健康风险。结果表明，矿业活动影响区稻田土壤砷、锑、镉、铅、铜和锌的几何平均值分别为58.1、16.4、1.22、49.1、52.1、271mg/kg，除铅外，其他元素均显著高于对照区稻田土壤相应重金属含量，Nemero综合指数（PN）为3.14，属于重度污染水平。六寨、车河、大厂和长老地区稻米样品中镉含量均超出标准限值，超出倍数分别为2.23、4.40、3.81和3.52倍，砷也存在严重超标现象；居民镉的摄入量高于FAO/WHO提出的重金属人均日摄入可允许限量标准（PTDI）。说明南丹矿业活动对周边稻田土壤和稻米及人群健康的危害明显大于对照区人群，食用当地稻米对人体存在较大的健康风险。

二、农药残留

在水稻生产、贮藏、运输、加工以及销售过程中，常常会喷施农药用于防治有害生物（害虫、线虫、杂草等）或调节植株生长。常用农药主要包括杀虫剂、杀菌剂、除草剂和植物生长调节剂，这些农药的使用保证了水稻产量的提高和稳定。但是，随着农药的大量使用，在享受其带来的多种利益的同时，农药残留问题也日益加剧，威胁我国稻米质量安全。因此，为了应对这种农药使用不当带来的农药残留超标问题，我国学者在稻米农药残留消解规律、农药使用剂量、安全间隔期等方面做了大量研究。

杨欢等（2018）采用LC-MS检测技术，系统研究了氯虫苯甲酰胺和毒死蜱及其代谢物（3，5，6－TCP）在两种水稻各器官的动态消解规律与分布特征。结果表明，两种农药及代谢物在水稻甬优12号各器官中的残留量高于中浙优10号，在水稻中的残留量均呈叶＞籽粒＞茎＞根的分布规律，根中呈先上升后下降的变化趋势，茎、叶和籽粒中的残留量随施药时间的延长逐渐减小；毒死蜱在水稻各器官降解速率较快，在施药后14d降解率达99%以上；稻壳和糠承载90%左右的农药及代谢物残留；高剂量施药使两种农药及代谢物在籽粒各部位的含量增高，但对其分布特征无影响。研究表明，选择种植水稻品种中浙优10号的同时，降低施药剂量既可达到防治效果也能降低稻米食用风险。

湛立伟等（2018）研究了稻谷中三唑磷、毒死蜱、丁硫克百威和氯虫苯甲酰胺4种杀虫剂从农田到餐桌的残留消解规律，并结合食用加工过程分析了稻米入口前农药的残留消解情况，评估了稻米食用的安全性。结果表明，脱壳和碾米2种稻谷加工过程对4种农药的去除具有促进作用，其加工因子（PF）均小于0.5；稻米食用加工过程中淘洗

2次结合高压蒸煮，可有效降低4种农药在稻米中的残留量（PF值0.2），进一步提高农药摄入的安全性。农药种类、施药剂量与采收间隔期和稻米的安全性密切相关。即使在乳熟期施药，所有剂量处理收获后的大米经淘洗2次结合高压蒸煮后，4种农药的残留水平均低于MRL值。因此，适当的食用加工方式能够有效降低稻米中农药的残留量，提高稻米食用安全性。

第三节 国外稻米品质与质量安全研究进展

一、稻米品质

（一）理化基础

作为稻米的主要成分，淀粉对稻米品质起到重要作用。国外研究比较集中在稻米淀粉的理化特性与结构解析方面。Hu等（2018）研究了表面蛋白质和脂类对大米淀粉分子结构、热性质和酶解的影响。用十二烷基硫酸钠（SDS）处理不同直链淀粉含量的稻米淀粉，去除表面蛋白质和脂质，并对其分子结构、热性能和酶解性能的变化进行了评价。SDS处理对淀粉的分子量分布、结晶结构、短期有序度和糊化性能并没有显著影响，但对淀粉的糊化性能有显著影响，并增加了淀粉的膨胀力。由于不同淀粉类型的分子结构不同，从淀粉中去除表面蛋白质和脂质对溶胀力、糊化特性和酶水解的影响在不同淀粉中是存在差异的。He等（2018）发现支链淀粉的长支链而不是直链淀粉，导致了谷物中淀粉颗粒形成梳状，抑制了淀粉分支酶（SBE）的表达。GLXN-SBEI/Ⅱb-胚乳含有大小淀粉颗粒，这些淀粉颗粒具有梳状突起。随着支链淀粉长支链比例的逐渐增加，开花后10d，在GLXN-SBEI/Ⅱb-胚乳中检测到大量梳状淀粉。支链淀粉的长支链在淀粉颗粒的外缘形成梳状突起。在胚乳发育过程中，SBEs的表达逐渐减少，影响了支链淀粉的合成，导致GLXN-SBEI/Ⅱb-胚乳中淀粉颗粒的内部和外部区域之间的结构不同。Li等（2018）研究发现，直链淀粉分子可能与晶体片层中的支链淀粉链缠结和/或共结晶，从而导致煮饭时淀粉膨胀有限，质地较硬。蒸煮过程中，随着支链淀粉含量的增加，短支链淀粉链的比例和支链淀粉分子大小在渗滤液中的增加，产生了更大的键合和分子相互作用的机会，从而需要更大的力使颗粒分离，即更高的黏性。Kraithong等（2018）研究了泰国有机米粉淀粉的理化及功能特性，发现较高直链淀粉含量导致较低的糊化温度和结晶度百分比，低直链淀粉含量的有色米粉提高了糊化温度、黏度、功能性等指标。Precha-Atsawanan等（2018）分析了部分脱支糯米淀粉的络合能力、溶解性、黏度和凝胶性能。与天然淀粉相比，部分脱支糯米淀粉的黏度和溶解度均降低，且回生率随水解度增加而增加。脱支糯米淀粉的凝胶特性是独特的，并且随着水解度、浓度和储存温度而变化。

稻米的蛋白质组分对蒸煮和食用品质存在一定影响。根据Balindong等（2018）的研究报道，中、长粒两种粒型稻米的球蛋白含量差异不大，长粒米的谷蛋白平均含量高于中粒。中、长粒稻谷中醇溶蛋白的平均含量相近，但中粒醇溶蛋白的含量变化较大。个别中粒的醇溶蛋白的高效液相色谱峰、总醇溶蛋白含量和谷蛋白—醇溶蛋白比率与其黏度参数呈正相关；长粒的高效液相色谱数据与黏度参数显示出相似的相关性，但幅度有所减小。

稻米的水分含量对其品质有重要影响。Shafiekhani 等（2018）分析在不同病害防治措施下，稻米含水量和贮藏温度对其颜色性状的影响。据观察，在 12.5％含水量下，所有研究温度和处理过程中的稻米变色都会减弱，直到储存 6 周开始减弱，16 周后的变色不会超过 20％。当贮藏期含水量增加到 16％时，在 40℃的最高温度下，变色增加并变得显著。到第 16 周，在 40℃的贮藏温度下，来自杀菌剂和非杀菌剂处理地块的稻米样品的变色分别显著增加到 87.9％和 73％。在最高含水量（21％）下，所有储藏温度在 2 周后，稻米变色显著并且持续增加。

（二）稻米品质与生态环境的关系

空气是水稻生长环境中的重要因素，尤其是二氧化碳，会直接影响稻米品质。Zhu 等（2018）报道了二氧化碳水平会改变稻米的蛋白质、微量营养素和维生素含量。结果显示，除了蛋白质、铁和锌的下降，维生素 B_1、B_2、B_5、B_9 也是下降，而维生素 E 则增加。根据维生素中氮的分子数，观察到 CO_2 升高对维生素含量有很强的影响。Jena 等（2018）在印度东部亚热带气候条件下，研究了高浓度 CO_2 对水稻产量、养分获取和利用、品质的影响。在高浓度 CO_2 条件下，高产品种 IR36、Swarna 和 Swarna Sub1 的产量显著降低（降低 11％～13％），而低产芳香型品种 Badshabhog 的产量增加 6％～9％。升高的 CO_2 显著增加了钾的摄取（14％～21％），但不影响总氮和磷的摄取。在 CO_2 升高时，稻米碱消值增加，蛋白质和铁减少。同时，高产品种的养分收获指数和利用效率值降低，表明养分的迁移显著降低。

水稻生长所处的土壤状况会直接影响稻米品质，包括土壤中的肥料、营养素、灌溉水等。Carrijo 等（2018）研究了交替湿润和干燥灌溉（AWD）对稻米产量、籽粒砷浓度和土壤水分动态的影响。结果表明，在干燥期间，AWD-Safe 中 0～15cm 土层保持饱和，而在 AWD35 和 AWD25 中，土壤会干燥至所需的水含量。相比之下，土壤表面以下 25～35cm 处的湿度在所有处理中均类似。与对照组相比，AWD 处理的产量没有降低。因此，在干燥期间，土壤深度 25～35cm 处的水分和根系的存在确保了作物不受干旱胁迫，从而保持了产量。土壤中生物炭的存在也影响稻米品质。大多数生物炭的研究都集中在好氧土壤条件上，Lakitan 等（2018）的研究表明，生物炭用量达 1.2mg/hm^2 可提高水稻产量，但抑制了植株的伸长率和株高。在水稻营养生长阶段，施用生物炭显著增加了分蘖数、叶片数、茎干重和根干重。

二、稻米质量安全

（一）水稻对重金属转运的调控机理研究

水稻籽粒富集重金属的基本过程首先是根系对重金属的活化和吸收，然后由木质部进行装载和运输，最后经节间韧皮部富集到水稻籽粒中。近年来，国外学者利用图位克隆、QTL定位和转基因等分子生物学手段陆续鉴定出了一些参与水稻籽粒重金属富集的基因，这些基因在水稻对重金属的吸收、转运和再分配等不同过程中发挥着重要作用。

1. 根系对重金属的吸收

Liu等（2018）利用低锰籼稻品种9311和高锰品种培矮64s为亲本的重组自交系结合高密度遗传图谱，在水稻第7号染色体短臂上检测到一个控制籽粒锰含量的主效QTL-*qGMN7.1*。9311背景*qGMN7.1*的染色体片段代换系的籽粒锰浓度显著上升，镉浓度显著下降，根系的锰吸收能力增强。*qGMN7.1*最终确证是一个调控锰镉吸收的基因*OsNRAMP5*，基因启动子的序列变异引起了转录水平的表达差异，导致籽粒锰浓度的变化。该研究表明，*OsNRAMP5*在调控水稻籽粒锰含量方面起了重要作用，并且创制了高锰低镉籽粒的优良育种材料。

2. 木质部的装载和运输

Zhang等（2018）研究了抗氧化蛋白OsATX1（Antioxidant Protein1）在水稻铜转移和分布中的作用。敲除水稻中*OsATX1*会导致根中铜浓度增加；而*OsATX1*过表达则增加了芽和木质部汁液中铜的积累，以及铜的根—茎转运。在*osatx1*突变体中，老叶和鞘中的铜浓度显著增加，但是在上部组织中的铜浓度显著降低，表明*OsATX1*的敲除导致铜从老叶到幼嫩组织及水稻种子的再移动减少。酵母双杂交和双分子荧光互补试验发现，OsATX1与水稻重金属ATP酶（heavy metal ATPases，HMAs）HMA4、HMA5、HMA6和HMA9相互作用，OsATX1可以将铜传递给OsHMA5，促进从根到芽以及到谷粒的铜转移和分布，也可以将铜传递给OsHMA9，在不同的芽组织中重新分布，以维持水稻不同组织中的铜稳态。此外，该研究还表明，*OsATX1*的异源表达增加了铜和镉耐受性并降低了它们在酵母细胞中的浓度。该研究发现，OsATX1通过与水稻HMAs相互作用，在促进铜的根—芽转运和从老叶到幼嫩组织及种子中的铜重新分配中发挥着重要作用。

Sun等（2018）利用玉米泛素启动子或水稻OsLsi1启动子驱动水通道蛋白*OsNIP1；1*和*OsNIP3；3*基因在水稻中过表达，研究了其对砷吸收和迁移的影响。结果表明，*OsNIP1；1*和*OsNIP3；3*主要在根质膜上表达，过量表达这两个蛋白后，水稻对三价砷的吸收没有变化，但是大幅度降低三价砷向木质部的装载，从而降低砷向地上部的转运量，减少水稻地上部和籽粒砷含量，同时对水稻地上部硅含量和产量没有显著影响。研究发现，水通道蛋白 OsNIP1；1 和 OsNIP3；3 可以限制三价砷进入水稻木质部，能够有效减少水稻籽粒中砷积累。

3. 地上部的再分配

Luo 等（2018）从 TN1 和 CJ06 的遗传群体中克隆到一个特异调控镉在水稻叶片中积累的主效 QTL 基因 *CAL1*。该基因编码一个植物防御素类似蛋白（defensin-like protein），主要在根表皮和木质部薄壁细胞中表达。该蛋白通过螯合镉并跨细胞膜分泌到胞外的方式，将镉从细胞质中卸载出来，进入木质部中参与长途转运。由于二者的紧密结合，所以可能进一步屏蔽掉了这些螯合态镉再次跨膜通过韧皮部向水稻籽粒的再分配过程，从而定向调控其在叶片等营养器官的积累。研究表明，利用 CAL1 可定向控制镉在水稻植株中的分配，且不影响有用元素的积累。

（二）水稻重金属胁迫耐受机理研究

在水稻重金属胁迫耐受机制研究方面，近年来工作主要集中在重金属螯合和转录因子等方向。

1. 重金属螯合

Mekawy 等（2018）从盐胁迫下水稻 cDNA 文库中筛选和分离出一个 3 型金属硫蛋白基因（*OsMT-3a*）。该基因在大肠杆菌盐敏感突变株 KNabc 中过表达显著提高了其对盐胁迫的抗性，且大幅度降低了突变株中 H_2O_2 浓度；高浓度 H_2O_2 处理下，大肠杆菌对照株系生长受到严重抑制，而 *OsMT-3a* 过表达的大肠杆菌盐敏感突变株则恢复生长；此外，*OsMT-3a* 过表达显著提高大肠杆菌对重金属镉胁迫的耐受性，在 NaCl 和 $CdCl_2$ 胁迫诱导条件下，耐盐品种 Yasmine 叶片中 *OsMT-3a* 基因表达量明显高于盐敏感品种 Sakha102，且活 ROS 浓度与 Sakha102 相比显著降低，表明 *OsMT-3a* 基因通过介导活性氧清除提高水稻对盐胁迫或重金属胁迫的耐受性。

2. 转录因子

Che 等（2018）研究了 C2H2 型锌指转录因子 ART2 在水稻耐 Al 中的作用。与 ART1 类似，ART2 也定位于细胞核中，并在酵母中具有转录激活活性。但是与 ART1 不同的是，ART2 在根中特异性表达并受到铝诱导。利用 CRISPR / Cas9 技术敲除 ART2 导致水稻对铝的敏感性增加，但突变株对低 pH 值的耐受性并没有发生改变。研究还发现，ART2 的表达由铝诱导并受到 ART1 的调节，ART2 不能激活由 ART1 调控的基因表达，表明 ART1 和 ART2 通过不同途径影响水稻耐铝性。

（三）减少稻米重金属吸收及相关修复技术研究

Wan 等（2018）研究了在两种不同镉污染土壤环境下（江西和湖南），施用亚硒酸盐（0、0.5、1.0mg/kg）对土壤孔隙水镉动力学和水稻镉吸收的影响。结果表明，江西土壤（pH 值 5.25）淹水处理降低了土壤孔隙水、水稻幼苗和成熟水稻植株中镉含量，而在湖南土壤（pH 值 7.26）上相同处理对成熟植株中镉含量没有影响。湖南土壤中添加亚硒酸盐可降低土壤孔隙水和成熟水稻植株中的镉含量，但是在江西土壤中添加亚硒酸盐则没有明显变化。与对照处理相比，好氧和淹水条件下添加 0.5mg/kg 亚硒酸盐使水稻籽粒镉含量分别降低 45.2%和 67.7%。该研究说明水分管理对江西土壤水稻镉吸收的影响比湖南土壤更明显，淹水条件下施用亚硒酸盐比在好氧条件下施用亚硒酸盐能更有效降低水稻籽粒镉含量。

Meng 等（2018）以水稻秸秆与猪粪的混合物为原料共热解制备生物炭，研究了其对铅锌污染土壤中 4 种重金属（镉、铜、铅、锌）生物有效性和化学形态的影响。结果表明，与水稻秸秆或猪粪生物炭相比，共热解过程显著改变了混合生物炭的产量、灰分、酸碱度和电导率。混合生物炭的加入显著提高了土壤酸碱度、电导率和溶解有机碳的浓度。添加 3%混合生物炭可显著降低土壤中 $CaCl_2$ 提取态重金属的浓度，其顺序为铅＞铜＞锌＞镉，且土壤中可交换态重金属含量降低，而碳酸盐结合金属形态增加。该研究说明添加混合生物炭可明显提高土壤 pH 值，降低土壤中重金属的可交换态浓度，使可交换态重金属转化为稳定的化学形态。因此，添加以水稻秸秆：猪粪＝3：1 共热解制备的混合生物炭能有效固定土壤中的重金属。

Yang 等（2018）利用镉高积累品种辐品 36 和低积累品种中嘉早 17，发现施用少量石灰导致分蘖盛期和完熟期根系、稻草和稻米镉积累均显著增加，而进一步增加石灰用量时，根系、稻草和稻米镉积累则均出现明显下降。对土壤进一步分析发现，施用少量石灰显著提高土壤 pH 值，大幅降低了土壤镉及铁、锰、锌等微量元素的有效性，大幅度诱导水稻根系对铁锰锌镉均有很强转运功能的 *OsNramp5* 和 *OsIRT1* 基因的表达，增加了水稻根系对镉的吸收能力。研究认为施用石灰影响水稻镉积累的机理在于土壤有效态镉含量与水稻根系镉吸收能力之间矛盾的动态平衡。该研究解释了生产上施用石灰也可能造成稻米镉积累增加的现象，同时也启示施用石灰在控制水稻镉积累中的局限性。

Cao 等（2018）利用盆栽和水培实验，研究了不同硫处理（0、2.64、5.28mmol/L）对镉胁迫下水稻幼苗和籽粒镉积累的影响。结果表明，与缺硫处理相比，镉胁迫下外源施硫明显缓解镉对水稻幼苗的毒害，并且显著降低水稻幼苗根系、地上部和成熟期水稻籽粒中的镉含量；硫可以诱导水稻根表铁膜形成，随着施硫量的增加，根表铁膜中镉含量增加，根部和地上部镉含量降低；镉主要分布在水稻幼苗根系和地上部的细胞壁和可溶部分，且以氯化钠提取态（果胶酸或蛋白质结合态）为主，增施硫处理，水稻幼苗根系和地上部可溶部分和蛋白质结合态镉含量显著增加；施硫处理显著增加了水稻幼苗根部和地上部的 PCs 含量，且诱导了镉离子转运蛋白基因 *OsHMA3* 和植物螯合肽合成酶基因 *OsPCS* 的表达。研究结果表明，外源增施硫能促进水稻根表铁膜形成以及根部中镉的螯合和液泡区隔，从而抑制镉的吸收和向地上部的迁移，进而有效降低水稻籽粒中的镉含量。

Gao 等（2018）通过田间试验，研究了喷施硅、硒和硅硒混合物对水稻品种 WYHZ、NJ5055 和 ZF1Y 中镉转运和积累的影响。结果表明，三种喷施处理均显著降低了 WYHZ 糙米中的镉含量，但对 NJ5055 或 ZF1Y 无显著影响。正常处理下，与其他两个品种相比，WYHZ具有更高的镉转运能力，但是叶面喷施硅硒后，WYHZ植株中镉从根系—茎秆和茎秆—糙米的转移能力降低，而镉从茎秆到叶片的转移能力增加。叶面喷施提高了WYHZ的光合速率、气孔导度和蒸腾效率。结构方程模型分析结果揭示光合速率、蒸腾效率对叶片镉浓度存在负效应，而根系和茎秆镉浓度对糙米镉浓度存在正效应。结构方程模型进一步强调了茎秆中的镉含量与糙米中镉含量高度相关。该研究表明，叶面喷施硅和硒能通过降低茎秆镉浓度和调控植株光合速率，有效降低高镉转移水稻品种的镉积累。

(四) 稻米重金属污染风险评估研究

Chen等（2018）在湖南湘潭县采集200份水稻和142份蔬菜样品，对样品中镉污染状况进行调查，并对当地不同年龄段居民大米和蔬菜中镉的膳食暴露风险进行了评估。结果表明，342份水稻和蔬菜样品中有88%和29%的稻谷和蔬菜样本超过了我国国家标准。不同人群镉膳食暴露量的平均值为66.5～116μg/kg，其中儿童（4～11岁）的暴露量最高，是FAO/WHO推荐允许摄入量（25μg/kg）的2.7～4.6倍。稻米是湘潭县居民膳食中镉的主要来源，占镉摄入量的81%，蔬菜占19%。该研究表明，当地居民面临着较高的镉膳食暴露风险，迫切需要采取有效措施来缓解当地镉污染状况。

参考文献

畅凯旋，叶丽丽，陈永山，等.2018. 广西喀斯特地区土壤多金属胁迫对水稻重金属积累及生理特性的影响[J]. 农业环境科学学报，37（1）：27-35.

成臣，黎星，谭雪明，等.2018b. 播期对南方优质晚粳稻产量及稻米品质的调控效应研究[J]. 中国稻米，24（5）：62-67.

成臣，曾勇军，王祺，等.2018a. 施氮量对晚粳稻甬优1538产量、品质及氮素吸收利用的影响[J]. 水土保持学报，32（5）：225-231.

褚春燕，王锦冬，程远，等.2018. 孕穗-灌浆期低温对三江平原主栽水稻品种品质的影响[J]. 中国农业气象，39（11）：751-761.

崔琳琳，赵桑，周一鸣，等.2018. 基于GC-MS和电子鼻技术的大米挥发性风味成分分析[J]. 中国粮油学报，33（12）：134-141.

邓亚男，彭迪，王立峰，等.2018. 耐镉棘孢木霉的筛选鉴定及其镉吸附特性研究[J]. 湖南农业科学（12）：1-7.

方华舟，项智锋.2018. 水稻秸秆堆沤肥对优质水稻品质的影响[J]. 中国稻米，24（6）：30-33.

辜娇峰，周航，贾润语，等.2018. 三元土壤调理剂对田间水稻镉砷累积转运的影响[J]. 环境科学，43（4）：1-11.

管义义，戴其根，张洪程，等.2018. 硒肥对水稻生长及其重金属累积的影响[J]. 土壤（6）：18.

赫臣，郑桂萍，李红宇，等.2018. 苏打盐碱土对水稻品质的影响[J]. 黑龙江农业科学（1）：37-41.

胡雪芳，田志清，梁亮，等 . 2018. 不同改良剂对铅镉污染农田水稻重金属积累和产量影响的比较分析 [J]. 环境科学，39 (7)：3 409 - 3 417.

蒋友如，周杰强，徐霞旭，等 . 2018. 籼型杂交稻稻米镉积累的遗传分析 [J]. 杂交水稻 (4)：18.

寇祥明，谢成林，韩光明，等 . 2018. 3 种稻田生态种养模式对稻米品质、产量及经济效益的影响 [J]. 扬州大学学报：农业与生命科学版，39 (3)：73 - 77.

李江遐，张军，马友华，等 . 2018. 硅对镉胁迫条件下两个水稻品种镉亚细胞分布，非蛋白巯基物质含量的影响 [J]. 农业环境科学学报，37 (6)：1 066 - 1 071.

李奇，吴在敬，林芳源，等 . 2018. 水分和密度对化感水稻产量、品质及籽粒中 Pb、Cd 含量的影响 [J]. 华南农业大学学报，39 (4)：25 - 32.

刘大丽，马龙彪，鲁振强 . 2018. 过量表达 OsCATb 提高大肠杆菌对不同重金属逆境胁迫的耐受性 [J]. 中国农学通报，34 (34)：36 - 41.

刘兰英，陈丽华，黄薇，等 . 2018. 镉污染下稻谷不同部位重金属含量及迁移特征 [J]. 福建农业学报 (7)：13.

刘玉玲，铁柏清，魏祥东，等 . 2018. 耐镉细菌的分离及其对土壤中镉的形态影响 [J]. 农业环境科学学报，37 (2)：250 - 258.

卢毅，路兴花，张青峰，等 . 2018. 稻米直链淀粉与米饭物性及食味品质的关联特征研究 [J]. 食品科技，43 (10)：224 - 228.

陆佳岚，张军，李霞，等 . 2018. 2017 年长江流域中稻区的不同温光条件对中籼 9311 产量和品质的影响 [C]. 2018，中国作物学会学术年会 .

吕光辉，许超，王辉，等 . 2018. 叶面喷施不同浓度锌对水稻锌镉积累的影响 [J]. 农业环境科学学报，37 (7)：1 521 - 1 528.

罗惠莉，王宇霖，周思，等 . 2018. 生物炭基调理剂对水稻镉吸收的影响 [J]. 环境工程，12 (4)：1 190 -1 197.

彭波，宋晓华，段斌，等 . 2018. 不同播种期对日本“黄金晴”稻米品质性状的影响 [J]. 西南农业学报，31 (9)：14 - 20.

商金颖，张博，李喜宏，等 . 2018. 抗性淀粉对复合营养强化米质构和品质的影响 [J]. 食品研究与开发，39 (15)：14 - 17，43.

宋双，马凌霄，刘中卓 . 2018. 高盐浓度对水稻产量及食味品质的影响 [J]. 北方水稻 (3)：18 -21.

苏雨婷，赵英杰，谷子寒，等 . 2018. 灌溉方式对土壤有效镉含量与双季稻产量形成及镉累积分配的影响 [J]. 作物研究 (3)：2.

田美玲，钟雪梅，张云霞，等 . 2018. 矿业活动影响区稻田土壤和稻米中重金属含量及健康风险 [J]. 环境科学，39 (6)：2 919 - 2 926.

王飞名，张安宁，刘国兰，等 . 2018. 旱种旱管对水稻产量及稻米品质的影响 [J]. 中国稻米，24 (6)：77 - 79.

王倩倩，贾润语，李虹呈，等 . 2018. Cd 胁迫水培试验下水稻糙米 Cd 累积的关键生育时期 [J]. 中国农业科学，51 (23)：4 424 - 4 433.

杨欢，马有宁，秦美玲，等 . 2018. 氯虫苯甲酰胺和毒死蜱在水稻中的分布降解研究 [J]. 农业资源与环境学报 (4)：342 - 348.

余锋，刘洋，何小娥，等．2018. 穗肥施用时期对杂交水稻稻米品质的影响［J］. 杂交水稻，33（5）：39－43.

袁珍贵，陈平平，郭莉莉，等．2018. 土壤镉含量影响水稻产量与稻穗镉累积分配的品种间差异［J］. 作物杂志，34（1）：107－112.

湛立伟，沈峰平，沈立，等．2018. 稻谷加工过程中 4 种常用杀虫剂残留的消解规律［J］. 农药学学报，20（4）：477－486.

张桂莲，刘逸童，赵瑞，等．2018. 不同施钾量对杂交晚稻产量和稻米品质的影响［J］. 杂交水稻，33（6），51－55.

张现伟，唐永群，姚雄，等．2018. 海拔差异对优质稻渝香 203 稻米品质的影响［J］. 中国稻米，24（1）：105－106.

赵均良，张少红，杨梯丰，等．2018. 181 份多样性籼稻种质苗期和成熟期镉积累表型评价［J］. 分子植物育种（18）：36.

郑恩楠，张忠学，杨桦，等．2018. 节水灌溉下不同氮肥施加对稻米品质变异性的影响［J］. 农业机械学报，49（3）：271－278.

郑堃，任宗玲，覃小泉，等．2018. 韶关工矿区水稻土和稻米中重金属污染状况及风险评价［J］. 农业环境科学学报，37（5）：915－925.

周慧颖，彭小松，欧阳林娟，等．2018. 支链淀粉结构对稻米淀粉糊化特性的影响［J］. 中国粮油学报（8）：25－30.

周静，陈艳艳，孟桂元，等．2018a. 重度镉胁迫下不同水稻品种镉富集差异研究［J］. 分子植物育种，16（1）：217－222.

周静，杨洋，孟桂元，等．2018b. 不同镉污染土壤下水稻镉富集与转运效率［J］. 生态学杂志，37（1）：89－94.

Balindong J L，Ward R M，Liu L，et al. 2018. Rice grain protein composition influences instrumental measures of rice cooking and eating quality［J］. Journal of Cereal Science，79：35－42.

Cao Z Z，Qin M L，Lin X Y，et al. 2018. Sulfur supply reduces cadmium uptake and translocation in rice grains（*Oryza sativa* L.）by enhancing iron plaque formation，cadmium chelation and vacuolar sequestration［J］. Environmental Pollution，238：76－84.

Carrijo D R，Akbar N，Reis A F B，et al. 2018. Impacts of variable soil drying in alternate wetting and drying rice systems on yields，grain arsenic concentration and soil moisture dynamics［J］. Field Crops Research，222：101－110.

Che J，Tsutsui T，Yokosho K，et al. 2018. Functional characterization of an aluminum（Al）inducible transcription factor，ART 2，revealed a different pathway for Al tolerance in rice［J］. New Phytologist，220（1）：209－218.

Chen H，Yang X，Wang P，et al. 2018. Dietary cadmium intake from rice and vegetables and potential health risk：A case study in Xiangtan，southern China［J］. Science of The Total Environment，639：271－277.

Gao M，Zhou J，Liu H，et al. 2018. Foliar spraying with silicon and selenium reduces cadmium uptake and mitigates cadmium toxicity in rice［J］. Science of The Total Environment，631：1 100－1 108.

He W，Lin L，Wang J，et al. 2018. Inhibition of starch branching enzymes in waxy rice increases the proportion of long branch-chains of amylopectin resulting in the comb-like profiles of starch granules [J]. Plant Science，277：177－187.

Hu P，Fan X，Lin L，et al. 2018. Effects of surface proteins and lipids on molecular structure，thermal properties，and enzymatic hydrolysis of rice starch [J]. Food Science and Technology，38 (1)：84－90.

Jena U R，Swain D K，Hazra K K，et al. 2018. Effect of elevated [CO_2] on yield，intra plant nutrient dynamics，and grain quality of rice cultivars in eastern India [J]. Journal of the Science of Food and Agriculture，98 (15)：5 841－5 852.

Kraithong S，Lee S，Rawdkuen S. 2018. Physicochemical and functional properties of Thai organic rice flour [J]. Journal of Cereal Science，79：259－266.

Lakitan B，Alberto A，Lindiana L，et al. 2018. The benefits of biochar on rice growth and yield in tropical riparian wetland，South Sumatera，Indonesia [J]. CMUJ Natural Sciences，17 (2)：111－126.

Li H，Gilbert R G. 2018. Starch molecular structure：The basis for an improved understanding of cooked rice texture [J]. Carbohydrate Polymers，195：9－17.

Liu C，Chen G，Li Y，et al. 2017. Characterization of a major QTL for manganese accumulation in rice grain [J]. Scientific Reports，7 (1)：17 704.

Luo J S，Huang J，Zeng D L，et al. 2018. A defensin-like protein drives cadmium efflux and allocation in rice [J]. Nature Communications，9 (1)：645.

Mekawy A M M，Assaha D V M，Munehiro R，et al. 2018. Characterization of type 3 metallothionein-like gene (OsMT-3a) from rice，revealed its ability to confer tolerance to salinity and heavy metal stresses [J]. Environmental and experimental Botany，147：157－166.

Meng J，Tao M，Wang L，et al. 2018. Changes in heavy metal bioavailability and speciation from a Pb-Zn mining soil amended with biochars from co-pyrolysis of rice straw and swine manure [J]. Science of the Total Environment，633：300－307.

Precha-Atsawanan S，Puncha-arnon S，Wandee Y，et al. 2018. Physicochemical properties of partially debranched waxy rice starch [J]. Food Hydrocolloids，79：71－80.

Shafiekhani S，Wilson S A，Atungulu G G. 2018. Impacts of storage temperature and rice moisture content on color characteristics of rice from fields with different disease management practices [J]. Journal of Stored Products Research，78：89－97.

Sun S K，Chen Y，Che J，et al. 2019. Decreasing arsenic accumulation in rice by overexpressing OsNIP1；1 and OsNIP3；3 through disruptingarsenite radial transport in roots [J]. New Phytologist，219 (2)：641－653.

Wan Y，Camara A Y，Yu Y，et al. 2018. Cadmium dynamics in soil pore water and uptake by rice：Influences of soil-applied selenite with different water managements [J]. Environmental Pollution，240：523－533.

Yang Y，Chen J，Huang Q，et al. 2018. Can liming reduce cadmium (Cd) accumulation in rice (*Oryza sativa*) in slightly acidic soils? A contradictory dynamic equilibrium between Cd uptake capacity of roots and Cdimmobilisation in soils [J]. Chemosphere，193：547－556.

Zhang Y，Chen K，Zhao F J，et al. 2018. OsATX1 interacts with heavy metal P1B-type ATPases and affects copper transport and distribution [J]. Plant Physiology, 178 (1): 329 - 344.

Zhu C, Kobayashi K, Loladze I, et al. 2018. Carbon dioxide (CO_2) levels this century will alter the protein, micronutrients, and vitamin content of rice grains with potential health consequences for the poorest rice-dependent countries [J]. Science Advances, 4 (5): eaaq1012.

第七章　稻谷产后加工与综合利用研究动态

大米加工是稻谷产业链的中心环节。近年来，国内外稻米加工的新工艺、新技术得到了快速发展和应用，大米加工产业结构不断优化，规模效应逐渐显现，技术水平明显提高。2018 年，国内外对大米产后加工技术的研究主要集中在稻米清理、分级、精碾、调质、色选和保藏等方面，稻米副产物如大米淀粉、大米蛋白、稻壳、米糠和秸秆等都在新技术的支撑下，综合利用水平持续提升。

第一节　国内稻谷产后加工与综合利用研究进展

一、稻谷产后处理与加工

稻谷干燥是稻谷储藏前处理的一项重要过程，干燥效果直接影响稻谷的储藏品质和加工品质。现有的稻谷干燥方式主要有热风干燥、真空干燥、远红外干燥、微波干燥等。为探讨稻谷保质烘干技术，陈百会（2018）应用玉米热风干燥机，对 3 500t新收购粳稻谷进行 1 个月的烘干作业，并对稻谷样品烘干前后的水分、脂肪酸值、色泽气味、品尝评分值等指标进行测定和相关分析。结果表明，应用玉米热风干燥机烘干能够有效降低水分；烘干前后脂肪酸值、品尝评分值无显著差异；色泽气味等检测指标在烘干后均表现正常。可见，应用玉米热风干燥机烘干稻谷能够确保稻谷达到安全储藏标准，并可保证入仓稻谷的品质。

李佳佳等（2018）利用市场占有率较高的谷物烘干机，研究采用 50℃、60℃和 70℃等三种不同烘干温度将稻谷烘干至安全水分时，供试早籼稻谷裂纹粒率、整精米率、出糙率等指标的变化情况。随着烘干温度增加，供试稻谷裂纹粒率逐渐增加，整精米率、出糙率和烘干时间逐渐降低，所以较低温度烘干有利于维持稻谷品质，但不利于提高烘干效率。

热泵干燥和远红外干燥技术已被国内外学者证明是具有高效、节能、环保的新型干燥技术，被广泛应用于热敏性农作物的干燥过程中。缓苏是指稻谷经过干燥后，在某一温度条件下稻谷籽粒由内向外进行水分扩散，使其最终达到颗粒内部水分平衡的过程。与单一干燥过程相比，干燥结合缓苏的间歇干燥工艺既能提高干燥后稻谷的研磨品质，又能缩短干燥时间，干燥方式和缓苏比是影响稻谷间歇干燥效果的两个重要因素。周绪霞等（2018）研究了热泵和远红外两种干燥方式结合不同缓苏比（1∶1、1∶2、1∶3 和 1∶4）对稻谷整精米率、出糙率、脂肪酸值及其蒸煮米饭质构特性（TPA）等的影响。与热泵干燥相比，远红外干燥效率更高，其将稻谷干燥至安全水分所需的时间比热泵干燥缩短了2倍。缓苏比对干燥稻谷的品质有显著影响，稻谷的脂肪酸值随着缓苏比增加呈略微增加的趋势。热泵干燥与远红外干燥分别在缓苏比为1∶2和1∶3时，整精米率最高。缓苏比为1∶3时，两种方式干燥效果均最优，此时蒸煮米饭的硬度最低，咀嚼性最低，弹性和胶黏度与缓苏前无显著差异，仍保持较高水平。缓苏能显著提高蒸煮米饭的内聚性和回复性。以整精米率、出糙率、脂肪酸值和TPA指标为评价指标体系的隶属度综合分析法得到的最佳稻谷干燥缓苏工艺为：65℃远红外干燥至含水量13.5%，之后在60℃、缓苏比1∶3的条件下缓苏3h，此时稻谷各指标的综合评分值最高。

作为新兴干燥技术，微波加热具有热穿透力强，加热均匀、速度快、营养物损失少、能耗小和调控方便等特点，具有干燥、灭酶、灭菌的功效。但稻谷具有热敏性，对温度特别敏感。如果加热温度过高或者降水速度过快，会导致稻谷内部与外部之间存在较大的温度及水分差异，进而发生爆腰，降低稻谷品质，使其经济价值极大受损。张斌等（2018）研究了不同微波有效功率下高水分稻谷的微波干燥特性，探讨了微波处理工艺对稻谷加工品质及微生物量的影响。结果表明，在一定微波功率下，随着微波处理时间增加，稻谷温度升高，含水量下降，干燥速率呈波动上升。微波处理对稻谷的加工品质、表面和内部微生物量均有影响。适宜的微波条件（927W/760g，处理稻谷120s至60℃）可以提高稻谷的出糙率和整精米率，改善加工品质；能对新粮表面和内部霉菌量实现99.9%的杀灭。与传统干燥方式相比，适宜的微波条件与热风联合处理，可以显著缩短干燥时间，保持加工品质稳定，且能获得显著的杀菌效果，实现高水分稻谷保质保水、控水减损、安全入仓储藏。

为了研究不同微波条件对稻谷水分迁移状况、品质、脂肪酶活力、内部结构的影响，从而筛选出最佳微波干燥条件以实现稻谷快速有效干燥，缩短干燥时间，袁建等（2018）使用不同微波剂量（0.69、1.29、1.92W/g）将稻谷处理至50℃、60℃和70℃后，经过缓苏（不缓苏）处理，对照组样品采用热风60℃，干燥时间为60 min，缓苏4 h进行处理。研究稻谷的加工品质、爆腰率及相关理化指标，并通过核磁和扫描电镜观察稻谷水分迁移状况和内部结构的变化。结果表明，微波剂量、稻谷温度是影响品质的关键因素。微波干燥对稻谷的升温速率、品质以及酶活性有显著影响，稻谷中各状态水分和其他组分结合的牢固性更强。干燥中水分散失会引起稻谷内部结构发生不同程度的变化，与热风处理相比，微波处理后样品内部裂隙较小。

李欣等（2018）研究了微波处理对大米脂质和脂氧合酶活性的影响。微波（700W，100s）处理后，糙米和精米的水分、总脂质含量及其游离态和结合态脂质的脂肪酸组成的变化不显著。微波处理糙米的脂氧合酶活性明显低于对照糙米；并且经过37℃储藏90d后，微波处理糙米的脂氧合酶活性同样显著低于对照糙米。微波处理糙米的游离脂肪酸值的增加不显著，与微波能够显著钝化稻米的脂肪氧化酶活性、延缓稻米脂肪的氧化有关。

稻谷在收获后经历干燥和碾米等加工工序，在这些过程中，稻谷籽粒将受到各种应力作用，如热力、湿应力和机械应力，并由此产生应力裂纹。应力裂纹可分为微裂纹、中裂纹（裂纹长度小于谷粒径向长度，需无损检测）和宏观裂纹（连通性裂纹，肉眼可见）；微裂纹和中裂纹对稻米品质影响不是很严重，但继续扩展成宏观裂纹时，将导致稻谷发生爆腰，从而降低整精米率和稻谷经济价值。在稻谷烘干国家标准中，爆腰增加率不能超过 3%。针对目前稻谷应力裂纹缺乏有效研究手段的难题，吴中华等（2018a）提出利用声发射法研究应力裂纹的设想。从理论上讲，将声发射技术用于稻谷干燥过程中应力和裂纹产生过程的监测也是可行的，由于稻谷籽粒内没有自由水分，只有结合水（稻谷只有降速干燥段），故而监测到的声发射信号只代表应力和裂纹的产生。

热风干燥是稻谷机械化干燥的重要方式，但不合理的干燥工艺会使稻谷干燥后裂纹率过高，影响产品品质。在干燥过程中由于稻谷籽粒内部温度和水分分布不均匀，使稻谷籽粒各部分变形不协调，从而产生干燥应力，当干燥应力超过籽粒本身强度极限时，会产生裂纹。其中，水分梯度引起的湿应力是导致籽粒裂纹的主要因素。由于稻谷籽粒体积较小，形状不规则，难以测定其内部的应力和强度极限，也就难以确定在干燥（或缓苏）过程中裂纹产生（有的是微裂纹，肉眼看不到）的时间。吴中华等（2018b）利用声发射系统监测稻谷籽粒热风干燥过程中微裂纹的形成和发展；对稻谷进行了不同条件的热风干燥-缓苏实验，分析了不同缓苏工艺对干燥特性及裂纹率的影响，并探究了这种现象产生的原因。稻谷在干燥过程中一直有微裂纹产生或发展，缓苏工艺可有效抑制干燥后的稻谷籽粒产生宏观裂纹，降低净干燥时间；恒温干燥温度以 40℃和 45℃为宜；等温度干燥-缓苏条件下，干燥温度可提高到 50℃，裂纹率增值合格；在低温干燥-高温缓苏工艺中，当缓苏温度比干燥温度高 15℃时，干燥时间最短，产品裂纹率增值不超过 3%，随着缓苏温度提高，所需的缓苏时间越短。研究结果可为节能高效的稻谷干燥工艺研究提供借鉴。

镉是一种毒性较强且不能被生物降解的重金属元素，易被动植物吸附富集后通过食物链进入人体而产生危害。水稻是一种镉富集能力较强的农作物，可通过根部吸收环境中的镉转移至稻谷中。由于我国部分地区土壤、水体的镉污染严重，稻谷镉超标现象普遍，严重影响了大米及其加工产品的食用安全。从源头控制镉污染虽是解决问题的根本，但难以短期实现。通过加工技术脱除大米中的镉，具有投入少、见效快的特点。雷婉莹等（2018）分析了镉在大米中的分布和存在形态，重点介绍了消减大米及其加工产品中镉的方法，主要包括物理法、化学法、生物法和复合法等 4 大类，并总结和比较了 4 种方法的优缺点。赵美凤等（2018）采用浙江省收获的自然污染镉的稻谷样品为材料，通过实验室砻谷和碾米得到糙米、加工精度为三级的大米、糠粉等组成成分，并利用微波消解，石墨炉原子吸收光谱法测定镉的含量并进行比较，分析糙米在碾白加工前后镉含量变化和分布情况。结果表明，糙米碾白后制得的大米，镉含量降低，平均为糙米中镉含量的 94.81%；糠粉中镉含量则显著升高，平均是糙米的 144.84%。留存在大米中的镉的总量占糙米的 85.75%，留存在糠粉中镉的总量占糙米的 13.36%。通过碾白将糙米制成大米，能降低可食用部分的镉含量，但总量降低幅度不大。

随着人们生活水平提高，对大米品质的要求也越来越高，在购买大米时不仅重视大米的外观色泽、去皮程度，还要考虑碎米量。同时，大米加工企业为了赢得更多消费者，也越来越重视大米产品的质量。大米质量的评价指标除了色泽、气味、杂质等，碎米率也是其中一项重要的外观指标。限于目前的碾米技术，大米加工过程中产生的碎米量达 15%～30%，又因为其加工精度的不断提高，产品分级的逐步加强，碎米率呈逐年递增趋势。从化学成分上来说，碎米与整米的成分相近，但其经济价值及食用价值大不相同，碎米价格仅为整米的 1/3～1/2。碎米量的增大不仅影响米糠的综合利用价值，同时也降低大米成品的商业价值，除等级降低外口感也会大打折扣，严重影响企业经济效益，对企业打造提升品牌也会有负面影响。朱立树等（2018）从稻谷自身品质、加工前处理及加工过程等 3 个方面阐述了大米在加工过程中产生碎米的原因，并对碎米率的控制措施进行了探讨。碎米率的降低不仅提高了大米产品的品质等级，也给企业带来巨大经济效益。

郭亚丽等（2018）对不同类型、不同加工条件下我国加工企业的大米出米率情况进行调研，研究粳米和籼米的不同加工精度等级、生产规模与出米率之间的关系。以出米率为指标，通过拟合仿真模型及样本优化模型处理，得到其对应关系，并建立数学模型。结果表明，同一生产规模条件下，大米出米率随着加工精度等级的升高而降低；随着生产规模的变化，优质和普通等级的籼米出米率变化幅度较粳米更大，出米率分布范围更广。同一加工精度等级时，随着生产规模的增大，粳米出米率整体变化较籼米波动更大，但其分布范围更集中，说明其出米率较稳定，加工稳定性优于籼米。建立的粳米、籼米出米率与加工精度等级、生产规模的模型拟合度均较高，其中粳米比籼米更高。刘厚清等（2018）通过对东北生产的三个品种的稻谷进行加工精度试验，考察加工精度与出米率、抗压强度、水浸裂纹率、新鲜度、米饭口感、感官评价及加工企业经济效益之间的关系；论证了白米的加工精度超过“适度”范围后，不但对米饭食味值没有改善，而且生产企业经济效益也明显下降。

为提高新疆稻米加工企业的生产效率和碾米质量，解决低含水率糙米碾米时整精米率低、能耗高的问题。栗文等（2018）以南疆长粒香稻谷（含水率为 10%）为试验材料，研究其加湿调质工艺中单次加湿量、润糙间隔时间及润糙温度对整精米率的影响规律。采用响应面分析方法设计试验，利用 SAS 软件处理试验数据，并进行试验验证。结果表明，在单次加湿量为 1.28%、润糙温度为 30.2℃、润糙间隔时间为 105min 的条件下，糙米碾米作业时整精米率提高 13.08%，碾米能耗降低 29.58%。

为了解决目前国内联合收获机缺乏针对含杂率、破碎率的在线监测装置的问题，Chen 等（2018）提出基于机器视觉的水稻图像采集，杂质与破碎籽粒分类识别方法。采用带色彩恢复的多尺度 Retinex 算法增强原始图像，对 HSV 颜色模型的色调、饱和度两个通道分别设定阈值进行图像分割，并结合形状特征得到分类识别结果。采用综合评价指标对试验结果进行量化评价，研究表明，茎秆杂质识别的综合评价指标值达到了 86.92%，细小枝梗杂质识别的综合评价指标值为 85.07%，破碎籽粒识别的综合评价指标值为 84.74%，平均识别一幅图像的时间为 3.24s。结果表明，所提出的算法能够快速有效识别出水稻图像中的杂质以及破碎籽粒，为水稻含杂率、破碎率的在线监测提供技术支撑。

由于大米中蛋白质、淀粉等营养物质直接暴露于空气中，在储藏过程中易受温湿度等外界环境影响，表现出吸湿性强、虫害易滋生、营养物质代谢速度快等现象，极易造成大米陈化、霉变、感官和营养品质降低等问题。针对这些问题，目前主要采用抽真空、充 N_2、充 CO_2 等包装方法。张红建等（2018）采用不同阻隔性材料对大米进行真空包装，以水分含量、脂肪酸值、直链淀粉、咀嚼性、附着性等为指标，研究高温、高湿条件下大米品质与时间的变化关系。结果表明，高温、高湿条件下，高阻隔性包装材料能有效延缓大米品质劣变，延长大米储藏期限。

梁媛等（2018）以粳型糙米为研究对象，研究了臭氧减菌预处理结合气调包装对糙米储藏品质的影响。结果表明，1 800mg/kg 臭氧减菌处理 20min，可以有效降低糙米中菌落总数和霉菌总数，减菌率分别达到 90.5%和 88.75%。14℃低温储藏条件下，与未处理组相比，单一臭氧处理组中脂肪酸值和丙二醛含量升高，而臭氧处理结合 N_2 气调包装对抑制糙米氧化、保持糙米生理活性和感官品质方面具有明显优势，尤其表现在抑制发芽率和电导率的降低、降低脂肪酸值和丙二醛含量等方面。基于 SPSS 的主成分（PCA）分析及聚类（CA）分析表明，影响 12 个月储藏期间糙米品质劣化的主要因素是脂类物质的氧化变质，其次是微生物生长繁殖，臭氧减菌结合 N_2 气调隔绝氧气可以有效延缓糙米氧化速率并抑制微生物污染引起的品质下降，是绿色储藏糙米并延长其品质保持的有效手段。

二、稻谷副产品的综合利用

（一）稻米淀粉综合利用

王磊等（2018）以大米淀粉为原料，氯化铵为脱水催化剂，经一步程序加热得到大米淀粉硬碳，并制得大米淀粉硬碳负极材料。实验结果表明，大米淀粉硬碳的可逆和不可逆比容量随碳化温度升高而降低，1 050℃碳化的样品首次库伦效率最高达到 75.5%，0.1C 首次充电比容量和放电比容量分别为 656mAh/g 和 495.6Ah/g；0.1C、1C 循环充放电时，第 50 次循环的比容量分别是第 1 次放电比容量的 91.96%和 85.48%。大米淀粉硬碳负极材料成本低廉、制备过程环境友好，有望在锂离子电池领域得到应用。

李真等（2018）以大米原淀粉为原料，采用湿法工艺制备辛烯基琥珀酸淀粉酯（OSA-starch）。结果表明，随着酸水解时间延长，OSA 淀粉取代度降低，黏度显著下降。与原淀粉相比，OSA 淀粉及酸水解 OSA 淀粉的表面均出现凹陷现象，而颗粒结构与晶型结构均未发生改变，结晶度增加。辛烯基琥珀酸酐变性大米淀粉的表面分布大量的辛烯基琥珀酸基团。辛烯基琥珀酸酐（OSA）基团与淀粉分子的作用主要发生在淀粉颗粒表面和淀粉分子的非结晶区域，且较少破坏淀粉的内部结构。

杨帆等（2018）研究了超声波-湿热法结合酸水解制备大米RS3的最佳工艺条件。结合酸水解的最佳工艺条件为：柠檬酸的浓度0.15mol/L、加热时间为20min、老化时间24h，RS3的得率为40.67%。并对这两种最佳工艺条件下所制备的大米RS3的物理化学性质进行表征。结果表明，超声波-湿热法结合酸水解所制备的RS3内部结构更为致密，水分子不易进入，含水量、溶解性、膨润力最小，热稳定性相对较好，在偏光显微镜下呈现良好的分散性，说明采用超声波-湿热法结合酸水解所制备的RS3具有更好的理化性质。

谢新华等（2018）研究表明，随着细菌纤维素添加量的增加，大米淀粉糊化时崩解值、回生值、糊化焓值显著降低，显示细菌纤维素抑制了大米淀粉凝胶的短期老化；随着细菌纤维素添加量的增加，大米淀粉凝胶老化焓值显著降低，而重结晶从13.26%降至7.93%，说明细菌纤维素抑制了大米淀粉中支链淀粉的重结晶；大米淀粉凝胶微观结构显示细菌纤维素的添加使大米淀粉凝胶的表面更加完整、结构更加致密。由此表明，细菌纤维素对大米淀粉凝胶老化具有显著的抑制作用。

卢毅等（2018）研究大米直链淀粉含量与米饭物性特征及感官品质之间的相关特性。结果表明，稻米的直链淀粉含量（Amylose content，AC）与长宽比呈极显著正相关（$P<0.01$）。蒸煮以后，直链淀粉含量与脂肪和蛋白质呈显著负相关关系。直链淀粉与黏性长度、硬度显著正相关（$P<0.05$），与弹性、内聚性、胶黏性、咀嚼性呈极显著正相关（$P<0.01$），与黏性呈负相关关系（不显著）。而直链淀粉含量是影响大米食用品质的最主要因素，可作为衡量稻米食味品质的重要指标。因此，直链淀粉含量越高，稻米食味品质越差，感官食味值越低。

吴撼等（2018）以大米淀粉为吸附剂，在微旋流器中吸附亚甲基蓝水溶液模拟的印染废水。结果表明，淀粉浓度、分流比和进料流量对吸附效率和分离效率均有影响，对吸附效率影响的大小顺序为淀粉浓度＞分流比＞进料流量，对分离效率影响的大小顺序为分流比＞进料流量＞淀粉浓度。综合考虑吸附效率和分离效率后得到最佳参数条件为：淀粉浓度1.0%，分流比19%，进料流量1 080kg/h，该条件下吸附效率为69.2%，分离效率为74.3%。

闫博文等（2018）探究大米淀粉的介电特性和吸波特性随水分含量的变化情况，采用正电子湮没寿命法（PALS）研究微波和热导两种加热方式下淀粉自由体积的变化规律。研究表明，随着水分含量的增加，淀粉体系介电常数ε'和介电损耗ε''增大，吸波性能也随之增大。对比不同加热方式，微波加热和传统加热对自由体积和浓度的影响均有差异，微波加热淀粉自由体积均小于传统加热，自由体积浓度则受加热方式的影响呈现多样性。

陈小聪等（2018）研究了加水量对淀粉糊化度及鲜湿米粉理化品质、色泽、质构及机械性能的影响。结果表明，水分含量对大米淀粉的糊化程度及米粉品质影响显著；当加水量过低（＜65%）时，米粉糊化不均匀，形成的淀粉凝胶品质较差，米粉断条率高；当加水量过高（>75%）时，形成的粉条易粘连，机械性能较差；加水量在65%～75%范围内，淀粉糊化均匀，制成的鲜湿米粉综合品质较好。

祝水兰等（2018）以稻谷加工副产物碎米为原料提取淀粉，通过单因素试验和正交试验，以碎米淀粉提取率和纯度为指标，碱法浸提、超声波协同碱性蛋白酶法提取碎米淀粉，得出最佳工艺条件为：超声波处理25min，加酶量5mg/g，酶解时间2h，酶解温度45℃，固液比14g/mL，该条件下淀粉提取率达98.56%，纯度达99.13%。

卞华伟等（2018）采用体外模拟法和现代化分析技术，测定及考察了不同直链淀粉含量的大米淀粉经湿热处理后的多尺度结构和消化性能的变化情况，明晰了湿热处理后大米淀粉多尺度结构和消化性能的关系。结果表明，湿热处理体系中热能和水分子的协同作用，一方面，对大米淀粉颗粒具有一定的破坏作用，使得其平均相对分子量降低、双螺旋含量降低、相对结晶度降低、半结晶片层的有序化程度降低，$M_w>2\times10^7$的高分子量片段区域逐渐向$M_w<1\times10^6$拓宽，且直链淀粉含量较低的大米淀粉破坏程度更为显著。另一方面，湿热处理促进了降解后的大米淀粉分子链自由运动，使淀粉分子发生重排和取向，形成新的单螺旋结构，有利于大米淀粉慢消化和抗消化性能的提高，且直链淀粉含量较高的大米淀粉提高得越明显。研究结果为加工淀粉及淀粉基营养健康食品提供了基础数据及理论支撑。

袁子等（2018）以籼米为主要原料，添加单甘酯、复合磷酸盐、TG酶（谷氨酰胺转氨酶）和山梨醇，制作大米凝胶，研究添加物对大米凝胶的热特性、流变特性、晶体结构、微观结构的影响，初步探究添加物对大米凝胶稳定性的作用机理。结果表明，添加TG酶、复合磷酸盐、单甘酯能显著提高大米凝胶的糊化峰值温度，而添加山梨醇则降低大米凝胶的糊化峰值温度。添加TG酶、山梨醇、单甘酯能显著提高大米凝胶的糊化热焓，而添加复合磷酸盐降低了大米凝胶的糊化热焓。四种添加物均能提高大米凝胶的弹性模量（G'）上升的起始温度（$T_{0G'}$）和G'峰值对应的温度（$T_{G'max}$）；添加山梨醇的大米凝胶，其弹性模量峰值（G'_{max}）和黏性模量峰值（G''_{max}）增大，而添加TG酶、复合磷酸盐、单甘酯的大米凝胶，其G'_{max}和G''_{max}降低。四种添加物均能降低大米凝胶G'值的变化速率和结晶程度，抑制凝胶的老化，降低凝胶内部孔洞数量和凝胶表面粗糙度。

燕翔等（2018）以马铃薯淀粉、大米淀粉、玉米淀粉制作盐桥，分别测定了各种盐桥原电池的电动势和电流。实验结果表明，淀粉盐桥原电池所提供的电流与琼脂盐桥原电池相比，分别提高56%、98%和90%。淀粉可以代替琼脂制作盐桥，其中大米淀粉盐桥使用效果最佳。

李蟠莹等（2018）研究原花青素对大米淀粉老化性质的影响。研究结果表明，在混合体系老化7d时，随着PC含量的增加，大米淀粉的结晶度逐渐降低，当PC添加量为15%时，大米淀粉结晶度由4.94%下降到2.75%。混合体系在1 047cm^{-1}/1 022cm^{-1}处吸收峰峰高的比值逐渐下降，当PC添加量达到15%时，吸光度比值从1.34下降到1.14。热力学结果表明，随着PC含量的增加，大米淀粉的回生率逐渐降低，其中当PC

添加量为15%时，大米淀粉回生率由27.81%下降到4.15%。通过扫描电镜的结果表明，PC的添加会使大米淀粉的微观结构变得疏松多孔。研究表明，原花青素不仅可以提供特定营养，还能作为一种有效淀粉老化抑制剂添加到食品体系中，为食品工业的发展提供理论支持。

杨伟军等（2018）为了解脂肪酸加入大米淀粉后对淀粉的热特性及质构品质的影响，以桂朝大米为原料，用加热糊化的办法将硬脂酸和油酸两种脂肪酸与其复合，制成大米淀粉——脂质复合物，研究不同脂肪酸添加量对大米淀粉的热性质和质构品质的影响。通过DSC和质构仪发现：脂肪酸的添加使淀粉的糊化温度降低，弹性和咀嚼度值变大，硬度和黏附性值减小，改善了大米淀粉的热性质和质构品质；且当添加量为4%时，效果最佳。

张榆敏（2018）发明专利公开了一种大米淀粉施胶剂，包括以下重量份的原料：大米淀粉100份、氧化剂3～8份、羧甲基纤维素8～15份和水180～280份，一种大米淀粉施胶剂的制备方法，包括以下步骤：S1，预处理；S2，酶解反应；S3，氧化混料；S4，糊化。发明在对大米淀粉进行预处理时，通过添加蛋白酶水解淀粉中的蛋白质，降低了蛋白质含量，提高了后续人米淀粉升温转化效率，氧化后的淀粉作为表面施胶剂，可解决纸张印刷时掉毛、掉粉问题，同时由于添加羧甲基纤维素具有良好的沉默型和整膜转移性能，能在纸板表面形成封闭性和抗油性，且黏结性高，提高了纸张表面的强度。

（二）稻米蛋白综合利用

大米蛋白是一种廉价易得的植物蛋白，因其具有低过敏性的特点，非常适合应用于婴幼儿食品中。大米中约含有8%的蛋白质，米糠中的蛋白质含量在10%～16%，碎米中的蛋白质含量与大米接近，而米渣作为碎米加工副产物，其蛋白质含量可以达到60%。目前市场上的大米蛋白主要通过碱溶酸沉工艺或是淀粉酶法从米渣中获得。需要注意的是，有时候大米蛋白酶解产品也被称为大米蛋白。由于大米蛋白主要由疏水性的谷蛋白组成，极大限制了其应用范围。同时，大米蛋白由于缺乏赖氨酸，无法满足WTO推荐的人体氨基酸模式，也进一步限制了其应用。

过去湿法提取大米蛋白的工艺会产生大量的废水，不符合当今绿色环保的要求。张榆敏（2018）提出了一种全干法大米蛋白制备工艺，包括备料、粉碎、乙醇脱脂、高温灭菌和真空存储五个步骤。

中国部分省份的稻谷被检测出超标重金属，其中以镉为主，镉主要与大米中的大米蛋白结合。吴敬（2018）等通过以下七个步骤成功将大米蛋白中的镉脱除：①取镉含量超标的大米蛋白粉，加热水调浆；②将浆液过胶体磨两遍；③往磨浆后的浆液中加入食品级醋酸溶液，调节pH值，于常温卜搅拌一段时间；④再用氢氧化钠调节样品至中性；⑤将中和后的样品过乙二胺四乙酸螯合剂固定床，将过滤到固定床下的浆液浓度调节到20%～40%；⑥将上一步骤得到的样品用旋流设备进行除杂，得到的样品置于灭菌锅中进行灭菌处理；⑦将灭菌后的样品进行脱水、干燥，得到大米蛋白成品。

吴敬等（2018）进一步直接使用含镉大米，通过七个步骤制备了低镉大米蛋白在氢氧化钠溶液中浸泡再制备了无镉的大米蛋白：①在常温下，将镉含量超标的大米在氢氧化钠溶液中浸泡；②将经过步骤①处理过的大米湿磨成浆；③将步骤②得到的米浆离心，大米蛋白溶解在上清中，调节pH值沉淀大米蛋白，离心得到大米蛋白粉；④将步骤③得到的大米蛋白粉过胶体磨两遍，溶于pH值2～4食品级醋酸溶液中，于常温下搅拌；⑤将步骤④处理过的大米蛋白粉反复水洗；⑥将步骤⑤得到的样品用旋流设备进行除杂，得到的样品置于灭菌锅中进行灭菌处理；⑦将步骤⑥得到的样品烘干，即可得到镉含量低于0.035mg/kg的大米蛋白。

尹仁文等（2018）经过水稻盆栽试验发现，米渣蛋白与大米蛋白对镉的结合能力有所差异，米渣蛋白的结合能力要强于大米蛋白。且进一步通过掩蔽蛋白羧基、氧化巯基后的镉结合实验发现两种蛋白并不是通过简单的物理吸附与镉结合的，蛋白中的巯基和羧基在其中发挥了重要作用。

部分研究人员关注于将大米蛋白作为营养补充剂加入动物饲料中。王孟乐等（2018）通过在大口黑鲈饲料中混入大米蛋白、牛磺酸和晶体必需氨基酸，同时利用去皮豆粕与大米蛋白限制性氨基酸互补，去皮豆粕将饲料中的鱼粉含量由45%降至30%，经大米蛋白饲料喂养的大口黑鲈全鱼和肌肉的粗蛋白质、粗脂肪、水分和灰分与对照组没有明显差异。

不少学者开始尝试使用大米蛋白加工健康的新型食品。杨琪等（2018）通过向耗牛肉糜中组合添加大米蛋白、钙盐和膳食纤维，获得了色泽更佳，硬度和咀嚼性更好的耗牛肉糜。

陈新隆（2018）将大米蛋白粉与矿泉水以3～5倍的体积比混合，经混合酶液水解后，加入金银花提取物，制得了一种富含必需氨基酸且没有苦味的大米蛋白矿泉水。

利用蛋白酶水解大米蛋白是提升大米蛋白溶解度的传统方法，且大米蛋白水解肽具有一定的生理活性，可提高大米蛋白的经济价值。莫君明（2018）公开了一种通过四个步骤制备大米蛋白肽粉的方法：①将大米蛋白粉与水进行混合均匀，用氢氧化钠调节pH值；②在大米蛋白液中加入复合酶，保温处理；③酶解结束后加热并持续一段时间；④待酶解液冷却后离心分离，取上层清液，冷冻干燥，得到大米蛋白肽粉。发明者声称该法制得的大米蛋白肽具有水溶性好和无苦涩味的优点。

赵佳佳（2018）对分别来源于籼米、粳米和糯米的大米蛋白进行合理酶解，均得到了具有超氧自由基、羟基自由基、DPPH自由基清除能力的大米蛋白肽，再经综合分析发现籼米和粳米从获得的大米蛋白肽活性角度上最适合进行大米抗氧化肽的开发和利用。

杨雪等（2018）探索了在制备大米蛋白肽前对大米蛋白使用超声进行预处理的技术，发现超声能显著影响蛋白的表面疏水性和结构，使蛋白酶更易与酶切位点结合，最终影响大米蛋白酶解产物ACE抑制活性。

（三）米糠的综合利用

米糠是稻米加工过程中的主要副产物，是糙米经碾米后得到的种皮、果皮、糊粉层和珠心层的混合物，占稻谷质量的5%～8%。米糠富含稻谷中64%的营养素，包括蛋白、脂肪、多糖、膳食纤维、维生素、多酚、植物甾醇、谷维素等。米糠作为一种量大面广、应用前景广阔的可再生资源，被称为“天然营养宝库”，可用来开发米糠多糖、米糠蛋白、膳食纤维、米糠油等高附加值产品。

吴妙鸿等（2018）通过对米糠基本营养组成、氨基酸组成、脂肪酸组成及矿物质元素含量进行测定，分析其营养价值，并将其与鲍鱼肉、鱼粉、海带进行对比，探讨米糠作为鲍鱼饲料配料的可行性，提高米糠利用价值。研究结果表明，米糠中蛋白质、脂肪酸及碳水化合物含量均较高，特别是大量的碳水化合物能使饲料较易形成片状，降低散失率。米糠中氨基酸种类丰富，必需氨基酸、酸性氨基酸及呈味氨基酸的相对含量均较为合理，说明其生物学价值高，可以作为补充鲍鱼氨基酸的优质饲料。米糠中营养组成能较好满足鲍鱼生长需求，其在鲍鱼饲料中具有较大应用潜力。

马楠等（2018）以米糠为原料提取纯度达72.4%的米糠蛋白粉末，为提高米糠蛋白的溶解性和乳化性，采用超声波预处理技术对制备的米糠蛋白进行改性，利用单因素考察米糠蛋白浓度、超声功率、超声时间和超声温度对米糠蛋白溶解性、乳化性的影响，利用响应曲面试验优化了实验条件。结果显示，联合求解法确定米糠蛋白处理工艺条件为：米糠蛋白浓度3%、超声功率201W、超声时间10min和超声温度40℃，在此处理工艺条件下，米糠蛋白溶解度为64.30%，乳化性0.85m^2/g。发现超声处理可提高米糠蛋白的溶解性和乳化性，为今后米糠蛋白的利用提供了较好的应用前景。

张兆琴等（2018）利用米糠为原料提取米糠蛋白，在室温、相对湿度80%条件下贮藏0、1、3、5、7、9d后，研究米糠贮藏时间对米糠蛋白功能性质的影响。结果发现，随着贮藏时间延长，米糠蛋白溶解性下降，持水性、起泡性能和泡沫稳定性、乳化性和乳化稳定性均先上升后下降，表明随着贮藏时间延长，米糠蛋白氧化聚集形成了不可溶性聚集体。初步分析了米糠贮藏过程中米糠蛋白功能性质的变化，对进一步探索米糠贮藏时间和米糠稳定化，进而将不同功能性质的米糠蛋白用于食品工业具有现实意义。

吕诗文（2018）以新鲜米糠为原料，采用超声辅助乙醇法从米糠中提取米糠油，并使用甲醇液-液萃取对毛油进行脱酸，然后分别使用三种不同物理方式（超声、均质和微波）辅助弱碱法从脱脂米糠中提取米糠蛋白。提取蛋白过程中所产生的米糠残渣用于提取阿魏酸，通过微生物将粗提阿魏酸转化成4-乙烯基愈创木酚，从而极大地提高了米糠资源附加值。

米糠脂肪烷醇来源于米糠油脂，其高级脂肪烷醇中含有的二十八碳脂肪烷醇在国际上被视为一种具有缓解体力疲劳的一元高级醇物质，其主要功效为提高机体运动耐受力，缓解体疲劳。李金岭（2018）以力竭游泳实验，通过小鼠行为学指标和生化指标的变化，研究二十八烷醇的抗疲劳功能。实验结果显示，与空白组相比，以米糠脂肪烷醇喂养的低、中、高［50、100、150mg/（kg·d）］三个剂量组小鼠负重游泳时间均有显著延长；同时与空白组相比，负重游泳后，剂量组小鼠血清乳酸，尿素氮含量减少，肝糖原储存量增加。结果表明，米糠脂肪烷醇具有增强运动耐力，延缓体力疲劳的作用。同时，米糠脂肪烷醇豆乳饮品在风味上能够满足消费者对运动饮料的需求。

潘姝璇等（2018）研究超声波辅助水提发芽糙米米糠多糖的工艺优化及多糖的抗氧化活性。以单因素试验为基础，采用响应面法优化多糖的提取工艺，并以DPPH·清除率和·OH清除率为指标考察其体外抗氧化活性。结果表明，在提取温度40℃、液料比14∶1、超声功率140W、超声时间76min条件下，发芽糙米米糠多糖的得率为2.85%；米糠多糖对DPPH·的最大清除率为40.57%，对·OH的最大清除率达到57.25%，高于同质量浓度VC溶液的清除率。超声波辅助水提的发芽糙米米糠多糖具有较好的抗氧化能力。

米糠膳食纤维能够降低血胆固醇和预防高血压与心脑血管疾病，将米糠膳食纤维应用到日常食品中，不仅能够提高消费者健康水平，而且可以提高米糠的综合利用价值。周艳青等（2018）以RVA为研究手段，研究米糠膳食纤维对不同类别大米粉糊化特性的影响。结果表明，随着米糠膳食纤维添加量的增加，籼米粉、粳米粉、籼糯米粉的糊化温度增高，峰值黏度、最终黏度、衰减值和回生值减少；粳糯米粉的峰值黏度、最终黏度、衰减值和回生值都是先减少后增大，最高分别下降20.2%、13.8%、26.4%和9.6%。

刘羽萌等（2018）对米糠中的膳食纤维进行提取，用提取得到的膳食纤维制备脂肪模拟物，并对其性质进行研究。将米糠膳食纤维所制备的脂肪模拟物与菊粉所制备的脂肪模拟物性质进行对比，水溶性和溶解性、乳化性和乳化稳定性均优于菊粉制备的脂肪模拟物。扫描电镜照片显示，菊粉颗粒表面光滑、无孔洞，膳食纤维脂肪模拟物颗粒表面明显疏松，且孔洞较多，粒径明显变小。制备得到的样品粒径均小于10μm，性质良好，可以起到替代脂肪、模拟脂肪口感的作用。

马艳梅（2018）采用米糠作为吸附剂来吸附水中的硫化物，并讨论了不同改性物质、投入比、温度、时间以及pH值对吸附效果的影响。结果表明，吸附效果最佳的改性材料是KOH，吸附效果最佳的投入比为20g/L，吸附效果最佳的温度为40℃，吸附效果最佳的时间为6h，吸附效果最佳的pH值为11。米糠对硫化物吸附能力良好，可以利用米糠进行反复多次的吸附实验，从而达到硫化物的国家排放标准。

刘剑利等（2018）探究超声辅助酶法制备米糠黄酮的最佳工艺，以及制备的米糠黄酮对人肺癌细胞（A549）生长的抑制作用。通过单因素和响应面实验，研究超声辅助酶法制备米糠黄酮的最佳条件。研究结果显示，提取米糠黄酮的最佳条件为：料液比1∶19（g/mL）、加酶量125U/g、乙醇体积分数60%、超声时间19min，在此条件下得率为0.52%；通过形态学观察、MTT法检测细胞存活率及Hoechst33258检测凋亡作用等细胞实验显示，米糠黄酮对A549细胞生长有一定抑制作用。实验结果表明，超声辅助酶法提取米糠黄酮是一种有效的提取方法，制备的米糠黄酮在细胞水平显示了潜在的抗癌活性。

武利春等（2018）以米糠-高筋粉混粉为原料，采用二次发酵方法制得米糠面包。通过单因素试验分析获得米糠添加量对混粉面包储存期内质构特性的影响，同时分析酵母和低聚木糖含量对混粉面包感官和比容指标的影响，结合正交试验优化米糠混粉面包的配方工艺。结果表明，米糠面包最佳配方是米糠粉添加量为6.0%、酵母添加量为1.75%、低聚木糖添加量为1.25%。成品米糠混粉面包的质构特性显示，混粉面包储存期72h之内的凝聚性、咀嚼性、硬度和弹性均与对照无明显差异，整体回复性表现较好。从营养价值方面看，制作米糠混粉面包不仅可以利用米糠中膳食纤维等营养物质，鲜食期的品质特性也较好，其他面食品制作方面也可尝试应用，可拓宽我国米糠资源的利用程度。

王玉琦等（2018）在超临界CO_2状态下通过二次酶解低温脱脂米糠制备米糠粉，以酶解米糠粉得率为指标，先用植酸酶酶解低温脱脂米糠，一次酶解产物的得率为48.2%。经灭酶后再加入质量比为1∶1的碱性蛋白酶和α-淀粉酶酶解一次酶解后的脱脂米糠，在酶添加量4.0%、酶解时间60min、pH值为8.0、酶解温度55℃时，米糠粉得率为79.0%，脱脂米糠中84.23%的蛋白质被提取出来，米糠粉中NSI值为93.28%，米糠粉溶解性增大，为生产高质量的米糠蛋白提供借鉴，提高了米糠的综合利用价值。

（四）稻壳的综合利用

研究表明，土壤中施用保水剂能够改善土壤的保水性能，还能提高土壤的孔隙度，具有增产和提高作物存活率的作用。张小舟等（2018）以稻壳为原料，经尿素改性后，再通过丙烯酸、丙烯酰胺接枝共聚制成稻壳基高吸水树脂（SAP），吸水率最大可达120g/g，能够有效提高土壤含水量，并为农副产物的再利用提供了有效途径。

杨永红和张冬梅（2018）以稻壳为原料制成微孔丰富的活性炭，并研究其对CO_2的吸附性能。研究结果表明，在碱炭比为1∶1、活化温度650℃时制备的活性炭的极微孔孔容比率最高，达0.34；在碱炭比为1∶1、活化温度800℃时制备的活性炭的微孔孔容、总孔容最大。

在北方地区经常发生混凝土冻融破坏的现象。张敏和鲁鹏（2018）采用最新的快速冻融法，对稻壳混凝土抗冻融性能进行研究并得出结论：随着稻壳掺量的增加，抗压强度逐渐减小，掺量为3%时可满足C30混凝土的要求。在相同冻融循环次数条件下，稻壳混凝土的抗冻性随着稻壳掺量的增加，呈现出先增大后减小的趋势，在掺量为3%时混凝土抗冻性能最好。

张蔚萍等（2018）利用稻壳制备介孔二氧化硅，并接枝聚酰胺-胺，生成功能型稻壳基介孔二氧化硅，用其来吸附重金属或回收贵重金属，具有较大应用前景。稻壳含有20%无定形SiO_2，是一种很有价值的矿物。

孙梦娟等（2018）以稻壳为实验原材料，经过对稻壳的提纯除杂的预处理、搅拌下调节pH值、烘干，然后与NaOH溶液反应制备水玻璃。通过研究反应温度、时间、物料比对生成的水玻璃的影响，确定制得所需的水玻璃最优反应条件。

连博琳（2018）以稻壳为主要原料，外加辅助材料，研究一次性稻壳筷子的生产工艺。该工艺生产的一次性稻壳筷子强度符合国家标准GB 19790.2—2005的要求；水浸试验证明，其形状、强度、光滑度、色泽等完全没有改变；经国内外客户评鉴，完全可以满足市场要求。

陈刚等（2018）以稻壳灰和碳酸钠为原料，具有酸性和表面活性的2-丙烯酰胺-2-甲基丙磺酸溶液（2-Acrylamido-2-methylpropane sulfonic acid，AMPS）为沉淀剂和分散剂，提出了化学沉淀法制备高品质稻壳基二氧化硅的新工艺。稻壳基二氧化硅可广泛用于橡胶、医药、农业化学、造纸等多个行业。

（五）碎米的综合利用

在每年的稻米加工生产中，因碾米技术等限制因素会产生约3 000万t的碎米。碎米常用作饲料，其中所含的淀粉与蛋白质等营养物质未能充分利用造成大量的资源浪费，随着现代工业的发展，探讨碎米综合利用技术显得越来越重要。碎米的营养价值与大米相似，主要成分约为75%的淀粉、8%的蛋白质、少量脂类及其他生理活性物质等。碎米中淀粉含量丰富，与其他谷物淀粉颗粒相比，碎米淀粉颗粒较小，粒度分布均匀，不易引起过敏性反应。祝水兰等（2018）以碎米为原料提取淀粉，用碱法浸提、超声波协同碱性蛋白酶法提取碎米淀粉，结果表明，超声波处理25min、加酶量5mg/g、酶解时间2h、酶解温度45℃、固液比1∶4（g/mL）的条件下淀粉提取率高达98%，纯度达99%。

碎米中的蛋白质含量不高，但其氨基酸构成完整，属于低抗原性蛋白，具有许多潜在的保健功能。碎米蛋白的主要成分是谷蛋白，谷蛋白分子量较大，其分子内与分子间存在大量巯基与二硫键，这使得大米蛋白在中性条件下的水溶性较差，严重影响其工业应用。祝水兰等（2018）以早籼稻碎米为原料，采用超声波辅助碱法提取碎米蛋白及高剪切辅助酶法改善其溶解性。结果表明，NaOH质量浓度0.4%、固液比1∶8（g/mL）、提取时间2h，碎米蛋白提取率为70.79%；当剪切转速3 500r/min、剪切时间30min、剪切温度45℃、加酶量1.5%时，碎米蛋白溶解度由0.53%提高至28.00%，超声波与碱法联用可提高碎米蛋白提取率，高剪切辅助酶法可提高碎米蛋白溶解性。

李超楠等（2018）以碎米为原料，研究碎米蛋白水解工艺条件及其水解产物的抗氧化特性。结果表明，碱性蛋白酶是生产米蛋白肽的最适合酶类；碎米蛋白最佳水解工艺为：温度63.7℃、底物质量分数4.4%、酶添加量6.8%、pH值为8.5，水解度为25.2%。此条件下得到的碎米蛋白肽具有显著的羟自由基和超氧自由基清除能力，在水解180min、210min时羟自由基和超氧自由基清除率出现最高值，因此，水解180min为制备抗氧化肽的最佳时间。

雷婉莹等（2018）利用挤压技术，以马铃薯全粉与碎米混合粉为原料，经挤压机造粒、干燥等过程制成与天然大米外观和口感类似的重组米，研究发现马铃薯全粉添加量的增加使得马铃薯-碎米混合粉的各项糊化特性参数均减小，热稳定性及抗老化性能增强，凝胶性减弱。当马铃薯全粉添加量在40％～50％时，挤压重组米的总体感官评分较高；挤压重组米的蒸煮损失率随马铃薯添加量的增加而显著升高，且马铃薯全粉添加量在50％以上时，挤压重组米的感官品质及质构品质下降，因此为使加工的马铃薯挤压重组米综合品质较好，混合粉中马铃薯全粉添加量应≤50％。

郭少祥和朱同贵（2018）以碎米和五谷杂粮为原料，添加各种维生素和其他微量元素，经浸泡、粉碎、搅拌、造粒和冷冻干燥等过程制成营养强化工程大米，提高食物中营养素的不足，满足人体营养与功能要求。于殿宇等（2018）以粳米碎米为原料，使用乳酸锌作为锌强化剂，通过挤压法制备富锌强化大米，研究发现将碎米粉碎成80目、乳酸锌添加量为2.5％、螺杆转速80r/min、机筒温度为100℃的条件下，制得的重组大米以1∶10比例添加到粳米中，米饭口感良好，锌含量达49mg/kg。高道叶（2018）以碎米为原料，利用碱性蛋白酶，将酶解液经3次离心分离、微波干燥后制成低蛋白低磷大米粉。

碎米中含有丰富的淀粉、蛋白质和矿物质等营养物质，可作为食用菌栽培原料。以碎米为原料栽培食用菌可避免子实体受重金属和残农的污染。傅俊生等（2018）以碎米为原料栽培金针菇、猴头菇以及茶树菇。

朱蕊芳等（2018）以碎米为主要原料，用直投式酸奶发酵剂作为发酵菌种，优化碎米乳酸发酵饮料的加工工艺。研究发现碎米乳酸饮料的发酵最佳条件为：料液比1∶6（g/mL），直投式酸奶发酵剂接种量5％，42℃恒温发酵16h；最终得到色泽均一、酸甜适中、有浓郁米香味和发酵醇香的乳酸米乳饮料。

邱跃俊等（2018）以粳米碎米、新鲜甜柿果实为原料，先将碎米制成低醇高甜碎米酒代替传统的加糖工艺，后添加甜柿，经酒精发酵和醋酸发酵制得柿子醋，该法可提供柿子醋的发酵效率。

（六）秸秆的综合利用

水稻秸秆作为稻谷生产最大的副产物，是一种通常不回收的农业废弃物，但其富含丰富的氮、磷、钾、钙、镁和有机质等，是一种具有多用途、可再生的生物资源。随着我国可持续发展理念的进一步深化，人们对能源资源的节约利用意识也在不断增强。秸秆转化为生物质能源加以利用，就是可持续发展的一种重要方式。国内外学者通过化学与生物手段可以将秸秆转化为各类产品，为能源、材料、化工领域提供绿色可再生的制备路线。

苏小军等（2018）以超级稻秸秆为原料，碱溶液抽提法得到粗木聚糖，然后酶水解，制备低聚木糖。对酶解条件进行了优化，并采用高效液相色谱法对木聚糖酶解液主要组分进行了分析。结果表明，正交试验优化的最佳酶解条件为温度50℃、pH值5.0、加酶量 4%，在该试验条件下低聚木糖得率为 13.5%。酶解液组分分析发现，其主要组分为木二糖和木三糖，只有少量的单糖，该结果有利于后续低聚木糖的纯化，符合功能性低聚木糖制备的要求。

张丽等（2018）研究环保包装材料的制备及性能研究，为缓冲包装设计提供依据，促进环保缓冲材料的发展。采用稻草秸秆和黄豆秸秆的混合纤维和玉米淀粉作为增强材料和基体，加入 PVA（聚乙烯醇）、水和发泡剂制备了发泡缓冲材料，通过正交实验设计，对其性能进行测试和综合评估。结果表明，当 PVA 含量越高，发泡剂含量越低时，制备的缓冲包装材料密度越小，缓冲性能越好。当增强材料为稻草和黄豆秸秆混合纤维时，通过实验获得的环保包装缓冲材料能够满足实验性能要求和能够实现应用。

张安龙等（2018）从造纸厂活性污泥中分离筛选出一株高效产氢光合细菌 QW02，通过 16SrDNA 序列分析得出此菌株属于荚膜红细菌（*Rhodobacter capsulatus*）。同时以葡萄糖作为碳源进行单因素实验优化其产氢性能，得出最佳产氢条件为葡萄糖 6g/L、谷氨酸 18mmol/L、磷酸盐缓冲液添加量 20mL/L。在此条件下，通过酸水解方法获得秸秆解聚液，并进行光合细菌一步法转化秸秆解聚液的产氢实验。结果表明，光合细菌利用秸秆解聚液的产氢性能优于以相同浓度的葡萄糖作为碳源时的产氢性能，其最大产氢量为 3 944.2mL/L，最大产氢速率为 153.5mL/（L·h），反应迟滞时间相对较短。进一步研究发现，以秸秆解聚液为碳源时，产氢液的 pH 值具有较强的自稳效应，且生物量积累较高。

李亚平（2018）为了解决生物煤层气产气效率低的问题，提出了通过添加秸秆类生物质来提高微生物菌群活性，同时促进煤的生物转化，提高甲烷产量和产率。验证了水稻秸秆的添加可以提高煤层生物甲烷产生，秸秆与高阶煤共降解的最大甲烷产量可以达到 1 001.27μmol/g 煤，比煤降解的甲烷产量提高了 2 029.80%。后续对水稻秸秆进行预处理，分别采用 3 种浓度的 NaOH 溶液和 H_2SO_4 溶液对水稻秸秆进行预处理，将预处理后的固体产物和液体产物分别与煤进行厌氧共降解。实验结果表明，预处理后的水稻秸秆与煤共降解，较煤降解提高了甲烷产量，较原始水稻秸秆与煤共降解的甲烷产量抑制，预处理抑制了水稻秸秆对共降解的促进作用。从秸秆液化促进煤层生物甲烷转化的方面来说，预处理对水稻秸秆的液化也具有一定效果，只是效果不显著，但仍然对于在实际生产中利用水稻秸秆来促进煤层生物甲烷产生具有重要意义。

梁仲燕（2018）为了探索不同酸预处理对水稻秸秆厌氧发酵产沼气的影响，采用不同质量百分数的 H_3PO_4 和 HCl 溶液对秸秆进行预处理，在中温（35±1）℃、水稻秸秆和牛粪按 1∶1 配比的条件下进行了厌氧消化试验。结果表明，经过这 2 种不同质量百分数的酸预处理后，水稻秸秆的木质纤维结构破坏较明显，均能有效缩短发酵启动时间，并不同程度提高水稻秸秆厌氧发酵产沼气的能力。其中以 6% H_3PO_4 预处理试验组的效果最好，总产气量可达 16 474mL，日均产气量为 549.13mL/d，TS 和 VS 去除率相较于其余预处理组也较优，分别为 48.7%和 35.4%。综合以上各种因素，可以得出 6% H_3PO_4 预处理是较优的厌氧消化工艺条件。

喻弘等（2018）通过1-乙基-3-甲基咪唑醋酸盐（Emim Ac）离子液体溶解水稻秸秆纤维素，并与壳聚糖的醋酸溶液混合的方法制备了可再生易降解纤维素/壳聚糖复合膜，研究了不同黏度壳聚糖、纤维素浓度和壳聚糖浓度对复合膜力学性质的影响，并考察了复合膜的抗菌性能和降解性。结果表明，当纤维素浓度0.1%，中等黏度壳聚糖浓度1.5%时，生产的复合膜具有较好的抗拉强度和断裂伸长率，制得的复合膜对大肠杆菌和金黄色葡萄球菌具有一定的抑菌效果，并且具有较好的降解性。

黄毓颖等（2018）以水稻秸秆为原料，$KHCO_3$为活化剂，制备水稻秸秆基活性炭。采用L9（3^3）3因素3水平正交实验，探讨制备的实验方案与工艺条件；分析了浸渍比、活化温度、活化时间在3个不同水平下，对水稻秸秆基微孔、中孔活性炭形成的影响。结果表明，活化温度对中孔的形成影响最大，浸渍比对微孔的形成影响最大；活化温度900℃、活化时间1.5h、浸渍比1∶6的工艺条件适宜中孔的形成，活化温度800℃、活化时间0.5h、浸渍比1∶6的工艺条件适宜微孔的形成。亚甲基蓝吸附实验表明，水稻秸秆基活性炭对亚甲基蓝的吸附主要受中孔孔容大小影响；Redlich-Peterson方程能较好地描述等温吸附行为，既有单分子层吸附，也有多分子层吸附。

徐春霞等（2018）以水稻秸秆为原料，采用化学处理制得纯化纤维素，再经TEMPO氧化体系协同超声波处理获得纤维素纳米纤丝（CNFs），研究超声波处理时间对CNFs悬浮液稳定性的影响，并对产物的结构和性能进行表征。结果表明，化学处理可有效脱去水稻秸秆中的木质素、半纤维等；以450W功率对TEMPO氧化纤维素超声处理30min，可制得稳定性较好、平均直径为16.11nm的丝状CNFs；其内部晶体结构仍保持纤维素Ⅰ型，结晶度为52.63%，最大热解峰值为330℃。

（七）稻谷的安全性问题

我国粮食安全一直受真菌毒素污染的制约。稻米中真菌毒素检出率和超标率居高不下，导致大量食品原材料的浪费和食源性人畜中毒、致病事故。在稻米中主要存在有黄曲霉毒素、赭曲霉毒素、呕吐毒素、玉米赤霉烯酮毒素、杂色曲霉毒素、伏马毒素等真菌毒素，其中黄曲霉毒素最普遍。这些真菌毒素易致癌，严重损害人体健康，亟须研发针对这些毒素的检测及安全降解技术。

高敬铭等（2018）为了克服现有粮食中真菌毒素检测时间长、效率低、成本较高的问题，开发了一种成本相对较低，能够同时检测多种真菌毒素的方法。采用复合免疫亲和柱净化、液相色谱质谱联用同时测定粮食中黄曲霉毒素B_1（AFB_1）、赭曲霉毒素A（OTA）、玉米赤霉烯酮（ZEN）、呕吐毒素（DON）、伏马毒素B_1（FB_1）、伏马毒素B_2（FB_2）6种真菌毒素的方法。选择一定比例混合溶液对粮食中的真菌毒素进行两次提取，复合免疫亲和柱对提取液进行净化，去除提取液中的色素、脂类、蛋白等杂质，降低基质对毒素离子化效率的影响。此方法定量准确、快速、灵敏度高，适用于大米等粮食中真菌毒素的测定。

龚蕾等（2018）采用液相色谱-质谱联用技术，建立了测定大米等谷物及其制品中呕吐毒素（DON）及其衍生物的检测方法，并对各种粮食中的污染情况进行调查。样品采用乙腈提取，正己烷除脂和固相萃取柱净化后，采用液相色谱串联质谱检测，外标法定量。方法均经过优化和验证，满足谷物及其制品的检测要求。

王海波等（2018）针对谷物建立了12种真菌毒素的UPLC-Q-trap MS高通量筛查和定量方法，利用了高效液相色谱-线性离子阱质谱仪筛查和定量测定谷物中12种真菌毒素。谷物样品经特定方法提取并净化后，在电喷雾离子化正离子模式下，以多级反应监测（multi reaction monitoring，MRM）为基础，通过信息依赖性扫描方式（information dependent acquisition，IDA）触发增强子离子扫描（enhanced product ion scan，EPI）建立呕吐毒素等12种真菌毒素的筛查和定量。呕吐毒素等12种真菌毒素在相应的浓度范围内，线性相关性良好。该方法灵敏高效，可用于谷物中呕吐毒素等12种真菌毒素的筛查与定量检测。

近年来真菌毒素的检测技术较为广泛，主要有气相色谱、液相色谱、荧光免疫层析法、电子舌法以及气质、液质联用法等。刘菲等（2018）使用酶联免疫法测定大米中黄曲霉毒素的含量，建立了大米中黄曲霉毒素的酶联免疫吸附测定方法，样品经25mL甲醇-水（50：50，v/v）提取后，用酶联免疫法直接测定。结果表明，黄曲霉毒素在1.0～20.0μg/kg范围内拟合度良好，相关系数为0.999 9，平均加标回收率为97%～113%，相对标准偏差为1.9%～4.8%。

对于真菌毒素的降解方面，国家粮食和物资储备局科学研究院在2018年提出了一项真菌毒素降解菌酶制剂应用技术，该成果根据国家，特别是粮食行业对防控和削减真菌毒素危害确保国家粮油质量安全的急需，经过长期攻关取得一系列技术突破，获得了包括黄曲霉毒素、玉米赤霉烯酮、呕吐毒素、伏马毒素、赭曲霉毒素等真菌毒素的降解专用菌株多株及降解酶多种，完成了降解机理解析、降解产物鉴定和毒性评价。

陈漪汶等（2018）发现一种新型的生物学方法可以通过抑制霉菌生长或吸附霉菌代谢产物来降低霉菌毒素带来的危害。研究表明，活性乳酸菌以及灭活乳酸菌均能吸附霉菌毒素，并排出体外，且灭活乳酸菌的吸附能力更强、结合更稳定。同时，生物类吸附剂特异性强、不会吸附营养物质，对食品、饲料无污染，而且避免了毒素的二次污染，成为吸附霉菌毒素的研究热点。吴丽樱等（2018）研究了真菌毒素降解菌株的筛选方法以及微生物对几种常见真菌毒素的脱毒作用和机制，为今后微生物降解真菌毒素研究方面提供参考。

我国稻米中主要以黄曲霉毒素和赭曲霉毒素A以及伏马菌素居多，虽然广泛检测到黄曲霉毒素阳性样品率高，但检测到的样品很少超过国家最大残留限量（10μg/kg）。李凯龙等（2018）研究发现，霉变过程中稻谷和糙米的干物质损失和黄曲霉毒素含量均随水分活度的升高而增大，但糙米的干物质损失更大。所有接种过黄曲霉的稻米样品，在稻谷中只检测到少量的黄曲霉毒素累积，而在糙米中检测到大量的黄曲霉毒素累积，研究结果表明，谷物等大宗商品中真菌毒素污染风险受到谷物是否加工的影响。

第二节　国外稻谷产后加工与综合利用研究进展

一、稻谷产后处理与加工

干燥是水稻收获后最重要的工序，适当的干燥工艺可以保持粮食的品质，最大限度减少贮藏过程中的损失。干燥方法因其加热方式、加热条件和原料种类的不同，对稻谷的热工性能、糊化性能和铣削质量起着至关重要的作用。

与传统的热风干燥相比，热泵干燥提供了一个可控的干燥环境（温度和湿度），以达到更好的产品质量，低能耗，经济高效，已被证明可以确保产品质量，尤其是食品和农产品。与传统干燥方法相比，红外（IR）干燥还具有显著的优势，包括缩短干燥时间和质量损失，干燥均匀，食品材料中没有溶质迁移，设备尺寸紧凑，显著节约能源。Zhou 等（2018）研究了红外辐射（IR）干燥和热泵（HP）干燥两种干燥方法结合玻璃态回火对长粒田品质的影响，以及间歇比（delta=0、1、2、3、4）对稻田铣削性能和织构剖面的影响。结果表明，与 HP 干燥相比，IR 干燥的干燥速率更高、效率更高，但 HP 干燥下的降湿速率更均匀。回火处理对稻谷的碾磨和结构剖面分析（TPA）性能有积极影响。总的来说，间歇比 delta=3 和 delta=2 分别适用于 HP 干燥和 IR 干燥。但是通过 MRI 分析发现，不同干燥方式和间歇比对水稻水分扩散的影响没有显著差异。

Ding 等（2018）通过与热风干燥（HAD）和环境风干燥（AAD）的比较，研究红外辐射干燥（IRD）对糙米贮藏特性的影响。在 58 s 内将糙米由 20℃加热至 60℃，去除粗米 2.17%的水分，不影响糙米的发芽率。与 AAD 相比，IRD 降低了糙米贮藏 4 个月后的发黄率、吸水率和体积膨胀率，降低了糊化温度范围和焓值、峰值黏度和击穿黏度。这些变化可能是由于 IRD 对蛋白质和淀粉颗粒的微观结构和热性能的稳定作用高于 AAD，是提高糙米贮藏稳定性的有效方法。

Smith 等（2018）探讨了微波（MWs）在 915 MHz 频率下实现高含水率（MC）大米一次干燥的可行性，发现可以提高水稻的最终表面温度（FST）和干燥速率，降低精米产量（MRY）和精米产量（HRY）。

Dibagar 等（2018）探讨将超声介入（US）频率设为 21kHz，实现改良糙米风干的可行性。采用超声波辅助对流干燥机进行干燥，对干燥时间、能耗（EC）、蒸发率（ER）、破核率（BK）、水活度（A_w）、维生素 B_3（烟酸）、总酚含量（TPC）进行分析。结果表明，超声在对流干燥过程中的效率在很大程度上取决于功率、空气温度和速度水平。超声辅助显著提高床层蒸发率达 38.93%。随后，在 35℃、$v=0.8$m/s、$P=90$W 的情况下，使总干燥时间、EC、BK 百分比分别合理地降低至 27.92%、25.98%、34.22%。通过在较短干燥时间内降低烟酸和 TPC 的损失，超声辅助干燥技术在粮食品质方面取得了显著进展。BK、烟酸、TPC 值在超声应用后均有所增加。营养保持率和物理品质保存率最高的为顶层，受超声辐射影响程度最高。

Bonto等（2018）探索了一种通过表面改性和维生素吸附强化水稻的简单方法。将长粒白米置于超声环境下，使其表面由光滑变为多孔。形态学分析表明，超声处理促进了淀粉质胚乳表面的破碎和破坏，诱导淀粉质胚乳的微孔形成、细胞壁暴露、分裂为单个淀粉粒。将精米浸泡在泛酸（维生素 B_5）溶液中，可以使维生素吸附到米粒中。超声水稻对维生素 B_5 的吸收比非超声水稻高140.0%。动力学研究表明，多孔超声大米的吸附速率比非超声大米高93.9%。吸附研究表明，改性后的米粒多孔表面具有非均质结合机制，在强化过程中起着关键作用。

在工业碾米业中，碾米量的确定主要取决于最终的使用要求。与对流热风（CHA）干燥不同，与工业微波（MW）干燥相关联的915MHz频率的体积加热现象会引起水稻微观结构的独特变化；这可能会影响碾米机的碾米特性，尤其是碾磨度（DOM）。Olatunde等（2018）采用中试规模MW，比能分别为450kJ/kg、600kJ/kg和750kJ/kg，一次干燥，连续干燥8min，含水量为24%（湿基），床厚为0.01m和0.05m的中粒糙米。每个处理的样品研磨时间分别为0、15、30、45和60s。结果表明，在30s的研磨时间内，MW和CHA干燥样品中80%以上的SLC被去除。不规则的六角形结构，通常暗指淀粉颗粒，随着比能的增加而减少。在比能为750kJ/kg时，MW干稻籽粒的核心表现出与热分解有关的特征。研究结果对确定保持碾米特性的微波干燥条件具有重要意义。

Sandhu等（2018）研究了0～8%的碾磨度（DOM）对短籼稻和长籼稻品种的理化、结构、糊化和蒸煮特性的影响。随着DOM的增加，灰分、蛋白质、脂类和矿物质减少，而蓝色值和结晶度增加。随着DOM的增加，颜色参数（a^*、b^*）和烹饪时间（CT）减少，L^*（亮度）、伸长率（ER）、稀粥固体损失（GSL）、长度/宽度（L/B）和烹饪期间的糊状黏度增加。短粒米比长粒含有较低的灰分、蛋白质、脂类、Mn、K、Ca、CT和GSL，而后者则显示出较高的结晶度、Mn、P、K、Ca和ER。使用流变仪和混合试验仪测量的糊状和面团特性与栽培品种和DOM有关。短粒和长粒栽培品种在不同的DOM中表现出不同化学成分损失的变化，导致烹饪特性变化。

通过适当的贮藏环境，可以有效提高稻米的贮藏性能。Nawaz等（2018）研究了改良的常压包装（MAP）对所选糯米（Thadokkham－8和Thadokkham－11）理化性质的影响，并与非糯米（Doongara）进行了比较。新鲜收获/碾磨的谷物在4种不同的MAP条件下包装，即对照、真空、CO_2和N_2，室温（23℃±1℃）下放置12个月。气体（N_2或CO_2）以300kPa的压力在铝袋中冲洗3s，然后密封。真空包装是在－100kPa下进行。结果表明，在真空、或使用CO_2或N_2的MAP样品中，老化引起的淀粉颗粒变化不明显。对照贮藏显著降低了所选品种脂质含量，增加了表面蛋白含量。TDK8和DG在N_2和CO_2贮藏减缓了大分子性质的变化，并在贮藏6个月期间维持了表面淀粉/蛋白质/脂质比。此外，储存在真空中的谷物在烹饪后脂质和较低比例的蛋白质暴露于表面。与对照相比，N_2和CO_2可导致糊化温度升高，但最终黏度显著降低。研究结果与热分析结果吻合较好。原位热机械压缩试验（TMCT）装置蒸煮和结构分析表明，稍微减缓了老化引起的糯米的蒸煮质量和黏性的变化。在所有使用的储存条件中，真空是保持谷物质量的最佳选择。

二、稻谷副产品的综合利用

（一）稻米淀粉综合利用

Wang L 等（2018b）研究了退火处理对大米淀粉特性和米粉品质的影响。结果表明，退火不改变大米淀粉的颗粒形态或结晶形态，但相对结晶度从 19.18%增加到 23.93%。与天然大米淀粉相比，退火大米淀粉的溶解度和溶胀力分别显著降低（$P<0.05$）至 14.35%和 10.09g/g。此外，退火的大米淀粉具有显著（$P<0.05$）的粘贴黏度，破坏和回退值。还观察到大米淀粉凝胶质地的明显变化，这些变化有助于改善米粉质量。此外，随着混合物中退火大米淀粉含量的增加，米粉的感官评价分数，蒸煮品质和质地特性逐渐增加。当 40%（w/w）的天然大米淀粉被退火的大米淀粉代替时，所得的米粉具有最佳的整体品质。此外，大米淀粉的性质与米粉品质有很好的相关性，因此这些性质可以作为淀粉基质对米粉适用性的实用指标。

Garcia-Tejeda 等（2018）分析了酯化对水解大米淀粉的影响，将水稻淀粉水解，然后用三种修饰水平的月桂酰氯酯化。淀粉衍生物的特征在于它们的取代度（DS）、水溶性指数、z-电位、糊化和消化性质。大米淀粉月桂酸酯衍生物的 DS 范围为 0.042～1.86。经酯化反应后，水溶性指数从 3.44 增加到 53.61%，z-电位从 -3.18 降至 -11.27，缓慢消化淀粉（SDS）含量从 26.22%降至 5.13%。并且评估了淀粉浓度范围为 6wt%～30wt%的不同乳液，最稳定的乳液是含有 20wt%～30wt%大米淀粉月桂酸酯的乳液。

Jeong 等（2018）为了开发抗性淀粉（RS）纳米颗粒，将糯米淀粉用酸水解 10d，并酸水解糯米淀粉（AHW）与三偏磷酸钠交联。RS 纳米粒子是通过冷冻干燥（FD）收集，超声处理后冷冻干燥（SFD），超声处理后乙醇脱水（SE）。粒径分布，改性 AOAC 的 RS 水平，zeta 电位和分散稳定性均为评估。水解率为 44.62%～49.43%，AHW 粒径随水解而降低时间增加了。所有 AHW 和 RS 纳米颗粒均显示出 A 型结晶度。通过交联增加 RS 水平。SFD 分散是最稳定的。结果表明适用于液体食品的 RS4 纳米粒子可以通过酸水解、交联、和 SFD 的方法获得。

Polesi 等（2018）研究了 γ 辐射对大米淀粉消化率和功能特性的影响。水稻栽培品种 IRGA417 和 IAC202 用于通过碱法分离淀粉。淀粉样品用 1kGy、2kGy 和 5kGy 剂量的 ^{60}Co 以 0.4kGy / h 的速率照射。IAC202 分离出淀粉的凝胶强度与施加的辐射剂量成反比，而对于 IRGA417，在 5kGy 剂量下有降低。大米淀粉可以通过辐射进行改性以显示出不同的功能特性，并可以用于食品工业中，如汤、甜点、果馅饼、布丁等产品中。

Peng 等（2018）通过来自海洋元基因组文库的 α-淀粉酶（AmyP）的催化核心和来自隐球菌的 α-淀粉酶的淀粉结合结构域（SBDCr）构建重组嵌合 α-淀粉酶（AmyP-Cr）。

实验表明，分子融合没有改变最佳 pH 值、最适温度、水解产物以及对生大米淀粉优先和快速降解的能力，但与野生型 AmyP 相比，催化效率和热稳定性显著提高。对于10%生米淀粉，AmyP-Cr 的最终水解度为（61.7 ±1.2）%，对于 15%生大米淀粉，在40℃下 4h 后的最终水解度为（47.3±0.8）%，生淀粉为 1.0U/mg，催化效率非常高，比 AmyP 高 3.6～4.0 倍。由于更好的热稳定性和由 SBDCr 引起的对生米淀粉的更高吸附和破坏提高了催化效率。

辛烯基琥珀酸酐（OSA）改性淀粉广泛用于食品工业。Li 等（2018）通过动态高压微流化（DHPM）预处理大米淀粉（RS），随后通过 OSA 进行修饰。研究了 DHPM 对大米淀粉 OSA 改性的影响。结果表明，DHPM 预处理通过改变大米淀粉的形态和结晶度来提高取代度。与没有 DHPM 预处理（OSA-RS）的 OSA 改性的大米淀粉相比，DHPM 预处理的 OSA 淀粉（DHPM-OSA-RS）具有更高的峰值黏度和更低的糊化温度。DHPM-OSA-RS 还表现出更好的乳化活性和乳液稳定性。该研究表明 DHPM 将提供改变淀粉理化性质的条件，所得淀粉更适合化学改性。

Su 等（2018）通过高直链淀粉（HA）、中直链淀粉（MA）、低直链淀粉（LA）（直链淀粉含量为 37.85%、27.55%和 9.98%）3 种大米淀粉与黄原胶（X）混合进行干燥热处理（130℃）改性。研究发现，干燥加热的黄原胶-淀粉样品的颗粒膨胀受到限制，并且在完全凝胶化时，观察到淀粉颗粒边缘仍然保持可见。干燥加热的黄原胶淀粉样品获得相对较低的分解黏度和较高的最终黏度，这是由于通过用黄原胶干热处理改善了天然大米淀粉的颗粒刚性。流变学分析还证明，改性样品特别是低直链淀粉大米淀粉（G=70.7 和 528.3Pa，分别在 LA 和 LAX－130 的 95℃下）的储能模量得到显著改善，证明用黄原胶干热处理时发生天然大米淀粉的改性。

Fang 等（2018）研究了低酰基（LA）和高酰基（HA）胶原蛋白胶对大米淀粉的糊化、黏弹性、形态和回生特性的影响。LA 和 HA 胶的添加增加了峰值和峰谷的黏度，同时降低了大米淀粉糊的最终黏度和恢复黏度。淀粉－HA 混合浆料表现出优于淀粉－LA 浆料的黏弹性。淀粉－HA 系统在剪切结构恢复试验中表现出更高的抗应力性和更显著的恢复率。蠕变恢复数据完全符合 4 元素的 Burger 模型。收缩率测量表明，加入两种水胶体，尤其是 HA 结冷胶在冷藏过程中阻碍了大米淀粉凝胶的回生。结果表明，添加 LA 和 HA 结冷胶可以不同方式改变大米淀粉凝胶的流变学和质构特性，并根据其分子结构在不同的机理下进行相互作用。

Wang 等（2018）研究了热湿处理（HMT）诱导的大米淀粉的消化率和结构变化，揭示了水分—淀粉结构—淀粉消化率之间的关系。HMT 可同时使多种长度的大米淀粉分子混乱并重新组装，并将一些快速消化淀粉（RDS）转化为缓慢消化的淀粉（SDS）和抗性淀粉（RS）。特别是含水量低于 30%的 HMT 大米淀粉显示出更高的 SDS ＋ RS 含量（25.0%）。在 HMT 期间，SDS 和 RS 优选由降解的淀粉分子形成，其中 Mw 为 4×10^5～4×10^6g/mol，单螺旋和直链淀粉-脂质复合物由降解的淀粉链形成，具有更高的热量、稳定性和结晶薄片，具有更大的厚度，研究表明，使用 HMT 控制能获得所需消化率的淀粉产品。

Oh 等（2018）研究了高直链淀粉大米干热处理（DHT）对淀粉消化率和物理性质的影响，并通过 PCA 分析比较了它们的特征。通过 DHT 在不同温度（110、130、150℃）和时间（0、1、2、4 h）下制备高直链淀粉含量的大米淀粉。随着温度和时间增加，糊化温度和焓值降低，表明半结晶区的变化。凝胶强度和粘贴黏度在 130℃以上显著增加，而凝胶强度和粘贴黏度随着加热时间增加而降低。DHT 淀粉的快速消化淀粉和预测的血糖指数低于天然淀粉。在 130℃下观察最低预测血糖指数和最高凝胶强度 1h。在 PCA 分析的结果中，加热温度与体外淀粉消化率以及糊化后黏度和凝胶强度呈负相关。研究结果表明，DHT 可用于增强高直链淀粉大米淀粉的物理和营养特性。

Marquez-Gomez 等（2018）从采用化学和热机械改性的大米淀粉与天然大米淀粉、麦芽糖糊精和蛋白质一起用作壁材料，通过喷雾干燥技术微胶囊化橙色精油。获得的微胶囊的特征在于包封效率，包封产率、溶解度、湿度、水活度和色差。通过表面响应分析，选择最佳配方，并通过其微观结构和包封精油的稳定性进行评估。结果表明，最佳包封剂是以改性大米淀粉为主要成分（＞ 50%）的壁材料，相比商业包封成分有着更高的效率。

Aghazadeh 等（2018）研究了不同大米淀粉基涂料配方对核桃物理性能的影响，并在加速温度下储存 20d。选择大米淀粉与不同的添加剂如壳聚糖，乳化剂和红棕榈油组合，改善米淀粉的性质，以涂覆干燥的核桃仁。食用涂层可作为屏障，降低对坚果的氧气、水分和温度（最重要的酸败因素）的影响。淀粉基涂层在核桃上的应用也有助于减少储存空间，因为去除果壳（绿色层）和核桃壳（木质层）导致较少的空间需求。此外，涂覆的核桃可以在室温下储存，并且可以消除对冷藏系统的需求，由此减少储存成本。

Kumar 等（2018）通过将两种不同的纳米颗粒如大米淀粉纳米晶体（RSN）和银纳米颗粒（AgNPs），以各种浓度掺入聚乙烯醇（PVA）基质中来制备表现出更好性能的三元纳米复合膜。使用原子力显微镜的形态学评估显示 RSN 纳米颗粒的粒度在 50 至 125 nm 之间变化。评估使用这些纳米颗粒制备的纳米复合膜的化学、机械和热性质。薄膜的 FTIR 光谱表明了 RSN 的一些特定振动带以及 PVA 的特征带。三元纳米复合材料具有较好的拉伸强度和伸长性能以及良好的机械性能。

Matmin 等（2018）使用大米淀粉辅助合成了环境友好的球形纳米结构赤铁矿（Sp-HNP）。通过傅里叶变换红外光谱（FTIR）、X 射线衍射（XRD）、热重分析（TGA）、场发射扫描电子显微镜（FESEM）、能量色散 X 射线光谱（PTIR）研究了 Sp-HNP 的物理化学性质。Sp-HNP 显示出良好结晶的纯菱形相结构，具有 24～48nm 的球形形态，表面积为 20.04m^2/ g。此外，由于大的表面/体积比，Sp-HNP 表现出增强的亚甲蓝染料的光催化降解。实验结果提供了一种可持续的球形纳米结构赤铁矿合成途径，且不使用任何有害物质或有毒添加剂，用于降解染料污染物。

Thakur 等（2018）研究调查了增加用大米淀粉-v-卡拉胶（RS-i-car）复合涂层与蔗

糖脂肪酸酯（FAE）混合涂覆的李子果实的保质期的可能性。通过混合成分制备薄膜溶液（大米淀粉3%、卡拉胶1.5%和FAE 2%），然后在水果表面上涂覆涂层，并研究独立薄膜的性质（物理、机械、阻隔和表面形态）。研究发现，与在室温下储存的未包衣对照果实相比，大米淀粉复合物涂层显示出有效降低重量损失（WL）和呼吸速率并抑制内源乙烯产生。在整个储存期间，总酚含量、总抗氧化能力、类黄酮含量和自由基清除活性在包衣的果实中不受影响。结果表明，RS-i-car-FAEs涂层可延长保质期，并在储存期间保持李子果实的整体质量，并可能作为商业化应用的梅果业新型食用涂料。

（二）稻米蛋白综合利用

米糠是大米蛋白的潜在来源，Tran等（2018）分别研究了工业中三道碾米过程产生的碾下物中大米蛋白含量、质量与碾米程度的联系，发现经过第一道和第二道碾米产生的米糠富含大米蛋白，且蛋白质易萃取，制得蛋白溶解度高，是未来提取大米蛋白的优质来源。

Shoaib等（2018）以3%、6%、9%、12%的比例将大米蛋白加入鸡块中，制得的鸡块的蒸煮损失有所上升，但pH值、灰分含量和质构特性没有任何改变，且在感官评价中获得了“总体可接受”的高分，同时提升了鸡块的营养价值，展示了大米蛋白作为新型蛋白来源的巨大潜力。

Selamassakul等（2018）使用LC-ESI-MS/MS对分别来自大米白蛋白、球蛋白、谷蛋白和醇溶蛋白的菠萝蛋白酶解产物进行组成、分子量和水解肽序列分析，发现大部分产物分子量在2 000Da（60%～70%）以下，其中谷蛋白水解肽展现出了最高的活性。使用反相高效液相色谱对谷蛋白水解肽进一步分析发现可将其分为6个组分，其中第四组分展现出最高的ABTS%＋清除效率和铜螯合活性，结合LC-MS/MS分析表明，Mw小于1 500Da的肽和疏水性或芳香N末端残基对第四组分的高抗氧化活性有贡献。

Sun等（2018）用大米浓缩蛋白作为辅料部分替代饲料中的鱼粉喂养中华鳖，发现处理组与对照组的生长状况没有显著差异，且中华鳖的肝丙氨酸转移酶、肠蛋白酶、γ-谷氨酰胺转肽酶、氨肽酶N和羧肽酶A活性有了显著提升，成功将饲料中鱼粉的含量降低了18%。

提升大米蛋白溶解度是提升大米副产品价值，打通大米蛋白广泛应用的重要一环，Wang T等（2018）通过蛋白异源共架技术，向大米蛋白体系中引入大豆蛋白或酪蛋白，成功将大米蛋白的溶解度提升到90%以上，同时完善了大米蛋白的氨基酸模式，并且完整保留了大米蛋白的主要肽链，为大米蛋白在多领域的广泛应用打下了坚实基础。

Cheng等（2018）通过湿热美拉德反应将葡聚糖接枝到大米蛋白上，与原大米蛋白相比，大米蛋白-葡聚糖的溶解度、乳化性能、乳化稳定性、发泡性、发泡稳定性均有所提升，但提升比较有限。

（三）米糠的综合利用

Maria等（2018）为提高米糠稳定性，利用红外辐射使脂肪酶失活，研究了红外辐射处理条件对米糠谷维素、维生素 E、总酚含量、抗氧化活性、颜色及脂肪酸的影响。结果表明，通过使用红外辐射加热能够显著抑制稳定化米糠的脂肪酸含量的增加，在140℃下红外辐射加热 15min 是米糠稳定化的有效方法，有效抑制了脂肪酶活性，防止了米糠的酸败。相反，米糠的结合酚含量和抗氧化活性随着红外辐射功率的增加而增加，游离酚的增加并不明显。储存稳定性测试实验表明，在储存 6 个月后，稳定的米糠中谷维素含量降低，相对于维生素 E 来说较不稳定。红外辐射加热是米糠稳定化的有效处理方法，可以保留更多的营养物质。

Ling 等（2018）研究了热空气辅助射频加热对酶失活、脂质稳定性和米糠产品质量的影响，评估了稳定的米糠中水分活度对储存期间脂质酸败的影响。结果表明，在电极间隙为 10cm 和 100℃的射频加热处理下，在热空气中保持 15min 后，RB 处理的平均残留脂肪酶和脂肪氧合酶活性降至原始值的 19.2%和 5.5%。在此条件下处理的米糠油中的游离脂肪酸含量和过氧化值仍然低于可接受的限度，即使在 35℃下储存 60d 后也是如此。储存期间米糠酸败的最低反应速率的水分活度为 0.241。在热空气辅助射频加热后没有立即观察到不利于米糠储藏的变化，随后通过热空气辅助射频加热，发现米糠的储存稳定性增强。热空气辅助射频加热可以提供快速有效的米糠稳定化方法，不会对米糠质量产生不利影响。

为了改善米糠不溶性膳食纤维的质地和风味，Zhao 等（2018）研究了超细加工对米糠不溶性膳食纤维的功能特性及其酚类谱和生物可及性的影响。超细米糠不溶性膳食纤维粉末比其他不溶性膳食纤维粉末具有更好的持水能力、溶胀能力、亚硝酸根离子吸附能力以及更低的持油能力。此外，超细米糠不溶性膳食纤维粉末在游离酚类和结合酚类物质中表现出更高的可萃性、更高的酚类生物可接受性和抗氧化性。超细米糠不溶性膳食纤维中可提取的酚类分布也与其他不溶性膳食纤维不同。结果表明，超细粉碎可以改善米糠不溶性膳食纤维的功能特性，可以应用到功能性食品中。

Wang 等（2018a）采用动态高压微流化处理来自米糠不溶性膳食纤维。在胃肠环境模拟中探讨了压力对米糠不溶性膳食纤维吸附 Pb（Ⅱ）能力的影响。在 pH 值 7.0、150MPa 时，米糠不溶性膳食纤维显示出最大结合容量（420.74μmol/g±13.12μmol/g），是未处理样品的 1.36 倍。动态高压微流化处理的米糠不溶性膳食纤维表现出更高的吸附胆固醇和胆酸钠的能力。同时，动态高压微流化处理改变了米糠不溶性膳食纤维形态，但没有改变一级结构。吸附容量与总负电荷的物理化学性质呈线性关系。吸附动力学符合拟二级模型，Pb（Ⅱ）吸附主要发生在纤维颗粒表面，该过程包括自然物理吸附和化学反应。本研究为提高 RBIDF 的吸附能力，特别是 Pb（Ⅱ）的吸附提供了一种可行的方法。

Phongthai 等（2018）以米糠为原料，通过酶辅助提取制备蛋白质浓缩物。在体外胃肠消化（胃蛋白酶-胰蛋白酶系统）下蛋白质浓缩物的水解显著提高了抗氧化性。通过膜超滤（UF，F1：分子量（Mw）＜3kDa、F2：Mw 3～5kDa 和 F3：Mw 5～10kDa）进一步分级米糠蛋白质水解产物。分子量较小的肽具有较高的抗氧化活性（$P<0.05$）。

此外，蛋白质水解物的膜超滤对金属螯合和ABTS自由基清除活性具有积极作用。酪氨酸和苯丙氨酸与其DPPH和ABTS自由基清除活性和铁还原抗氧化能力呈正相关。在m/z 1088处检测到具有最高抗氧化活性的RBPH中的主要肽片段。因此，米糠中的抗氧化肽也很可能在人体的胃肠道中产生。

Arsa等（2018）以米糠为原料，通过酶水解米糠蛋白浓缩物（HRPC），以作为调味剂来增加米糠的价值，采用不同的干燥方法（冷冻干燥和喷雾干燥）研究果糖添加剂对米糠蛋白感官香气特性的改善作用。结果显示，液体HRPC（LH）中最丰富的氨基酸是谷氨酸、精氨酸、天冬氨酸和亮氨酸。在喷雾干燥的HRPC粉末（SHP）中，与LH和冷冻干燥的HRPC相比，香气（如谷类、坚果状、奶粉状、甜味和可可类香味）的强度更高。在喷雾干燥之前加入果糖的HRPC粉末中，挥发性化合物如醛、吡嗪和酮显著增加。在喷雾干燥中检测到更高量的2-甲基丁醛、3-甲基丁醛、苯乙醛、2，5-二甲基吡嗪、香草醛、2-乙酰基吡咯和麦芽酚。此外，这些化合物具有高气味活性值，这是喷雾干燥的可可类、甜味、坚果样和奶粉样特征。

（四）稻壳的综合利用

António等（2018）提出了一种添加稻壳制成的新型复合材料，这种复合材料可以用于建筑材料。在该研究中，将稻壳与膨胀的软木颗粒或再循环的橡胶颗粒以50/50和75/25（重量百分比）的比例混合。基于TDI的聚氨酯预聚物用作20%填料质量的黏合剂。生产足够数量的小板以进行小规模测试并评估诸如抗压强度、导热性、动态刚度、改善冲击隔音、吸音和传输损耗等性能。结果表明，以这些复合材料施工可以改善建筑物的热学和声学性能。

Real等（2018）通过在1 450℃的氮-氩气氛下还原稻壳获得SiC-Si3N4复合材料，其温度低于其他作者使用的温度。另外，调整氩/氮比导致在整个组合物范围内获得SiC-Si3N4复合材料。并通过X射线衍射、IR光谱和扫描电子显微镜表征最终产物。

Zhao（2018）以稻壳生物炭为载体，研制出高效稳定的CaO基催化剂，用于催化植物油与甲醇的酯交换反应。研究了催化剂制备、反应参数和催化剂可重复使用性的影响。结果表明，催化剂活性主要取决于催化剂的预处理温度、结构和碱度。在30% CaO负载和700℃煅烧温度的制备条件下，最大产率可达93.4%。同时，在重复使用10个循环后，生物柴油产率中没有明显的催化剂活性损失（高于85%）。研究结果表明，稻壳生物炭基催化剂是生物柴油生产的一个非常有前途的选择。

Vidal等（2018）在高温的油井固井中，将二氧化硅源添加到水泥组合物中以抑制水泥环压缩强度倒退。由于其高二氧化硅含量，稻壳灰（RHA）的掺入增强了水泥的机械性。由于其低成本和可再生性，RHA作为水泥添加剂也具有吸引力。研究目的是使用RHA作为抗强度回归添加剂开发用于高温油井的水泥浆。

AliyaR等（2018）通过碳化稻壳研究出了具有高比表面积（>1 200m^2/mg）的多孔碳的开发，其目标是从水溶液中除去硝酸盐。碳酸钾用作活化剂和脱硅剂。碳化稻壳样品与原始和氨氧化样品相比，尿素改性活性炭去除硝酸盐的能力增加了2倍。

（五）秸秆的综合利用

Chownk等（2018）利用稀硝酸预处理和酶解将稻草转化为单糖。采用离心法和过滤法将酸性预处理的稻草分离成浆和上清液。这两部分然后通过微生物产生纤维素酶和漆酶的联合作用转化为单糖。这些微生物是从不同海拔、不同地点采集的土壤样品中分离出来的，预计含有高度水解活性的微生物。硝酸预处理在30℃，200r/min下进行72h，72h后用HPLC对培养上清液中葡萄糖的存在情况进行分析。酸预处理后的稻草上清馏分经纤维素酶和产漆酶微生物的协同作用水解后产糖量最高，达205mg/g。

Biswas等（2018）进行了水稻秸秆在二氧化碳作用下热解制取生物油的研究。结果表明，在相同温度下，CO_2气氛下的稻草慢热解比N_2气氛下的稻草慢热解产生更多的生物油。CO_2环境下热解最适宜的温度为400℃。经核磁共振、气相色谱/质谱和FT-IR分析，所有生物油中的化合物包括酚类、醇类、酮类、醛类、烷烃和芳香族化合物。此外，还发现二氧化碳通过增加含氧化合物和减少脂肪族化合物来影响液体产物。

Tsegaye等（2018）从白蚁的木材饲养中分离到两株能够降解木质素、纤维素和半纤维素的细菌，分别是能够降解木质素的稻瘟病杆菌 *Ochrobactrum oryzae* BMP03和能够降解纤维素和半纤维素的芽孢杆菌sp. BMP01。在稻瘟病杆菌 *Ochrobactrum oryzae* BMP03处理水稻秸秆14d后，通过分别进行生物脱除木质素和水解工艺可以最大限度地去除木质素（53.74%）；经生物降解的水稻秸秆经芽孢杆菌sp. BMP01水解14d，总还原糖释放量为69.96%。在脱除木质素和水解同时进行的过程中，生物处理13d后获得总还原糖的58.67%。可知分别进行脱除木质素和水解工艺比同时进行能更有效地释放总还原糖。总的来说，这些结果证明了水稻秸秆通过白蚁肠道细菌生物转化为还原糖的可能性。

Kaur等（2018）采用两步法对稻草进行酸蒸、微波碱预处理生产生物乙醇．采用响应面法对两步反应条件进行了优化。研究发现，第一步酸蒸压预处理的最佳条件为：酸浓度为1.90%、时间为51.85min、固液比为1∶17.51，还原糖最大释放量为16.94g/100g，糠醛最小释放量为0.93g/100g。第二步微波碱预处理的优化条件为：碱浓度为3.75%、时间为9.16min、微波功率为475W，木质素含量最低为2.96%。扫描电镜显示，经过两步预处理后，硅化蜡质表面受到广泛损伤，秸秆细胞壁结构受到破坏，结果表明，采用酸蒸和微波碱法对稻草进行连续预处理，可以有效去除稻草中的半纤维素和木质素，提高纤维素酶解的可达性，提高发酵糖和生物乙醇的产量。

Bilo（2018）采用Naviglio萃取器对稻秆试样进行处理，然后用三氟乙酸溶解试样。该材料具有良好的力学性能，对于干哑铃和湿哑铃，其断裂时的拉伸强度和伸长率分别为45MPa和6.1%、10MPa和63%。结果表明，所制备的生物塑料在干燥状态下的力学性能与聚苯乙烯相当，而在湿润状态下的力学性能与塑化聚氯乙烯相似，说明新获得的生物塑料在干态和湿态下均具有较高的力学性能。扫描电镜观察生物基材料的形貌，发现其表面结构均匀致密。二维X射线衍射分析表明，生物塑料基本上是无定形的。质量损失试验表明，在土壤中埋置105d后完全分解。对新获得的生物材料的工业和环境优势进行了评价，包括内能和二氧化碳足迹的生产，并与热塑性淀粉和其他塑料进行了比较。最后，形状记忆测试显示：该生物材料具有良好的双形状效应，具有部分但显著的形状恢复。综上所述，根据环境湿度的不同，该材料表现出双重力学性能，可用于获得收缩薄膜和薄板或驱动形状记忆效应。他们建议稻秆生物塑料可以作为一种新的潜在生态材料应用在不同领域。

水稻秸秆除了能够利用其生物质能开发成不同的产品，还可以对重金属的吸附和土壤、水的净化发挥重要作用。Elyamine等（2018）评价了蚯蚓和水稻秸秆对土壤镉移动形态变化的影响以及对植物镉吸收的影响。处理方法包括种植和未种植镉污染的土壤，有或没有稻草和/或蚯蚓。结果表明，蚯蚓、稻草和植物的相互作用改变了土壤中镉的移动形态。在有蚯蚓存在的情况下，植物中镉的积累增加，在有稻草存在的情况下镉的积累减少。FT-IR光谱表明，水稻秸秆降解过程中C—O、C—O—H、C—H、O—H官能团增加，官能团与镉离子复合物增多。上述研究结果表明，蚯蚓活动和作物秸秆可以改变土壤性质和结构，促进重金属修复。

Bashir等（2018）采用等温线吸附法研究了秸秆热解生物炭在2 mol/L KOH溶液改性前后去除水溶液镉（Cd）的效果。Langmuir和Freundlich吸附等温线较好地描述了吸附过程。结果表明，原始秸秆生物炭的最大吸附量为12.17mg/g，化学改性稻草生物炭对Cd的吸附能力为41.9mg/g，是原始生物炭吸附能力的3倍以上。表面积的增加和多孔结构的变化，尤其是改性生物炭表面官能团的变化是其吸附Cd效率提高的主要原因。

（六）稻谷的安全性问题

保障大米质量至关重要，因为任何有毒污染物都可能影响消费者的健康，特别是在巴西这样的国家，大米是日常饮食的一部分。有研究分析了总共187份水稻样本，从现场处理和市场两个不同的生产系统，均发现存在曲霉属真菌和黄曲霉毒素。同时对湿地和旱地的23份土壤样品进行了分析，从水稻和土壤样品中分离到383株黄曲霉。研究人员采用多相方法，结合表型（形态学和外胚层剖面）和分子数据（β-tubulin基因序列），鉴定了5个物种。黄曲霉分离株中只有7株（17%）产生B型黄曲霉毒素，不到14%的大米样本被黄曲霉毒素污染，但其中两个市场样本的黄曲霉毒素含量远远超过巴西国家卫生监督机构规定的最大可容忍限度（75kg/hm^2）。

巴基斯坦研究人员（2018）采用经验证的LC-MS/MS方法测定了水稻样品中23种霉菌毒素（n=180）。在计算巴基斯坦旁遮普省北部和南部地区的成人和儿童的健康风险之前，使用一份食品频率调查问卷来获取大米消费数据，以评估膳食中真菌毒素的暴露情况。样本中黄曲霉毒素B_1（56%）、黄曲霉毒素B_2（48%）、瓜蒌镰菌醇（28%）、蛇形菌素（23%）、伏马菌素B_1（42%）、玉米赤霉烯酮（15%）、HT-2毒素（10%）、呕吐毒素（8%）、赭曲霉毒素 A（6%）的患病率分别为 0.61～22.98mg/kg。对巴基斯坦传统烹饪方法对黄曲霉毒素的降解进行了评价，其降解率为 41%～63%。膳食暴露于黄曲霉毒素的水平超过了所有水平的可耐受每日摄入量，赭曲霉毒素 A 和查耳酮在高污染和高消费水平下构成健康风险。黄曲霉毒素 B_1 暴露在旁遮普邦南部人口中的平均癌症风险为 0.070 例（成人）和 0.071 例（儿童）/（年·10 万人），而在旁遮普邦北部人口中的平均癌症风险为 0.122 例（成人）和 0.127 例（儿童）/（年·10 万人）。

在科特迪瓦，消费最多的谷类和油籽产品中存在多种真菌毒素共存情况。研究人员（2018）在阿比让、布瓦克和科霍戈等主要市场收集了 88 个大米样本，采用超高效液相色谱-质谱联用技术（UHPLC-MS/MS）对 77 种真菌毒素进行了分析。受 AFB_1 污染的水稻（57%）样品分别超标 58%和 24%，只有 3 个大米样品的赭曲霉毒素 A 含量超过欧盟限制。在 18%和 5%的大米样品中检测到伏马菌素和玉米赤霉烯酮，但含量低于欧盟限制。在 238 份样本（大米、玉米和花生）中，91%的样本被一种以上的真菌毒素污染，包括欧盟规定的真菌毒素和/或其他真菌毒素。

Gotah 等（2018）采用高效液相色谱-荧光检测法（HPLC-FLD）提取黄曲霉毒素 B_1、B_2、G_1、G_2，对大米中黄曲霉毒素 B_1、B_2、G_1、G_2 进行了测定。该方法可以快速、廉价、简便地分析黄曲霉毒素。黄曲霉毒素在 C18 柱上用水：甲醇：乙腈（65：25：10，v/v/v）等压洗脱分离，在激发/发射波长 360/450nm 处检测，未衍生化。校准曲线线性良好（$R^2 > 0.99$），检测限≤6，定量限≤8mg/kg。日平均回收率在 104%～119%，RSD %≤12%，浓度在 6～20mg/kg。该方法在市场上出售的大米样品上进行了测试，未检出黄曲霉毒素。

而 Huertas-Perez 等（2018）使用衍生化方法测定黄曲霉毒素，建立了测定大米中黄曲霉毒素 B_1、B_2、G_1、G_2 的快速、简便的分析方法。该方法以简单的固液萃取为基础，无须进一步清洗，并采用超高速液相色谱结合荧光检测进行分析。采用过溴化吡啶对黄曲霉毒素 B_1 和 G_1 进行柱后化学衍生反应，增强其荧光发射。该分析方法在白米和糙米中得到了验证。在最佳条件下，可采用溶剂外标法进行定量，定量限低于欧盟对这些污染物/商品组组合（白米 1.05～2.1kg/hm^2，糙米 3.0～4.2kg/hm^2）规定的最高含量。在 0.5、2、5mg/kg 三种不同浓度下进行的回收率研究表明，回收率在 84.5%～105.3%，RSDs＝5%。

Karami-Osboo 等（2018）采用气相分散液-液微萃取法对大米中黄曲霉毒素进行预浓缩和提取，研究了一种简便、快速的样品预处理方法——气相分散液-液微萃取法（AA-DLLME），用于 HPLC-FLD 分析前分离富集水稻样品中的黄曲霉毒素 B_1、B_2、G_1、G_2。并与免疫亲和柱清除法进行了比较。在 AA-DLLME 的情况下，萃取剂的分散是在没有分散剂溶剂的情况下，在气泡的帮助下形成的。研究了萃取溶剂的体积和类型、水相体积和萃取循环次数等几个关键因素，得出了最佳萃取条件。该方法成功地应用于水稻样品中黄曲霉毒素（AFs）的测定，回收率在 76.0%～109.3%，精密度适宜（RSD < 14.2%）。

参考文献

白薇薇. 2018. 基于伏安型电子舌的大米黄曲霉毒素检测方法研究［D］. 郑州：河南工业大学.

卞华伟，刘誉繁，郑波，等. 2018. 湿热处理对不同直链淀粉含量大米淀粉多尺度结构和消化性能的影响. 现代食品科技，34（12）：40－44，18.

陈百会. 2018. 应用玉米热风干燥机实现稻谷保质烘干的实践探讨［J］. 中国稻米，24（6）：53－55.

陈刚，梁冠桥，张龙. 2018. 高品质稻壳基二氧化硅的制备新工艺［J］. 技术与教育，32（1）：9－13，39.

陈小聪，肖满凤，林莹. 2018. 水分对淀粉糊化度及鲜湿米粉品质的影响［J］. 粮食与油脂，31（3）：41－44.

陈新隆. 2018. 一种大米蛋白矿泉水：CN108029917A［P/OL］.［2018－05－15］.

陈漪汶，李溪，雷柳琳，等. 2018. 活性与灭活乳酸菌吸附霉菌毒素的机制［J］. 饲料工业，39（18）：57－64.

傅俊生，刘城移，戚梦，等. 2018. 一种碎米培养基栽培茶树菇的方法及应用：CN108419611A［P/OL］.［2018－05－22］. http：//www. wanfangdata. com. cn/details/detail. do? _type＝patent&id＝CN201810493541. 0.

傅俊生，刘城移，戚梦，等. 2018. 一种碎米培养基栽培猴头菇的方法及应用：CN108684439A［P/OL］.［2018－05－22］. http：//www. wanfangdata. com. cn/details/detail. do? _type＝patent&id＝CN201810493739. 9.

傅俊生，刘鑫，侯若琳，等. 2018. 一种利用碎米栽培金针菇的方法：CN109042072A［P/OL］.［2018－10－29］. http：//g. wanfangdata. com. cn/details/detail. do? _type＝patent&id＝CN201811270192. 2.

高道叶. 2018. 一种利用碎米制取低蛋白低磷大米粉的方法：CN108634295A［P/OL］.［2018－04－27］. http：//www. wanfangdata. com. cn/details/detail. do? _type＝patent&id＝CN201810394341. X.

高敬铭，范自营，张红云，等. 2018. 液相色谱质谱联用法测定粮食中 6 种真菌毒素［J］. 河南工业大学学报：自然科学版，39（3）：83－87.

龚蕾，韩智，程慧，等. 2019. 谷物及其制品中脱氧雪腐镰刀菌烯醇及其衍生物的检测及污染规律分析［J］. 现代面粉工业（1）：55.

郭少祥，朱同贵. 2018. 一种以碎米和五谷杂粮为原料生产工程大米的方法：CN108576550A［P/OL］.［2018－03－14］. http：//www. wanfangdata. com. cn/details/detail. do? _type＝patent&id＝CN201810210183. 8.

郭亚丽，梅竹，王辉，等. 2018. 出米率与大米加工精度等级、生产规模的模型研究［J］. 粮食与饲料工业（11）：1－4，8.

黄毓颖，李坤权，姚文，等. 2018. 碳酸氢钾活化制备水稻秸秆炭孔结构的影响因素及吸附性能［J］. 环境化学 2018，37（3）：569－575.

雷婉莹，刘惠惠，李静，等. 2018. 大米及其加工产品中镉的消减方法研究进展［J］. 食品安全质量检测学报，9（9）：1 998－2 003.

雷婉莹，曾希珂，章丽琳，等. 2018. 马铃薯全粉-碎米混合粉的糊化特性及其挤压重组米品质

[J]. 食品工业科技，39（17）：94-98，111.
李超楠，鹿保鑫，王长远，等. 2018. 响应面优化碎米蛋白水解及多肽抗氧化研究［J］. 中国食品添加剂（8）：82-89.
李佳佳，刘强，田原，等. 2018. 不同烘干温度对早籼稻谷品质影响的生产性试验［J］. 粮食科技与经济，43（5）：67-68，107.
李金岭. 2018. 米糠脂肪烷醇及其在运动饮料中的应用展望［J］. 粮食与饲料工业（2）：12-15.
李凯龙，田芳，王达能，等. 2018. 不同水分活度下稻谷和糙米黄曲霉毒素累积风险的比［J］. 中国粮油学报，33（10）：98-103.
李林轩，李硕，王晓芳，等. 2018. 碎米综合利用技术探讨［J］. 食品加工，43（1）：30-33.
李蟠莹，戴涛涛，陈军，等. 2018. 原花青素对大米淀粉老化性质的影响［J］. 食品工业科技，39（18）：6-11.
李欣，戴远威，何敏，等. 2018. 微波处理对大米脂质和脂氧合酶的影响［J］. 食品科技，43（1）：179-184.
李亚平. 2018. 利用秸秆类生物质增产煤层生物甲烷研究［D］. 太原：太原理工大学.
李真，宋晓燕，马凤莲. 2018. 大米辛烯基琥珀酸酯淀粉中取代基团的分布［J］. 中国食品学报，18（11）：240-245.
栗文，兰海鹏，张云秀，等. 2018. 新疆糙米加湿调质工艺试验研究［J］. 农机化研究，40（5）：153-157.
连博琳. 2018. 一次性稻壳筷子生产工艺研究［J］. 林业科技，43（2）：54-56.
梁媛，周绪霞，张烝彦，等. 2018. 基于 PCA 分析臭氧减菌结合气调包装对糙米储藏品质的影响［J］. 中国粮油学报，33（10）：91-97.
梁仲燕. 2018. 不同酸预处理对水稻秸秆厌氧消化产沼气的影响［J］. 广东化工，45（21）：41-43.
刘菲，王莉娜，胡俊. 2018. 酶联免疫吸附筛法测定大米和大麦中黄曲霉毒素 B_1 的含量［J］. 中外酒业·啤酒科技（11）：14-18.
刘厚清，景梦瑶，周涛. 2018. 白米的加工精度对食味及经济性的影响［J］. 粮食加工，43（5）：36-41.
刘剑利，刘丹，王帅，等. 2018. 米糠黄酮的提取及其抗癌活性初步研究［J］. 中国粮油学报，33（10）：110-115.
刘羽萌，窦博鑫，宋丹丹. 2018. 米糠膳食纤维脂肪替代物的性质研究［J］. 农产品加工（8）：10-12.
卢毅，路兴花，张青峰，等. 2018. 稻米直链淀粉与米饭物性及食味品质的关联特征研究［J］. 食品科技，43（10）：219-223.
吕诗文. 2018. 利用稻米副产物米糠联产米糠油、米糠蛋白和 4-乙烯基愈创木酚［D］. 大连：大连理工大学.
马楠，王霞，鹿保鑫，等. 2018. 超声处理提高米糠蛋白溶解性与乳化性工艺研［J］. 黑龙江八一农垦大学学报，30（6）：41-50.
马艳梅. 2018. 米糠对废水中硫化物的吸附及研究［J］. 工业安全与环保，44（10）：66-69，73.
莫君明. 2018. 一种大米蛋白肽粉及其制备方法：CN108504710A［P/OL］.［2018-09-07］.
潘姝璇，王嘉怡，夏陈，等. 2018. 超声波辅助提取发芽糙米米糠多糖的工艺优化及其抗氧化活性研究［J］. 中国油脂，43（2）：124－128.
綦文涛，陈文雅，李爱科，等. 2018. 分子毒理学技术在粮油质量安全评价的应用初探［J］. 粮油食品科技，26（5）：48－52.
邱跃俊. 2018. 一种柿子醋及其制备工艺：CN108611244A［P/OL］.［2018－04－26］. http：//g.wanfangdata.com.cn/details/detail.do？_type=patent&id=CN201810386114.2.
苏小军，王康，李清明，等. 2018. 酶法水解超级稻秸秆木聚糖制备低聚木糖的工艺研究［J］. 激光生物学报，27（6）：561－566.
王海波，袁光蔚，莫紫梅，等. 2018. 谷物中多种真菌毒素的 UPLC-Q-Trap MS 高通量筛查和定量方法的研究［J］. 食品研究与开发，39（22）：91－100，199.
王磊，胡鹏飞，乔永民，等. 2018. 大米淀粉硬碳负极材料的制备及其电化学性能研究［J］. 化工新型材料，46（1）：229－232，236.
王孟乐，陈乃松，李松林，等. 2018. 大口黑鲈饲料中 2 种植物性蛋白质混合物替代鱼粉的研究［J］. 上海海洋大学学报，27（1）：37－47.
王文珺，叶金，孙双艳，等. 2018. 粮食污染物的快速检测技术研究进展［J］. 食品安全质量检测学报，21（9）：5 552－5 558.
王玉琦，王东华，李婷婷，等. 2018. 超临界 CO_2 条件下二次酶解米糠的研究［J］. 中国粮油学报，33（1）：1－6.
吴撼，俞建峰，姜雨婷，等. 2018. 基于微旋流装置的大米淀粉吸附亚甲基蓝性能研究［J］. 食品与机械，34（8）：72－78.
吴敬，陈晟，汪飞. 2018. 一种去除大米蛋白中镉的方法：CN108850425A［P/OL］［2018－11－23］.
吴敬，陈晟，汪飞. 2018. 一种以含镉大米为原料制备大米蛋白的方法：CN108850422A［P/OL］.［2018－11－23］.
吴丽樱，徐一达，王海鸣，等. 2018. 微生物脱除真菌毒素机制研究进展［J］. 食品研究与开发，39（22）：192－199.
吴妙鸿，黄薇，刘兰英，等. 2018. 米糠营养成分分析及其在鲍鱼饲料中的应用价值研究［J］. 粮食与饲料工业（3）：34－37.
吴中华，康宁，董晓林，等. 2018a. 声发射法无损检测稻谷籽粒应力裂纹［J］. 农业工程学报，34（16）：274－280.
吴中华，刘兵，王丹丹，等. 2018. 稻谷干燥缓苏特性与裂纹产生规律研究［J］. 农业机械学报，49（5）：368－374.
武利春，王元禄，周佳倩，等. 2018. 米糠混粉面包配方优化及储存期质构特性［J］. 食品研究与开发，39（23）：97－101.
谢新华，朱鸿帅，徐超，等. 2018. 细菌纤维素对大米淀粉凝胶老化的影响［J］. 中国粮油学报，33（1）：40－43.
徐春霞，降帅，韩阜益，等. 2018. TEMPO 氧化体系协同超声波法纤维素纳米纤丝的制备及表征［J］. 纺织科学与工程学报，35（4）：102－107.
闫博文，沈慧杰，范大明，等. 2018. 米淀粉自由体积的微波热响应机制［J］. 中国食品学报，18（8）：77－85.

燕翔，王都留，张少飞，等. 2018. 用淀粉制作盐桥的实验探究［J］. 首都师范大学学报（自然科学版），39（4）：51－53.

杨帆，肖华西，林亲录，等. 2018. 超声波-湿热法结合酸水解制备大米抗性淀粉及其理化性质研究［J］. 中国粮油学报，33（7）：43－50.

杨琪，唐善虎，韦婕妤. 2018. 不同钙盐、植物蛋白、膳食纤维对牦牛肉糜质构特性的影响［J］. 食品科技，43（11）：142－148.

杨伟军，李宏升，林莹. 2018. 脂肪酸对大米淀粉热特性及质构品质影响的研究［J］. 食品工业，39（4）：1－4.

杨雪，李云亮，王禹程，等. 2018. 超声波预处理对大米蛋白酶解产物 ACE 抑制率的影响［J］. 中国食品学报，18（12）：150－156.

杨永红，张冬梅. 2018. 稻壳活性炭的制备及其对 CO_2 的吸附分析［J］. 工业技术与职业教育，16（4）：12－14.

尹仁文，陈正行，李娟，等. 2019. 大米蛋白与米渣蛋白对镉的结合能力对比研究［J］. 食品工业科技，2019（10）：1－14.

于殿宇，王玉琦，岳莹雪，等. 2018. 一种制备富锌强化大米的方法：CN108669453A［P/OL］.［2018－05－18］. http：//www. wanfangdata. com. cn/details/detail. do? _type＝patent&id＝CN201810479653. 0.

喻弘，冯光志，程晓禾，等. 2018. 水稻秸秆纤维素/壳聚糖复合膜的制备及性质研究［J］. 食品工业，39（4）：169－172.

袁建，赵腾，丁超，等. 2018. 微波处理对稻谷品质及脂肪酶活性的影响［J］. 中国农业科学，51（21）：4 131－4 142.

袁毅，张一平，董曼佳，等. 2018. 时间分辨荧光免疫层析法检测大米中黄曲霉毒素 B_1 的不确定度分析［J］. 生物加工过程，16（2）：93－101.

袁子，张宾佳，赵思明，等. 2018. 添加物对大米凝胶微结构和理化性质的影响［J］. 中国粮油学报，33（10）：1－6.

张安龙，王晔，王雪青，等. 2018. 光合细菌利用秸秆解聚液制氢的优化研究［J］. 陕西科技大学学报，36（1）：17－22.

张斌，刘雅婧，丁超，等. 2018. 微波-热风联合干燥对高水分稻谷加工品质及微生物量的影响［J］. 中国粮油学报，33（9）：106－114.

张红建，谢更祥，邹易，等. 2018. 不同包装材料对大米品质的影响［J］. 粮油食品科技，26（4）：27－30.

张丽，张琴. 2018. 秸秆缓冲材料的制备及性能研究［J］. 中国科技信息（24）：76－77，79.

张梦娟，孔丹，陈秋宇，等. 2018. 稻壳灰制取水玻璃工艺研究［J］. 山东化工，47（2）：25－26，29.

张敏，鲁鹏. 2018. 稻壳混凝土抗冻性能的试验研究［J］. 白城师范学院学报，32（12）：49－54.

张蔚萍，吴晓艳，胡庆华. 2017. 功能型稻壳基介孔 SiO_2 的制备及其吸附铬的研究［J］. 九江学院学报（自然科学版），32（4）：1－4，12.

张小舟，梁猛，杨妍，等. 2018. 稻壳基高吸水树脂的制备及对披碱草种子生长发育的影响［J］. 林产化学与工业，38（6）：124－128.

张榆敏. 2018. 一种大米淀粉施胶剂：CN108824079A [P/OL]. [2018-08-01]. http://g.wanfangdata.com.cn/details/detail.do?_type=patent&id=CN201810860618.3.

张榆敏. 2018. 一种全干法大米蛋白粉制配工艺：CN108935914A [P/OL]. [2018-12-07].

张兆琴，刘玉珍，万小保. 2018. 米糠贮藏时间对米糠蛋白功能性质的影响 [J]. 农产品加工 (11)：17-19.

赵佳佳. 2018. 3种大米蛋白肽的制备及其抗氧化活性比较 [J]. 食品科技，43 (12)：191-195.

赵美凤，房芳，宁晖，等. 2018. 稻谷在碾米加工中镉的含量和分布研究 [J]. 粮食与食品工业，25 (6)：66-72.

周绪霞，刘琳，付鹏程，等. 2018. 基于隶属度综合分析法的稻谷干燥—缓苏工艺优化研究 [J]. 中国粮油学报，33 (7)：110-117.

周艳青，杨英，周娇娇，等. 2018. 米糠膳食纤维对大米粉糊化特性的影响 [J]. 粮食与油脂，31 (12)：64-67.

朱立树，叶向阳，江洋. 2018. 控制大米加工中碎米率的研究进展 [J]. 安徽农业科学，46 (2)：144-145，148.

朱蕊芳，臧延青，于长青. 2018. 碎米乳酸发酵饮料的研制 [J]. 食品研究与开发，39 (12)：57-61.

祝水兰，刘光宪，周巾英，等. 2018a. 碎米淀粉分步制取工艺优化 [J]. 食品与机械，34 (6)：212-216.

祝水兰，刘光宪，周巾英，等. 2018b. 碎米蛋白提取及高剪切辅助酶法改善其溶解性研究 [J. 南方农业学报，49 (7)：1 403-1 408.

祝水兰，刘光宪，周巾英，等. 2018. 碎米淀粉分步制取工艺优化 [J]. 食品与机械，34 (6)：212-215，220.

Aghazadeh M，Karim R，Sultan M T，et al. 2018. Comparison of starch films and effect of different rice starch-based coating formulations on physical properties of walnut during storage time at accelerated temperature [J]. J Food Process Eng，41 (1)：11.

António J，Tadeu A，Marques B，et al. 2018. Application of rice husk in the development of new composite boards [J]. Construction and Building Materials，176：432-439.

Arsa S，Theerakulkait C. 2018. Preparation，aroma characteristics and volatile compounds of flavorings from enzymatic hydrolyzed rice bran protein concentrate [J]. Journal of the Science of Food and Agriculture，98 (12)：4 479-4 487.

Bashir S，Zhu J，Fu Q L，et al. 2018. Comparing the adsorption mechanism of Cd by rice straw pristine and KOH-modified biochar [J]. Environmental Science and Pollution Research，25 (12)：11 875-11 883.

Bilo F，Pandini S，Sartore L，et al. 2018. A sustainable bioplastic obtained from rice straw [J]. Journal of Cleaner Production，200：357-368.

Biswas B，Singh R，Kumar J，et al. 2018. Pyrolysis behavior of rice straw under carbon dioxide for production of bio-oil [J]. Renewable Energy，129：686-694.

Bonto A P，Camacho K S I，Camacho D H. 2018. Increased vitamin B_5 uptake capacity of ultrasonic treated milled rice：A new method for rice fortification [J]. Lwt-Food Science and Technology，95：

32－39.

Chen J，Gu Y，Lian Y，et al. 2018. Online recognition method of impurities and broken paddy grains based on machine vision [J]. Transactions of the Chinese Society of Agricultural Engineering，34 (13)：187－194.

Cheng Y H，Tang W J，Xu Z，et al. 2018. Structure and functional properties of rice protein-dextran conjugates prepared by the Maillard reaction [J]. International Journal of Food Science and Technology，53 (2)：372－380.

Chownk M，Sangwan R S，Yadav S K. 2018. A novel approach to produce glucose from the supernatant obtained upon the dilute acid pre-treatment of rice straw and synergistic action of hydrolytic enzymes producing microbes [J]. Brazilian journal of microbiology：[publication of the Brazilian Society for Microbiology].

Dibagar N，Chayjan R A，Kowalski S J，et al. 2018. Deep bed rough rice air-drying assisted with airborne ultrasound set at 21 kHz frequency：A physicochemical investigation and optimization [J]. Ultrasonics sonochemistry.

Ding C，Khir R，Pan Z L，et al. 2018. Influence of infrared drying on storage characteristics of brown rice [J]. Food Chem，264：149－156.

Elyamine A M，Moussa M G，Ismael M A，et al. 2018. Earthworms，Rice Straw，and Plant Interactions Change the Organic Connections in Soil and Promote the Decontamination of Cadmium in Soil [J]. International Journal of Environmental Research and Public Health，15 (11).

Fang S，Wang J，Xu X J，et al. 2018. Influence of Low Acyl and High Acyl Gellan Gums on Pasting and Rheological Properties of Rice Starch Gel [J]. Food Biophys，13 (2)：116－123.

Garcia-Tejeda Y V，Leal-Castaneda E J，Espinosa-Solis V，et al. 2018. Synthesis and characterization of rice starch laurate as food-grade emulsifier for canola oil-in-water emulsions [J]. Carbohydr Polym，194：177－183.

Gotah A，Whang K，Garcia C V. 2018. Determination of aflatoxins in rice using quechers and fluorescence HPLC [J]. Scientific Study and Research-Chemistry and Chemical Engineering Biotechnology Food Industry，19 (2)：133－141.

Huertas-Perez J F，Arroyo-Manzanares N，Hitzler D，et al. 2018. Simple determination of aflatoxins in rice by ultra-high performance liquid chromatography coupled to chemical post-column derivatization and fluorescence detection [J]. Food Chemistry，245：189－195.

Irakli M，Kleisiaris F，Mygdalia A，et al. 2018. Stabilization of rice bran and its effect on bioactive compounds content，antioxidant activity and storage stability during infrared radiation heating [J]. Journal of Cereal Science，80：135－142.

Jeong O，Shin M. 2018. Preparation and stability of resistant starch nanoparticles，using acid hydrolysis and cross-linking of waxy rice starch [J]. Food Chem，256：77－84.

Karami-Osboo R，Maham M. 2018. Pre-concentration and Extraction of Aflatoxins from Rice Using Air-Assisted Dispersive Liquid-Liquid Microextraction [J]. Food Analytical Methods，11 (10)：2 816－2 821.

Katsurayama A M，Martins L M，Iamanaka B T，et al. 2018. Occurrence of Aspergillus section Flavi and aflatoxins in Brazilian rice: From field to market [J]. International Journal of Food Microbiology, 266: 213－221.

Kaur J, Taggar M S, Kocher G S, et al. 2018. Sequential acid-autoclave and microwave-alkali pretreatment of rice straw for bioethanol production [J]. Indian Journal of Chemical Technology, 25 (5): 431－440.

Kumar S V, George J, Sajeevkumar V A. 2018. PVA Based Ternary Nanocomposites with Enhanced Properties Prepared by Using a Combination of Rice Starch Nanocrystals and Silver Nanoparticles [J]. J Polym Environ, 26 (7): 3 117－3 127.

Lieu Y-S, Chang Y-C, Chen H-H. 2018. Synthesis of silver nanoparticles by using rice husk extracts prepared with acid-alkali pretreatment extraction process [J]. Journal of Cereal Science, 82: 106－112.

Ling B, Lyng J G, Wang S J. 2018. Effects of hot air-assisted radio frequency heating on enzyme inactivation, lipid stability and product quality of rice bran [J]. Lwt-Food Science and Technology, 91: 453－459.

Majeed S, De Boevre M, De Saeger S, et al. 2018. Multiple Mycotoxins in Rice: Occurrence and Health Risk Assessment in Children and Adults of Punjab, Pakistan [J]. Toxins, 10 (2): 112—115.

Manizan A L, Oplatowska-Stachowiak M, Piro-Metayer I, et al. 2018. Multi-mycotoxin determination in rice, maize and peanut products most consumed in Cote d'Ivoire by UHPLC-MS/MS [J]. Food Control, 87: 22－30.

Marquez-Gomez M, Galicia-Garcia T, Marquez-Melendez R, et al. 2018. Spray-dried microencapsulation of orange essential oil using modified rice starch as wall material [J]. J Food Process Preserv, 42 (2): 9.

Matmin J, Affendi I, Ibrahim S I, et al. 2018. Additive-Free Rice Starch-Assisted Synthesis of Spherical Nanostructured Hematite for Degradation of Dye Contaminant [J]. Nanomaterials, 8 (9): 16.

Nawaz M A, Fukai S, Prakash S, et al. 2018. Effects of three types of modified atmospheric packaging on the physicochemical properties of selected glutinous rice [J]. Journal of Stored Products Research, 76: 85－95.

Oh I K, Bae I Y, Lee H G. 2018. Effect of dry heat treatment on physical property and in vitro starch digestibility of high amylose rice starch [J]. International Journal of Biological Macromolecules, 108: 568－575.

Olatunde G A, Atungulu G G. 2018. Milling behavior and microstructure of rice dried using microwave set at 915 MHz frequency [J]. Journal of Cereal Science, 80: 167－173.

Peng H, Li R, Li F L, et al. 2018. Extensive hydrolysis of raw rice starch by a chimeric alpha-amylase engineered with alpha-amylase (AmyP) and a starch-binding domain from *Cryptococcus* sp. S-2 [J]. Appl Microbiol Biotechnol, 102 (2): 743－750.

Phongthai S, D'Amico S, Schoenlechner R, et al. 2018. Fractionation and antioxidant properties of rice bran protein hydrolysates stimulated by in vitro gastrointestinal digestion [J]. Food Chemistry, 240: 156－164.

Polesi L F, Sarmento S B S, Canniatti-Brazaca S G. 2018. Starch Digestibility and Functional Properties of Rice Starch Subjected to Gamma Radiation [J]. Rice Sci, 25 (1): 42 - 51.

Real C, Córdoba J M, Alcalá M D. 2018. Synthesis and characterization of SiC/Si3N4 composites from rice husks [J]. Ceramics International, 44 (12): 14 645 - 14 651.

Sandhu R S, Singh N, Kaler R S S, et al. 2018. Effect of degree of milling on physicochemical, structural, pasting and cooking properties of short and long grain Indica rice cultivars [J]. Food Chem, 260: 231 - 238.

Selamassakul O, Laohakunjit N, Kerdchoechuen O, et al. 2018. Isolation and characterisation of antioxidative peptides from bromelain-hydrolysed brown rice protein by proteomic technique [J]. Process Biochemistry, 70: 179 - 187.

Shahnani M, Mohebbi M, Mehdi A, et al. 2018. Silica microspheres from rice husk: A good opportunity for chromatography stationary phase [J]. Industrial Crops and Products, 121: 236 - 240.

Shoaib A, Sahar A, Sameen A, et al. 2018. Use of pea and rice protein isolates as source of meat extenders in the development of chicken nuggets [J]. Journal of Food Processing and Preservation, 42 (9).

Smith D L, Atungulu G G. 2018. Impact of drying deep beds of rice with microwave set at 915 MHz frequency on the rice milling yields [J]. Innov Food Sci Emerg Technol, 45: 220 - 227.

Su J, Chotineeranat S, Laoka B, et al. 2018. Effect of Dry Heat Treatment With Xanthan Gum on Physicochemical Properties of Different Amylose Rice Starches [J]. Starch-Starke, 70 (3/4): 11.

Sun C X, Zhang D D, Liu W B, et al. 2018. Growth performance, digestion and metabolism to fish meal replacement by rice protein concentrate in Chinese soft-shelled turtle *Pelodiscus sinensis* [J]. Aquaculture, 492: 321 - 326.

Thakur R, Pristijono P, Golding J B, et al. 2018. Development and application of rice starch based edible coating to improve the postharvest storage potential and quality of plum fruit (*Prunus salicina*) [J]. Sci Hortic, 237: 59 - 66.

Tran K N, Witt T, Gidley M J, et al. 2018. Accounting for the effect of degree of milling on rice protein extraction in an industrial setting [J]. Food Chemistry, 253: 221 - 226.

Tsegaye B, Balomajumder C, Roy P. 2018. Biodelignification and hydrolysis of rice straw by novel bacteria isolated from wood feeding termite [J]. Biotech, 8 (10).

Vidal A V, Araujo R G S, Freitas J C O. 2018. Sustainable cement slurry using rice husk ash for high temperature oil well [J]. Journal of Cleaner Production, 204: 292 - 297.

Wang H W, Liu Y F, Chen L, et al. 2018. Insights into the multi-scale structure and digestibility of heat-moisture treated rice starch [J]. Food Chem, 242: 323 - 329.

Wang L, Wu J, Luo X H, et al. 2018a. Dynamic High-Pressure Microfluidization Treatment of Rice Bran: Effect on Pb (II) Ions Adsorption In Vitro [J]. Journal of Food Science, 83 (7): 1 980 - 1 989.

Wang L, Zhang C N, Chen Z X, et al. 2018. Effect of annealing on the physico-chemical properties of rice starch and the quality of rice noodles [J]. J Cereal Sci, 84: 125 - 131.

Wang T, Xu P, Chen Z, et al. 2018. Mechanism of structural interplay between rice proteins and soy protein isolates to design novel protein hydrocolloids [J]. Food Hydrocolloids，84：361－367.

Wang T，Yue M，Xu P，et al. 2018. Toward water-solvation of rice proteins via backbone hybridization by casein [J]. Food Chemistry，258：278－283.

Zhao C，Yang L，Xing S，et al. 2018. Biodiesel production by a highly effective renewable catalyst from pyrolytic rice husk [J]. Journal of Cleaner Production，199：772－780.

Zhao G H，Zhang R F，Dong L H，et al. 2018. A comparison of the chemical composition，in vitro bioaccessibility and antioxidant activity of phenolic compounds from rice bran and its dietary fibres [J]. Molecules，23 (1).

Zhou X，Liu L，Fu P，et al. 2018. Effects of infrared radiation drying and heat pump drying combined with tempering on the quality of long-grain paddy rice [J]. International Journal of Food Science and Technology，53 (11)：2 448－2 456.

下篇

2018 年
中国水稻生产、质量与贸易发展动态

第八章　中国水稻生产发展动态

2018年，中央深入实施藏粮于地、藏粮于技战略，继续加大“三农”投入力度，调优农业生产布局，推动农业由增产导向转向提质导向。据相关报告，2018年中央财政统筹安排农田建设类资金近1 000亿元，新增高标准农田面积8 000万亩以上；安排产粮（油）大县奖励资金426亿元，增加10亿元；补助地方水利发展资金660.75亿元，支持高效节水灌溉等农田水利建设、地下水超采区综合治理等；安排农机购置补贴资金174亿元，补贴163万农户购置机具191万台（套）。轮作休耕试点面积2 400万亩，主要在东北四省区实施，鼓励长江流域开展稻油、稻菜、稻肥轮作。但是，2018年早籼稻、中晚籼稻和粳稻最低收购价每50kg分别下调10元、10元和20元，而用工成本增加15.2%，土地租金提高2.0%，尿素价格提高12.9%，全国稻谷亩均总产值、现金收益和净利润下降。在政策、市场、气象等因素综合影响下，2018年全国水稻种植面积45 283.5万亩，减少837.3万亩；亩产468.5kg，提高7.4kg；总产21 213.0万t，减产54.6万t。其中，早稻面积7 187.0万亩，减少525.0万亩；亩产398.0kg，提高10.0kg；总产2 859.0万t，减产128万t。据联合国粮农组织（FAO）报告，2018年全球稻谷产量7.33亿t，增产1 000万t，主要原因是印度、巴基斯坦、泰国、越南等亚洲水稻主产国气候条件总体有利，单产普遍提高；部分拉丁美洲和加勒比国家水稻生产形势也较好。

第一节　国内水稻生产概况

一、2018年水稻种植面积、总产和单产情况

2018年全国水稻种植面积45 283.5万亩，比2017年减少837.3万亩，减幅1.8%；亩产468.5kg，提高7.4kg，创历史新高；总产21 213.0万t，减产54.6万t。

（一）早稻生产

2018年全国早稻面积7 187.0万亩，比2017年减少525.0万亩，减幅6.8%；亩产398.0kg，提高10.0kg，增幅2.7%；总产2 859.0万t，减产128万t，减幅4.3%。从面积看，2018年主产区早稻播种面积出现不同程度下降，主要原因是农业农村部发布《2018年种植业工作要点》，主动调整水稻种植结构，明确要求长江流域压减双季稻产区籼稻面积，南方地区“双季稻改单季稻”面积增加；广东、广西降水量比正常年景偏少，气温偏高，灌溉条件偏差，插秧用水不足，局部地区将早稻田改为中稻或其他作

物。此外，部分地区休耕轮作面积增加也减少早稻面积。从单产看，2018 年早稻生长期间农业气象条件总体较好，单产提高明显，特别是灌浆收获期间，早稻产区晴天多，大部时段光热正常，日照充足，有利于早稻灌浆、成熟、收割以及晾晒。

（二）中晚稻生产

2018 年全国中晚稻面积38 096.5万亩，比 2017 年减少 312.3 万亩；亩产 481.8kg，提高 5.8kg；总产18 354.0万 t，增产 73.4 万 t。全国中晚稻生长期间气象条件总体较好，分不同稻区看，东北地区水稻生长期间光温水匹配较好、初霜期正常或偏晚，部分地区受干旱影响，水稻生育进程略有推迟；长江中下游及西南地区东部部分地区遭遇持续强降水，一季稻栽插受阻，部分地区 7～8 月先后遭遇持续高温晴热天气，对抽穗扬花造成不利影响；双季晚稻生育期内气象条件总体较为有利，后期华南地区寒露风危害总体偏轻，对水稻抽穗扬花和灌浆成熟影响不大，单产增加。

二、扶持政策

2018 年，中央继续加大“三农”投入力度，深入实施藏粮于地、藏粮于技战略，深入推进农业绿色化、优质化、特色化、品牌化，调整优化农业生产力布局，推动农业由增产导向转向提质导向。

（一）加大农业生产投入

1. 耕地地力保护补贴

补贴对象原则上为拥有耕地承包权的种地农民。补贴资金通过“一卡（折）通”等形式直接兑现到户。具体补贴依据、补贴条件、补贴标准由各省（区、市）继续按照《财政部、农业部关于全面推开农业“三项补贴”改革工作的通知》（财农〔2016〕26 号）要求、结合本地实际具体确定，要保持政策的连续性、稳定性，确保广大农民直接受益。鼓励各省（区、市）创新方式方法，以绿色生态为导向，探索将补贴发放与耕地保护责任落实挂钩的机制，引导农民自觉提升耕地地力。

2. 加大农田建设力度

2018 年党和国家机构改革方案中明确，将国家发展改革委农业投资项目、财政部农业综合开发项目、原国土部农田整治项目、水利部农田水利建设项目等农田建设项目管理职责整合划入农业农村部。机构改革理顺了农田建设管理体制，农田建设资金全面整合，农业农村部成立农田建设管理司。据统计，2018 年仅中央层面就统筹安排近1 000亿元农田建设类财政资金，主要用于高标准农田建设，全国新增高标准农田面积8 000万亩以上，新增高效节水灌溉面积2 000万亩。农业农村部启动编制《全国高标准农田建设规划（2019—2022 年）》，加快推进分层级制度体系建设，研究农田建设项目管理办法和分区域建设标准。加强督查考核工作，把高标准农田建设纳入国务院督查范围；研究制定高标准农田建设绩效考核办法，建立奖优罚劣的激励约束机制。加快信息化建设步伐，尽快实现“上图入库”全覆盖。落实中央关于耕地质量保护工作相关要求，着力突出技术标准制定、监测能力建设、重点地区试点示范。加强技术标准建设，编制完成《国家耕地质量监测技术规程》等，指导全国做好耕地质量保护监测工作。

3. 加强小型农田水利设施建设

2018年，中央财政累计安排补助地方的水利发展资金为660.75亿元。同时，按照国务院《关于探索建立涉农资金统筹整合长效机制的意见》的具体要求，财政部采取“大专项＋任务清单”的方式，将水利发展资金按因素法测算下达到省，由地方根据任务清单，统筹用于有关水利建设，重点支持高效节水灌溉等农田水利建设、地下水超采区综合治理、灾后水利薄弱环节建设、农业水价综合改革等。《2018年国务院政府工作报告》提出“新增高效节水灌溉面积2 000万亩”目标任务，并列入国务院量化考核指标。截至2018年11月，全国共新增高效节水灌溉面积2 042万亩，提前完成年度目标任务。19个省（自治区、直辖市）全面完成年度建设任务，其中18个省（自治区、直辖市）超额完成任务。

4. 完善农机具购置补贴政策

2018年，中央财政安排农机购置补贴资金174亿元，比2017年减少14亿元，累计补贴163万农户购置机具191万台（套）。2018年2月，农业部、财政部印发了《2018—2020年农机购置补贴实施指导意见》，主要有4个方面变化：一是优化补贴机具范围。补贴机具种类范围以2015—2017年补贴范围为基础进行了调整优化，重点增加了支持农业结构调整需求和绿色生态导向的品目，剔除了技术已明显落后的部分品目。二是全面推行补贴范围内机具敞开补贴。购置补贴范围内的机具，都可以申请补贴。要把握好补贴机具种类数量与资金规模的匹配度，力求农民当年购机当年能够获得补贴。确实因当年资金规模不够、办理手续时间紧张等难以在当年兑付补贴的，应在下一个年度优先予以补贴。三是拓展补贴机具资质渠道。除通过农机推广鉴定的产品外，明确将获得农机产品认证证书的产品列入了补贴机具资质采信范围。同时，为了鼓励产品创新，在全国范围内开展新产品购置补贴试点，各省可选择不超过3个品目的产品开展农机新产品购置补贴试点，重点支持绿色生态导向和丘陵山区特色产业适用机具。四是完善补贴标准。农机购置补贴继续实行定额补贴，补贴标准确定原则、测算方法等在保持稳定的基础上，补贴额可以按照不超过同档产品上年市场销售均价的30％测算，也可以采取定额与比例相结合等其他方式确定。

（二）加快适用技术推广应用

1. 深入推进粮食绿色高质高效创建

2018年，农业农村部深入推进粮棉油糖绿色高质高效创建，突出水稻、小麦、玉米三大谷物，选择地方积极性高、工作推进力度大的县开展整建制绿色高质高效创建，通过物化投入、开展社会化服务和技术指导服务等措施，集成推广“全环节”绿色高质高效技术模式，探索构建“全过程”社会化服务体系和“全产业链”生产模式，辐射带动“全县域”生产水平提升，努力增加绿色优质农产品供给。项目区要求创建面积不低于10万亩，订单种植和社会化服务实现全覆盖。2018年7月，农业农村部印发《农业绿色发展技术导则（2018—2030年）》，明确提出全面构建高效、安全、低碳、循环、智能、集成的农业绿色发展技术体系，推动农业科技创新方向和重点实现从注重数量为主向数量质量效益并重转变，从注重生产功能为主向生产和生态功能并重转变，从注重单要素生产率提高为主向全要素生产率提高为主转变。

2. 继续实施农业防灾救灾技术补助

2018年，中央财政继续安排10.6亿元用于农业生产救灾及特大防汛抗旱补助，其中农业生产救灾支出2.6亿元、特大防汛抗旱支出8亿元，立足地方先救灾、中央后补助。其中，农作物重大病虫害统防统治突出小麦、水稻等主要农作物重大病虫和农区蝗虫防控，适时开展应急防治，大力推进统防统治，推广全程承包服务模式；支持病虫绿色防控技术示范推广，加强病虫害监测预警和防控技术指导。项目实施区统防统治覆盖率达到50%以上，绿色防控覆盖率达到30%以上，实现蝗虫不起飞为害、重大病虫不大面积暴发成灾。

3. 持续推进化肥农药减量增效

深入实施化肥使用量零增长行动，选择一批重点县（市）开展化肥减量增效示范，加快技术集成创新，探索有效服务机制，在更高层次上推进化肥减量增效；加强农企合作，共建化肥减量技术服务示范基地，为农民提供全程技术服务。深入开展农药使用量零增长行动，大力推进绿色防控减量，建设一批病虫害统防统治与绿色防控融合示范基地、稻田综合种养示范基地、蜜蜂授粉与绿色防控技术集成示范基地；推行政府购买服务等方式，扶持一批农作物病虫防治专业服务组织，在粮食主产区开展全程专业化统防统治服务；大力推进高效药械减量，支持新型经营主体和植保专业服务组织购买植保无人机、自走式喷杆喷雾机等高效药械，加强农企合作，示范推广高效药械、低毒低残留农药，加强技术培训，引导农民安全科学用药。

4. 加强耕地质量保护与提升

选择重点县，分区域、分作物组装推广一批耕地质量建设和化肥减量增效技术模式，依托新型农业经营主体，开展土壤培肥改良和科学施肥服务。在辽宁、吉林、黑龙江和内蒙古继续推进黑土地保护利用，扩大实施范围，新增一批重点县开展黑土地保护整建制推进试点，开展控制黑土流失、增加土壤有机质含量、保水保肥、黑土养育等技术措施和工程措施。在农作物秸秆总量大的省（区）和环京津地区开展农作物秸秆综合利用试点，支持150个左右重点县实行整县推进，坚持多元利用、农用优先。继续开展轮作休耕，轮作休耕试点面积2 400万亩，其中轮作试点2 000万亩，继续在东北四省区实施，同时鼓励长江流域开展稻油、稻菜、稻肥轮作；休耕试点400万亩，在地下水漏斗区、重金属污染区、西南石漠化区、西北生态严重退化地区实施。

5. 加强基层农技推广体系改革与建设

2018 年，中央财政通过农业生产发展资金继续支持基层农技推广体系改革与建设，支持实施意愿较高、完成任务好的农业县推进基层农技推广体系改革创新，探索公益性与经营性农技推广融合发展机制，允许农技人员开展技术转让、技术咨询等形式增值服务并合理取酬。建设长期稳定的农业科技示范基地，培育农业科技示范主体，集成示范推广应用一批绿色高效技术模式；创新方式方法，加快农技推广信息化建设；完善农技人员分级分类培育机制，提升业务能力和服务水平。支持江苏、浙江等 8 个省份开展农业重大技术协同推广试点，构建农业科研基地＋区域示范基地＋基层推广站＋新型经营主体的“两地一站一体”链式农技推广服务新模式。在贫困地区特别是深度贫困地区以及其他有需求地区实施农技推广服务特聘计划，从农业乡土专家、种养能手、新型农业经营主体技术骨干、科研教学单位的一线服务人员中招募特聘农技员，解决缺技术缺服务等问题。

（三）加大产粮大县奖励力度

2018 年，为完善粮食主产区利益补偿机制，缓解产粮（油）大县财政困难，促进我国粮食、油料和制种产业发展，保障国家粮油安全，中央财政预算继续安排产粮（油）大县奖励资金 426 亿元，比 2017 年增加 10 亿元，对符合规定的产粮大县、产油大县、商品粮大省、制种大县、“优质粮食工程”实施省份给予奖励。财政部印发《产粮（油）大县奖励资金管理暂行办法》，对财建〔2016〕866 号进行了修订，明确常规产粮大县奖励资金可继续作为一般性转移支付，奖励资金纳入贫困县涉农资金整合范围，由县级政府统筹安排、合理使用。超级产粮大县奖励资金不作为财力性补助，全部用于扶持粮油生产和产业发展，包括粮食仓库维修改造和智能信息化建设，支持粮油收购、加工等方面。

（四）开展农业产业化联合体支持政策创新试点工作

2018 年 3 月，农业部办公厅、国家农业综合开发办公室、中国农业银行办公室联合印发《关于开展农业产业化联合体支持政策创新试点工作的通知》，进一步明确了财政资金、金融资金等合力支持农业产业化联合体的政策措施。从 2018 年开始，在河北、内蒙古、安徽、河南、海南、宁夏、新疆等农业产业化联合体发展基础条件较好的省份率先开展试点，要求试点省份每年安排一定数量的农业综合开发项目扶持当地农业产业化联合体发展，支持农业产业化联合体成员发挥优势、互补共赢。对龙头企业重点支持其发展农产品加工、冷链、物流和其他新业态；对农民合作社重点支持其提升农业服务能力、带动农户发展能力，实施农业标准化生产；对家庭农场重点支持其提升农业专业化、标准化、规模化、集约化生产水平。对于农业产业化联合体成员开展高效农业种养基地建设、农业新技术和新品种引进与推广、农产品加工、农业废弃物资源化利用等方面的项目要加大支持力度，补齐农业产业链条短板，建立利益联结机制，促进全产业链和价值链建设。农业综合开发产业化发展项目对农业产业化联合体成员获得符合相关政策要求的贷款，优先安排贴息。

（五）完善农业保险制度

2018年，我国农业保险原保险实现保费收入为572.65亿元，同比增长19.54%；农险保额3.46万亿元，同比增长24.23%。2018年7月，为贯彻落实党中央、国务院有关要求，促进我国制种行业长期可持续发展，稳定主要粮食作物种子供给，保障国家粮食安全，财政部、农业农村部、银保监会印发了《关于将三大粮食作物制种纳入中央财政农业保险保险费补贴目录的有关通知》，提出农户、种子生产合作社和种子企业等开展的符合规定的三大粮食作物制种，对其投保农业保险应缴纳的保费，纳入中央财政农业保险保险费补贴目录，补贴比例执行《财政部关于印发〈中央财政农业保险保险费补贴管理办法〉的通知》（财金〔2016〕123号）关于种植业有关规定。

（六）调低稻谷最低收购价

2018年国家继续在稻谷主产区实行最低收购价政策，但收购价格标准大幅下调，其中新产的早籼稻（三等，下同）、中晚籼稻和粳稻最低收购价格分别调至每50kg 120元、126元和130元，分别比2017年下调10元、10元和20元。自2004年政策实施以来，稻谷最低收购价格从2017年起已经是连续第二年全面下调。由于新季稻谷收购价格普遍低于最低收购价格，2018年主产区稻谷托市收购全面启动，但政策性稻谷收购量明显低于2017年。2019年2月，国家宣布继续在主产区实行稻谷最低收购价政策，综合考虑粮食生产成本、市场供求、国内外市场价格和产业发展等因素，早籼稻、中晚籼稻和粳稻最低收购价格分别为每50kg 120元、126元和130元，保持2018年水平不变（表8－1）。同时，各地要引导农民合理种植，加强田间管理，促进稻谷稳产提质增效。

表8－1　2017—2019年我国稻谷最低收购价格政策变化情况

提出时间	文　件	价　格
2017年2月17日	国家发展改革委《关于公布2017年稻谷最低收购价格的通知》	早籼稻：130元/50kg；中晚籼稻：136元/50kg；粳稻：150元/50kg
2018年2月9日	国家发展改革委《关于公布2018年稻谷最低收购价格的通知》	早籼稻：120元/50kg；中晚籼稻：126元/50kg；粳稻：130元/50kg
2019年2月25日	国家发展改革委《关于公布2019年稻谷最低收购价格的通知》	早籼稻：120元/50kg；中晚籼稻：126元/50kg；粳稻：130元/50kg

（七）进出口贸易政策

2018年，国家继续对稻谷和大米等8类商品实施关税配额管理，税率不变。其中，对尿素、复合肥、磷酸氢铵 3 种化肥的配额税率继续实施 1%的暂定税率。自 2018 年 7 月 1 日起，对碎米实施 10%的最惠国税率。2018 年 10 月 12 日，国家发展与改革委员会发布了《2019 年粮食进口关税配额申领条件和分配原则》，其中，大米 532 万 t（长粒米 266 万 t，中短粒米 266 万 t），国有企业贸易比例占 50%。

三、品种推广情况

（一）平均推广面积

据全国农作物主要品种推广情况统计[①]，2017 年全国种植面积在 10 万亩以上的水稻品种共计 831 个，比 2016 年增加 2 个；合计推广面积 33 859万亩，占全国水稻种植面积的比重为 74.8%，比 2016 年减少 721 万亩。其中，常规稻推广品种 309 个，比 2016 年增加 14 个，推广总面积达到 16 118万亩，比 2016 年减少 438 万亩；杂交稻推广品种 522 个，比 2016 年减少 12 个，推广面积 17 741万亩，比 2016 年减少 283 万亩（表 8－2）。

表 8－2　2015—2017 年全国 10 万亩以上水稻品种推广情况

年份	常规稻		杂交稻	
	数量（个）	面积（万亩）	数量（个）	面积（万亩）
2015	294	16 464	532	18 134
2016	295	16 556	534	18 024
2017	309	16 118	522	17 741

数据来源：全国农业技术推广服务中心，品种按推广面积 10 万亩以上进行统计。

（二）大面积品种推广情况

1. 常规稻

2017 年常规稻推广面积超过 100 万亩的品种有 30 个，合计推广面积达 8 998万亩，比 2016 年减少 173 万亩。其中，绥粳 18 取代龙粳 31 成为推广面积最大的常规稻品种，合计推广面积 996 万亩，比 2016 年增加 351 万亩，其中黑龙江推广 993 万亩，内蒙古推广 3 万亩；龙粳 31 合计推广面积 950 万亩，其中黑龙江推广 945 万亩，内蒙古推广 5 万亩；中嘉早 17 仍然是南方稻区推广面积最大的水稻品种，2017 年推广面积 860 万亩，比 2016 年减少 126 万亩，其中江西推广 389 万亩，湖南推广 346 万亩；黄华占推广面积 676 万亩，比 2016 年略减 12 万亩；南粳 9108 推广面积 536 万亩，比 2016 年增加 126 万亩（表 8－3）。

① 由于全国农业技术推广服务中心的品种推广数据截至 2017 年，本书即以 2017 年数据进行阐述。

2. 杂交稻

2017 年杂交稻推广面积在 100 万亩以上的品种共计 27 个，累计推广面积 5 009 万亩，比 2016 年减少 354 万亩。其中，C 两优华占推广面积 396 万亩，比 2016 年增加 70 万亩，仍然是全国杂交水稻推广面积最大的品种；隆两优华占推广面积 303 万亩，比 2016 年大幅增加 195 万亩，一跃成为全国杂交稻推广面积第二大的品种；深两优 5814 推广面积 299 万亩，比 2016 年减少 18 万亩；两优 688 推广面积 298 万亩，比 2016 年增加 100 万亩；天优华占推广面积 293 万亩，比 2016 年减少 30 万亩（表 8－3）。

表 8－3　2017 年常规稻和杂交稻推广面积前 10 位的品种情况

常规稻		杂交稻	
品种名称	推广面积（万亩）	品种名称	推广面积（万亩）
绥粳 18	996	C 两优华占	396
龙粳 31	949	隆两优华占	303
龙粳 46	862	深两优 5814	299
中嘉早 17	860	两优 688	298
黄华占	676	天优华占	293
南粳 9108	535	晶两优华占	245
淮稻 5 号	388	宜香优 2115	243
中早 39	376	五优 308	227
绥粳 15	250	川优 6203	223
盐丰 47	862	Y 两优 900	209

数据来源：全国农业技术推广服务中心，品种按推广面积 10 万亩以上进行统计。

四、气候条件

据《2018 年中国气候公报》，2018 年我国主要粮食作物产区光、温、水匹配较好，气候条件总体对农业生产较为有利，部分地区出现暴雨洪涝、低温阴雨、极端高温等灾害，对粮食作物生长发育造成一定影响。2018 年，全国平均气温 10.09℃，比常年偏高 0.54℃；春、夏季气温均创历史新高，秋、冬季气温接近常年同期。全国平均降水量 673.8mm，比常年偏多 7%，比 2017 年（641.3mm）偏多 3.9%，夏季降水偏多，冬季偏少，春季接近常年同期；北方降水偏多，南方接近常年。全国大部地区日照时数偏少，冬春季日照接近常年同期，夏秋季大部地区日照偏少。低温冷冻害及雪灾频发，损失偏重；夏季暴雨过程频繁，暴雨洪涝灾害总体偏轻，区域性和阶段性干旱明显。

（一）早稻生长期间的气候条件

2018 年全国早稻生育期内，江南、华南大部地区气象条件总体较好，早稻育秧质量提高，秧苗长势较好，基本苗足、成穗数有保障，早稻单产大幅提高；但部分地区生长后期连续出现强降水，部分地区出现持续高温天气，不利于早稻开花结实和灌浆，对早稻产量形成造成不利影响。具体到不同生育阶段分别如下。

（1）播种育秧期。华南早稻2月中旬至3月下旬播种，江南早稻3月下旬至4月中旬播种，早稻育秧移栽期间，大部地区以晴为主，热量充足、无明显低温阴雨和寡照天气，保证了早稻育秧、移栽和苗期正常生长对水分的需求，早稻个体发育较好。育秧期间，广东、广西、湖南、湖北等地的部分地区强降水影响了早稻幼苗生长；江南南部和华南中东部3月下旬以来降水偏少3～8成，灌溉条件偏差地区早稻移栽用水不足。

（2）分蘖拔节期。3月下旬至5月份，江南、华南早稻主产区大部气温接近常年同期或偏高2～4℃，日照足、积温多、降水少，促进早稻秧苗早生快发，有利于早稻分蘖和幼穗分化。5月份，江南北部、华南中西部的部分地区出现强降水，局地农田遭受洪涝灾害，早稻被淹。

（3）孕穗抽穗期。5月下旬至6月上旬，江南大部早稻幼穗分化期间总体气象条件好于上年，低温天气和雨日时间短，光照充足，穗总粒数普遍增加。6月份以来，南方地区出现3次大范围强降雨天气过程，江南东南部、华南南部地区降水偏多3成至2倍，部分地区早稻抽穗扬花期遭受“雨洗禾花”，局部地区农田遭遇严重暴雨洪涝灾害，影响授粉结实，导致空瘪率增加，结实率略有下降。

（4）灌浆结实期。早稻产区晴天多，大部时段光热正常，日照充足，有利于早稻灌浆、成熟、收割以及晾晒，产量提高。长江中下游大部地区7月气温接近常年或偏高1～2℃，部分地区土壤墒情下降快，对早稻充分灌浆略有不利。受台风“玛莉亚”“山神”的影响，福建中北部、华南南部出现强风暴雨天气，部分地区早稻受淹倒伏而影响产量。

（二）一季稻生长期间的气候条件

2018年全国一季稻生育期内，东北、长江中下游和西南产区大部热量充足，光照适宜，降水充沛，气象条件总体较好，有利于一季稻生长发育和产量形成，灾害总体偏轻发生。不同生育阶段分别如下。

（1）播种育秧期。4月至5月中旬，东北大部地区气温接近常年同期或偏高1～2℃，地温回升迅速，降水量有25～100mm，墒情适宜，对水稻育秧和秧苗管理十分有利，吉林西部等地干旱导致春播受阻；西南地区大部气温高、光照足，对水稻育秧和移栽有利，栽插用水充足，一季稻播种育秧进展顺利。

（2）移栽分蘖期。5月下旬，吉林西部、辽宁西北部、黑龙江西南部等旱区大部出现中到大雨，土壤墒情明显好转、旱情得到缓解，有利于促进一季稻移栽分蘖；长江中下游及西南地区东部部分地区降水强度大，大部地区累计降水量有100～250mm，部分地区达250～400mm，较常年偏多5成至4倍，部分地区一季稻栽插受阻、低洼稻田被淹，不利于一季稻分蘖拔节；四川大部和云南光热正常，土壤墒情适宜，利于一季稻健壮生长。

(3) 孕穗抽穗期。2018年夏季全国平均气温为1961年以来最高，降水呈“南少北多”分布，全国降水较常年同期偏多7.0%。6月中旬至8月份，东北地区≥10℃积温延续1971年以来的增温趋势，热量充足，未出现低温冷害，有利于一季稻增加有效分蘖、抽穗扬花和灌浆结实，生育进程加快，有效补偿了春季受干旱影响播种延迟、发育期偏晚的不利影响；长江中下游产区大部出现持续高温天气，7月气温接近常年或偏高1～2℃，8月上中旬大部出现11～20d的日最高气温≥35℃高温天气，对一季稻孕穗抽穗和开花结实造成不利影响；四川盆地中西部多雨寡照，对一季稻生长发育不利。

(4) 灌浆成熟期。2018年秋季全国平均气温9.9℃，接近常年同期。东北地区大部气温偏高，初霜出现时间总体接近常年，光照充足，利于一季稻灌浆成熟及收晒；江淮、江汉以晴好天气为主，光温条件利于水稻灌浆成熟和收晒；西南地区大部10月上中旬阴雨日数有12～20d，日照偏少3～9成，持续阴雨寡照导致部分地区一季稻成熟收获期推迟，秋收进度偏慢，影响产量和品质。

(三) 双季晚稻生长期间的气候条件

2018年全国双季晚稻生育期内，主产区大部气温偏高，生产用水充足，光温水条件匹配良好，洪涝、高温、台风等灾害偏轻，抽穗至灌浆期光热充足，寒露风天气影响总体偏轻，关键生育期气象条件总体利于晚稻生长发育和产量形成。不同生育阶段分别如下。

(1) 播种育秧期。6月中下旬，江南、华南晚稻产区大部光温基本接近常年同期，土壤墒情适宜，农业生产用水充足，总体利于播种出苗和秧苗生长。部分地区受6月下旬至7月上旬强降水过程影响，低洼晚稻秧苗受淹或被冲毁。

(2) 移栽分蘖期。7月中下旬以来，江南大部出持续高温天气，部分地区土壤墒情下降快，对晚稻秧苗移栽及返青分蘖造成不利影响，造成部分田块高温败苗、返青偏慢。华南大部光温水接近常年同期，气象条件总体有利于晚稻秧苗生长，但受台风“玛莉亚”“山神”的影响，福建中北部、华南南部出现强风暴雨天气，对部分地区晚稻秧苗生长不利；8月，华南大部光温水条件接近常年同期，旱地墒情适宜，气象条件总体利于晚稻移栽返青和分蘖生长。

(3) 孕穗抽穗至灌浆成熟期。江南和华南晚稻产区大部时段光温水条件良好，利于晚稻授粉结实和灌浆成熟。9月27日—10月3日，广西北部、广东北部、福建部分地区出现3～5d的日平均气温≤22℃的轻度寒露风天气；10月9—24日广西中北部、广东北部出现7～16d的日平均气温≤22℃的湿冷型中度寒露风天气过程，但由于大部地区晚稻在寒露风出现时已齐穗并进入灌浆期，对晚稻生长发育影响不大，仅对部分迟栽或晚熟晚稻抽穗扬花、灌浆结实不利，影响结实率和千粒重的提高。10月下旬至11月，江南华南晚稻收获期间阴雨日数有13～22d，江南南部和华南北部降水量较常年同期偏多1～2倍，部分地区双季晚稻成熟收获期推迟，影响产量和品质。

五、成本收益

(一) 2013—2017 年我国稻谷成本收益情况

2013 年以来，在稻谷连年增产、成本刚性增长、国外大米进口增加、最低收购价先升后降等一系列因素综合影响下，国内稻米市场价格持续低迷，水稻种植的成本收益情况发生了显著变化，净利润在 2014 年短暂提高后随即持续下滑。据 2018 年《全国农产品成本收益资料汇编》，2017 年全国稻谷亩均总产值、现金收益和净利润分别为 1 342.74元、717.89 元和 132.55 元，分别比 2016 年减少 1.03 元、21.66 元和 9.41 元，减幅分别为 0.1%、2.9%和 6.6%（表 8-4）。2017 年稻谷成本收益变化特点如下。

一是总成本继续增加。2017 年稻谷亩均总成本 1 210.19元，比 2016 年增加 8.38 元，增幅 0.7%。其中，生产成本 980.88 元，比 2016 年略增 1.01 元，增幅 0.1%；人工成本 482.93 元，比 2016 年减少 12.41 元，减幅 2.5%；土地成本 229.31 元，比 2016 年增加 7.37 元，增幅 3.3%，人工成本和土地成本两项之和占总成本的比重为 58.9%，下降了 0.8 个百分点，主要是机械化进步实现了对劳动力的部分替代；机械作业费用 184.69 元，比 2016 年增加 3.91 元，增幅 2.2%。二是净利润连续三年下降。2017 年，稻谷亩均净利润仅为 132.55 元，比 2016 年减少 9.41 元，减幅 6.6%，连续第三年呈现下降趋势，但仍分别比玉米和小麦高出 224.11 元和 441.66 元，特别是对于规模经营户来说，水稻种植仍是相对更好的选择。三是农资成本继续上升。尽管农业农村部继续深入推进化肥农药减量增效工作，但农资价格上涨势头仍未得到有效控制。2017 年，稻谷亩均种子、化肥和农药成本分别为 61.20 元、123.25 元和 53.04 元，分别比 2016 年增加 3.73 元、3.28 元和 1.75 元，增幅分别为 6.5%、2.7%和 3.4%，特别是种子成本增长明显，杂交稻用种成本偏高。

表 8-4　2013—2017 年稻谷成本收益变化情况　　单位：元/亩

项目	2013 年	2014 年	2015	2016 年	2017 年
产值合计	1 305.90	1 381.38	1 377.52	1 343.77	1 342.74
总成本	1 151.11	1 176.55	1 202.12	1 201.81	1 210.19
生产成本	957.83	970.47	987.28	979.87	980.88
物质与服务费用	468.52	469.80	478.69	484.53	497.95
种子	51.57	54.24	55.35	57.47	61.20
化肥	130.79	120.84	121.82	119.97	123.25
农药	49.41	50.19	51.16	51.29	53.04

（续表）

项目	2013年	2014年	2015	2016年	2017年
机械作业费	159.83	170.54	175.68	180.78	184.69
人工成本	489.31	500.67	508.59	495.34	482.93
土地成本	193.28	206.08	214.84	221.94	229.31
净利润	154.79	204.83	175.40	141.96	132.55
现金收益	734.74	800.99	784.14	739.55	717.89

数据来源：2018年全国农产品成本收益资料汇编。

（二）2018年我国稻谷成本收益情况

据农业农村部水稻专家指导组调查，2018年中晚稻生长期间气候条件普遍较好，亩产普遍提高30～50kg，但由于谷价下跌约0.20元/kg，而生产用工、农药化肥等价格上涨，种粮效益反而减少100元以上。2018年全国水稻生产亩均总成本1 202.2元，比2017年增加49.6元，增幅4.3%。其中，用工成本152.2元/人·天，同比增加20.0元，增幅15.2%；土地租金533.6元/亩，增加10.4元，增幅2.0%；尿素价格117.7元/50kg，增加13.4元，增幅12.9%（表8-5）。

表8-5 2018年农户稻谷种植成本情况

地区	总成本（元/亩）	比上年同期（%）	用工成本［元/（人·天）］	比上年同期（%）	土地成本（元/亩）	比上年同期（%）	尿素价格（元/50 kg）	与上年同期比较（%）
全　国	1 202.2	4.3	152.3	15.2	533.6	2.0	117.7	12.9
东　北	1 279.0	5.6	222.1	15.2	864.9	1.1	110.7	10.3
长江中游	940.0	4.9	132.0	8.3	354.0	3.7	108.0	10.1
长江下游	1 302.1	4.3	145.7	12.0	600.6	10.8	109.9	16.4
西　南	1 171.8	5.2	144.3	48.6	517.5	4.1	123.4	11.3
华　南	1 098.5	4.6	117.5	7.6	357.5	3.4	116.5	12.9

数据来源：2018年11月农业农村部水稻专家指导组分区域调研数据汇总。

1. 早籼稻

2018年，全国早稻亩产397.8kg，提高10.5kg。尽管进口大米数量明显下降，但仍在300万t以上，其中60%以上是越南、巴基斯坦的低价籼米，走私大米也不在少数，对南方籼稻市场冲击明显，导致早籼稻市场价格持续低迷；同时受各地气候和市场条件制约，江南早籼稻主产区和华南早籼稻主产区在单产水平、成本投入方面呈现出一定差异。根据江西、广西两省（自治区）物价成本调查机构调查，2018年江西调查户早籼稻平均亩产436.73kg，比2017年提高5.22kg，增幅1.2%；亩均总成本1 072.59

元，增加 38.87 元，增幅 3.8%，其中人工成本 433.71 元，比 2017 年增加 26.01 元，增幅 6.4%，占早籼稻总成本增量的 66.92%，主要是雇工工价上涨；种子、化肥、农药费用分别上涨 0.45%、5.83%和 1.96%，机械作业费用持平略增；土地成本 151.10 元，增长 1.29%。亩均净利润-78.13 元，比 2017 年下降 128.25 元，降幅达 255.9%，自 2004 年粮食最低收购价政策实施以来首次亏损；成本利润率-7.28%，降低 12.13 个百分点，连续第 5 年下降。广西早籼稻平均亩产 430.00kg，比 2017 年提高 8.81kg，增幅 2.1%；亩均总成本 1181.70 元，增加 45.90 元，增幅 4.0%，其中种子、化肥、农药、租赁作业费用等均有不同程度的上涨，种子费用上涨主要是政府大力推广优质稻品种，价格略高于普通稻；人工成本 428.50 元，增加 20.54 元，增幅 5.0%；亩均净利润 68.60 元，减少 25.96 元，减幅 27.5%；成本利润率 5.81%，比 2017 年下降 2.52 个百分点（表 8-6）。

表 8-6 2017—2018 年江西和广西早籼稻生产成本收益情况

项目	江西		广西	
	2017 年	2018 年	2017 年	2018 年
单产（kg/亩）	431.51	436.73	421.19	430.00
总成本（元/亩）	1 033.72	1 072.59	1 135.80	1181.70
净利润（元/亩）	50.12	-78.13	94.56	68.60
成本利润率（%）	4.85	-7.28	8.33	5.81

数据来源：江西、广西两省（自治区）成本调查机构调查数据。

2. 中籼稻

2018 年，全国中籼稻生长期间气候条件总体适宜，有利于中籼稻生长发育和产量形成。据安徽省物价成本调查机构调查，2018 年安徽省中籼稻平均亩产 540.49kg，比 2017 年提高 45.11kg，增幅 9.1%，主要是中籼稻生长期间气候条件较为有利，有利于中籼稻单产提高；平均出售价格每 50kg 117.25 元，比 2017 年下降 7.3%，主要是国家连续第二年全面下调稻谷最低收购价格；亩均总成本 1 095.76元，与 2017 年相比基本持平，物质与服务费用增加，但人工成本减少，主要是大规模种植户增多，机械化程度较高，减少劳动力投入；亩均净利润 191.29 元，增加 16.67 元，增幅 9.5%；成本利润率提高 1.52 个百分点。根据四川省物价成本调查机构调查，2018 年四川省中籼稻平均亩产 532.97kg，比 2017 年略降 0.11%，主要是部分地区中籼稻受气候干旱少雨影响明显，产量下降；出售价格下降 10%左右，主要受国家下调稻谷最低收购价格影响；亩均总成本 1 327.61元，增加 54.73 元，增幅 4.3%，其中种子、化肥、农药费用分别增长 4.88%、4.14%、0.61%，人工成本和土地成本分别上涨 5.66%和 4.05%；亩均净利润 75.26 元，减少 45.04 元，减幅 37.4%，主要原因是出售价格下降、种植成本增长（表 8-7）。

表 8-7 2017—2018 年安徽和四川中籼稻生产成本收益情况

项目	安徽		四川	
	2017 年	2018 年	2017 年	2018 年
单产（kg/亩）	495.38	540.49	533.55	532.97
总成本（元/亩）	1 095.76	1 095.76	1 272.88	1 327.61
净利润（元/亩）	174.62	191.29	120.30	75.26
成本利润率（%）	15.94	17.46	9.45	5.67

数据来源：安徽、四川两省成本调查机构调查数据。

3. 晚籼稻

2018年，江南、华南晚籼稻主产区生长期间气候条件总体较好，有利于晚籼稻抽穗扬花和灌浆成熟，单产普遍提高。江南部分地区出现大范围持续晴热高温天气，影响晚籼稻抽穗灌浆，单产下降。据江西、广西两省（自治区）物价成本调查机构调查，2018年江西省晚籼稻平均出售价格每50kg 123.50元，比2017年下跌6.07%；平均亩产476.54kg，降低7.95kg，减幅1.6%，主要是7月下旬晚籼稻播种后，全省出现大范围持续晴热高温天气，干旱缺水对晚籼稻带来的不利影响较为严重，导致单产降低。亩均总成本1 109.21元，增加59.71元，增幅5.7%。其中机械作业费用增加14.92元，增幅8.56%，主要是农机燃油价格屡次提高；人工成本增加27.27元，增幅6.45%；化肥和农药费用分别增长4.59%和5.06%，化肥用量下降，但市场价格普遍上涨，农药价格也受国内大宗农药原药产能收缩影响，价格上涨；土地成本增长1.2%，主要是土地流转需求继续呈现扩大趋势。亩均净利润84.40元，减少155.51元，减幅64.8%，市场上出现了普通稻销售困难，但优质稻出现供不应求的局面。2018年广西调查户晚籼稻平均亩产400.00kg，比2017年提高36.76kg，增幅10.1%，主要是晚籼稻生长期间气候条件总体较好，病虫灾害影响偏轻。亩均总成本1 150.65元，增加39.96元，增幅3.6%，其中，种子、化肥、农药、机械作业费用、土地成本和人工成本分别增长3.20%、5.36%、0.18%、3.93%、1.10%和4.81%；亩均净利润171.95元，增加39.20元，增幅29.30%，主要晚籼稻产值大幅增长（表8-8）。

表 8-8 2017—2018 年江西和广西晚籼稻生产成本收益情况

项目	江西		广西	
	2017 年	2018 年	2017 年	2018 年
单产（kg/亩）	484.49	476.54	363.24	400.00
总成本（元/亩）	1 049.50	1 109.21	1 110.69	1 150.65
净利润（元/亩）	239.91	84.40	133.75	172.95
成本利润率（%）	22.86	7.61	12.04	15.03

数据来源：江西、广西两省（自治区）成本调查机构调查数据。

4. 粳稻

据辽宁物价成本调查机构调查，2018 年辽宁调查户粳稻每 50kg 平均出售价格 135 元，比 2017 年的 150 元有较大幅度下降。平均亩产 580.12kg，比 2017 年下降 22.66kg，减幅 3.8%；亩均总成本1 592.74元，增加 38.58 元，增幅 2.5%，农药、化肥成本分别增长 39.8%和 20.7%；亩均净利润 113.77 元，大幅减少 258.31 元，减幅高达 69.4%，主要是由于粳稻销售价格明显降低造成的。据安徽物价成本调查机构调查，2018 年安徽调查户粳稻每 50kg 平均出售价格 123.96 元，比 2017 年大幅下跌 9.3%；平均亩产 502.03kg，增产 16.96kg，增幅 3.5%，主要是粳稻生长期间总体气候条件较好；亩均总成本1 057.19元，减少 32.19 元，减幅 3.1%，主要是稻谷收获期间没有雨水，机械收获价格回落，农药费、排灌费等费用也略有减少；亩均净利润 208.78 元，减少 11.64 元，减幅 5.3%，主要原因是市场价格下跌（表 8-9）。

表 8-9　2017—2018 年辽宁和安徽粳稻生产成本收益情况

项目	辽宁		安徽	
	2017 年	2018 年	2017 年	2018 年
单产（kg/亩）	602.78	580.12	485.07	502.03
总成本（元/亩）	1 554.16	1 592.74	1 091.46	1 057.19
净利润（元/亩）	372.08	113.77	220.42	208.78
成本利润率（%）	23.94	7.14	21.50	19.75

数据来源：辽宁、安徽两省成本调查机构调查数据。

第二节　世界水稻生产概况

一、2018 年世界水稻生产情况

据联合国粮农组织（FAO）《作物前景与粮食形势》报告，预计 2018 年全球稻谷产量达到 7.33 亿 t 左右，比 2017 增产1 000万 t，增幅 1.3%，再创历史新高。主要原因印度、巴基斯坦、泰国、越南等亚洲主产国家水稻生长期间的气候条件总体有利，单产普遍提高；部分拉丁美洲和加勒比国家水稻生产形势也较好。

二、区域分布

2017 年[①]，亚洲水稻种植面积占世界的 87.02%，非洲占 8.94%，美洲占 3.60%，

① 联合国粮农组织（FAO）数据库（FAOSTAT）公布数据更新到 2017 年，本文即以 2017 年数据对世界水稻生产情况进行论述。

欧洲和大洋洲分别占0.38%和0.05%（图8-1）。表8-10～表8-12为2013—2017年各大洲及部分主产国家水稻种植面积、总产以及单产变化情况。

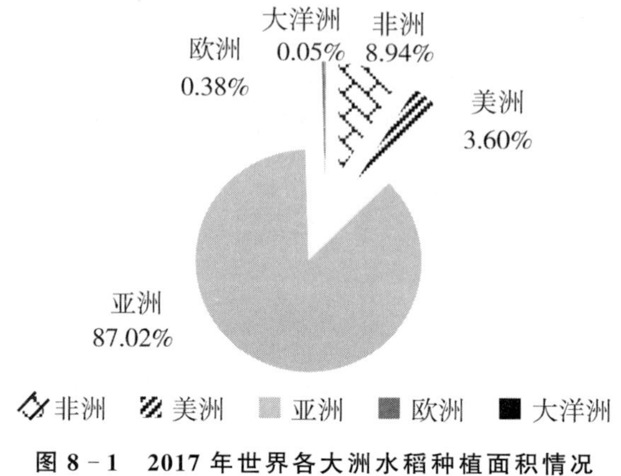

图8-1　2017年世界各大洲水稻种植面积情况

（一）亚洲

2017年，亚洲水稻面积和总产分别为218 308.8万亩和69 259.1万t，分别占世界水稻种植面积和总产的87.02%和89.99%。印度仍是世界水稻种植面积最大的国家，2017年种植面积达到65 683.5万亩，亩产256.5kg，总产16 850.0万t；中国水稻种植面积仅次于印度[①]，2017年水稻面积46 120.5万亩，亩产461.1kg，总产21 267.6万t、居世界第一。

（二）非洲

2017年，非洲水稻种植面积22 439.5万亩，总产3 656.0万t，分别占世界水稻种植面积和总产的8.94%和4.75%。埃及是非洲地区水稻单产水平最高的国家，2017年水稻面积1 028.9万亩，总产638.0万t，亩产高达620.1kg；尼日利亚是非洲水稻种植面积最大的国家，2017年水稻种植面积高达7 369.0万亩，总产986.4万t，但单产水平较低，亩产仅为133.9kg。

（三）欧洲

2017年，欧洲水稻种植面积为964.5万亩，总产405.1万t，分别占世界水稻种植面积和总产的0.38%和0.53%。意大利是欧洲水稻种植面积最大的国家，2017年水稻种植面积351.2万亩，总产158.7万t，亩产452.0kg；西班牙是欧洲水稻单产水平最高的国家，2017年水稻面积161.4万亩，总产83.5万t，亩产高达517.4kg。

① 为了便于比较，本部分内容中国的水稻生产采用FAO统计数据，与国内统计数据略有差异。

（四）大洋洲

2017 年，大洋洲地区水稻种植面积仅为 131.2 万亩，总产 82.0 万 t，面积和总产分别仅占世界水稻种植面积和总产的 0.05%和 0.11%。澳大利亚是大洋洲水稻生产主要国家，2017 年水稻种植面积为 123.3 万亩，总产 80.7 万 t，亩产高达 654.7kg，是世界上单产水平最高的国家之一，但长期受水资源约束，水稻生产波动较大，种植面积十分不稳定。

（五）美洲

2017 年，美洲地区水稻种植面积 9 029.7万亩，总产 3 563.5万 t，分别占世界水稻种植面积和总产的 3.60%和 4.63%。巴西是美洲地区水稻种植面积最大的国家，2017 年水稻种植面积 3 012.2万亩，总产 1 247.0万 t，亩产 414.0kg；其次是美国，2017 年水稻种植面积为 1 441.1万亩，总产 808.4 万 t，亩产 561.0kg。

三、主要特点

（一）种植面积稳步扩大

世界水稻生产主要集中在亚洲的东亚、东南亚、南亚的季风区以及东南亚的热带雨林区（表 8－10、表 8－11）。近十年（2008—2017 年），世界水稻种植面积总体呈现稳步扩大趋势，2017 年世界水稻种植面积 250 871.7万亩，比 2008 年增加 10 756.3万亩，增幅达到 4.5%。其中，非洲水稻面积从 2008 年的 14 185.2万亩快速增加至 2017 年的 22 439.7万亩，增加了 8 254.5万亩，增幅达到 58.2%，呈现了良好的发展潜力；亚洲水稻面积增加了 3 634.6 万亩，增幅 1.7%；欧洲水稻面积增加了 73.3 万亩，增幅 8.2%；大洋洲水稻面积增加了 117.7 万亩，增加了 8.7 倍，主要原因是 2008 年澳大利亚严重干旱，水稻面积只有 13.5 万亩；美洲水稻面积则减少了 1 321.1万亩，减幅为 12.8%。世界水稻生产集中度较高，水稻种植面积前 10 位的国家，除尼日利亚外，均分布在亚洲，其中印度、中国、印度尼西亚、孟加拉国、泰国、越南、缅甸 7 个国家水稻种植面积均在 1 亿亩以上，面积之和达到 189 997.1万亩，产量之和达到 61 331.0万 t，分别占世界水稻种植面积和总产的 75.7%和 79.7%。

（二）单产水平逐步提高

世界水稻单产差距较大（表 8－12）。分大洲看，2017 年世界水稻单产最高的大洲是大洋洲，水稻亩产高达 625.3kg；其次是欧洲，水稻亩产达到 420.1kg；第三是美洲，水稻亩产 394.6kg；亚洲水稻亩产 317.3kg，非洲水稻亩产仅为 162.9kg。分国家看，2017 年世界水稻种植面积在 1 000万亩以上的国家共有 26 个，单产水平最高的埃及亩产高达620.1kg，比最低的刚果高出569.3kg；在种植面积最大的10个国家中，中国水稻单产水平最高，2017年水稻亩产461.1kg，比最低的尼日利亚高出327.3kg。近十年（2008—2017年），世界水稻单产水平总体呈现震荡提高趋势，2017年世界水稻亩产达到306.8kg，比2008年提高20.7kg，增幅7.2%。其中，大洋洲水稻亩产提高了381.0kg，增幅156.0%；美洲水稻亩产提高了52.7kg，增幅15.4%；亚洲水稻亩产提高了26.7kg，增幅9.2%；欧洲水稻亩产提高了32.5kg，增幅8.4%；非洲水稻亩产则下降了9.0kg，减幅5.2%。单产差距大，除了受科技水平、耕地质量、气候条件和投入成本等因素影响外，最重要的原因之一就是熟制差异，南亚国家一般一年可以种植三季，多数为两熟制。2008年以来，由于世界水稻面积稳步扩大、单产逐步提高，世界水稻总产也呈稳步增长态势，先后于2010年、2016年稳定达到7亿t和7.5亿t水平。

表8-10　2013—2017年世界水稻种植面积

区域	2013年	2014年	2015年	2016年	2017年
世界（万亩）	243 280.7	246 797.6	244 369.2	241 143.4	250 871.6
亚洲					
种植面积（万亩）	218 115.3	215 830.7	213 624.7	213 439.9	218 308.8
占世界比重（%）	88.01	87.66	87.71	86.12	87.02
中国（万亩）	45 467.6	45 464.8	46 176.0	46 119.0	46 120.5
印度（万亩）	66 203.9	66 165.0	65 085.0	64 785.0	65 683.5
泰国（万亩）	17 526.5	15 997.4	14 577.0	14 010.0	15 922.2
印度尼西亚（万亩）	20 752.9	20 696.0	21 175.0	22 734.0	23 682.0
孟加拉国（万亩）	17 058.0	17 123.5	17 071.8	16 501.2	16 908.0
日本（万亩）	2 398.5	2 362.5	2 259.0	2 218.5	2 199.0
越南（万亩）	11 854.2	11 724.7	11 742.9	11 602.1	11 562.8
缅甸（万亩）	104 29.4	10 304.3	10 154.2	10 086.0	10 118.1
柬埔寨（万亩）	4 444.4	4 287.4	4 197.7	4 362.8	4 426.3
巴基斯坦（万亩）	4 183.8	4 336.0	4 109.2	4 086.0	4 350.9
非洲					
种植面积（万亩）	18 793.4	19 427.9	19 559.4	24 087.4	22 439.5
占世界比重（%）	7.58	7.89	8.03	9.72	8.94
尼日利亚（万亩）	4 397.1	4 622.9	4 682.3	8 411.5	7 369.0
埃及（万亩）	895.6	860.6	766.3	853.0	1028.9
欧洲					
种植面积（万亩）	973.6	959.4	979.3	1 004.9	964.5

（续表）

区域	2013年	2014年	2015年	2016年	2017年
占世界比重（%）	0.39	0.39	0.40	0.41	0.38
意大利（万亩）	324.0	329.3	341.0	351.2	351.2
大洋洲					
种植面积（万亩）	176.5	119.8	110.5	46.2	131.2
占世界比重（%）	0.07	0.05	0.05	0.02	0.05
澳大利亚（万亩）	170.5	115.0	104.5	39.9	123.3
美洲					
种植面积（万亩）	9 766.4	9 874.7	9 291.4	9 250.4	9 029.7
占世界比重（%）	3.94	4.01	3.81	3.73	3.60
巴西（万亩）	3 529.7	3 511.3	3 207.6	2 915.9	3 012.2
美国（万亩）	1 498.8	1 780.4	1 563.1	1 880.0	1 441.1

数据来源：联合国粮农组织（FAO）统计数据库。

表8-11　2013—2017年世界水稻总产

区域	2013年	2014年	2015年	2016年	2017年
亚洲					
总产量（万t）	67 252.8	66 924.2	67 276.2	67 731.5	69 259.1
占世界比重（%）	90.58	90.14	90.26	89.57	89.99
中国（万t）	20 361.2	20 650.7	21 214.2	21 109.4	21 267.6
印度（万t）	15 920.0	15 720.0	15 654.0	16 370.0	16 850.0
泰国（万t）	3 676.2	3 262.0	2 770.2	2 665.3	3 338.3
印度尼西亚（万t）	7 128.0	7 084.6	7 539.8	7 935.5	8 138.2
孟加拉国（万t）	5 153.4	5 180.7	5 180.5	5 045.3	4 898.0
日本（万t）	1 075.8	1 054.9	998.6	1 005.5	978.0
越南（万t）	4 403.9	4 497.4	4 509.1	4 311.2	4 276.4
缅甸（万t）	2 637.2	2 642.3	2 621.0	2 567.3	2 562.5
柬埔寨（万t）	939.0	932.4	933.5	995.2	1 035.0
巴基斯坦（万t）	1 046.7	1 050.4	1 020.2	1 027.4	1 117.5
非洲					
总产量（万t）	2 875.0	3 075.1	3 084.9	3 802.2	3 656.0

（续表）

区域	2013年	2014年	2015年	2016年	2017年
占世界比重（%）	3.87	4.14	4.14	5.03	4.75
尼日利亚（万t）	482.3	600.3	625.6	1 134.6	986.4
埃及（万t）	572.4	546.7	481.8	530.9	638.0
欧洲					
总产量（万t）	403.0	396.5	422.4	415.1	405.1
占世界比重（%）	0.54	0.53	0.57	0.55	0.53
意大利（万t）	143.3	138.6	151.8	159.8	158.7
大洋洲					
总产量（万t）	117.2	83.0	70.1	28.5	82.0
占世界比重（%）	0.16	0.11	0.09	0.04	0.11
澳大利亚（万t）	116.1	81.9	69.0	27.4	80.7
美洲					
总产量（万t）	3 602.6	3 765.1	3 680.1	3 638.6	3 563.5
占世界比重（%）	4.85	5.07	4.94	4.81	4.63
巴西（万t）	1 178.3	1 217.6	1 230.1	1 062.2	1 247.0
美国（万t）	861.6	1 008.0	872.5	1 016.7	808.4

数据来源：联合国粮农组织（FAO）统计数据库。

表8-12 2013—2017年世界水稻单位面积产量

区域	2013年	2014年	2015年	2016年	2017年
世界（kg/亩）	299.6	301.5	306.0	305.1	306.8
亚洲（kg/亩）	308.3	310.1	314.9	317.3	317.3
中国（kg/亩）	447.8	454.2	459.4	457.7	461.1
印度（kg/亩）	240.5	237.6	240.5	252.7	256.5
泰国（kg/亩）	209.8	203.9	190.0	190.2	209.7
印度尼西亚（kg/亩）	343.5	342.3	356.1	349.1	343.6
孟加拉国（kg/亩）	302.1	302.5	303.5	305.8	289.7
日本（kg/亩）	448.5	446.5	442.1	453.2	444.7
越南（kg/亩）	371.5	383.6	384.0	371.6	369.8
缅甸（kg/亩）	252.9	256.4	258.1	254.5	253.3
柬埔寨（kg/亩）	211.3	217.5	222.4	228.1	233.8

（续表）

区域	2013 年	2014 年	2015 年	2016 年	2017 年
巴基斯坦（kg/亩）	250.2	242.3	248.3	251.4	256.8
非洲（kg/亩）	153.0	158.3	157.7	157.9	162.9
尼日利亚（kg/亩）	109.7	129.9	133.6	134.9	133.9
埃及（kg/亩）	639.1	635.3	628.7	622.4	620.1
欧洲（kg/亩）	413.9	413.2	431.4	413.0	420.1
意大利（kg/亩）	442.3	421.0	445.2	455.0	452.0
大洋洲（kg/亩）	664.0	692.6	634.3	616.7	625.3
澳大利亚（kg/亩）	681.2	712.2	660.7	685.9	654.7
美洲（kg/亩）	368.9	381.3	396.1	393.3	394.6
巴西（kg/亩）	333.8	346.8	383.5	364.3	414.0
美国（kg/亩）	574.9	566.1	558.1	540.8	561.0

数据来源：联合国粮农组织（FAO）统计数据库。

第九章　中国水稻种业发展动态

2018 年，国家继续深入推进种业体制改革，提升种业核心竞争能力，强化种业企业主体地位，优化种子供给质量结构，推动现代种业发展，确保国家粮食安全。全国杂交水稻和常规水稻制种面积达到 340 万亩，其中杂交稻制种面积比 2017 年增长 1.2%，常规稻制种面积比 2017 年减少 12.8%。杂交水稻种子供过于求的程度进一步加剧，常规稻种子供需平衡有余。全国水稻种子市场价格有所下调，其中杂交水稻种子春季市场平均销售价格比 2017 年下降 0.7%，常规水稻种子春季市场平均销售价格比 2017 年下降 9.7%。水稻种子出口量继续呈现稳步增长态势，比 2017 年增长 24.5%，出口金额增长 26.6%。国内水稻种业企业的竞争力不断增强，企业规模化、集团化、国际化发展趋势逐步显现。

第一节　国内水稻种业发展环境

2018 年 4 月 12 日，习近平总书记视察南繁育种基地时指出："十几亿人口要吃饭，这是我国最大的国情。良种在促进粮食增产方面具有十分关键的作用。要下决心把我国种业搞上去，抓紧培育具有自主知识产权的优良品种，从源头上保障国家粮食安全。" 2018 年，全球种业格局进一步深化改革，种业提升至我国战略性产业地位，复杂局势对国内种业的发展提出了更高要求。国家继续深入推进种业体制改革，提升种业核心竞争能力，强化种业企业主体地位，优化种子供给质量结构，推动现代种业发展，确保国家粮食安全。

一、水稻种业市场受政策影响明显

2018 年 1 月，农业农村部发布了《2018 年种植业工作要点》，明确提出要继续调减无效供给，根据市场需求变化，适当调减水稻面积，其中东北地区重点压减寒地低产区粳稻面积，长江流域重点压减双季稻产区籼稻面积，力争水稻面积调减 1 000万亩以上。同时，明确提出增加绿色优质产品供给，积极发展优质稻。与此同时，国家继续大幅下调稻谷最低收购价格，2018 年早籼稻（三等，下同）、中晚籼稻和粳稻最低收购价格分别为每 50kg 120、126 和 130 元，比 2017 年分别下调 10、10 和 20 元，种粮效益继续下滑，影响了农民种植水稻积极性。2018 年，全国水稻种植面积 45 283.5万亩，比 2017 年减少 837.3 万亩，对生产用种量造成了一定的影响。

二、水稻种业市场主体表现活跃

2018年水稻种业企业市场表现活跃，主要企业在经营业绩、研发投入、自主创新、国际化进程等方面进行了积极探索。水稻种业企业积极培育核心研发育种能力，不断增强专利保护意识。水稻种业企业探索延长水稻产业上下游链条，提升企业经营效益。国内水稻种业企业积极布局海外市场，利用国内积累的市场与技术优势，大胆探索海外水稻种业业务。

三、种业治理能力提升保障制度完善

在政策重视层面，相关政策将种业产业提升至国家战略性、基础性核心产业。在法规完善方面，国家相关部门不断完善配套规章制度，推动条例修订更新，健全种子种苗质量标准。在落地保障方面，相关部门强化市场监管和知识产权保护，严厉打击假冒侵权等违法行为，激励自主创新和原始创新。在配套服务方面，相关部门推进种业放管服改革，加大财税、金融政策扶持力度，强化种业可追溯管理和大数据服务，不断优化产业发展环境。

四、三大主粮制种纳入国家农业保险补贴

2018年7月30日，财政部、农业农村部、银保监会发布《关于将三大粮食作物制种纳入中央财政农业保险保险费补贴目录有关事项的通知》（财金〔2018〕91号），将水稻、玉米、小麦三大粮食作物制种纳入农业保险补贴目录。主要内容为：在省级财政至少补贴25%的基础上，中央财政对中西部地区补贴40%、对东部地区补贴35%，对新疆兵团、中央直属垦区、中农发集团等单位补贴65%。中央财政出台保费补贴政策，支持三大主粮作物制种产业发展，有利于逐步建立市场化的制种风险分散机制，发挥财政资金合力，从源头上为种业安全和粮食增产保驾护航。

第二节　国内水稻种子生产动态

一、2018年国内水稻种子生产情况

（一）杂交水稻种子生产情况

由图9-1可知，2018年，杂交水稻实际制种面积169万亩，比2017年增加2万亩，增幅1.2%；其中早稻制种33万亩、中稻制种97万亩，分别比2017年减少1万

亩，晚稻制种 39 万亩，比 2017 年增加 4 万亩；两系水稻制种收获面积 75 万亩，比 2017 年增加 9 万亩，三系水稻制种收获面积 94 万亩，比 2017 年减少 7 万亩。2018 年，四川受暴雨和高温等影响，部分基地出现籽粒结实不饱满情况，江苏基地一些组合出现花期配合不佳现象；福建、江西部分秋制基地受到黑粉病等病害影响较大，但各基地灾情均轻于常年。全国新产种子约 2.9 亿 kg，比 2017 年增长 3%，其中新产早稻种子 6 323万 kg、晚稻种子 7 083万 kg，分别比 2017 年增长 7%和 17%，新产中稻种子 15 465万 kg，比 2017 年减少 4%；两系水稻新产种子 12 680万 kg，比 2017 年增长 23%，三系水稻新产种子 16 191万 kg，比 2017 年减少 9%（图 9－2）。

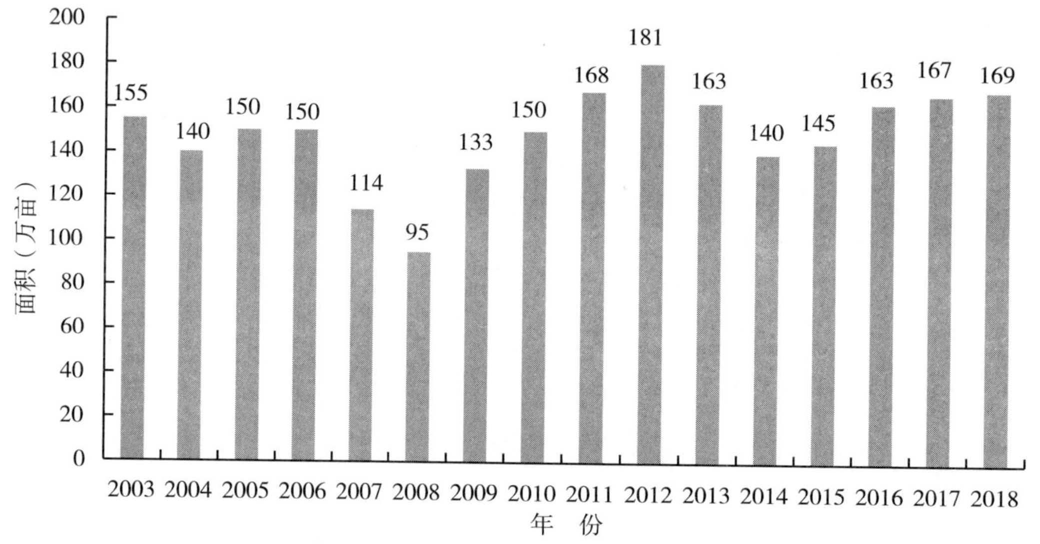

图 9－1　2003—2018 年全国杂交水稻种子制种面积变化

数据来源：全国农业技术推广服务中心

2018 年杂交水稻种子生产进一步向制种优势区域集中，福建、湖南、四川、江苏、海南、江西等 6 省制种面积共计 147 万亩，占全国杂交水稻制种面积的 87%，比 2017 年增加 9 万亩。其中，福建水稻制种基地生产面积增长较快，制种面积占全国杂交水稻制种面积的比重由 2010 年的 10%快速增长至 2018 年的 18%，提高了 8 个百分点（图 9－3）。

在市场需求和政策引导双轮驱动下，优质稻产业加速发展，推动制种结构加速优化，特色、专用、优质、抗性好、宜轻简化等水稻品种制种面积逐步占据主导地位，如荃优、泰丰优、宜香优等系列品种制种面积呈现明显增加趋势，小面积制种的新组合数量大幅增加，普通品种制种面积大幅下降。

（二）常规稻种子生产情况

全国常规稻制种收获面积 171 万亩，收获种子 8.81 亿 kg，分别比 2017 年减少 25 万亩和 0.94 亿 kg，黑龙江部分基地因遭受大风倒伏导致小幅减产，江苏、安徽、江西常规稻制种的总体质量和产量均好于2017年。

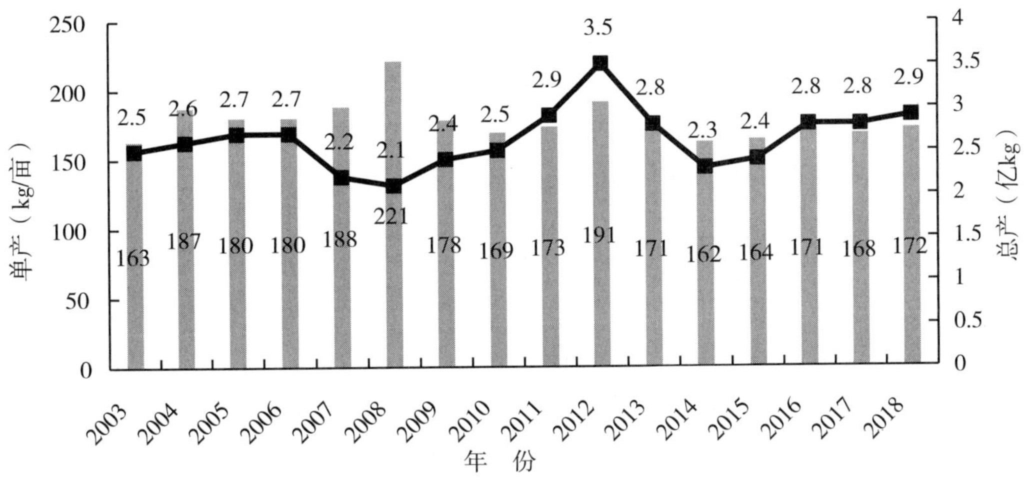

图9-2　2003—2018年全国杂交水稻种子单产与总产变化

数据来源：全国农业技术推广服务中心

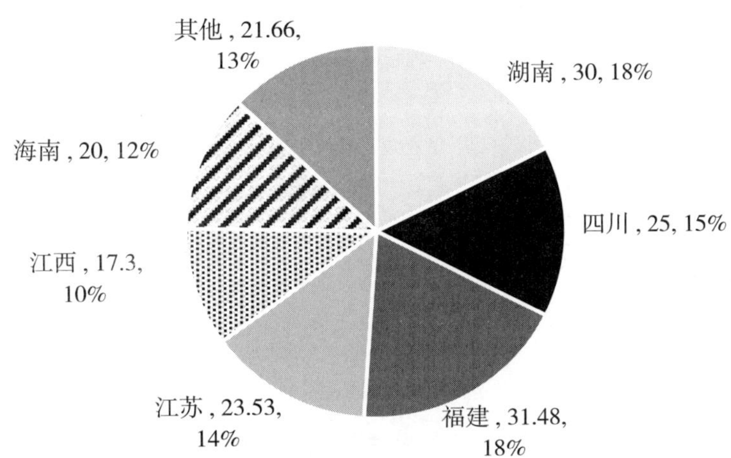

图9-3　2018年全国主要杂交水稻制种大省面积统计（单位：万亩）

数据来源：全国农业技术推广服务中心

二、2018年水稻种子供需形势

（一）杂交水稻种子供过于求

杂交水稻种子供过于求程度进一步加剧。从总供给看，2018年杂交水稻制种面积进一步扩大，单产略高于2017年，新收获种子2.9亿kg，加上期末有效库存1.2亿kg，2019年可供种子总量达到4.1亿kg左右（图9-4）。从总需求看，直播稻、双季稻改单季稻的面积进一步扩大，优质常规稻将持续压缩杂交水稻种植面积；同时，随着 2018 年稻谷最低收购价大幅下调，水稻种植的比较效益持续下滑，国家将继续适度调减水稻种植面积，预计杂交水稻种植面积将呈现继续调减的趋势。预计 2019 年总用种量为 2.3 亿 kg，出口 3 000万 kg 左右，期末余种量 1.6 亿 kg 以上，供过于求的程度进一步加剧。从市场走势看，优质稻面积扩大速度将超预期，库存积压的普通水稻品种面积将明显下滑，种子市场价格分化将会进一步加剧。

（二）常规稻种子供需平衡有余

2018 年全国常规稻制种收获面积 171 万亩，收获种子 8.81 亿 kg，分别比 2017 年减少 25 万亩和 0.94 亿 kg，虽然黑龙江部分基地因遭受大风倒伏而导致小幅减产，但是江苏、安徽、江西常规稻制种的总体质量和产量均好于 2017 年。同时，受优质稻快速发展、“水稻＋”新型种植模式加速推广等因素影响，预计 2019 年常规稻种植面积继续增加，商品种子需求量可达 7 亿 kg，常规稻种子供给平衡有余。

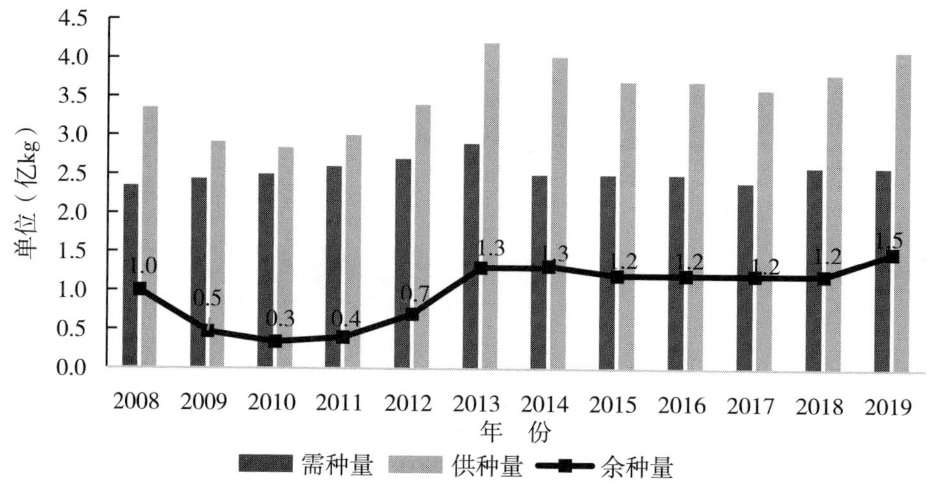

图 9－4　2008—2019 年全国杂交水稻种子供需情况

数据来源：全国农业技术推广服务中心

第三节　国内水稻种子市场动态

一、国内水稻种子市场情况

商品种子价格受生产成本、粮价政策、供求关系、作物及品种、销售时间、销售区域、种子企业与零售商策略等多种因素影响。根据 2018 年各省统计的主要作物种子市场零售价，按各省作物种植面积权重做加权平均处理，2018 年全国水稻种子市场价格有所下调。杂交水稻种子春季市场平均销售价格为 70.96 元/kg，比 2017 年下降

0.67%。其中，杂交早稻种子平均销售价格为 52.56 元/kg，同比下降 13.92%，但个别热销品种价格仍可以超过 70 元/kg。江西、湖南、海南、云南杂交早稻种子销售均价分别为 40.67、34.84、49.58、64.20 元/kg。杂交中稻种子销售均价为 80.93 元/kg，比 2017 年略有上涨。其中，浙江、福建、江苏等大田面积较小的省份种子价格保持高位，分别达到 95.01、91.39、94.58 元/kg，主导品种种子售价较高，均价超过 100 元/kg；江西、湖南、四川、湖北等用种大省种子销售均价下跌，分别为 78.53、72.56、79.67 和 70.35 元/kg。杂交晚稻种子平均销售价格为 65.76 元/kg，比 2017 年下降 3.92%。热销种子售价最高的可以达到 107.94 元/kg。

常规水稻种子春季市场平均销售价格为 8.94 元/kg，比 2017 年下降 9.70%。黑龙江全省种子销售价格仅为 7.33 元/kg，主导品种种子售价为 6.2～7.9 元/kg 不等，比 2017 年略有下降。江苏、江西、湖南等用种大省种子销售价格分别为 8.15、14.57、15.81 元/kg。主导品种种子均价为 6.7～9.6 元/kg 不等。热销种子平均售价均达到 17 元/kg 以上，个别品种售价甚至可以超过 25 元/kg。

二、水稻种子国际贸易情况

根据国家海关统计数据，2018 年我国水稻种子出口量为 2.03 万 t，比 2017 年增长 0.40 万 t，增幅 24.5%；出口金额为 6 965.60万美元，比 2017 年增长 1 462.8万美元，增幅 26.6%（表 9－1）。

表 9－1　2014—2018 年中国水稻种子出口贸易情况

年份	数量（万 t）	比上年涨幅（%）	金额（万美元）	比上年涨幅（%）
2014	2.02	16.0	6 338.83	13.9
2015	1.87	－7.5	5 810.66	－8.3
2016	2.30	23.0	7 434.89	27.9
2017	1.63	－29.1	5 502.80	－26.0
2018	2.03	24.5	6 965.60	26.6

数据来源：国家海关。

按照出口国国别统计，2018 年我国杂交水稻种子出口量最大的国家为巴基斯坦，出口量达 0.87 万 t，占我国杂交水稻种子出口总量的 42.86%；第二是菲律宾，杂交水稻种子出口 0.57 万 t，占我国杂交水稻种子出口总量的 28.08%；第三是越南，杂交水稻种子出口 0.43 万 t，占我国杂交水稻种子出口总量的 21.18%；出口孟加拉国、印度尼西亚杂交水稻种子数量分别为 0.12、0.02 万 t，分别占我国杂交水稻种子出口总量的 5.91%和 0.99%（表 9－2）。

表 9－2　2018 年中国水稻种子主要出口国家情况

国家	数量（万 t）	占比（%）
巴基斯坦	0.87	42.86
菲律宾	0.57	28.08
越　南	0.43	21.18
孟加拉国	0.12	5.91
印度尼西亚	0.02	0.99

数据来源：国家海关。

第四节　国内水稻种业企业发展动态

一、国内水稻种业企业概况

2010 年以来，特别是随着 2011 年国务院出台《关于加快推进现代农作物种业发展的意见》，种子企业作为商业化育种体系主体的地位得以明确，行业准入门槛大幅提高，鼓励和支持育繁推一体化的大型种子企业进行行业兼并和重组，行业逐渐迎来高速发展期。企业兼并重组不断加快，种子研发、生产的集中度明显提升。2016 年，全国持有效经营许可证的种业企业数量为 4 316家，比 2010 年减少 4 384家，此后企业数量又略有增长。截至 2018 年年底，全国持有效经营许可证的种业企业数量有 5 808家，比 2017 年增加 605 家（图 9－5）。其中，经营水稻种子企业 1 036家，比 2017 年增加了 9 家左右。其中安徽省是我国水稻种业公司最多的省份，种业企业数量达到 39 家。

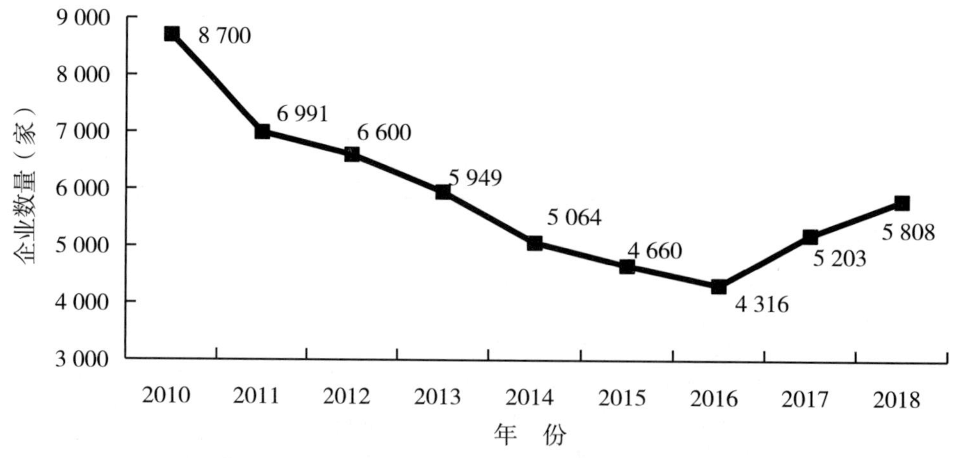

图 9－5　2010—2018 年全国种子企业数量变化

全国种子企业资产总额达到 1 350.43亿元。资产总额 1 亿元以上的达到 243 家，其中10亿元以上（含）的种子企业10家，5亿元至10亿元（含）的16家，2亿元至5亿元（含）的84家，1亿元至2亿元（含）的133家。

二、上市水稻种子企业经营业绩

截至2018年12月，我国种业上市公司共有12家，其中主营业务为水稻的A股上市企业有6家，分别是袁隆平农业高科技股份有限公司（简称隆平高科）、合肥丰乐种业股份有限公司（简称丰乐种业）、安徽荃银高科种业股份有限公司（简称荃银高科）、海南神农基因科技股份有限公司（简称神农基因）、中农发种业集团股份有限公司（简称农发种业）和江苏省农垦农业发展股份有限公司（简称苏垦农发）；在全国中小企业股份转让系统（简称新三板）挂牌的种业企业有29家，经营水稻业务的新三板公司主要有：北大荒垦丰种业股份有限公司（简称垦丰种业）、四川西科种业股份有限公司（简称西科种业）、新疆金丰源种业股份有限公司（简称金丰源）、重庆帮豪种业股份有限公司（简称帮豪种业）、湖北中香农业科技股份有限公司（简称中香农科）、江苏中江种业股份有限公司（简称中江种业）、湖南桃花源农业科技股份有限公司（简称桃花源）、江苏红旗种业股份有限公司（简称红旗种业）、上海天谷生物科技股份有限公司（简称天谷生科）、江苏红一种业科技股份有限公司（简称红一种业）等。

根据各公司发布的2018年度报告，营业总收入前三位的依次为苏垦农发、隆平高科、农发种业，其中，苏垦农发2018年营业总收入达48.87亿元，净利润6.14亿元，分别比2017年增长13.23%和9.25%，隆平高科净利润最高，达9.03亿元，比2017年增长1.20%（表9-3）。

表9-3　2016—2018年A股及部分新三板上市公司经营业绩情况[①]　单位：亿元、%

公司名称	项目	2016年		2017年		2018年	
		数额	增长率	数额	增长率	数额	增长率
农发种业	营业总收入	44.15	17.00	38.67	-12.41	34.46	-10.89
	净利润总额	0.93	-31.78	-3.96	-524.27	0.55	—
苏垦农发	营业总收入	40.84	-2.25	43.16	5.66	48.87	13.23
	净利润总额	5.09	3.65	5.62	10.37	6.14	9.25
隆平高科	营业总收入	22.99	13.50	31.90	38.73	35.80	12.19
	净利润总额	5.02	7.35	8.92	77.86	9.03	1.20
丰乐种业	营业总收入	12.18	9.44	14.47	18.81	19.27	33.17
	净利润总额	0.22	-26.99	0.15	-34.18	0.57	280.00

① 注：表中标有“*”的企业为新三板上市企业，下表同。

（续表）

公司名称	项目	2016年		2017年		2018年	
		数额	增长率	数额	增长率	数额	增长率
神农基因	营业总收入	11.59	248.44	4.51	-61.06	1.72	61.92
	净利润总额	0.28	18 064.43	0.01	-95.59	0.17	1 249.21
荃银高科	营业总收入	7.57	24.66	9.47	25.12	9.16	-3.32
	净利润总额	0.52	22.23	0.97	84.94	0.93	-4.12
垦丰种业*	营业总收入	16.95	-14.94	14.27	-15.86	16.52	15.78
	净利润总额	3.47	-24.14	1.22	-64.89	1.72	41.15
红旗种业*	营业总收入	2.36	21.59	2.59	9.82	2.48	-4.02
	净利润总额	0.10	33.67	0.04	-59.43	0.03	-18.60
西科种业*	营业总收入	1.44	50.86	1.58	9.63	1.81	14.73
	净利润总额	0.08	359.25	0.18	113.39	-0.09	-148.56
桃花源*	营业总收入	0.78	22.88	0.93	18.48	0.57	-38.19
	净利润总额	0.11	66.66	0.14	29.53	0.10	-32.78
红一种业*	营业总收入	0.37	6.33	0.38	2.52	0.54	47.63
	净利润总额	0.07	31.88	0.10	37.48	0.05	-50.68
中香农科*	营业总收入	0.32	-15.41	0.32	0.60	0.34	6.02
	净利润总额	0.05	-21.33	0.05	-7.12	0.05	-3.33
天谷生物*	营业总收入	0.21	2.24	0.46	124.85	0.63	206.97
	净利润总额	0.03	37.48	0.11	235.73	0.15	36.36

数据来源：上市公司年度报告。

从种子业务来看，种子收入位居前5位的企业依次为隆平高科、垦丰种业、苏垦农发、荃银高科、农发种业。隆平高科种子业务收入达32.5亿元，其中水稻种子收入占比65.4%。毛利率方面，2018年种子业务毛利率最高的为桃花源，种子业务毛利率达48.1%；第二为中香农科，种子业务毛利率为46.4%；第三为天谷生物，种子业务毛利率为45.9%，上述均为新三板企业（表9-4）。

表9-4　2016—2018年部分上市公司水稻种子经营情况　　单位：亿元、%

公司名称	2016年种子业务			2017年种子业务			2018年种子业务		
	收入	毛利率	水稻业务占比	收入	毛利率	水稻业务占比	收入	毛利率	水稻业务占比
隆平高科	20.4	43.3	67.2	25.9	43.1	74.9	32.5	45.2	65.4

（续表）

公司名称	2016年种子业务			2017年种子业务			2018年种子业务		
	收入	毛利率	水稻业务占比	收入	毛利率	水稻业务占比	收入	毛利率	水稻业务占比
苏垦农发	9.9	27.8	50.2	12.4	12.4	31.9	12.0	12.1	29.2
荃银高科	7.2	35.8	59.3	9.0	48.7	62.0	8.0	44.0	77.3
农发种业	7.9	23.3	18.9	6.0	19.1	20.4	6.4	26.1	15.8
丰乐种业	3.1	33.8	—	2.7	33.5	—	2.8	34.5	—
神农基因	3.2	28.3	76.8	2.1	28.3	84.9	1.2	1.5	94.8
垦丰种业*	16.4	46.8	32.2	13.1	36.0	41.4	15.1	40.6	34.2
红旗种业*	2.3	11.7	69.4	2.5	13.5	71.6	2.4	15.2	75.2
西科种业*	1.4	26.7	—	1.5	22.6	—	1.7	21.9	—
桃花源*	0.8	32.5	92.9	0.9	40.2	100	0.6	48.1	100
红一种业*	0.4	36.8	100	0.4	40.7	99.8	0.4	30.1	100
中香农科*	0.3	43.9	100	0.3	44.9	99.4	0.3	46.4	100
天谷生物*	0.1	47.4	90.9	0.2	49.9	100	0.6	45.9	100

数据来源：上市公司年度报告。

三、国内水稻种子企业经营动态

面对日趋激烈的行业竞争，水稻种业企业不断提升自身竞争力，深入挖掘产业链和海内外市场价值，向以育繁推一体化、全产业链和跨界融合为代表的集团化，以联结小农户、大市场和科研院所的平台化，以开放、交流、探索创新的国际化的方向不断发展。

（一）种业企业竞争力显著提高

2018年，国内市场收购并购事件频繁发生，水稻种业市场集中度有所提高，同时水稻种业企业科研投入加大，企业竞争力不断提升。随着企业兼并重组的加快，目前我国已经拥有一批销售额超过10亿元、20亿元和30亿元的骨干种业企业。企业研发投入明显增多，创新能力明显增强。上市种业公司研发投入占比超10%的有神农基因、隆平高科，主要企业研发投入占比逐年提升（图9-6）。

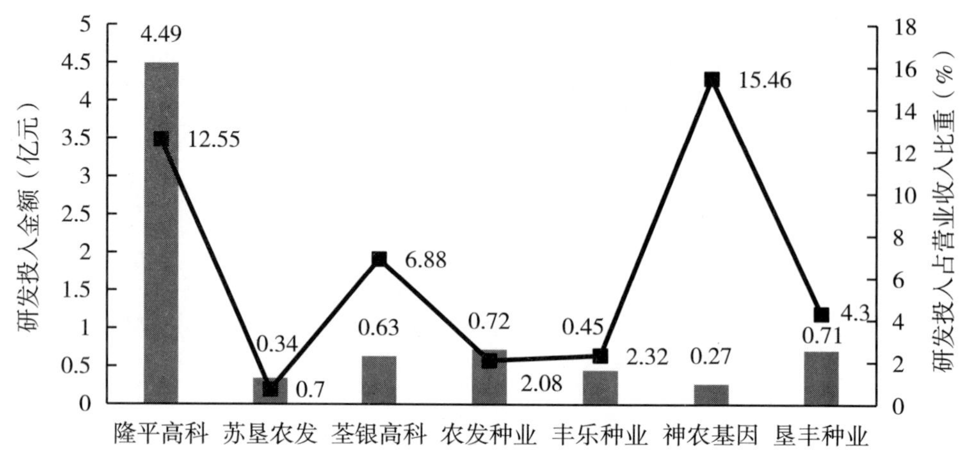

图9-6　2018年部分上市种业公司研发投入情况

（二）科研主体转型，方向明确

公司自主育种队伍不断完善，科企合作进一步加深，育种实力不断增强。新品种权申请、授权数量中企业所占比重进一步提高，种子企业2018年申请的新品种保护数量比过去五年翻了一番，在申请总量中的比重超过50%，种业企业已经成为品种申请的主体。

育种方向作出重大调整，抗病、丰产、优质、抗倒成为新品种的标准配置，部分地区耐高温、抗穗萌等也成为基本条件，企业、育种家在输出品种上由求数量转向重质量。同时，以生物组学、合成生物学等为代表的前沿学科揭示了水稻性状形成机理，理论突破正在形成，以基因编辑、全基因组选择等为代表的技术加快进步，使育种定向改良更加便捷，育种效率几何级增长，育种由随机朝定向、可设计转变，品种“按需定制”正成为现实，种业发展也将迎来“跨界融合”阶段。

（三）种业企业关注产业链价值

在努力提升种业自身竞争力的同时，水稻种业企业深入挖掘产业链价值，关注产业链聚合效应。种业企业在打通种业产业链条过程中，关注培育上游种植技术集成能力，提升种业实际应用价值。同时，积极布局产业链下游市场，把握并引导市场需求，增强品质溢价能力。

目前，种业市场订单农业对种业企业传统渠道形成较大影响，单方面依靠整合下游渠道短时间内对种业企业销售可能具有快速拉动作用，但未来将面临较大种植、资金风险压力等，因此，在整合产业链价值过程中，还需要对种植端技术进行全面把握，切实帮助实现种业产业价值。

（四）种业对外开放

2018年4月，中共中央国务院印发《关于支持海南全面深化改革开放的指导意见》，要求“围绕种业等重点领域，深化现代农业对外开放”。2018年6月，国务院印发《关于积极有效利用外资推动经济高质量发展若干措施的通知》，要求“取消或放宽种业等农业领域外资准入。”2018年12月，国家发改委、商务部发布2018年版负面清单，大幅放宽外商投资种业准入限制。历时22年的《外商投资农作物种子企业审批和登记管理规定》废止。随着一系列政策的放开，种业企业作为市场主体积极打开对外开放的大门，在研发、生产、销售等环节积极探索海外市场，加强对外交流与合作，进一步推动我国种业对外开放进程。

第十章　中国稻米质量发展动态

根据农业农村部稻米及制品质量监督检验测试中心分析统计，2014 年以来我国稻米品质达标率持续回升，2018 年检测样品达标率达到 43.6%，比 2017 年上升了 6.5 个百分点。其中籼稻上升 8.2 个百分点，粳稻上升 1.0 个百分点；垩白度、直链淀粉含量、整精米率和碱消值的达标率分别比 2017 年上升 2.1、3.4、7.1 和 2.8 个百分点。2018 年全国大部地区早稻、一季稻和双季晚稻生长期间光温水匹配较好，气象条件总体有利于水稻生长发育和品质形成。

第一节　国内稻米质量情况

2018 年度农业农村部稻米及制品监督检验测试中心共检测品质全项的水稻品种样品 8 748份，来自于全国 25 个省（直辖市、自治区），依据农业行业标准 NY/T 593—2013《食用稻品种品质》进行了全项检验，总体达标率为 43.6%，粳稻达标率为 45.3%，籼稻为 43.3%。

一、总体情况

2018 年度优质食用稻达标率总体比 2017 年上升了 6.5 个百分点，其中粳稻和籼稻品质达标率分别上升了 1.0 和 8.2 个百分点；从不同来源样品看，应用类、区试类和选育类稻米品质达标率分别比 2017 年上升了 2.1、7.6 和 7.0 个百分点；从不同稻区看，华南稻区、华中稻区、西南稻区和北方稻区的优质食用稻达标率分别比 2017 年提高了 12.3、1.0、12.0 和 9.4 个百分点。

2018 年检测的 8 748份样品中有 3 815份样品符合优质食用稻品种品质要求（3 级以上），占 43.6%（表 10－1）。其中籼黏优质食用稻品种品质的达标率为 43.4 %，达 2 级标准以上的样品为 20.4%；粳黏的达标率为 47.3%，达 2 级标准以上样品为 12.2%。在 2018 年检测到的种植面积在 100 万亩以上的杂交水稻品种中，有深两优 5814、两优 688、晶两优华占、宜香优 2115、丰两优香 1 号、徽两优 996、晶两优 534、泰优 398 等 8 个品种可以达到优质食用稻 2 级以上水平。在历年检测到的种植面积在 100 万亩以上（以 2017 年种植面积为标准）杂交稻品种中食用品质达到 2 级以上的品种有 C 两优华占、隆两优华占、深两优 5814、两优 688、天优华占、晶两优华占、宜香优 2115、五优 308、Y 两优 1 号、丰两优香 1 号、徽两优 996、晶两优 534、泰优 398、两优 1 号和岳优 9113 等 15 个品种，占品种总数的 55.6%，占面积的 65.8%。

表 10－1　优质食用稻品种品质检测评判分级情况

稻类	测评样（份）	1～2 级		3 级		合计	
		样品数	百分率（%）	样品数	百分率（%）	样品数	百分率（%）
籼糯	40	6	15.0	0	0.0	6	15.0
籼黏	7 183	1 466	20.4	1 652	23.0	3 118	43.4
粳糯	158	18	11.4	26	16.5	44	27.8
粳黏	1 367	167	12.2	480	35.1	647	47.3
总计	8 748	1 657	18.9	2 158	24.7	3 815	43.6

二、不同稻区样品优质食用稻品种品质达标情况

根据《中国稻米品质区划及优质栽培》，全国 31 个省（直辖市、自治区）可以划分为 4 个稻米品质产区。据此将检测样品归为华南（粤、琼、桂、闽、台）、华中（苏、浙、沪、皖、赣、鄂、湘）、西南（滇、黔、川、渝、青、藏）和北方（京、津、冀、鲁、豫、晋、陕、宁、甘、辽、吉、黑、内蒙古、新）4 个稻区。

2018 年优质食用稻品种品质达标率最高的地区为北方稻区，达标率为 53.8%，最低的地区为华中稻区，达标率为 37.7%；华南稻区与西南稻区的优质食用稻品种品质达标率分别为 49.6%和 47.0%（表 10－2）。

籼稻优质稻达标率最高的地区是华南稻区，达标率达到 49.6%；西南稻谷和北方稻区优质稻达标率分别为 47.0%和 41.2%；华中稻区优质稻达标率最低，仅为 36.4%。除测评样仅有 3 份的华南稻区外，粳稻优质稻达标率最高的是北方稻区，达到 64.9%；西南稻区次之，达标率为 53.3%；华中稻区的优质稻达标率最低，为 40.6%。籼稻达标样品数最少的是北方稻区，仅有 101 份；华中稻区、华南稻区和西南稻区达标样品数分别有 1 061份、1 004份和 958 份；粳稻达标样品最多的稻区是华中稻区，达标 499 份，品种改良取得实效。

表 10－2　各稻区优质食用稻品种品质检测评判达标情况

稻区	稻类	测评样（份）	1～2 级		3 级		合计	
			样品数	百分率（%）	样品数	百分率（%）	样品数	百分率（%）
华南	籼稻	2 025	500	24.7	504	24.9	1 004	49.6
	粳稻	3	2	66.7	1	33.3	3	100.0
	总计	2 028	502	24.7	505	24.9	1 007	49.6

（续表）

稻区	稻类	测评样（份）	1～2级		3级		合计	
			样品数	百分率（%）	样品数	百分率（%）	样品数	百分率（%）
华中	籼稻	2 913	518	17.8	543	18.6	1 061	36.4
	粳稻	1 228	117	9.5	382	31.1	499	40.6
	总计	4 141	635	15.3	925	22.3	1 560	37.7
西南	籼稻	2 040	411	20.2	547	26.8	958	47.0
	粳稻	15	2	13.3	6	40.0	8	53.3
	总计	2 055	413	20.1	553	26.9	966	47.0
北方	籼稻	245	43	17.6	58	23.7	101	41.2
	粳稻	279	64	22.9	117	41.9	181	64.9
	总计	524	107	20.4	175	33.4	282	53.8

三、不同来源样品优质食用稻品质达标情况

检测样品按来源可以分为三类：一是应用类，由生产基地、企业送样；二是区试类，由各级水稻品种区试机构送样；三是选育类，即育种家选送的高世代品系。这三种来源代表了水稻品种推广应用的三个阶段。

总体达标率依次为应用类＞区试类＞选育类，达标率分别为48.2%、45.7%和36.8%（表10－3）。籼稻的达标率依次为应用类＞区试类＞选育类，达标率分别为49.6%、45.6%和35.3%。粳稻的达标率依次为区试类＞应用类＞选育类，达标率分别为46.2%、44.6%和43.7%。

表10－3　各类样品优质食用稻品种品质检测评判分级情况

类型	稻类	测评样（份）	1～2级		3级		合计	
			样品数	百分率（%）	样品数	百分率（%）	样品数	百分率（%）
应用类	籼稻	581	164	28.2	124	21.3	288	49.6
	粳稻	211	42	19.9	52	24.6	94	44.6
	总计	792	206	26.0	176	22.2	382	48.2
区试类	籼稻	4 765	997	20.9	1 176	24.7	2 173	45.6
	粳稻	902	105	11.6	312	34.6	417	46.2
	总计	5 667	1 102	19.4	1 488	26.3	2 590	45.7

（续表）

类型	稻类	测评样（份）	1～2级		3级		合计	
			样品数	百分率（%）	样品数	百分率（%）	样品数	百分率（%）
选育类	籼稻	1 877	311	16.6	352	18.8	663	35.3
	粳稻	412	38	9.2	142	34.5	180	43.7
	总计	2 289	349	15.2	494	21.6	843	36.8

1. 华南稻区

有2 028份样品来源于该稻区，其中籼稻样品2 025份、粳稻样品3份。不同类型籼稻样品的达标率依次为：应用类＞区试类＞选育类；粳稻样品均来源于应用类，3份样品均达标（表10－4）。

2. 华中稻区

有4 141份样品来源于该稻区，其中籼稻样品2 913份，粳稻样品1 228份。不同来源籼稻样品的达标率依次为：应用类＞区试类＞选育类；粳稻样品的达标率依次为：区试类＞选育类＞应用类（表10－4）。

3. 西南稻区

有2 055份样品来源于该稻区，其中籼稻样品2 040份，粳稻样品15份。不同来源籼稻样品的达标率依次为：区试类＞应用类＞选育类；15份粳稻样品均来源于选育类，达标率为53.3%。

4. 北方稻区

有524份样品来源于该稻区，其中籼稻样品245份，粳稻样品279份。不同来源籼稻样品的达标率依次为：区试类＞应用类＞选育类，其中195份籼稻来源于区试类，达标率高达95.4%；不同来源粳稻样品的达标率依次为：区试类＞选育类＞应用类。

表10－4　不同稻区各类型样品优质食用稻品种品质达标情况

分类	稻类	华南稻区		华中稻区		西南稻区		北方稻区	
		测评样数	达标率（%）	测评样数	达标率（%）	测评样数	达标率（%）	测评样数	达标率（%）
应用类	籼	121	66.1	191	41.4	229	50.2	40	35.0
	粳	3	100.0	112	28.6	—	—	96	61.5
区试类	籼	1 497	52.6	2 083	36.4	990	54.8	195	95.4
	粳	—	—	817	44.1		—	85	67.1

（续表）

分类	稻类	华南稻区		华中稻区		西南稻区		北方稻区	
		测评样数	达标率（%）	测评样数	达标率（%）	测评样数	达标率（%）	测评样数	达标率（%）
选育类	籼	407	33.7	639	35.0	821	36.5	10	20.0
	粳	—	—	299	35.8	15	53.3	98	66.3

糙米率、整精米率、垩白度、透明度、碱消值、胶稠度和直链淀粉含量等 7 项指标是为《食用稻品种品质》标准的定级指标。在这些品质性状上，糙米率、透明度和胶稠度达标率总体较好，平均在 80%以上（表 10－5）。不同来源稻米主要呈现以下特点。

1. 应用类

与其他类型样品相比，籼黏的糙米率、整精米率、垩白度、透明度、碱消值、胶稠度和直链淀粉的达标率均最高。籼黏七项定级指标的达标率分别比区试类的高 0.1、1.5、2.7、1.9、4.0、1.2 和 1.5 个百分点，分别比选育类的高 1.2、16.4、5.3、4.5、0.8、3.3 和 4.4 个百分点。与其他类型样品相比，粳黏垩白度的达标率最高，比区试类和选育类分别高出 2.3 和 14.6 个百分点。整精米率的达标率次于选育类，居第二位，比区试类高 7.1 个百分点；而糙米率和胶稠度的达标率次于区试类，分别比选育类高 0.2 和 3.3 个百分点。粳黏透明度和直链淀粉的达标率最低，比区试类分别低 9.1 和 12.3 个百分点，比选育类分别低 9.5 和 4.3 个百分点。2018 年度该类样品的亮点是籼黏的七项定级指标均最高，而且粳黏垩白度达标率高达 88.8%。

2. 区试类

与其他类型样品相比，籼黏糙米率、整精米率、垩白度、胶稠度和直链淀粉的达标率均次于应用类，居第二位，并分别比选育类高 1.1、14.9、2.6、2.1 和 2.9 个百分点。籼黏碱消值的达标率最低，比应用类和选育类分别低 4.0 和 3.2 个百分点。与其他类型样品相比，粳黏糙米率、胶稠度和直链淀粉的达标率最高，分别比应用类高 1.0、2.3 和 12.3 个百分点，分别比选育类高 1.2、5.6 和 8.0 个百分点。粳黏垩白度的达标率次于应用类，居第二位，并比选育类高 12.3 个百分点；其透明度达标率次于选育类，并比应用类高 9.2 个百分点。粳黏整精米率的达标率最低，比应用类的低 7.1 个百分点，比选育类的低 11.6 个百分点。2018 年度该类样品的亮点是粳黏糙米率、胶稠度和直链淀粉达标率分别高达 99.9%、97.5%和 91.6%。

3. 选育类

与其他类型样品相比，该类样品籼黏的碱消值达标率居第二位，比应用类低 0.8 个百分点，比区试类高 3.2 个百分点。除碱消值外，籼黏其他指标的达标率均比应用类和选育类的低。与其他类型样品相比，粳黏整精米率、透明度和碱消值的达标率最高，分别比应用类的高 4.5、9.5 和 4.6 个百分点，分别比区试类的高 11.6、0.3 和

4.6个百分点。粳黏的直链淀粉达标率次于区试类，居第二位，比应用类的高4.3个百分点。粳黏糙米率、垩白度和胶稠度的达标率最低，分别比应用类的低0.2、14.6、3.3个百分点，并分别比区试类的低1.2、12.3和5.6个百分点。2018年度该类样品的亮点是粳黏整精米率、透明度和碱消值的达标率分别高达76.8%、91.4%和96.6%。

表 10－5　不同类型样品主要品质性状指标达标情况

分类	稻类	测评样（份）	达标率（%）						
			糙米率（%）	整精米率（%）	垩白度	透明度	碱消值	胶稠度	直链淀粉（%）
应用类	籼	580	99.3	69.3	92.8	97.6	84.5	99.0	84.7
	粳	188	98.9	72.3	88.8	81.9	92.0	95.2	79.3
区试类	籼	4 744	99.2	67.8	90.1	95.7	80.5	97.8	83.2
	粳	795	99.9	65.2	86.5	91.1	92.0	97.5	91.6
选育类	籼	1 859	98.1	52.9	87.5	93.0	83.7	95.7	80.3
	粳	384	98.7	76.8	74.2	91.4	96.6	91.9	83.6

四、各项理化品质指标变化及影响稻米品质因素的分析

在现行标准采用的各项品质指标中，糙米率、整精米率、碱消值、胶稠度的数值越高稻米的品质越好；垩白率、垩白度与透明度的数值越低稻米的品质越好；直链淀粉的数值适中稻米品质好；蛋白质的数值越高其营养品质越好，但有研究报道蛋白质含量高会影响大米口感。

籼黏和粳黏样品的主要检测项目统计结果见表10－6，可以看出：糙米率、整精米率和垩白粒率等品质指标均为粳黏优于籼黏，胶稠度和直链淀粉等品质指标均为籼黏优于粳黏；垩白度、透明度、碱消值和蛋白质则粳黏与籼黏极为相近；不同水稻品种间品质指标的变异以垩白度和垩白粒率较大；透明度、直链淀粉、整精米率、碱消值、胶稠度和蛋白质次之；糙米率较小。与粳黏相比，籼黏的整精米率、垩白粒率和垩白度等指标的差异性较大。

整精米率、碱消值、垩白粒率和垩白度4项指标中，粳黏的变异明显小于籼黏。其中，粳黏整精米率和碱消值的变异系数比籼黏的低7个百分点以上；而其垩白粒率和垩白度的变异系数比籼黏的低21个百分点以上。粳黏直链淀粉和胶稠度的变异系数比籼黏低3个百分点左右，其蛋白质的变异系数比籼黏低近5个百分点，而其透明度的变异系数比籼黏高6个百分点左右。粳黏与籼黏糙米率的变异系数相似。

表 10-6　籼黏与粳黏主要检测指标统计结果

稻类	项目	糙米率（%）	整精米率（%）	垩白米率（%）	垩白度	透明度	碱消值	胶稠度	直链淀粉（%）	蛋白质（%）
籼黏（N=3 743）	变幅	69.9～85.3	1.5～74.4	0～97	0.0～24.8	1～5	3.0～7.0	30～90	8.4～28.2	3.77～13.5
	平均值	81.2	53.5	17.2	2.4	1.6	5.8	73.1	17.1	7.6
	CV（%）	1.7	22.8	102.7	117.0	40.3	16.0	11.9	20.1	15.5
粳黏（N=1 355）	变幅	65.9～87.0	3.9～77.5	1～94	0.0～47.0	1～5	3.2～7.0	38～90	7.0～25.7	5.5～13.3
	平均值	83.2	64.2	22.3	3.1	1.7	6.7	71.7	15.4	7.9
	CV（%）	1.8	15.0	73.2	96.0	46.3	7.6	9.1	16.6	10.6

不同来源样品各检测指标的统计结果（表 10-7）：从平均值来看，不同来源样品的糙米率差异不大；籼黏整精米率评价从高到低的顺序依次为：应用类>区试类>选育类，粳黏为：应用类、选育类>区试类；籼黏的垩白粒率和垩白度依次为：应用类>区试类>选育类，粳黏的垩白粒率依次为：应用类>选育类>区试类，垩白度依次为：应用类>区试类>选育类；粳黏的透明度和碱消值（分别为 1.7～1.8 和 6.6～6.8）优于籼黏（分别为 1.5～1.6 和 5.7～5.9），不同类型间差异不大；籼黏的胶稠度依次为：区试类、应用类>选育类，粳黏的胶稠度依次为：区试类>应用类>选育类；粳黏直链淀粉（14.7%～15.7%）低于籼黏（16.8%～17.3%），选育类籼黏的直链淀粉含量较高，应用类粳黏的直链淀粉含量较低，但均符合优质等级要求；蛋白质不同稻类及类型间差距不大（7.5%～8.0%）。

不同样品类型间，品质指标的变异以垩白度、垩白粒率、整精米率和透明度最大；直链淀粉、碱消值、胶稠度和蛋白质次之；糙米率最小。不同样品类型间的籼黏和粳黏相比，区试类籼黏的垩白粒率和垩白度变异系数最大，区试类粳黏的最小；籼黏整精米率的变异系数均比粳黏的大，并以选育类籼黏最大，而选育类粳黏的最小；籼黏碱消值的变异系数均比粳黏的大，其中籼黏不同类型样品的变异系数相当，而选育类粳黏的变异系数最小；选育类粳黏的糙米率变异系数最大，区试类粳黏糙米率的变异系数最小；应用类粳黏的透明度变异系数最大，选育类籼黏次之，粳黏的区试类和选育类相差不大，籼黏的应用类和区试类差异不大。

不同稻区各项检测的统计结果见表 10-8 与表 10-9。不同稻区间糙米率、碱消值、胶稠度、直链淀粉及蛋白质这几项指标的平均值基本一致（不包含样品数量低于 10 份的稻区），主要特点如下。

表 10－7　不同类型样品理化检测指标统计结果

稻类	样品类型	项目	糙米率（%）	整精米率（%）	垩白米率（%）	垩白度	透明度	碱消值	胶稠度	直链淀粉（%）	蛋白质（%）
籼黏	应用类（N=384）	变幅	76.3～84.6	17.8～73.8	1～92	0.0～16.0	1～4	3.0～7.0	36～88	10.4～26.8	5.73～13.5
		平均	81.1	55.6	15.1	2.0	1.5	5.9	73.5	16.8	7.8
		CV（%）	1.6	18.9	103.3	116.4	37.3	15.2	9.9	19.2	17.4
	区试类（N=2934）	变幅	69.9～85.3	1.5～74.4	0～97	0.0～24.8	1～5	3.0～7.0	30～89	9.7～28.2	3.77～12.0
		平均	81.4	54.7	16.8	2.4	1.6	5.7	73.5	17.0	7.5
		CV（%）	1.6	20.0	104.1	120.6	37.7	16.0	11.3	19.9	14.4
	选育类（N=425）	变幅	72.6～84.8	3.4～72.7	0～95	0.0～19.0	1～5	3.0～7.0	30～90	8.4～28.0	4.86～13.4
		平均	80.9	49.7	19.0	2.6	1.6	5.9	72.0	17.3	7.6
		CV（%）	1.8	29.5	98.2	107.4	47.1	16.1	13.8	20.6	16.3
粳黏	应用类（N=253）	变幅	77.6～86.9	9.4～76.2	1～84	0.1～18.6	1～5	4.0～7.0	52～84	7.0～24.1	5.9～10.9
		平均	83.5	65.5	17.5	2.4	1.8	6.6	71.4	14.7	7.8
		CV（%）	2.0	13.6	88.9	101.5	60.1	9.6	9.9	20.5	12.2
	区试类（N=911）	变幅	78.1～87.0	3.9～77.5	1～89	0.1～15.8	1～5	4.1～7.0	42～84	7.5～25.1	5.93～10.6
		平均	83.4	63.0	23.2	3.0	1.7	6.6	72.5	15.7	7.9
		CV（%）	1.5	16.2	66.4	74.8	43.2	7.5	7.5	13.0	9.4
	选育类（N=191）	变幅	65.9～85.6	26.6～75.8	1～94	0.0～47.0	1～5	3.2～7.0	38～90	7.2～25.7	5.50～13.3
		平均	82.5	65.9	22.6	3.7	1.7	6.8	70.1	15.0	8.0
		CV（%）	2.0	12.3	79.5	114.0	43.1	6.4	11.1	20.5	11.8

1. 整精米率均符合优质食用稻标准要求

除华中稻区的籼黏和西南稻区的粳黏外，各稻区平均整精米率均已符合优质食用稻标准要求。其中华南和西南稻区的籼黏整精米率差异不大，华南稻区略高；华中和北方稻区的粳黏整精米率差异不大，北方稻区略高。

2. 垩白粒率与垩白度

华南稻区籼黏的垩白粒率与垩白度较好，北方稻区粳黏的垩白粒率与垩白度较好。

3. 透明度均值均已达标

稻区透明度的均值均已达标。其中，西南稻区、北方稻区和华南稻区的籼黏和华南稻区、北方稻区的粳黏，其透明度指标略好于同稻类的其他稻区。

4. 在相同稻类中，糙米率、碱消值和直链淀粉在各稻区间差异不大

对于胶稠度来说，西南稻区和北方稻区的籼黏稍大一些，华南和华中稻区的粳黏稍大一些。对于蛋白质含量来说，北方稻区的籼黏略高一些，华中稻区的籼黏和粳黏次之，其余差异不大。

表 10－8　各稻区籼黏样品检测指标统计结果

稻区	项目	糙米率（%）	整精米率（%）	垩白米率（%）	垩白度	透明度	碱消值	胶稠度	直链淀粉（%）	蛋白质（%）
华南稻区（N＝555）	变幅	72.6～85.3	1.5～74.4	0～97	0.0～17.4	1～5	3.0～7.0	31～90	8.4～27.1	3.77～13.4
	平均	81.7	55.4	14.5	2.0	1.5	5.9	72.9	16.9	7.5
	CV（%）	1.7	21.0	116.0	125.6	38.0	16.2	13.6	19.1	14.4
华中稻区（N＝1 517）	变幅	69.9～85.0	3.4～72.7	1～96	0.0～24.8	1～5	3.0～7.0	30～90	10.3～28.0	5.04～12.7
	平均	81.1	51.2	17.8	2.7	1.7	5.7	72.2	17.2	8.2
	CV（%）	1.8	26.0	112.4	130.7	41.6	16.9	12.4	22.0	13.9
西南稻区（N＝313）	变幅	75.4～84.6	6.3～73.0	0～94	0.0～18.1	1～5	3.1～7.0	30～88	11.6～28.2	4.86～12.5
	平均	81.1	54.2	19.0	2.6	1.4	6.0	74.4	17.2	7.0
	CV（%）	1.3	19.9	77.2	80.8	36.6	13.9	9.1	17.8	11.5
北方稻区（N＝231）	变幅	76.4～84.0	21.9～71.0	1～87	0.1～15.7	1～3	3.3～7.0	36～86	11.4～25.5	6.12～13.5
	平均	80.5	58.8	18.0	2.4	1.5	5.5	74.6	16.4	9.4
	CV（%）	1.4	13.4	86.5	101.4	37.1	17.0	10.5	20.3	23.8

表 10－9　各稻区粳黏样品检测指标统计结果

稻区	项目	糙米率（%）	整精米率（%）	垩白粒率（%）	垩白度	透明度	碱消值	胶稠度	直链淀粉（%）	蛋白质（%）
华南稻区（N＝2）	变幅	83.2～84.4	68.3～74.0	11～17	1.9～2.3	1～1	7.0～7.0	69～78	15.0～16.7	6.7～8.5
	平均	83.7	70.7	13.3	2.1	1.0	7.0	73.0	16.0	7.6
	CV（%）	0.7	4.2	24.1	10.1	0.0	0.0	6.3	5.5	11.6
华中稻区（N＝1 219）	变幅	65.9～87.0	3.9～77.5	1～94	0.1～21.0	1～5	3.2～7.0	38～90	7.0～25.7	5.9～13.3
	平均	83.1	63.8	24.7	3.4	1.8	6.6	71.9	15.2	8.0
	CV（%）	1.8	15.5	67.0	81.1	44.1	7.6	9.0	17.8	10.3

（续表）

稻区	项目	糙米率（%）	整精米率（%）	垩白粒率（%）	垩白度	透明度	碱消值	胶稠度	直链淀粉（%）	蛋白质（%）
西南稻区（N=16）	变幅	80.4～83.7	26.6～75.8	6～47	0.4～47.0	1～3	6.0～7.0	60～82	15.3～19.1	6.7～8.5
	平均	82.5	60.3	19.9	8.2	1.8	6.5	70.0	16.6	7.5
	CV（%）	1.2	28.4	60.2	153.2	32.4	7.6	6.5	6.2	7.8
北方稻区（N=118）	变幅	77.6～86.7	28.4～76.2	1.0～73.0	0.0～10.3	1～5	4.2～7.0	52～83	8.7～19.1	5.50～10.7
	平均	83.5	66.0	12.9	1.6	1.2	6.8	70.8	16.2	7.5
	CV（%）	1.8	11.2	87.4	90.8	44.7	7.0	9.4	10.8	10.4

糙米率、整精米率、垩白度、透明度、碱消值、胶稠度和直链淀粉含量是影响稻米品质性状的主要指标。其中，整精米率是稻米碾磨品质的关键指标，直接影响出米率，无论何种类型的优质稻，均要求稻谷有较高的整精米率。垩白度与透明度是影响稻米外观的重要指标，直链淀粉、碱消值和胶稠度是影响稻米蒸煮食用品质的关键指标。

从表10-10可以看出，总体上各指标达标率高低次序是糙米率＞胶稠度＞透明度＞直链淀粉含量＞碱消值＞垩白度＞整精米率。糙米率的总体达标率为98.7%，其中籼黏98.5%，粳黏99.4%；整精米的总体达标率为71.0%，其中籼黏67.4%，粳黏84.7%；垩白度总体达标率为76.0%，其中籼黏为75.4%，粳黏为78.4%；透明度总体达标率为90.3%，其中籼黏91.1%，粳黏87.2%；碱消值总体达标率为80.2%，其中籼黏77.7%，粳黏90.1%；胶稠度总体达标率为94.1%，其中籼黏95.7%，粳黏88.3%；直链淀粉总体达标率为82.2%，其中籼黏81.2%，粳黏为85.9%。

表10-10　主要品质性状指标达标情况

检测项目	籼黏（N=3 743）		粳黏（N=1 355）		合计达标（N=5 098）	
	样品数	百分率（%）	样品数	百分率（%）	样品数	百分率（%）
糙米率	4 715	98.5	1 251	99.4	5 966	98.7
整精米率	3 227	67.4	1 065	84.7	4 292	71.0
垩白度	3 608	75.4	986	78.4	4 594	76.0
透明度	4 359	91.1	1 097	87.2	5 456	90.3
碱消值	3 716	77.7	1 133	90.1	4 849	80.2

（续表）

检测项目	籼黏（N=3 743）		粳黏（N=1 355）		合计达标（N=5 098）	
	样品数	百分率（%）	样品数	百分率（%）	样品数	百分率（%）
胶稠度	4 577	95.7	1 111	88.3	5 688	94.1
直链淀粉	3 885	81.2	1 081	85.9	4 966	82.2

第二节　国内稻米品质发展趋势

农业农村部稻米及制品质量监督检测中心按照NY/T 593—2013《食用稻品种品质》对2014—2018年稻米品质检测结果进行综合分析，结果表明，2014—2018年我国稻米品质总体呈现逐步回升趋势，2014年稻米品质较差的主要原因是当年全国大部地区日照时数接近常年同期或偏少100～300h，对稻米品质形成造成较大影响。

2014年以来，籼黏达标率逐年提升，2015—2018年达标率同比分别提升了4.8、2.9、5.3和8.3个百分点，2018年籼黏达标率为43.4%；粳黏达标率也逐年提升，2015—2018年达标率同比分别提升了9.6、1.4、0.7和2.9个百分点，2018年粳黏达标率为47.2%（图10-1）。

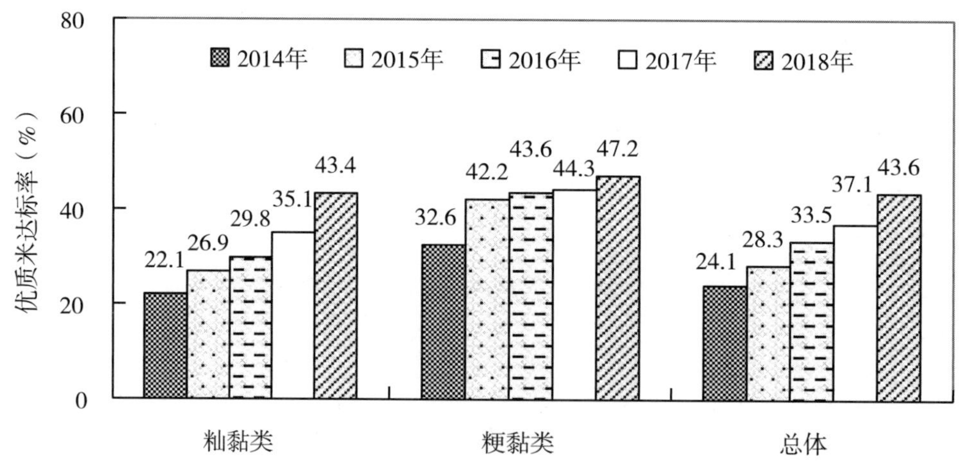

图10-1　不同水稻类型优质食用稻米样品达标率变动情况

与近5年结果相比，2018年应用类、区试类和选育类样品的优质食用稻米达标率均为近五年最高水平。其中，应用类的优质米达标率分别比2014—2017年提高了20.7、10.9、11.7和2.1个百分点。区试类的优质米达标率分别比2014—2017年提高了21.7、16.3、12.9和7.6个百分点。选育类的优质米达标率分别比2014—2017年提高了 9.8、17.1、2.7 和 6.9 个百分点（图 10－2）。

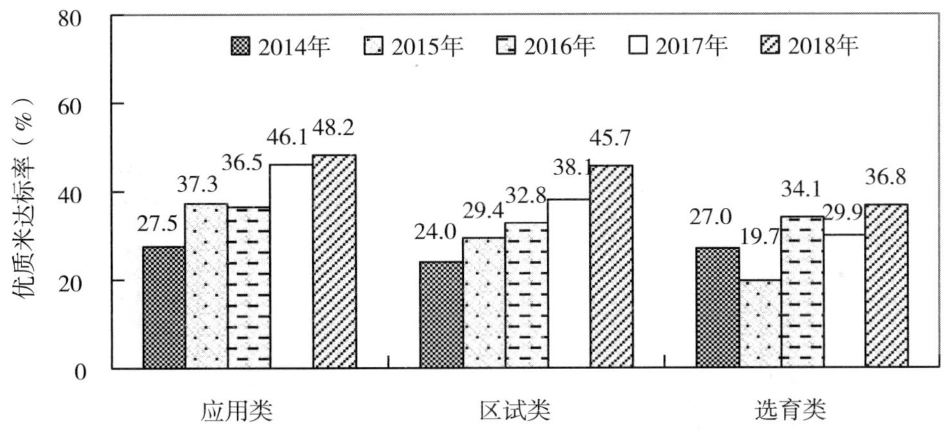

图 10－2　不同来源样品优质食用稻米样品达标率变动情况

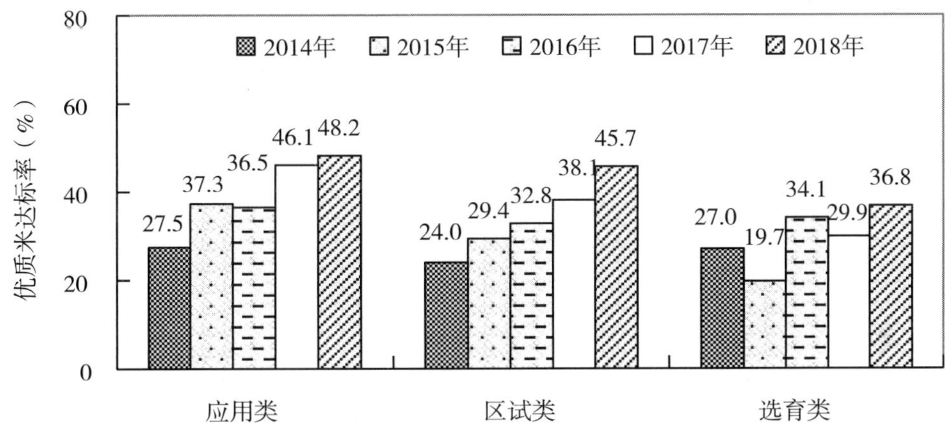

图 10－3　各稻区优质食用稻米达标率变动情况

通过对近 5 年不同稻区优质米达标率的比较发现，华南稻区优质米达标率的波动最大，华中稻区波动最小（图 10－3）。2018 年，华南稻区（49.7%）、西南稻区（47.0%）和北方稻区（53.8%）样品的优质食用稻米达标率均为近 5 年以来的最高水平。2018 年，华南稻区的优质米达标率分别比 2014—2017 年提高了 26.2、18.9、28.9 和 12.3 个百分点，西南稻区的优质米达标率分别比 2014—2017 年提高了 29.0、22.0、23.2 和 12.0 个百分点，北方稻区的优质米达标率分别比 2014—2017 年提高了 12.6、18.5、17.5 和 9.4 个百分点。2018 年，华中稻区样品的优质食用稻达标率（37.6%）仅次于 2016 年（37.9%），居近 5 年以来的第二位，分别比 2014、2015 和 2017 年提高了 13.4、10.9 和 1.0 个百分点。

整精米率、垩白度、透明度和直链淀粉是决定稻米品质的关键指标。在这 4 项品质指标中，透明度的达标率一直处于较高水平，2014 年以后达标率在 90%左右（图 10－

4)；整精米率的达标率从 2015 年开始恢复，2017 年达到 71.0%；直链淀粉含量的达标率从 2015 年后开始高位回升，2018 年达到 83.4%；垩白度达标率 2014 年后开始稳步回升，2018 年达到 88.6%，比 2014 年提高了 35.5 个百分点。

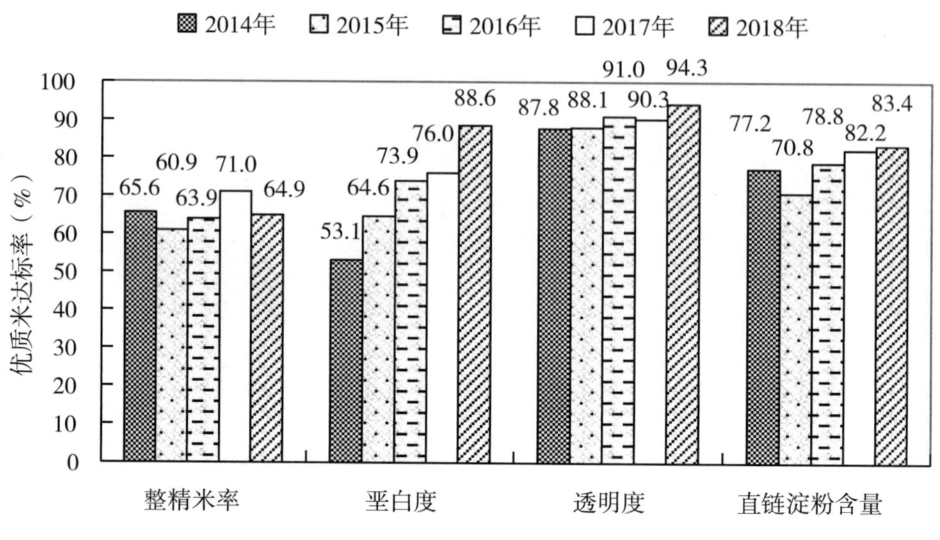

图 10－4　稻米主要品质性状达标变动情况

第十一章　中国稻米市场与贸易动态

2018年国内稻米市场价格整体明显低于2017年的水平。大米贸易继续保持净进口态势，贸易逆差明显缩小，其中大米进口量仍保持在300万t以上水平，达到307.7万t，比2017年减少94.9万t；出口208.9万t，比2017年大幅增加89.2万t，创近15年来新高①，主要是加大稻谷去库存力度，增加大米出口量，全年大米净进口量达到98.8万t。2018年国际大米市场供需仍然宽松，贸易量稳定增加，市场价格提振明显，泰国含碎25％大米的FOB价格同比上涨8.4％。

第一节　国内稻米市场与贸易概况

一、2018年我国稻米市场情况

2018年国内稻谷产量略有减少，但仍为历史较高水平，稻米市场供给充足。2018年国家继续在主产区实施稻谷最低收购价格政策，早籼稻、中晚籼稻、粳稻每50kg收购价格分别比2017年下调10元、10元和20元。尽管我国大米进口快速增加的势头有所缓解，但由于最低收购价格全面下调，国内稻米市场持续低迷走势；稻谷价格下跌、化肥和农药价格上涨、生产用工成本增加，导致种稻效益继续下降，农民生产积极性受到影响。

（一）2018年国内稻谷市场收购价格走势

2018年，国内稻米市场在经济下行压力增大、国内稻谷供需保持宽松、低价进口大米数量保持高位以及国家全线下调稻谷最低收购价格等一系列因素综合影响下，市场价格持续低迷，明显低于2017年水平，早籼稻、晚籼稻和粳稻市场价格全面下跌。据国家发改委价格监测，2018年全国早籼稻、晚籼稻和粳稻谷平均收购价格分别为每吨2 536.7元、2 633.7元和2 999.5元，分别比2017年下跌了86.8元、75.6元和56.2元，跌幅分别达到3.3％、2.7％和1.8％；2018年12月，早籼稻、晚籼稻和粳稻的平均收购价格分别为每吨2 455.3元、2 625.8元和2 979.4元，分别比2017年同期下跌6.9％、4.4％和0.4％（图11－1）。不同季度价格趋势如下。

① 本数据来源于农业农村部网站，大米进出口数据中包含少量稻谷和米粉制品等；为便于分析具体进出口品种和来源，本章后文叙述中大米进出口数据均采用海关总署数据进行分析，其中进口大米303.7万t，仅包含精米、糙米和碎米，不包含稻谷和米粉制品。

1. 第一季度（1—3 月）

国内稻米市场整体呈现平稳略降走势，市场购销略显清淡，终端需求不旺，大米企业等主体入市经营意愿较低，粳稻谷市场走势明显好于籼稻谷，粳强籼弱明显。2 月国家公布 2018 年稻谷最低收购价格，其中早籼稻、中晚籼稻、粳稻每 50kg 收购价格分别比 2017 年下调 10 元、10 元和 20 元，市场预期进一步下降；3 月稻谷托市收购结束后，市场重心逐步转向陈粮市场，国家临储稻谷拍卖提前重新启动，加工企业利润低下，开工积极性不高。3 月，国内早籼稻、晚籼稻、粳稻收购价格分别为每吨 2 616.7元、2 742.3元和 3 041.8元，其中早籼稻、晚籼稻收购价格分别比 1 月下跌 10.1 元、8.5 元，跌幅分别为 0.4%和 0.3%，粳稻收购价格比 1 月上涨 24.9 元，涨幅 0.8%。

2. 第二季度（4—6 月）

进入第二季度，稻米进入市场传统消费淡季，同时政策性稻谷大量涌入市场，越南、泰国、巴基斯坦等国家低价大米也持续进口到港，对国内稻谷市场特别是籼稻市场形成一定压制，稻谷收购行情全面走弱、市场价格快速下跌。6 月，国内早籼稻、晚籼稻、粳稻收购价格分别为每吨 2 563.0元、2 668.3元和 2 982.5元，分别比 4 月下跌 52.7 元、55.7 元和 46.8 元，跌幅分别为 2.0%、2.0%和 1.5%。

3. 第三季度（7—9 月）

进入第三季度，稻谷市场处于新旧粮交替之际，受终端需求低迷及政策性稻谷拍卖等因素影响，市场购销比较清淡，企业等主体入市操作谨慎。总体看，粳稻、晚籼稻收购市场走势平稳偏弱，但随着新季早籼稻陆续上市，早籼稻市场价格出现新一轮快速下跌行情。9 月份，国内早籼稻、晚籼稻、粳稻收购价格分别为每吨 2 433.9元、2 610.3元和 2 973.8元，分别比 7 月份下跌 89.1 元、48.5 元和 14.1 元，跌幅分别达到 3.5%、1.8%和 0.5%。

4. 第四季度（10—12 月）

进入 10 月份，新季中晚籼稻和粳稻陆续上市，市场供应迅速增加，在托市收购政策影响下，国内稻谷收购市场走势略有好转，但总体仍呈偏弱运行，市场上优质优价明显，普通稻市场价格明显下跌、出现滞销现象，‘丰两优’‘黄华占’等优质稻品种供不应求，市场价格不跌反涨。12 月份，籼稻、晚籼稻、粳稻收购价格分别为每吨 2 455.3 元、2 625.8元和 2 979.4元，分别比 10 月份下跌 18.8 元、11.3 元和 3.6 元，跌幅分别为 0.8%、0.4%和 0.1%。

（二）2018 年国内大米市场批发价格走势

全年大米批发市场走势总体呈现弱势运行格局，价格水平明显低于 2017 年。2018 年，全国标一早籼米、晚籼米、晚粳米年平均批发价格分别为每吨 3 808.8元、4 120.8 元和 4 425.7元，分别比 2017 年下跌 92.3 元、101.9 元和 196.7 元，跌幅分别为 2.4%、2.4%和 4.3%。

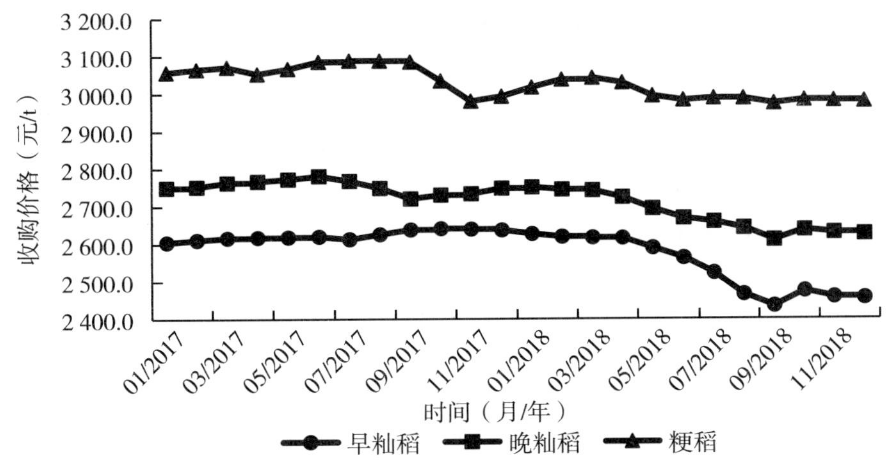

图 11-1　2017—2018 年全国粮食购销市场稻谷月平均收购价格走势

数据来源：国家发改委价格监测中心

1. 标一早籼米

受国家稻谷最低收购价全面调低、越南和巴基斯坦等国家低价大米进口以及早籼稻减产等因素综合影响，2018 年早籼米批发市场价格年内整体呈现震荡下跌态势。节日效应对年初早籼米批发价格市场走势并没有明显影响，1—5 月早籼米市场价格持续下滑，5 月份跌至每吨 3 782.6元，比 1 月份下跌 93.3 元，跌幅 2.4%。受水稻生产结构调整、部分地区播种移栽期间气候条件较差、部分地区休耕轮作面积增加等因素影响，2018 年早稻播种面积明显下降；但得益于早稻生长期间气候条件总体较好，全国早稻单产大幅提高、总产降低。7 月中下旬，新季早籼稻陆续集中上市，但由于最低收购价格连续第三年下调，对市场提振作用有限，早籼米批发价格在 7 月份短暂上涨后，随即市场走势持续呈现震荡行情，12 月份早籼米批发价格涨至每吨 3 836.3元，比 1 月份下跌 39.6 元，跌幅 1.0%（图 11-2）。

2. 标一晚籼米

晚籼米与早籼米批发市场走势基本相同，市场价格在 2 月份短暂涨至每吨 4 222.3元后随即持续快速下滑，至 8 月份跌至每吨 4 083.3元，比 2 月份每吨下跌 139.0 元，跌幅 3.3%，比 1 月份每吨下跌 111.3 元，跌幅 2.7%；受供求关系变化、低价大米进口、南方新季晚籼稻陆续上市以及主产区陆续启动托市收购等因素综合影响，9 月份晚籼米批发市场价格出现短期走强，进入第四季度晚籼米批发市场价格走势略有好转，12 月份市场价格恢复上涨至每吨 4 072.1元，比 1 月份每吨下跌 122.5 元，跌幅 2.9%（图 11-2）。

3. 标一晚粳米

与籼米批发市场走势相比，粳米市场价格涨跌起伏较大，全年整体呈现下跌态势。晚粳米批发市场价格在经历了一季度的短期小幅上涨外，二季度开始呈现持续震荡下跌态势，无论是新季粳稻上市还是粳稻托市收购启动均未对市场造成明显影响，12 月份晚粳米批发价格跌至每吨 4 261.0元，比 3 月份每吨下跌 335.9 元，跌幅达到 7.3%，比 1 月份每吨下跌 209.1 元，跌幅为 4.7%（图 11－2）。

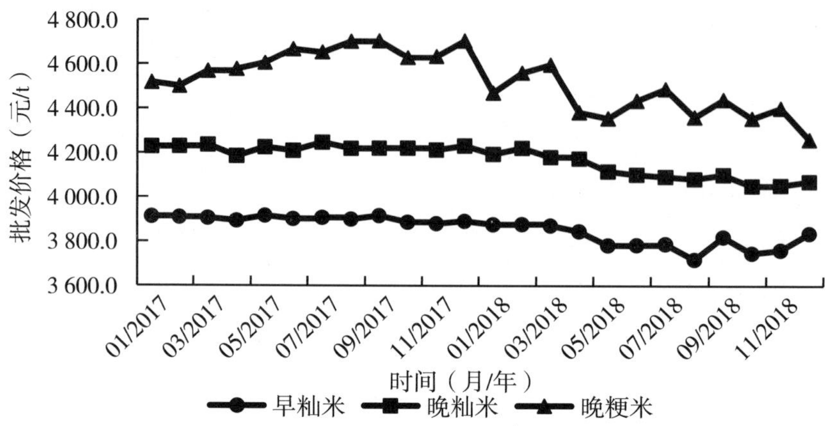

图 11－2　2017—2018 年全国粮食批发市场稻米月平均批发价格走势

数据来源：郑州粮油批发市场。

（三）2018 年国内稻谷托市收购和竞价交易情况

据国家粮食和物资储备局统计，2018 年全国各类企业累计收购粮食 36 000万 t，比 2017 年减少 6 500万 t，减幅 15.3%。其中，夏粮市场化收购比重超过 90%，秋粮市场化收购比重达 85%。主产区累计收购中晚籼稻 2 936万 t，同比减少 45 万 t；收购粳稻 3 402万 t，同比减少 419 万 t。

2018 年国内稻谷市场价格持续低迷，尽管稻谷最低收购价格全线下调，但大部分主产区新季稻谷开秤价格仍然低于国家公布的最低收购价格。8 月 8 日起，江西、湖南陆续启动 2018 年早籼稻最低收购价格执行预案，截至 9 月 30 日，主产区早籼稻累计收购 778.7 万 t，同比减少 121.6 万 t。其中，江西收购 352.8 万 t，同比减少 79.5 万 t；湖南收购 210.8 万 t，减少 33.1 万 t；广东收购 41.8 万 t，减少 10.4 万 t；广西收购 90.7 万 t，减少 2.5 万 t。10 月 15 日起，安徽、河南、湖北、四川、黑龙江、湖南、江西等 7 省陆续启动中晚稻最低收购价格执行预案，截至 12 月 31 日，湖北、安徽等 14 个主产区累计收购中晚籼稻 2 936万 t，同比减少 45 万 t；黑龙江等 7 个主产区累计收购粳稻 3 402万 t，同比减少 419 万 t。

2018 年，国家继续加大政策性粮油竞价销售的投放量，同时随行就市确定销售底价，合理把握销售时机与节奏，保障了粮油市场的正常供应，促进了产销区市场的有效衔接和平稳运行。据统计，2018 年国家累计向市场投放稻谷 9 848.4万 t，实际成交 857.5 万 t（不含定向及划转），成交率仅 8.7%，同比减少 11.4%，其中籼稻成交量低于上年，粳稻成交量明显高于上年。分品种看，早籼稻成交 72.8 万 t，占总成交量的 8.5%；中晚籼稻成交 251.2 万 t，占总成交量的 29.3%；粳稻成交 533.5 万 t，占总成交量的62.2%，其中2014年产粳稻成交约占90%。

此外，为全面掌握政策性粮食库存情况，防范化解风险隐患，确保国家粮食储备安全，2019年我国将组织开展全国政策性粮食库存数量和质量大清查，这是继2001年、2009年后开展的第三次全国性库存大清查。为保证大清查取得预期效果，2018年下半年已经在安徽、福建、江西等10省20个地市开展试点。

二、2018年我国大米国际贸易情况

（一）大米进出口品种结构

2018年，我国累计出口大米208.9万t，比2017年增加89.4万t，增幅74.7%。出口的大米品种主要是中短粒米精米、长粒米精米和中短粒米糙米[②]，这3类品种出口量约占大米出口总量的98%。2018年，我国中短粒米精米出口127.5万t，比2017年增加41.4万t，占大米出口总量的61.0%；长粒米精米出口58.7万t，增加43.7万t，占大米出口总量的28.1%；中短粒米糙米出口19.6万t，增加2.8万t，占大米出口总量的9.4%（表11-1）。

2018年，我国累计进口大米303.7万t，比2017年减少95.6万t，减幅24%。进口大米品种主要是长粒米精米、中短粒米精米、长粒米碎米和中短粒米碎米，这4类品种进口量占大米进口总量的98%左右。2018年，我国长粒米精米进口170.6万t，比2017年减少4.6万t，占大米进口总量的56.2%；中短粒米精米进口63.9万t，减少62.5万t，占大米进口总量的21.1%；长粒米碎米进口45.9万t，增加31.0万t，占大米进口总量的56.2%；中短粒米碎米进口19.8万t，减少53.2万t，占大米出口总量的6.5%（表11-1）。

表11-1　2017—2018年我国大米分品种进出口统计　　单位：万t,%

项目	2017年				2018年			
	出口量	比例	进口量	比例	出口量	比例	进口量	比例
总量	119.6	100	399.3	100	208.9	100	303.7	100
种用长粒米稻谷	1.6	1.4	0.0	0.0	1.9	0.9	0.0	0.0
种用中短粒米稻谷	0.0	0.0	0.0	0.0	0.1	0.1	0.0	0.0
其他长粒米稻谷	0.0	0.0	1.5	0.4	0.0	0.0	1.6	0.5
其他中短粒米稻谷	0.0	0.0	0.4	0.1	0.0	0.0	0.2	0.1

② 2018年，中国海关进出口商品名称与编码（HS Code）有所调整。调整前，进出口大米品种按照籼米、其他2类划分，调整后按照长粒米和中短粒米划分。即种用长粒米稻谷对应以前的种用籼米稻谷，种用中短粒米稻谷对应以前的其他种用稻谷，依此类推。

（续表）

项目	2017 年				2018 年			
	出口量	比例	进口量	比例	出口量	比例	进口量	比例
长粒米糙米	0.0	0.0	8.0	2.0	0.1	0.0	1.4	0.5
中短粒米糙米	16.8	14.1	0.1	0.0	19.6	9.4	0.3	0.1
长粒米精米	14.9	12.5	175.2	43.9	58.7	28.1	170.6	56.2
中短粒米精米	86.1	72.0	126.4	31.7	127.5	61.0	63.9	21.1
长粒米碎米	0.0	0.0	14.8	3.7	1.0	0.5	45.9	15.1
中短粒米碎米	0.1	0.1	73.0	18.3	0.1	0.0	19.8	6.5

数据来源：中国海关信息网。

（二）大米进出口国别和地区

从出口国家和地区看，非洲仍是我国最主要的大米出口地区。2018 年，我国向非洲出口大米 128.3 万 t，占大米出口总量的 61.4%；向亚洲出口 67.0 万 t，占 32.1%。其中，出口科特迪瓦 45.0 万 t，占出口总量的 21.6%，居出口国第一位；出口韩国 17.34 万 t，占 8.3%，居亚洲地区第一位。与 2017 年相比，2018 年我国出口非洲大米数量增加 50.0 万 t，增幅 63.8%；出口亚洲大米数量增加 28.6 万 t，增幅 74.7%（表 11－2）。

表 11－2　2017—2018 年我国大米分市场出口统计　　单位：万 t,%

地区和国家	2017 年		2018 年	
	出口量	比例	出口量	比例
世界	119.6	100.0	208.9	100.0
非洲	78.3	65.5	128.3	61.4
科特迪瓦	30.9	25.9	45.0	21.6
几内亚	1.4	1.1	18.4	8.8
埃　及	0.1	0.0	17.0	8.1
贝　宁	0.5	0.4	8.0	3.8
塞拉利昂	5.9	5.0	6.9	3.3
亚洲	38.3	32.1	67.0	32.1
韩　国	16.7	14.0	17.3	8.3
土耳其	7.4	6.2	16.8	8.0
菲律宾	2.7	2.3	8.2	3.9
日　本	1.5	1.3	7.3	3.5

（续表）

地区和国家	2017 年		2018 年	
	出口量	比例	出口量	比例
朝　鲜	3.6	3.0	4.4	2.1
美洲	1.3	1.0	7.0	3.3
波多黎各	0.4	0.3	6.4	3.1
欧洲	0.5	0.4	4.7	2.3
保加利亚	0	0	1.7	0.8
乌克兰	0	0	1.4	0.7
大洋洲	1.1	0.9	2.0	1.0
基里巴斯	0.2	0.1	0.5	0.3

数据来源：中国海关信息网。

2018 年，大米进口量明显减少，主要是随着国内稻米市场价格持续下行，东南亚大米与国内大米之间的价差缩小，进口大米利润缩减，导致国内大米进口量减少。据国家粮油信息中心数据监测，2018 年 12 月越南 5%破碎率大米到我国南方港口理论完税均价为每吨 3 340元，国产早籼米南方销区批发价每吨 3 720元，二者价差在每吨 380 元，明显低于 2017 年同期。从进口国家看，2018 年进口越南大米 145.2 万 t，占大米进口总量的 47.8%；进口泰国大米 89.9 万 t，占 29.6%；进口巴基斯坦大米 34.2 万 t，占 11.3%，进口来源国家非常集中（表 11-3）。2018 年中国将柬埔寨大米进口配额提升至 30 万 t，当年进口柬埔寨大米 17.9 万 t，连续四年位列柬埔寨大米出口国家第一位。2018 年，在封禁 7 年后，中国海关总署解除对日本新潟大米的进口限制；根据海关总署公告 2018 年第 211 号（关于进口美国大米检验检疫要求的公告），允许美国大米输华，但美国输华大米应符合《进口美国大米检验检疫要求》。

表 11-3　2017—2018 年我国大米分市场进口统计　　单位：万 t，%

地区和国家	2017 年		2018 年	
	进口量	比例	进口量	比例
世界	399.3	100.0	303.7	100.0
亚洲	398.9	99.9	303.5	99.9
越南	226.5	56.7	145.2	47.8
泰国	111.7	28.0	89.9	29.6
巴基斯坦	27.3	6.8	34.2	11.3
柬埔寨	17.9	4.5	16.3	5.4
缅甸	8.2	2.0	7.7	2.5

（续表）

地区和国家	2017 年		2018 年	
	进口量	比例	进口量	比例
老挝	7.3	1.8	7.4	2.4
中国台湾	0.0	0.0	2.8	0.9
欧洲	0.4	0.1	0.2	0.1
俄罗斯	0.4	0.1	0.2	0.1

数据来源：中国海关信息网。

第二节　国际稻米市场与贸易概况

一、2018 年国际大米市场情况

据联合国粮农组织粮食价格指数，2018 年世界谷物价格指数平均值为 165 点，比 2017 年上涨 9%，比 2011 年的高点下跌 31%。国际大米市场波动较大，价格震荡下行，但总体水平高于 2017 年。具体走势：一是 1—4 月份的快速上涨阶段。以泰国含碎 25%大米 FOB 价格为例，尽管 2017 年世界稻米继续增产，但在年初主要进口国家大米需求带动下，国际大米市场还是走出了一轮较强行情，市场价格从 1 月份的每吨 411.5 美元快速上涨至 443.0 美元，上涨了 31.5 美元，涨幅 7.7%；与 2017 年同期相比，4 月份国际大米价格大幅上涨 89.5 美元，涨幅高达 25.3%。二是 5—7 月份的快速下跌阶段。随着亚洲主产国家水稻增产预期增强，推动国际大米市场价格出现短期快速下跌，7 月份国际大米市场价格跌至每吨 387.0 美元，比 4 月份每吨下跌 56.0 美元，跌幅达到 12.6%，比 1 月份每吨下跌 24.5 美元，跌幅 6.0%；与 2017 年同期相比，国际大米价格下跌 20.3 美元，跌幅 5.0%。三是 8—12 月份的小幅波动阶段。进入下半年，受国际大米生产好于预期、国际大米市场需求旺盛等因素综合影响，国际市场大米价格震荡下行，至 12 月份跌至每吨 390.0 美元，比 8 月份每吨下跌 7.0 美元，跌幅 1.8%；比年初 1 月份每吨下跌 21.5 美元，跌幅 5.2%；与 2017 年同期相比，国际大米价格下跌了 7.0 美元，跌幅 1.8%（图 11－3）。

2018 年国际市场大米价格大幅波动的主要原因：一是供应仍然宽松。据联合国粮农组织（FAO）《作物前景与粮食形势》报告，预计 2018 年世界稻谷产量达到 7.33 亿 t，比 2017 增产 1 000万 t，增幅 1.3%，再创历史新高。稻谷连年增产、库存居高不下，据美国农业部《世界农产品供需报告》数据，2018/2019 年度世界大米库存量达到 16 325万 t，库存消费比达到 33.3%，远高于国际上公认的 17%～18%的粮食安全线水平，世界大米总体供需宽松，不利于市场价格上涨。二是需求小幅增长。2018 年，世界经济同步复苏，大宗商品整体价格继续保持温和上涨，但不同产品存在分化，特别是

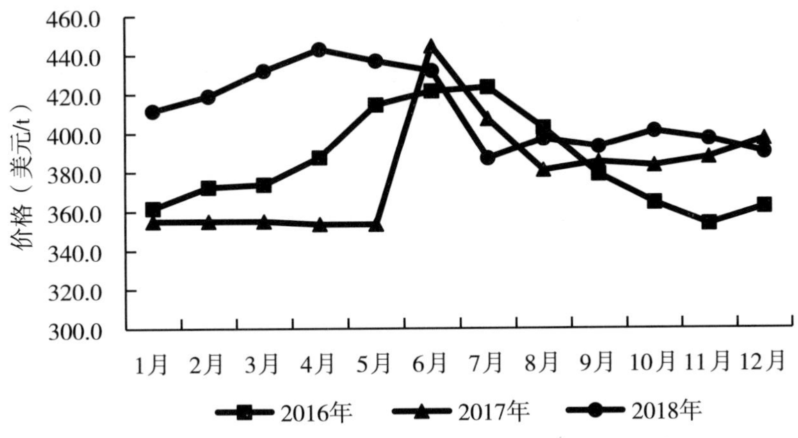

图 11-3　2016—2018 年国际大米市场价格走势

数据来源：国家发改委价格监测中心，大米价格为泰国含碎 25%大米 FOB 价。

2018 年世界食品价格指数，比 2017 年下跌 3.5%。世界大宗粮食仍处于供求过剩格局，粮食价格相对较低且保持稳定。根据美国农业部《世界农产品供需报告》数据，2018/2019 年度世界大米消费量达到 48 956万 t，比 2017/2018 年度增加 674 万 t，增幅 1.4%，消费需求小幅增长难以支撑粮价上涨。三是美元小幅走强。2018 年，美联储分别在 3 月、6 月、9 月和 12 月完成了 4 次加息，联邦基金利率目标区间从 2%～2.25%上调至 2.25%～2.50%，美元指数走势整体上行，累计涨幅超过 4.5%，对以美元计价的国际大宗商品价格影响较大。四是中美贸易摩擦。从 3 月 8 日美国决定对进口钢铁和铝产品全面征税开始，美国不断升级中美贸易摩擦，对世界经济发展的不确定性影响不断增强，一定程度上影响世界大米贸易。

二、2018 年国际大米贸易情况分析

（一）2018 年主要大米进口地区情况

世界大米进口地区主要集中在亚洲、非洲和拉丁美洲。2018 年，世界大米进口总量 4 757.1万 t。其中，亚洲累计进口大米 2 147.3万 t，占世界大米进口总量的 45.1%，比 2017 年增加 44.4 万 t，增幅 2.1%；非洲累计进口大米 1 416.6万 t，占世界大米进口总量的 29.8%，比 2017 年减少 20.2 万 t，减幅 1.4%；拉美地区累计进口大米 420.6 万 t，占世界大米进口总量的 8.8%，比 2017 年增加 0.9 万 t，增幅 0.2%（表 11-4）。

表 11-4　2016—2018 年主要大米进口地区和进口量　　单位：万 t

地域	2016 年	2017 年	2018 年
世　界	4 022.9	4 813.0	4 757.1

（续表）

地域	2016年	2017年	2018年
亚 洲	1 606.8	2 102.9	2 147.3
非 洲	1 208.2	1 436.8	1 416.6
美 洲	548.7	534.8	547.1
拉 美	436.4	419.7	420.6
欧 洲	202.7	222.9	222.0
大洋洲	16.3	16.4	16.7

数据来源：美国农业部（USDA）报告。

（二）2018年主要大米出口地区情况

2018年，世界大米出口总量为4 757.1万t，出口国家主要集中在亚洲，包括印度、泰国、越南、巴基斯坦等南亚、东南亚水稻主产国家。其中，印度出口大米1 179.1万t，占世界大米出口总量的24.8%；泰国出口大米1 105.6万t，占世界大米出口总量的23.2%；越南出口大米659.0万t，占13.9%；巴基斯坦出口大米395.0万t，占8.3%，上述4个国家累计出口大米3 338.7万t，占世界大米出口总量的70.2%（表11-5）。

表11-5 2016—2018年世界大米主要出口国家（地区）和出口数量 单位：万t

国家/地区	2016年	2017年	2018年
印度	1 006.2	1 257.3	1 179.1
泰国	986.7	1 161.5	1 105.6
越南	508.8	648.8	659.0
巴基斯坦	410.0	364.2	395.0
美国	335.5	334.9	276.3
缅甸	130.0	335.0	273.8
中国	36.8	117.3	205.8
巴西	64.1	59.4	124.5
柬埔寨	105.0	115.0	120.0
乌拉圭	99.6	105.1	79.9
巴拉圭	55.7	50.0	65.3
圭亚那	43.1	45.5	48.0
欧盟	27.0	36.9	35.0

数据来源：美国农业部（USDA）报告。

三、2018/2019 年度世界大米库存供求情况

据美国农业部世界农产品供需预测报告（表 11－6～表 11－8），2016/2017 年度世界大米初始库存为 14 237万 t，本年度生产量达到 49 082万 t；进口总量 4 129万 t，总消费量为 48 377万 t；出口总量 4 725万 t，期末库存为 14 943万 t。2017/2018 年度，世界大米初始库存为 14 943万 t，本年度生产量达到 49 507万 t；进口总量 4 738万 t，总消费量为 48 282万 t；出口总量 4 733万 t，期末库存为 16 168万 t。与 2017/2018 年度相比，2018/2019 年度世界大米产量降至 49 114万 t，减少了 393 万 t，减幅 0.8%；进出口贸易量略有减少，其中大米进口 4 526万 t，比 2017/2018 年度减少 212 万 t，减幅 4.5%；大米出口 4 811万 t，比 2017/2018 年度增加 78 万 t，增幅 1.6%；消费量稳定增加，达到 48 956万 t，比 2017/2018 年度增加 674 万 t，增幅 1.4%。受连年增产影响，2018/2019 年度世界大米库存量达到 16 325万 t，比 2017/2018 年度增加 157 万 t，增幅 1.0%；世界大米库存消费比（期末库存与国内消费量比值）达到 33.3%，比 2016/2017 年度提高 2.5 个百分点，但要比 2017/2018 年度降低 0.2 个百分点，已经连续三年稳定在 30%以上水平，远高于国际公认的 17%～18%的粮食安全线水平，世界大米总体供需平衡有余。

表 11－6　2016/2017 年度世界主要进出口国家大米供应情况　　单位：万 t

区域	供应		消费			期末库存
	初始库存	生产	进口	国内消费	出口	
世界	14 237	49 082	4 129	48 377	4 725	14 943
主要出口国	2 948	16 315	76	13 288	3 339	2 712
泰国	840	1 920	25	1 200	1 162	424
越南	156	2 740	50	2 200	649	97
美国	148	712	75	423	365	146
印度	1 840	10 970	0	9 578	1 177	2 055
巴基斯坦	112	685	1	310	352	137
主要进口国	1 004	6 654	1 190	7 756	122	971
中东地区	86	178	387	563	0	88
印度尼西亚	351	3 686	35	3 780	0	292
尼日利亚	153	441	250	670	0	174
欧盟	118	209	184	360	32	119
菲律宾	212	1 169	110	1 290	0	200

（续表）

区域	供应		消费			
	初始库存	生产	进口	国内消费	出口	期末库存
巴西	31	838	61	800	83	48

数据来源：美国农业部世界农产品供需报告。

表 11－7　2017/2018 年度世界主要进出口国家大米供应情况　单位：万 t

区域	供求		消费			
	初始库存	生产	进口	国内消费	出口	期末库存
世界	14 943	49 507	4 738	48 282	4 733	16 168
主要出口国	2 712	16 920	65	13 486	3 390	2 821
泰国	424	2 037	25	1 100	1 070	316
越南	97	2 847	40	2 200	670	114
美国	146	566	85	428	276	93
印度	2 055	11 291	0	9 866	1 220	2 260
巴基斯坦	137	745	0	320	430	132
主要进口国	971	6 741	1 357	7 885	138	1 046
中东地区	88	193	370	575	0	76
印度尼西亚	292	3 700	215	3 800	0	406
尼日利亚	174	466	200	710	0	130
欧盟	119	200	200	370	35	114
菲律宾	200	1 224	130	1 325	0	229
巴西	48	821	68	800	95	41

数据来源：美国农业部世界农产品供需报告。

表 11－8　2018/2019 年度世界主要进出口国家大米供求情况　单位：万 t

区域	供应		消费			
	初始库存	生产	进口	国内消费	出口	期末库存
世界	16 168	49 114	4 526	48 956	4 811	16 325
主要出口国	16 074	48 421	4 436	48 534	4 496	16 185
泰国	316	2 070	25	1 050	1 030	331
越南	114	2 907	40	2 220	700	141
美国	93	693	91	422	314	140
印度	2 260	11 100	0	100	1 250	2 110

（续表）

区域	供应		消费		出口	期末库存
	初始库存	生产	进口	国内消费		
巴基斯坦	132	740	0	325	425	122
主要进口国	1 046	6 759	1 345	7 970	129	1 050
中东地区	76	174	400	578	0	72
印度尼西亚	406	3 730	80	3 810	0	406
尼日利亚	130	479	240	740	0	109
欧盟	114	199	200	375	35	104
菲律宾	229	1 215	180	1350	0	274
巴西	41	816	65	803	85	34

数据来源：美国农业部世界农产品供需报告。

附　　表

附表 1　2017 年全国各省水稻生产面积、单产和总产情况表

地区	水稻		
	面积（万亩）	单产（kg/亩）	总产（万 t）
全国	46 120.8	461.1	21 267.6
北京	0.2	399.5	0.1
天津	45.7	575.8	26.3
河北	112.5	448.2	50.4
山西	1.1	454.0	0.5
内蒙古	183.3	465.0	85.2
辽宁	739.0	571.1	422.0
吉林	1 231.2	555.9	684.4
黑龙江	5 923.3	476.0	2 819.3
上海	156.2	548.1	85.6
江苏	3 356.6	563.8	1 892.6
浙江	931.0	477.9	444.9
安徽	3907.7	421.6	1 647.5
福建	942.9	417.0	393.2
江西	5 257.0	404.4	2 126.1
山东	163.3	552.0	90.1
河南	922.5	526.0	485.2
湖北	3 552.1	542.5	1 927.2
湖南	6 358.1	431.0	2 740.4
广东	2 708.1	386.4	1 046.3
广西	2 702.6	377.3	1 019.8
海南	370.0	333.1	123.2
重庆	988.4	492.7	487.0
四川	2 812.4	524.0	1 473.7
贵州	1 050.7	427.2	448.8

（续表）

地区	水稻		
	面积（万亩）	单产（kg/亩）	总产（万 t）
云南	1 305.8	405.3	529.2
西藏	1.3	373.8	0.5
陕西	158.5	508.5	80.6
甘肃	6.1	481.1	2.9
青海	0	0	0
宁夏	121.6	566.0	68.8
新疆	111.4	587.9	65.5

数据来源：根据国家统计局第三次全国农业普查数据整理。

附表 2　2017 年世界水稻生产面积、单产和总产情况

区域	面积（万亩）	单产（kg/亩）	总产（万 t）
世界	250 873.7	306.8	76 965.8
亚洲	218 308.8	317.3	69 259.1
非洲	22 439.5	162.9	3 656.0
美洲	9 029.7	394.6	3 563.5
欧洲	964.5	420.1	405.1
大洋洲	131.2	625.3	82.0
印度	65 683.5	256.5	16 850.0
中国	46 120.5	461.1	21 267.6
印度尼西亚	23 682.0	343.6	8 138.2
孟加拉国	16 908.0	289.7	4 898.0
泰国	15 922.2	209.7	3 338.3
越南	11 562.8	369.8	4 276.4
缅甸	10 118.1	253.3	2 562.5
尼日利亚	7 369.0	133.9	986.4
菲律宾	7 217.7	267.1	1 927.6
柬埔寨	4 426.3	233.8	1 035.0
巴基斯坦	4 350.9	256.8	1 117.5
巴西	3 012.2	414.0	1 247.0
几内亚	2 561.4	87.0	223.0

（续表）

区域	面积（万亩）	单产（kg/亩）	总产（万 t）
尼泊尔	2 328.7	224.6	523.0
日本	2 199.0	444.7	978.0
刚果	1 807.7	50.8	91.8
坦桑尼亚	1 754.9	163.7	287.2
美国	1 441.1	561.0	808.4
老挝	1 434.2	281.7	404.0
科特迪瓦	1 243.7	170.5	212.0
斯里兰卡	1 187.5	136.5	162.1
马里	1 151.8	241.4	278.1
韩国	1 132.1	466.8	528.4
马达加斯加	1 095.0	283.1	310.0
马来西亚	1 033.9	280.7	290.2
埃及	1 028.9	620.1	638.0
塞拉利昂	970.9	144.2	140.0
哥伦比亚	895.9	333.6	298.9
伊朗	857.3	307.8	263.9
朝鲜	712.7	334.4	238.3
秘鲁	633.7	479.5	303.9
厄瓜多尔	537.2	198.6	106.7

数据来源：联合国粮农组织（FAO），本表所列国家的水稻种植面积均在 500 万亩以上，共有 32 个。

附表 3　2014—2018 年我国早籼稻、晚籼稻和粳稻收购价格情况　　单位：元/t

年份	早籼稻	晚籼稻	粳稻
2014	2 617.9	2 716.5	3 001.7
2015	2 649.4	2 752.8	3 120.6
2016	2 624.8	2 724.8	3 032.9
2017	2 623.6	2 752.9	3 055.7
2018	2 536.7	2 677.3	2 999.5

数据来源：根据国家发改委价格监测中心数据整理。

附表 4　2014—2018 年我国早籼米、晚籼米和晚粳米批发价格情况　　单位：元/t

年份	早籼米	晚籼米	晚粳米
2014	3 800.0	4 105.0	4 212.5
2015	3 826.7	4 164.1	4 551.0
2016	3 856.6	4 135.8	4 475.0
2017	3 901.2	4 222.8	4 622.4
2018	3 808.9	4 120.8	4 425.7

数据来源：根据国家发改委价格监测中心数据整理。

附表 5　2014—2018 年国际市场大米现货价格情况　　单位：美元/t

年份	泰国含碎 25%大米 FOB 价格
2014	385.0
2015	372.1
2016	384.7
2017	379.8
2018	411.6

数据来源：根据国家发改委价格监测中心数据整理。

附表 6　2014—2018 年我国大米进出口贸易情况　　单位：万 t

年份	进口	出口
2014	257.9	41.9
2015	337.7	28.7
2016	356.2	39.5
2017	402.6	119.7
2018	307.7	208.9

数据来源：海关总署。

附表 7　2019 年农业农村部超级稻品种认定情况

序号	品种/组合	类型	选育单位
1	宁粳 7 号	粳型常规稻	南京农业大学
2	深两优 862	籼型两系杂交稻	江苏明天种业科技有限公司、南昌市德民农业科技有限公司、临湘市兆农科技研发中心
3	隆两优 1308	籼型两系杂交稻	袁隆平农业高科技股份有限公司、湖南隆平高科种业科学研究院有限公司、湖南亚华种业科学研究院、湖南亚华种业有限公司

（续表）

序号	品种/组合	类型	选育单位
4	隆两优 1377	籼型两系杂交稻	袁隆平农业高科技股份有限公司、广东省农业科学院水稻研究所、深圳隆平金谷种业有限公司、湖南亚华种业科学研究院
5	和两优 713	籼型两系杂交稻	广西恒茂农业科技有限公司
6	Y 两优 957	籼型两系杂交稻	创世纪种业有限公司、湖南袁创超级稻技术有限公司
7	隆两优 1212	籼型两系杂交稻	袁隆平农业高科技股份有限公司、广东省农业科学院水稻研究所、湖南百分农业科技有限公司
8	晶两优 1212	籼型两系杂交稻	袁隆平农业高科技股份有限公司、广东省农业科学院水稻研究所、湖南隆平高科种业科学研究院有限公司
9	华浙优 1 号	籼型三系杂交稻	浙江勿忘农种业股份有限公司、中国水稻所
10	万太优 3158	籼型三系杂交稻	广西壮族自治区农业科学院水稻研究所

注：根据超级稻品种退出规定，取消因推广面积未达要求的国稻 1 号、金优 299、Ⅱ优 084、Ⅱ优 7954、准两优 527、甬优 6 号、天优 122、金优 527、D 优 202 等 9 个品种的超级稻冠名；截至 2019 年，经农业农村部确认、可冠名超级稻的水稻品种共 132 个。

附表 8　2018 年国家和地方品种审定情况表

品种名称	审定编号	选育单位	品种名称	审定编号	选育单位
川种优 369	国审稻 20180001	中国种子集团有限公司三亚分公司等	晶两优 1212	国审稻 20186010	袁隆平农业高科技股份有限公司等
隆晶优 534	国审稻 20180002	袁隆平农业高科技股份有限公司等	隆两优 1234	国审稻 20186011	袁隆平农业高科技股份有限公司等
玖两优 475	国审稻 20180003	湖南恒德种业科技有限公司等	乾两优 8 号	国审稻 20186012	广西恒茂农业科技有限公司
创优华占	国审稻 20180004	湖南袁创超级稻技术有限公司等	欣荣优 33	国审稻 20186013	北京金色农华种业科技股份有限公司等
金早 239	国审稻 20180005	金华市农业科学研究院	隆晶优 1706	国审稻 20186014	袁隆平农业高科技股份有限公司等
陵两优 171	国审稻 20180006	江西兴安种业有限公司等	隆两优丝占	国审稻 20186015	广西恒茂农业科技有限公司等
五丰优 317	国审稻 20180007	湖南省衡阳市农业科学研究所等	九优 2117	国审稻 20186016	安徽荃银高科种业股份有限公司等
晶两优 1206	国审稻 20180008	袁隆平农业高科技股份有限公司等	蓉 7 优 2115	国审稻 20186017	北京金色农华种业科技股份有限公司等
内 6 优 103	国审稻 20180009	泸州金土地种业有限公司等	欣荣优 0861	国审稻 20186018	北京金色农华种业科技股份有限公司等
内 6 优 107	国审稻 20180010	四川省农业科学院水稻高粱研究所等	内 6 优 139	国审稻 20186019	合肥丰乐种业股份有限公司等

（续表）

品种名称	审定编号	选育单位	品种名称	审定编号	选育单位
荃优 527	国审稻 20180011	安徽荃银高科种业股份有限公司等	内优 506	国审稻 20186020	合肥丰乐种业股份有限公司等
荃优丝苗	国审稻 20180012	安徽荃银高科种业股份有限公司等	蜀乡优 695	国审稻 20186021	合肥丰乐种业股份有限公司等
神农优 228	国审稻 20180013	重庆市农业科学院等	雅优 2116	国审稻 20186022	合肥丰乐种业股份有限公司等
双优 573	国审稻 20180014	四川农业大学水稻研究所等	裕优华占	国审稻 20186023	湖北省种子集团有限公司等
雅 7 优 2117	国审稻 20180015	四川农业大学农学院等	广两优 990	国审稻 20186024	湖南奥谱隆科技股份有限公司
旌康优 1 号	国审稻 20180016	四川国垠天府种业有限责任公司等	六福优 977	国审稻 20186025	湖南奥谱隆科技股份有限公司
蓉 7 优 2117	国审稻 20180017	四川农业大学农学院等	云两优 588	国审稻 20186026	湖南奥谱隆科技股份有限公司
旺两优 958	国审稻 20180018	湖南袁创超级稻技术有限公司	科两优 8990	国审稻 20186027	湖南科裕隆种业有限公司
红两优 216	国审稻 20180019	中国种子集团有限公司	科两优 5219	国审稻 20186028	湖南科裕隆种业有限公司
聚两优 676	国审稻 20180020	福建省农业科学院水稻研究所等	天优湘 99	国审稻 20186029	湖南科裕隆种业有限公司
科两优 168	国审稻 20180021	江西科为农作物研究所	Y 两优 143	国审稻 20186030	湖南桃花源农业科技股份有限公司等
科两优 9218	国审稻 20180022	湖南科裕隆种子研究所有限公司	千优 531	国审稻 20186031	湖南希望种业科技股份有限公司
徽两优 2018	国审稻 20180023	安徽袁粮水稻产业有限公司等	N 两优 091	国审稻 20186032	湖南希望种业科技股份有限公司
安两优 989	国审稻 20180024	安徽赛诺种业有限公司	正优 531	国审稻 20186033	湖南希望种业科技股份有限公司
荃两优 2118	国审稻 20180025	安徽荃银高科种业股份有限公司等	川绿优 105	国审稻 20186034	科荟种业股份有限公司等
望两优 1133	国审稻 20180026	湖南金健种业科技有限公司	荟丰优 5438	国审稻 20186035	科荟种业股份有限公司
扬两优 228	国审稻 20180027	江苏里下河地区农业科学研究所等	科两优 211	国审稻 20186036	科荟种业股份有限公司等
源两优 9567	国审稻 20180028	武汉武大天源生物科技股份有限公司	蓉 7 优 523	国审稻 20186037	四川国豪种业股份有限公司等
C 两优雅占	国审稻 20180029	江西天涯种业有限公司等	双优 451	国审稻 20186038	四川国豪种业股份有限公司等
Y 两优 18	国审稻 20180030	湖南袁创超级稻技术有限公司	蓉 3 优 2117	国审稻 20186039	四川国豪种业股份有限公司等

（续表）

品种名称	审定编号	选育单位	品种名称	审定编号	选育单位
和两优 16	国审稻 20180031	江西科源种业有限公司等	内 6 优 2118	国审稻 20186040	四川国豪种业股份有限公司等
两优 531	国审稻 20180032	安徽省农业科学院水稻研究所	秋乡优 1302	国审稻 20186041	四川国豪种业股份有限公司等
科两优 826	国审稻 20180033	福建超大现代种业有限公司	隆两优 2115	国审稻 20186042	袁隆平农业高科技股份有限公司等
丰两优七号	国审稻 20180034	合肥丰乐种业股份有限公司	兴 3 优 1141	国审稻 20186043	袁隆平农业高科技股份有限公司等
隆两优 1318	国审稻 20180035	福建科力种业有限公司等	川绿优 149	国审稻 20186044	袁隆平农业高科技股份有限公司等
隆两优 96	国审稻 20180036	湖南隆平种业有限公司等	简两优 534	国审稻 20186045	袁隆平农业高科技股份有限公司等
荃优 0861	国审稻 20180037	江西先农种业有限公司等	隆晶优 4393	国审稻 20186046	袁隆平农业高科技股份有限公司等
荃优 737	国审稻 20180038	安徽荃银高科种业股份有限公司等	隆两优 1177	国审稻 20186047	袁隆平农业高科技股份有限公司等
旺两优 950	国审稻 20180039	湖南袁创超级稻技术有限公司	川种优 3877	国审稻 20186048	中国种子集团有限公司等
亚两优 598	国审稻 20180040	袁隆平农业高科技股份有限公司等	川种优 749	国审稻 20186049	中国种子集团有限公司等
扬两优 309	国审稻 20180041	江苏里下河地区农业科学研究所	德 1 优 205	国审稻 20186050	中国种子集团有限公司等
荃早优丝苗	国审稻 20180042	安徽荃银高科种业股份有限公司等	农两优 7231	国审稻 20186051	中国种子集团有限公司等
早优粤农丝苗	国审稻 20180043	江西先农种业有限公司等	双两优 508	国审稻 20186052	中国种子集团有限公司等
晶两优 534	国审稻 20180044	袁隆平农业高科技股份有限公司等	中广两优 727	国审稻 20186053	中国种子集团有限公司等
望两优华占	国审稻 20180045	湖南希望种业科技股份有限公司等	华浙优 1 号	国审稻 20186054	浙江勿忘农种业股份有限公司等
晶两优 336	国审稻 20180046	湖南亚华种业科学研究院	晶两优 3206	国审稻 20186055	袁隆平农业高科技股份有限公司等
荃优金三	国审稻 20180047	江西科源种业有限公司等	隆两优 947	国审稻 20186056	袁隆平农业高科技股份有限公司等
秀优 71207	国审稻 20180048	浙江省嘉兴市农业科学研究院（所）等	隆两优 1401	国审稻 20186057	袁隆平农业高科技股份有限公司等
甬优 7872	国审稻 20180049	宁波市种子有限公司	隆两优 1686	国审稻 20186058	袁隆平农业高科技股份有限公司等
隆两优黄莉占	国审稻 20180050	袁隆平农业高科技股份有限公司等	隆两优 2533	国审稻 20186059	袁隆平农业高科技股份有限公司等

（续表）

品种名称	审定编号	选育单位	品种名称	审定编号	选育单位
神9优28	国审稻20180051	重庆中一种业有限公司	荃优金24号	国审稻20186060	袁隆平农业高科技股份有限公司等
天隆粳71	国审稻20180052	国家粳稻工程技术研究中心	晶两优1988	国审稻20186061	袁隆平农业高科技股份有限公司等
裕粳136	国审稻20180053	原阳沿黄农作物研究所	晶两优黄莉占	国审稻20186062	袁隆平农业高科技股份有限公司等
华粳9号	国审稻20180054	江苏省大华种业集团有限公司	隆两优2246	国审稻20186063	袁隆平农业高科技股份有限公司等
淮稻268	国审稻20180055	江苏徐淮地区淮阴农业科学研究所等	隆两优绿丝苗	国审稻20186064	袁隆平农业高科技股份有限公司等
垦稻808	国审稻20180056	郯城县种苗研究所等	隆两优1273	国审稻20186065	袁隆平农业高科技股份有限公司等
泗稻16号	国审稻20180057	安徽源隆生态农业有限公司等	隆两优5号	国审稻20186066	袁隆平农业高科技股份有限公司等
徐稻10号	国审稻20180058	江苏徐淮地区徐州农业科学研究所	荃优1273	国审稻20186067	袁隆平农业高科技股份有限公司等
中科盐1号	国审稻20180059	江苏沿海地区农业科学研究所等	扬两优612	国审稻20186068	四川西科种业股份有限公司等
润农粳1号	国审稻20180060	山东润农种业科技有限公司	川谷优600	国审稻20186069	科荟种业股份有限公司等
金粳818	国审稻20180061	天津市水稻研究所	聚两优5476	国审稻20186070	科荟种业股份有限公司等
津原985	国审稻20180062	天津市原种场	智两优5336	国审稻20186071	科荟种业股份有限公司
天隆粳301	国审稻20180063	天津天隆科技股份有限公司	智两优5476	国审稻20186072	科荟种业股份有限公司
津粳优919	国审稻20180064	天津市水稻研究所	深两优857	国审稻20186073	江苏中江种业股份有限公司等
京粳3号	国审稻20180065	中国农业科学院作物科学研究所	荃优528	国审稻20186074	江苏中江种业股份有限公司等
吉农大1041	国审稻20180066	吉林农业大学	科优139	国审稻20186075	江苏红旗种业股份有限公司
沈稻529	国审稻20180067	沈阳农业大学农学院	Y两优609	国审稻20186076	江苏红旗种业股份有限公司
天隆优649	国审稻20180068	国家粳稻工程技术研究中心	卓两优581	国审稻20186077	湖南希望种业科技股份有限公司等
吉洋100	国审稻20180069	梅河口吉洋种业有限责任公司	N两优8号	国审稻20186078	湖南希望种业科技股份有限公司等
沈稻505	国审稻20180070	沈阳农业大学	深两优600	国审稻20186079	湖南桃花源农业科技股份有限公司

（续表）

品种名称	审定编号	选育单位	品种名称	审定编号	选育单位
中科发 6 号	国审稻 20180071	中国科学院遗传与发育生物学研究所等	深两优 867	国审稻 20186080	湖南桃花源农业科技股份有限公司
吉大 319	国审稻 20180072	吉林大学植物科学学院	科两优 12 号	国审稻 20186081	湖南科裕隆种业有限公司
吉洋 108	国审稻 20180073	梅河口吉洋种业有限责任公司	科两优 17 号	国审稻 20186082	湖南科裕隆种业有限公司
馨稻 9 号	国审稻 20180074	沈阳市辽馨水稻研究所	广两优 1000	国审稻 20186083	湖南奥谱隆科技股份有限公司
吉大 398	国审稻 20180075	吉林大学植物科学学院	六福优 996	国审稻 20186084	湖南奥谱隆科技股份有限公司
吉农大 531	国审稻 20180076	吉林农业大学	黔丰优 877	国审稻 20186085	湖南奥谱隆科技股份有限公司
中科发 5 号	国审稻 20180077	中国科学院遗传与发育生物学研究所	清两优 185	国审稻 20186086	湖北省种子集团有限公司等
白粳 2 号	国审稻 20180078	吉林省白城市农业科学院	清两优 225	国审稻 20186087	湖北省种子集团有限公司等
吉农大 521	国审稻 20180079	吉林农业大学	荃优 631	国审稻 20186088	湖北省种子集团有限公司等
龙稻 115	国审稻 20180080	黑龙江省农业科学院耕作栽培研究所	扬籼优 919	国审稻 20186089	湖北省种子集团有限公司等
龙稻 202	国审稻 20180081	黑龙江省农业科学院耕作栽培研究所	荃优 554	国审稻 20186090	湖北省种子集团有限公司等
荃 9 优 801	国审稻 20180082	安徽荃银欣隆种业有限公司等	荃优 W8	国审稻 20186091	湖北省种子集团有限公司等
和两优 1086	国审稻 20180083	四川泰隆汇智生物科技有限公司	创两优 926	国审稻 20186092	合肥丰乐种业股份有限公司等
内 6 优 595	国审稻 20180084	四川丰大农业科技有限责任公司等	徽两优 6192	国审稻 20186093	合肥丰乐种业股份有限公司等
蓉 3 优 567	国审稻 20180085	南充市农业科学院等	丰两优 406	国审稻 20186094	合肥丰乐种业股份有限公司
宜 1 优 3185	国审稻 20180086	宜宾市农业科学院等	奋两优 686	国审稻 20186095	合肥丰乐种业股份有限公司
泰优 187	国审稻 20180087	四川泰隆汇智生物科技有限公司	徽两优 9192	国审稻 20186096	合肥丰乐种业股份有限公司等
正优 538	国审稻 20180088	四川正兴种业有限公司	C 两优 919	国审稻 20186097	合肥丰乐种业股份有限公司等
深两优 31	国审稻 20180089	四川泰隆农业科技有限公司等	深两优 828	国审稻 20186098	合肥丰乐种业股份有限公司等
大两优 968	国审稻 20180090	安徽丰大种业股份有限公司	C 两优丝苗	国审稻 20186099	北京金色农华种业科技股份有限公司等

（续表）

品种名称	审定编号	选育单位	品种名称	审定编号	选育单位
红优 3348	国审稻 20180091	武汉大学等	徽两优 238	国审稻 20186100	北京金色农华种业科技股份有限公司等
荃优 868	国审稻 20180092	安徽华安种业有限责任公司等	荃优粤农丝苗	国审稻 20186101	北京金色农华种业科技股份有限公司等
深两优 8012	国审稻 20180093	中国水稻研究所	九优 27 占	国审稻 20186102	安徽荃银高科种业股份有限公司等
湘两优华占	国审稻 20180094	湖南年丰种业科技有限公司等	荃优 9028	国审稻 20186103	安徽荃银高科种业股份有限公司
N 两优 1133	国审稻 20180095	湖南金健种业科技有限公司	荃优 1512	国审稻 20186104	安徽荃银高科种业股份有限公司等
荃优 665	国审稻 20180096	湖南金健种业科技有限公司等	荃优 523	国审稻 20186105	安徽荃银高科种业股份有限公司等
K 两优 369	国审稻 20180097	福建丰田种业有限公司	银两优丝苗	国审稻 20186106	安徽荃银高科种业股份有限公司等
徽两优 473	国审稻 20180098	安徽袁粮水稻产业有限公司等	荃早优 406	国审稻 20186107	安徽荃银高科种业股份有限公司
星两优华占	国审稻 20180099	安徽袁粮水稻产业有限公司等	欣荣优粤农丝苗	国审稻 20186108	北京金色农华种业科技股份有限公司等
H 优 523	国审稻 20180100	成都科瑞农业研究中心	安优美占	国审稻 20186109	广西恒茂农业科技有限公司等
E 两优 78	国审稻 20180101	四川嘉禾种子有限公司等	19 两优华占	国审稻 20186110	合肥丰乐种业股份有限公司等
梦两优 1177	国审稻 20180102	广汉泰利隆农作物研究所	鹏优 1269	国审稻 20186111	合肥丰乐种业股份有限公司等
荃优 259	国审稻 20180103	湖南金色农华种业科技有限公司等	鹏优 5774	国审稻 20186112	合肥丰乐种业股份有限公司等
创两优 669	国审稻 20180104	合肥丰民农业科技有限公司	桃优 205	国审稻 20186113	合肥丰乐种业股份有限公司等
K 两优 1269	国审稻 20180105	福建省南平市农业科学研究所	六福优 1066	国审稻 20186114	湖南奥谱隆科技股份有限公司
荃优 712	国审稻 20180106	武汉惠华三农种业有限公司等	黔丰优 900	国审稻 20186115	湖南奥谱隆科技股份有限公司
安两优 586	国审稻 20180107	安徽隆平高科种业有限公司	天两优 682	国审稻 20186116	湖南奥谱隆科技股份有限公司
欣两优 2172	国审稻 20180108	安徽荃银欣隆种业有限公司	五丰优 9989	国审稻 20186117	湖南奥谱隆科技股份有限公司
瑞两优 9578	国审稻 20180109	安徽国瑞种业有限公司	科优 8440	国审稻 20186118	湖南科裕隆种业有限公司
隆两优金 10 号	国审稻 20180110	湖北华之夏种子有限责任公司等	元优 808	国审稻 20186119	湖南科裕隆种业有限公司

（续表）

品种名称	审定编号	选育单位	品种名称	审定编号	选育单位
广两优 815	国审稻 20180111	湖南湘穗种业有限责任公司	玖两优佳辐占	国审稻 20186120	湖南桃花源农业科技股份有限公司等
创两优 001	国审稻 20180112	垦丰长江种业科技有限公司等	桃湘优华占	国审稻 20186121	湖南桃花源农业科技股份有限公司等
旌 3 优 808	国审稻 20180113	四川泰隆农业科技有限公司等	安丰优 5466	国审稻 20186122	科荟种业股份有限公司等
泸优 911	国审稻 20180114	垦丰长江种业科技有限公司等	安丰优 6101	国审稻 20186123	科荟种业股份有限公司等
C 两优 810	国审稻 20180115	湖南鑫盛华丰种业科技有限公司等	泰丰优 218	国审稻 20186124	科荟种业股份有限公司等
德两优华占	国审稻 20180116	湖南金健种业科技有限公司等	五丰优 5466	国审稻 20186125	科荟种业股份有限公司等
玖两优华占	国审稻 20180117	湖南金健种业科技有限公司等	隆优 4456	国审稻 20186126	袁隆平农业高科技股份有限公司等
秀优 207	国审稻 20180118	浙江省嘉兴市农业科学研究院（所）等	隆优 534	国审稻 20186127	袁隆平农业高科技股份有限公司等
江两优 7901	国审稻 20180119	浙江大学等	隆优丝苗	国审稻 20186128	袁隆平农业高科技股份有限公司等
常农粳 151	国审稻 20180120	常熟市种业有限公司等	玖两优 10	国审稻 20186129	袁隆平农业高科技股份有限公司等
中禾优 1 号	国审稻 20180121	中国科学院遗传与发育生物学研究所等	五优 19	国审稻 20186130	中国种子集团有限公司
中粳 616	国审稻 20180122	中国种子集团有限公司	扬籼优 633	国审稻 20186131	北京金色农华种业科技股份有限公司等
武科粳 210	国审稻 20180123	江苏（武进）水稻研究所等	和两优 627	国审稻 20186132	广西恒茂农业科技有限公司等
润稻 118	国审稻 20180124	镇江润健农艺有限公司	广星优 1380	国审稻 20186133	海南神农基因科技股份有限公司等
鸿源 6 号	国审稻 20180125	黑龙江孙斌鸿源农业开发集团有限责任公司	兆优 6319	国审稻 20186134	海南神农基因科技股份有限公司
晶两优 1237	国审稻 20186001	袁隆平农业高科技股份有限公司等	N 两优 581	国审稻 20186135	湖南希望种业科技股份有限公司等
晶两优 1377	国审稻 20186002	袁隆平农业高科技股份有限公司等	C 两优 66	国审稻 20186136	湖南希望种业科技股份有限公司等
隆晶优 8129	国审稻 20186003	袁隆平农业高科技股份有限公司等	望两优 581	国审稻 20186137	湖南希望种业科技股份有限公司等

（续表）

品种名称	审定编号	选育单位	品种名称	审定编号	选育单位
C两优727	国审稻20186004	北京金色农华种业科技股份有限公司等	韵两优633	国审稻20186138	袁隆平农业高科技股份有限公司等
B两优6号	国审稻20186005	湖南希望种业科技股份有限公司	晶两优1686	国审稻20186139	袁隆平农业高科技股份有限公司等
B两优华占	国审稻20186006	湖南希望种业科技股份有限公司等	晶两优4952	国审稻20186140	袁隆平农业高科技股份有限公司等
晶两优1199	国审稻20186007	袁隆平农业高科技股份有限公司等	晶两优8612	国审稻20186141	袁隆平农业高科技股份有限公司等
晶两优510	国审稻20186008	袁隆平农业高科技股份有限公司等	隆两优3463	国审稻20186142	袁隆平农业高科技股份有限公司等
隆两优810	国审稻20186009	袁隆平农业高科技股份有限等	韵两优827	国审稻20186143	袁隆平农业高科技股份有限公司等
南方稻区					
扬籼优919	苏审稻20180001	江苏里下河地区农业科学研究所等	民优919	闽审稻20180001	福建省农业科学院水稻研究所
宁籼优42	苏审稻20180002	江苏省农业科学院粮食作物研究所	深优957	闽审稻20180002	清华大学深圳研究生院
C两优113	苏审稻20180003	江苏瑞华农业科技有限公司	潢优308	闽审稻20180003	福建禾丰种业股份有限公司等
扬粳3012	苏审稻20180004	江苏金土地种业有限公司等	旺两优338	闽审稻20180004	福建旺穗种业有限公司等
南粳2728	苏审稻20180005	江苏省农业科学院粮食作物研究所等	广两优927	闽审稻20180005	福建农乐种业有限公司
扬粳3491	苏审稻20180006	江苏里下河地区农业科学研究所等	广8优676	闽审稻20180006	福建省农业科学院水稻研究所等
淮粳1309	苏审稻20180007	徐州佳禾农业科技有限公司等	M76优212	闽审稻20180007	福建亚丰种业有限公司等
春优284	苏审稻20180008	中国水稻研究所等	福农优676	闽审稻20180008	福建省农业科学院水稻研究所等
丰粳3227	苏审稻20180009	江苏神农大丰种业科技有限公司等	荃优212	闽审稻20180009	福建省农业科学院水稻研究所等
南粳3818	苏审稻20180010	江苏省农业科学院粮食作物研究所等	广两优769	闽审稻20180010	福建省南平市农业科学研究所
常农粳12号	苏审稻20180011	常熟市农业科学研究所	金岩优2050	闽审稻20180011	福建农林大学作物科学学院等
南粳3908	苏审稻20180012	江苏明天种业科技股份有限公司等	荃优175	闽审稻20180012	福建省农业科学院水稻研究所等
甬优5356	苏审稻20180013	宁波市种子有限公司	内6优673	闽审稻20180013	福建省农业科学院水稻研究所等

（续表）

品种名称	审定编号	选育单位	品种名称	审定编号	选育单位
明糯 1332	苏审稻 20180014	江苏明天种业科技股份有限公司	天优 109	闽审稻 20180014	漳州市农业科学研究所等
申优 114	沪审稻 2018001	上海黄海种业有限公司等	晶两优 534	闽审稻 20180015	袁隆平农业高科技股份有限公司等
申武优 26	沪审稻 2018002	光明种业有限公司等	泰优 2165	闽审稻 20180016	福建省农业科学院水稻研究所等
紫祥优 26	沪审稻 2018003	上海弘辉种业有限公司等	内 6 优 7075	闽审稻 20180017	福建省农业科学院水稻研究所等
交源优 6 号	沪审稻 2018004	上海旗冰种业科技有限公司	两优 7283	闽审稻 20180018	福建农林大学作物科学学院等
秋优 23	沪审稻 2018005	上海市闵行区农业技术服务中心	嘉糯 6 优 8 号	闽审稻 20180019	福建农林大学作物遗传改良研究所
青角 38	沪审稻 2018006	青浦区农业技术推广服务中心等	闽红两优 3 号	闽审稻 20180020	福建省农业科学院水稻研究所等
光明粳 4 号	沪审稻 2018007	光明种业有限公司等	闽红两优 727	闽审稻 20180021	福建亚丰种业有限公司等
旱优 127	沪审稻 2018008	上海天谷生物科技股份有限公司	糯两优 561	闽审稻 20180022	湖北中香农业科技股份有限公司等
旱优 780	沪审稻 2018009	上海市农业生物基因中心	中香糯 17	闽审稻 20180023	湖北中香农业科技股份有限公司
沪黄 1 号	沪审稻 2018010	上海市农业科学院	紫两优 3 号	闽审稻 20180024	福建省农业科学院水稻研究所等
嘉育 25	浙审稻 2018001	浙江勿忘农种业股份有限公司等	智农 S	闽审稻 20180025	科荟种业股份有限公司
甬籼 409	浙审稻 2018002	绍兴市舜达种业有限公司等	茉 01S	闽审稻 20180026	科荟种业股份有限公司等
中组 143	浙审稻 2018003	中国水稻研究所	旺 9S（T528S）	闽审稻 20180027	福建旺穗种业有限公司等
甬籼 15	浙审稻 2018004	宁波市农业科学研究院等	宁 12A	闽审稻 20180028	宁德市农业科学研究所
浙湖粳 25	浙审稻 2018005	湖州市农业科学研究院等	福农 A	闽审稻 20180029	福建省农业科学院水稻研究所
浙糯 106	浙审稻 2018006	浙江省农业科学院作物与核技术利用研究所等	潢达 A	闽审稻 20180030	福建省农业科学院水稻研究所
嘉禾 239	浙审稻 2018007	嘉兴市农业科学研究院等	利达 A	闽审稻 20180031	福建省农业科学院水稻研究所等
浙粳 96	浙审稻 2018008	浙江省农业科学院作物与核技术利用研究所等	明 1A	闽审稻 20180032	三明市农业科学研究院

（续表）

品种名称	审定编号	选育单位	品种名称	审定编号	选育单位
甬优 25	浙审稻 2018009	宁波市种子有限公司	明 2A	闽审稻 20180033	三明市农业科学研究院
深两优 7248	浙审稻 2018010	中国水稻研究所	早糯 5 号	皖审稻 2018001	宣城市农业技术试验中心
泰两优 217	浙审稻 2018011	浙江科原种业有限公司等	中佳早 19	皖审稻 2018002	中国水稻研究所
V 两优 1219	浙审稻 2018012	温州市农业科学研究院等	早籼 310	皖审稻 2018003	芜湖青弋江种业有限公司等
隆两优 3206	浙审稻 2018013	湖南隆平种业有限公司等	丰两优 688	皖审稻 2018004	合肥丰乐种业股份有限公司
钱优 3514	浙审稻 2018014	台州市农业科学研究院等	创两优 518	皖审稻 2018005	安徽袁氏农业科技发展有限公司等
嘉禾优 001	浙审稻 2018015	嘉兴市农业科学研究院	两优 224	皖审稻 2018006	安徽省农业科学院水稻研究所等
嘉优中科 13－1	浙审稻 2018016	嘉兴市农业科学研究院等	Ⅱ优 054	皖审稻 2018007	安徽省农业科学院水稻研究所等
中嘉优 9 号	浙审稻 2018017	中国水稻研究所	荃优金 1 号	皖审稻 2018008	深圳市金谷美香实业有限公司等
秀优 7113	浙审稻 2018018	嘉兴市农业科学研究院等	C 两优 300	皖审稻 2018009	黄山市农业科学研究所
秀优 4913	浙审稻 2018019	嘉兴市农业科学研究院等	C 两优 280	皖审稻 2018010	安徽真金彩种业有限责任公司
泰两优 1332	浙审稻 2018020	浙江科原种业有限公司等	安两优 338	皖审稻 2018011	安徽隆平高科种业有限公司
安粳优 1 号	浙审稻 2018021	浙江大学原子核农业科学研究所等	深两优 3206	皖审稻 2018012	袁隆平农业高科技股份有限公司等
洪优早 1 号	赣审稻 20180001	江西洪崖种业有限责任公司等	C 两优 259	皖审稻 2018013	北京金色农华种业科技股份有限公司
陵两优 726	赣审稻 20180002	江西省天仁种业有限公司等	徽两优 166	皖审稻 2018014	安徽省农业科学院水稻研究所等
陵两优 5018	赣审稻 20180003	江西惠农种业有限公司等	深两优 276	皖审稻 2018015	安徽喜多收种业科技有限公司
株两优 718	赣审稻 20180004	江西科源种业有限公司等	两优 8917	皖审稻 2018016	安徽省农业科学院水稻所等
陵两优 69	赣审稻 20180005	江西现代种业股份有限公司等	皖垦糯 3 号	皖审稻 2018017	扬州大学等
陆两优 171	赣审稻 20180006	中国水稻研究所等	甬优 7753	皖审稻 2018018	宁波市种子有限公司
宜两优 53	赣审稻 20180007	江西兆丰种业有限公司	富粳 272	皖审稻 2018019	安徽省创富种业有限公司等

（续表）

品种名称	审定编号	选育单位	品种名称	审定编号	选育单位
甬籼 15	赣审稻 20180008	江西兴安种业有限公司等	豪运粳 2278	皖审稻 2018020	安徽国豪农业科技有限公司
吉优 585	赣审稻 20180009	江西雅农科技实业有限公司等	皖垦粳 11036	皖审稻 2018021	江苏（武进）水稻研究所等
株两优 2013	赣审稻 20180010	江西兴安种业有限公司等	裕粳 6 号	皖审稻 2018022	安徽喜多收种业科技有限公司
徽两优 106	赣审稻 20180011	江西农嘉种业有限公司等	广粳 8 号	皖审稻 2018023	广德县农业科学研究所等
梦两优 534	赣审稻 20180012	江西博大种业有限公司等	依粳 8 号	皖审稻 2018024	安徽依多丰农业科技有限公司
农香优 665	赣审稻 20180013	江西金山种业有限公司	粳糯 795	皖审稻 2018025	安徽省农业科学院水稻研究所等
荃优 0861	赣审稻 20180014	江西先农种业有限公司等	创粳 1 号	皖审稻 2018026	安徽盛创农业科技有限公司等
富美占	赣审稻 20180015	广西恒茂农业科技有限公司等	深两优 101	皖审稻 2018027	安徽赛诺种业有限公司
荃优 918	赣审稻 20180016	江西大地丰收种业有限公司等	丹糯 1 号	皖审稻 2018028	马鞍山市科农种业有限公司
C 两优雅占	赣审稻 20180017	江西天涯种业有限公司等	巨风优 441	皖审稻 2018029	黄冈市农业科学院等
广两优 1213	赣审稻 20180018	江西天涯种业有限公司等	恒丰优 778	湘审稻 20180001	广东粤良种业有限公司
嘉优中科 10 号	赣审稻 20180019	中国科学院遗传与发育生物学研究所等	泰两优 1528	湘审稻 20180002	湖南兴亚种业科技有限公司等
晶两优丝占	赣审稻 20180020	江西科源种业有限公司等	锦两优 1988	湘审稻 20180003	湖南隆平高科种业科学研究院有限公司等
荃优 33	赣审稻 20180021	江西先农种业有限公司等	绿银占	湘审稻 20180004	深圳隆平金谷种业有限公司
和两优 03	赣审稻 20180022	景德镇市农牧渔业科学研究所	吉两优 1 号	湘审稻 20180005	湖南恒大种业高科技有限公司
恒优 758	赣审稻 20180023	新余市农业科学研究所等	鹏优 5627	湘审稻 20180006	广东和丰种业科技有限公司
荃优 751	赣审稻 20180024	南京农业大学水稻研究所	民两优 1314	湘审稻 20180007	怀化职业技术学院等
鄂丰丝苗	赣审稻 20180025	江西农业大学农学院等	深两优 475	湘审稻 20180008	湖南恒德种业科技有限公司等
兴安香占	赣审稻 20180026	江西兴安种业有限公司	梦两优 5208	湘审稻 20180009	湖南隆平种业有限公司等
糯优 399	赣审稻 20180027	江西惠农种业有限公司等	梦两优丝苗	湘审稻 20180010	湖南隆平种业有限公司等

（续表）

品种名称	审定编号	选育单位	品种名称	审定编号	选育单位
坤两优 1 号	赣审稻 20180028	江西科源种业有限公司等	隆两优 7810	湘审稻 20180011	袁隆平农业高科技股份有限公司等
鑫两优 1698	赣审稻 20180029	鹰潭市农业科学研究院等	B 两优 6 号	湘审稻 20180012	湖南希望种业科技股份有限公司
上堡大禾谷	赣审稻 20180030	崇义县农业技术推广站	隆两优 1686	湘审稻 20180013	袁隆平农业高科技股份有限公司等
早优星占	赣审稻 20180031	江西普胜农业开发有限责任公司等	旺两优 958	湘审稻 20180014	湖南袁创超级稻技术有限公司
壮优 381	赣审稻 20180032	江西科源种业有限公司	惠两优 419	湘审稻 20180015	湖南省春云农业科技股份有限公司
万象优 337	赣审稻 20180033	江西红一种业科技股份有限公司等	创两优银华粘	湘审稻 20180016	湖南永益农业科技发展有限公司等
鹏优 1127	赣审稻 20180034	景德镇市农牧渔业科学研究所等	深两优 111	湘审稻 20180017	湖南金色农华种业科技有限公司等
五谷丰 1 号	赣审稻 20180035	江西省超级水稻研究发展中心	创两优 965	湘审稻 20180018	湖南鑫盛华丰种业科技有限公司等
玖两优 121	赣审稻 20180036	江西先农种业有限公司等	金两优华占	湘审稻 20180019	湖南金健种业科技有限公司等
玖两优 830	赣审稻 20180037	江西天涯种业有限公司等	创两优丰占	湘审稻 20180020	袁氏种业高科技有限公司等
深优 566	赣审稻 20180038	江西大地丰收种业有限公司等	望两优 147	湘审稻 20180021	湖南希望种业科技股份有限公司等
金福优 8339	赣审稻 20180039	萍乡市农业科学研究所	晶两优 1252	湘审稻 20180022	袁隆平农业高科技股份有限公司等
吉田优华占	赣审稻 20180040	江西农嘉种业有限公司等	C 两优 260	湘审稻 20180023	湖南亚华种业有限公司等
玖两优 9815	赣审稻 20180041	江西大众种业有限公司等	隆两优 1019	湘审稻 20180024	袁隆平农业高科技股份有限公司等
广泰优华占	赣审稻 20180042	江西先农种业有限公司等	荃优 113	湘审稻 20180025	湖南隆平高科种业科学研究有限公司等
新泰优航 0799	赣审稻 20180043	江西天稻粮安种业有限公司等	隆两优 1308	湘审稻 20180026	袁隆平农业高科技股份有限公司等
早优 827	赣审稻 20180044	江西科源种业有限公司等	韵两优 332	湘审稻 20180027	湖南隆平种业有限公司等
C 两优 111	赣审稻 20180045	江西洪崖种业有限责任公司	科两优华占	湘审稻 20180028	北京金色农华种业科技股份有限公司
吉优晶禾	赣审稻 20180046	江西雅农科技实业有限公司等	晶两优 1377	湘审稻 20180029	袁隆平农业高科技股份有限公司等
泰优 2068	赣审稻 20180047	广西恒茂农业科技有限公司等	五优玉占	湘审稻 20180030	湖南恒德种业科技有限公司等

（续表）

品种名称	审定编号	选育单位	品种名称	审定编号	选育单位
泰乡优粤丝苗	赣审稻 20180048	江西天涯种业有限公司等	安优 390	湘审稻 20180031	湖南优至种业有限公司等
荃优 618	赣审稻 20180049	江西大地丰收种业有限公司等	盛优 2318	湘审稻 20180032	湖南鑫盛华丰种业科技有限公司等
恒丰优 50	赣审稻 20180050	江西天涯种业有限公司等	顺优 656	湘审稻 20180033	湖南鑫盛华丰种业科技有限公司等
昌优华占	赣审稻 20180051	江西天涯种业有限公司等	五优银占	湘审稻 20180034	湖南永益农业科技发展有限公司等
野香优 2 号	赣审稻 20180052	江西天稻粮安种业有限公司等	惠两优 998	湘审稻 20180035	湖南北大荒种业科技有限责任公司等
泰丰优 208	赣审稻 20180053	江西现代种业股份有限公司等	隆 6 优华占	湘审稻 20180036	湖南隆平种业有限公司等
软华优 1179	赣审稻 20180054	国家植物航天育种工程技术研究中心等	深优 1706	湘审稻 20180037	袁隆平农业高科技股份有限公司等
黑金珠 6 号	赣审稻 20180055	江西春丰农业科技有限公司等	荃优 594	湘审稻 20180038	湖南隆平高科种业科学研究院有限公司等
赣黑 21	赣审稻 20180056	江西农业大学农学院	望两优 889	湘审稻 20180039	湖南希望种业科技股份有限公司等
昌 287A	赣审稻 20180057	江西天涯种业有限公司等	恒优 068	湘审稻 20180040	湖南优至种业有限公司等
泰乡 1209A	赣审稻 20180058	江西天涯种业有限公司	玖两优 298	湘审稻 20180041	湖南金色农丰种业有限公司等
赣 73A	赣审稻 20180059	江西省农业科学院水稻研究所	五优新华粘	湘审稻 20180042	湖南永益农业科技发展有限公司等
欢 S	赣审稻 20180060	江西农嘉种业有限公司等	Y 两优 911	湘审稻 20180043	湖南袁创超级稻技术有限公司
E 两优 222	鄂审稻 2018001	湖北省农业科学院粮食作物研究所	耘两优 965	湘审稻 20180044	湖南鑫盛华丰种业科技有限公司等
华两优 2802	鄂审稻 2018002	华中农业大学等	泰优 959	湘审稻 20180045	长沙利诚种业有限公司等
苯两优 6116	鄂审稻 2018003	湖北华田农业科技股份有限公司等	景观紫 2 号	湘审稻 20180046	湖南省水稻研究所
深两优 1110	鄂审稻 2018004	湖北谷神科技有限责任公司等	彩慧籼糯	湘审稻 20180047	湖南五彩农业科技发展有限公司
深两优 871	鄂审稻 2018005	袁氏种业高科技有限公司等	C 两优 258	湘审稻 20180048	湖南省春云农业科技股份有限公司等
晶两优 1377	鄂审稻 2018006	袁隆平农业高科技股份有限公司等	泸优 6 号	渝审稻 20180001	四川省农业科学院水稻高粱研究所
创两优宏占	鄂审稻 2018007	袁氏种业高科技有限公司	Y 两优 689	渝审稻 20180002	温州市农业科学研究院等

（续表）

品种名称	审定编号	选育单位	品种名称	审定编号	选育单位
深两优 1177	鄂审稻 2018008	四川隆平高科种业有限公司	和两优 332	渝审稻 20180003	清华大学深圳研究生院等
望两优华占	鄂审稻 2018009	湖南希望种业科技股份有限公司等	U 优 8257	渝审稻 20180004	四川农业大学水稻研究所等
隆两优 3206	鄂审稻 2018010	湖南隆平种业有限公司等	陵优 0904	渝审稻 20180005	重庆市渝东南农业科学院
叁两优 2000	鄂审稻 2018011	湖南民生种业科技有限公司等	创两优小占	渝审稻 20180006	重庆大爱种业有限公司等
旺两优 900	鄂审稻 2018012	湖南袁创超级稻技术有限公司	内 6 优 12	渝审稻 20180007	四川省农业科学院水稻高粱研究所等
红糯优 36	鄂审稻 2018013	孝感市农业科学院等	广优 2928	渝审稻 20180008	四川荣春种业有限公司等
荃优 0861	鄂审稻 2018014	江西先农种业有限公司等	西大 5 优 727	渝审稻 20180009	西南大学农学与生物科技学院等
荃优 259	鄂审稻 2018015	北京金色农华种业科技股份有限公司等	兆优国泰	渝审稻 20180010	重庆大爱种业有限公司等
荃优 6 号	鄂审稻 2018016	中国农业科学院作物科学研究所等	G8 优 1 号	渝审稻 20180011	四川农大高科种业有限公司等
绿银占	鄂审稻 2018017	深圳隆平金谷种业有限公司	陵 27 优 49	渝审稻 20180012	重庆市渝东南农业科学院
福稻 88	鄂审稻 2018018	武汉隆福康农业发展有限公司	袁两优 1000	渝审稻 20180013	南昌市农业科学院粮油作物研究所等
鄂丰丝苗	鄂审稻 2018019	江西农业大学农学院等	泰优 3125	渝审稻 20180014	泸州泰丰种业有限公司
荆占 1 号	鄂审稻 2018020	湖北荆楚种业科技有限公司等	泰两优 86	渝审稻 20180015	泸州泰丰种业有限公司
荃优 727	鄂审稻 2018021	安徽荃银高科种业股份有限公司等	渝红稻 5415	渝审稻 20180016	重庆市农业科学院
荣优华占	鄂审稻 2018022	广东省农业科学院水稻研究所等	金农 3 优 3 号	渝审稻 20180017	福建农林大学作物科学学院
鄂优华占	鄂审稻 2018023	湖北省种子集团有限公司	渝优红 9	渝审稻 20180018	重庆市农业科学院
甬优 6760	鄂审稻 2018024	宁波市种子有限公司	袁糯优 126	渝审稻 20180019	重庆大爱种业有限公司
金泰优 683	鄂审稻 2018025	福建农林大学作物科学学院等	渝优 21	渝审稻 20180020	重庆市农业科学院
绵 7 优 66	鄂审稻 2018026	恩施土家族苗族自治州农业科学院	得月优 7727	川审稻 20180001	四川得月科技种业有限公司等
宜香优 66	鄂审稻 2018027	泽隆农资连锁（恩施）有限公司等	乐优 5455	川审稻 20180002	乐山市农业科学研究院等

（续表）

品种名称	审定编号	选育单位	品种名称	审定编号	选育单位
晶两优 1212	鄂审稻 2018028	袁隆平农业高科技股份有限公司等	内 6 优 611	川审稻 20180003	乐山市农业科学研究院等
恩两优 636	鄂审稻 2018029	恩施土家族苗族自治州农业科学院	泰优 7203	川审稻 20180004	泸州泰丰种业有限公司
H 优 399	鄂审稻 2018030	四川科瑞种业有限公司	内优 6183	川审稻 20180005	四川农业大学水稻研究所等
玖两优 259	鄂审稻 2018031	北京金色农华种业科技股份有限公司等	蓉优 2123	川审稻 20180006	四川泰谷农业科技有限公司等
玖两优黄莉占	鄂审稻 2018032	湖南隆平种业有限公司等	绵优 357	川审稻 20180007	四川垦丰种业有限公司等
田佳优 1321	鄂审稻 2018033	武汉佳禾生物科技有限责任公司等	川农优 508	川审稻 20180008	四川福糠农业科技有限公司等
荆楚优 867	鄂审稻 2018034	湖北荆楚种业科技有限公司等	川优 7919	川审稻 20180009	四川垦丰种业有限公司等
泰优 2806	鄂审稻 2018035	湖北省农业科学院粮食作物研究所等	蓉优 184	川审稻 20180010	四川省农业科学院水稻高粱研究所等
早丰优华占	鄂审稻 2018036	中国水稻研究所等	宜香优 3159	川审稻 20180011	宜宾市农业科学院
早丰优 0861	鄂审稻 2018037	湖北华占种业科技有限公司等	锦优 1319	川审稻 20180012	成都市农林科学院作物研究所等
鄂香 2 号	鄂审稻 2018038	湖北中香农业科技股份有限公司等	川绿优 907	川审稻 20180013	四川省农业科学院生物技术核技术研究所等
荆 11－2S	鄂审稻 2018039	湖北荆楚种业科技有限公司等	蓉优 166	川审稻 20180014	四川省蜀玉科技农业发展有限公司等
韵 2013S	鄂审稻 2018040	湖南隆平种业有限公司	川华优 320	川审稻 20180015	四川华丰种业有限责任公司等
亮 S	鄂审稻 2018041	湖南隆平种业有限公司	德优 727	川审稻 20180016	四川省农业科学院水稻高粱研究所等
红糯 1A	鄂审稻 2018042	湖北中香农业科技股份有限公司等	欣荣优华占	川审稻 20180017	北京金色农华种业科技有限公司等
鄂丰 249A	鄂审稻 2018043	湖北省种子集团有限公司	蓉 11 优 318	川审稻 20180018	乐山市农业科学研究院等
田佳 A	鄂审稻 2018044	武汉佳禾生物科技有限责任公司等	泰优 3125	川审稻 20180019	泸州泰丰种业有限公司
荆楚 818A	鄂审稻 2018045	长江大学等	川作优 8727	川审稻 20180020	四川省农业科学院作物研究所等
9 香优 139	黔审稻 20180001	铜仁鑫天地农业发展有限公司等	川作优 8178	川审稻 20180021	四川省农业科学院作物研究所
M 两优 152	黔审稻 20180002	四川发生水稻科技有限责任公司等	花优 33	滇审稻 2018001	蒙自和顺农业科技开发有限公司等

（续表）

品种名称	审定编号	选育单位	品种名称	审定编号	选育单位
兆优 5455	黔审稻 20180003	深圳兆农农业科技有限公司	泸优 164	滇审稻 2018002	三明市农业科学研究院等
成优 592	黔审稻 20180004	贵州神农大丰科技股份有限公司	文优 305	滇审稻 2018003	云南佳佳福种业有限公司等
恒丰优 387	黔审稻 20180005	湛江市农业科学研究所等	丰优 9516	滇审稻 2018004	泸州泰丰种业有限公司
成优 33	黔审稻 20180006	贵州省水稻研究所	豪优 247	滇审稻 2018005	文山壮族苗族自治州农业科学院等
创两优 513	黔审稻 20180007	袁氏种业高科技有限公司	金农 3 优 3 号	滇审稻 2018006	福建农林大学作物科学学院
毕粳优 5 号	黔审稻 20180008	贵州九穗谷农业科技有限公司等	花优 7021	滇审稻 2018007	云南禾朴农业科技有限公司等
嘉糯 2 优 2 号	黔审稻 20180009	福建农林大学等	福两优 176	滇审稻 2018008	福建旺穗种业有限公司等
黔粳优 2 号	黔审稻 20180010	贵阳金黔农业科技有限公司等	野香优 2998	滇审稻 2018009	广西绿海种业有限公司
旌 11 优华珍	黔审稻 20180011	四川绿丹至诚种业有限公司等	锦两优 906	滇审稻 2018010	云南金瑞种业有限公司
旌优 681	黔审稻 20180012	四川省农业科学院水稻高粱研究所等	花优 683	滇审稻 2018011	福建省农业科学院水稻研究所等
两优 1316	黔审稻 20180013	湖南金健种业科技有限公司等	晶两优 1377	滇审稻 2018012	袁隆平农业高科技股份有限公司等
陵优 2064	黔审稻 20180014	贵州兆和丰水稻科技研发有限公司等	扬优香占	滇审稻 2018013	江苏里下河地区农业科学研究所
泸香优 110	黔审稻 20180015	贵州兆和丰水稻科技研发有限公司等	睿稻 36 号	滇审稻 2018014	开远市种子管理站
泸香优 912	黔审稻 20180016	贵州兆和丰水稻科技研发有限公司等	广稻 4 号	滇审稻 2018015	广南县种子管理站
内 6 优 6368	黔审稻 20180017	四川发生水稻科技有限责任公司	文稻 19 号	滇审稻 2018016	文山壮族苗族自治州农业科学院
黔优 35	黔审稻 20180018	贵州省水稻研究所	文稻 18 号	滇审稻 2018017	文山壮族苗族自治州农业科学院
双优 505	黔审稻 20180019	四川农业大学水稻研究所等	文糯 2 号	滇审稻 2018018	文山壮族苗族自治州农业科学院
泰优 390	黔审稻 20180020	湖南金稻种业有限公司等	滇禾 133	滇审稻 2018019	云南农业大学稻作研究所等
武优 6 号	黔审稻 20180021	四川华丰种业有限责任公司	滇禾 134	滇审稻 2018020	云南农业大学稻作研究所等
宜香优 62	黔审稻 20180022	湖北省恩施土家族苗族自治州农业科学院	八宝谷 7 号	滇审稻 2018021	广南县八宝米研究所

（续表）

品种名称	审定编号	选育单位	品种名称	审定编号	选育单位
宜香优 1152	黔审稻 20186001	贵州兆和丰水稻科技研发有限公司等	云粳 46 号	滇审稻 2018022	云南省农业科学院粮食作物研究所等
T 香优 151	黔审稻 20186002	贵州金农科技有限责任公司等	丽粳 18 号	滇审稻 2018023	丽江市农业科学研究所
黄广华占 2 号	粤审稻 20180001	广东省农业科学院水稻研究所	昭粳 12 号	滇审稻 2018024	昭通市农业科学院
华航 51 号	粤审稻 20180002	国家植物航天育种工程技术研究中心（华南农业大学）	凤稻 31 号	滇审稻 2018025	大理白族自治州农业科学推广研究院粮食作物研究所
广新占	粤审稻 20180003	广东省农业科学院水稻研究所	玉粳 24 号	滇审稻 2018026	玉溪市农业科学院等
粤航新占	粤审稻 20180004	广东省农业科学院水稻研究所	靖稻 1 号	滇审稻 2018027	曲靖市农业科学院等
黄软油占	粤审稻 20180005	广东省农业科学院水稻研究所	靖稻 5 号	滇审稻 2018028	曲靖市农业科学院等
广晶油占	粤审稻 20180006	广东省农业科学院水稻研究所	腾粳 1 号	滇审稻 2018029	腾冲市农业技术推广所等
华航 56 号	粤审稻 20180007	国家植物航天育种工程技术研究中心（华南农业大学）	岫粳 26 号	滇审稻 2018030	保山市农业科学研究所
南红 3 号	粤审稻 20180008	广东省农业科学院水稻研究所	岫粳 28 号	滇审稻 2018031	保山市农业科学研究所
五优 305	粤审稻 20180009	广东省金稻种业有限公司等	楚稻 3 号	滇审稻 2018032	楚雄禾丰农业科技开发有限公司
越两优 305	粤审稻 20180010	合肥丰乐种业股份有限公司等	多年生稻 23	滇审稻 2018033	云南大学等
安优 319	粤审稻 20180011	广东省农业科学院水稻研究所	文旱糯稻 1 号	滇审稻 2018034	云南佳佳福种业有限公司
和源优 193	粤审稻 20180012	湖南隆平种业有限公司	旱优 737	滇审稻 2018035	上海市农业生物基因中心等
五优 6133	粤审稻 20180013	广东华农大种业有限公司等	稻香优 008	桂审稻 2018054	广西桂穗种业有限公司
卓优 193	粤审稻 20180014	广东天弘种业有限公司	灵丰 891	桂审稻 2018055	广西桂穗种业有限公司
五优金丝苗	粤审稻 20180015	广东粤良种业有限公司等	智优 809	桂审稻 2018056	广西桂穗种业有限公司
文优 6133	粤审稻 20180016	广东华农大种业有限公司	容两优 7810	桂审稻 2018057	广西容县种子公司等
辉优 320	粤审稻 20180017	中国种子集团有限公司三亚分公司	绿海优 5 号	桂审稻 2018058	广西绿海种业有限公司

（续表）

品种名称	审定编号	选育单位	品种名称	审定编号	选育单位
吉优 298	粤审稻 20180018	北京金色农华种业科技股份有限公司等	绿海优丝苗	桂审稻 2018059	广西绿海种业有限公司
吉优 1380	粤审稻 20180019	广东省农业科学院水稻研究所	绿海优油丝	桂审稻 2018060	广西绿海种业有限公司
五优 303	粤审稻 20180020	广东省金稻种业有限公司等	银丰优 187	桂审稻 2018061	广西仙德农业科技有限公司
恒丰优金丝苗	粤审稻 20180021	广东粤良种业有限公司	科德优 151	桂审稻 2018062	广西仙德农业科技有限公司
B两优华占	粤审稻 20180022	湖南希望种业科技股份有限公司等	晶优 1068	桂审稻 2018063	广西百香高科种业有限公司
中特优 792	粤审稻 20180023	广东现代耕耘种业有限公司	茉两优华占	桂审稻 2018064	广西皓凯生物科技有限公司等
梦两优黄莉占	粤审稻 20180024	袁隆平农业高科技股份有限公司等	原香优 361	桂审稻 2018065	广西象州黄氏水稻研究所
赣优 9812	粤审稻 20180025	肇庆学院等	科德优香占	桂审稻 2018066	广西皓凯生物科技有限公司
金龙优 1826	粤审稻 20180026	肇庆学院等	68 优华占	桂审稻 2018067	广西皓凯生物科技有限公司等
繁源优 460	粤审稻 20180027	广东天弘种业有限公司等	荃香优美占	桂审稻 2018068	广西荃鸿农业科技有限公司等
胜优青占	粤审稻 20180028	广州市金粤生物科技有限公司	万香占 1 号	桂审稻 2018069	广西皓凯生物科技有限公司等
望两优华占	粤审稻 20180029	湖南希望种业科技股份有限公司等	昌两优 1 号	桂审稻 2018070	广西恒茂农业科技有限公司等
晶两优华占	粤审稻 20180030	袁隆平农业高科技股份有限公司等	昌两优 6 号	桂审稻 2018071	广西恒茂农业科技有限公司等
隆两优 534	粤审稻 20180031	袁隆平农业高科技股份有限公司等	乾两优 6 号	桂审稻 2018072	广西恒茂农业科技有限公司等
宝优 098	粤审稻 20180032	广东省良种引进服务公司	乾两优 7 号	桂审稻 2018073	广西恒茂农业科技有限公司等
黄广丝占	粤审稻 20180033	广东省农业科学院水稻研究所	乾两优 9 号	桂审稻 2018074	广西恒茂农业科技有限公司等
客乡一号	粤审稻 20180034	梅州市农业科学院	隆两优 1377	桂审稻 2018075	袁隆平农业高科技股份有限公司等
凤新丝苗 2 号	粤审稻 20180035	东莞市中堂凤冲水稻科研站	丰田优泰香占	桂审稻 2018076	广西金卡农业科技有限公司
黄广银占	粤审稻 20180036	广东省农业科学院水稻研究所	广美优 3861	桂审稻 2018077	广西亚航农业科技有限公司等

（续表）

品种名称	审定编号	选育单位	品种名称	审定编号	选育单位
华航 58 号	粤审稻 20180037	国家植物航天育种工程技术研究中心（华南农业大学）	博优 613	桂审稻 2018078	广西智友生物科技股份有限公司
黄广晶占	粤审稻 20180038	广东省农业科学院水稻研究所	智丰优 802	桂审稻 2018079	广西智友生物科技股份有限公司
玉晶丝苗	粤审稻 20180039	广东省农业科学院水稻研究所	广 8 优香丝苗	桂审稻 2018080	广西兆和种业有限公司等
南优占	粤审稻 20180040	广东省农业科学院水稻研究所	广和优 618	桂审稻 2018081	广西兆和种业有限公司等
粤新银占 2 号	粤审稻 20180041	广东省农业科学院水稻研究所	恒丰优 779	桂审稻 2018082	广西兆和种业有限公司
五山晶占	粤审稻 20180042	广东省农业科学院水稻研究所	香两优 1116	桂审稻 2018083	广西瑞特种子有限责任公司等
华航 57 号	粤审稻 20180043	国家植物航天育种工程技术研究中心（华南农业大学）	香两优 1313	桂审稻 2018084	广西瑞特种子有限责任公司等
恒丰优珍丝苗	粤审稻 20180044	广东粤良种业有限公司等	博优 8798	桂审稻 2018085	广西桂穗种业有限公司
胜优华航 36	粤审稻 20180045	广东省良种引进服务公司	稻香优 619	桂审稻 2018086	广西桂穗种业有限公司
软华优 6100	粤审稻 20180046	广东华农大种业有限公司等	灵丰粳 052	桂审稻 2018087	广西桂穗种业有限公司
荃优丝苗	粤审稻 20180047	安徽荃银高科种业股份有限公司等	白美优 852	桂审稻 2018088	广西瀚林农业科技有限公司
恒丰优 5522	粤审稻 20180048	广东粤良种业有限公司	香占优 1 号	桂审稻 2018089	广西绿海种业有限公司
深两优 1173	粤审稻 20180049	国家植物航天育种工程技术研究中心（华南农业大学）	香占优油丝	桂审稻 2018090	广西绿海种业有限公司
繁源优 886	粤审稻 20180050	广东天弘种业有限公司等	金玉优 1238	桂审稻 2018091	广西仙德农业科技有限公司
和两优 633	粤审稻 20180051	深圳市兆农农业科技有限公司	金玉优 6678	桂审稻 2018092	广西仙德农业科技有限公司
隆两优 150	粤审稻 20180052	安徽隆平高科种业有限公司	泰丰优 097	桂审稻 2018093	广西仙德农业科技有限公司
吉优 5618	粤审稻 20180053	广东华茂高科种业有限公司等	科德优 3 号	桂审稻 2018094	广西仙德农业科技有限公司
永丰优 5522	粤审稻 20180054	广东粤良种业有限公司	广星优 8689	桂审稻 2018095	广西皓凯生物科技有限公司等
弘优秋占	粤审稻 20180055	广东天弘种业有限公司	万常优 6826	桂审稻 2018096	广西皓凯生物科技有限公司等

（续表）

品种名称	审定编号	选育单位	品种名称	审定编号	选育单位
金龙优 176	粤审稻 20180056	肇庆学院等	万丰优 6899	桂审稻 2018097	广西皓凯生物科技有限公司等
永丰优 773	粤审稻 20180057	广东粤良种业有限公司	万丰优银占	桂审稻 2018098	广西皓凯生物科技有限公司等
犇优 382	粤审稻 20180058	广东海洋大学农学院等	万香优 3966	桂审稻 2018099	广西皓凯生物科技有限公司等
福龙两优 1402	粤审稻 20180059	中国种子集团有限公司等	万香优 6188	桂审稻 2018100	广西皓凯生物科技有限公司等
博Ⅱ优 382	粤审稻 20180060	广东恒昊农业有限公司	博Ⅲ优 7866	桂审稻 2018101	广西皓凯生物科技有限公司等
博Ⅲ优 360	粤审稻 20180061	广东省金稻种业有限公司等	桂浙优 9 号	桂审稻 2018102	广西皓凯生物科技有限公司等
韶优 552	粤审稻 20180062	广东源泰农业科技有限公司等	N 两优鑫占	桂审稻 2018103	广西荃鸿种业发展有限公司等
广星优青占	粤审稻 20180063	广东鲜美种苗股份有限公司等	荃优雅占	桂审稻 2018104	广西荃鸿农业科技有限公司等
Y 两优 911	粤审稻 20180064	湖南袁创超级稻技术有限公司	秀优 1315	桂审稻 2018105	海南神农基因科技股份有限公司等
航两优 1372	桂审稻 2018001	广西绿田种业有限公司等	耀丰优 129	桂审稻 2018106	广西南宁良农种业有限公司
欣荣优 6307	桂审稻 2018002	桂林市农业科学院等	正湘优 1130	桂审稻 2018107	崇左市农业科学研究所等
赣两优 2303	桂审稻 2018003	江西现代种业股份有限公司	瑞两优 1616	桂审稻 2018108	广西瑞特种子有限责任公司
玖两优 292	桂审稻 2018004	海南神农基因科技股份有限公司	绿海优 688	桂审稻 2018109	广西绿海种业有限公司
竞优 153	桂审稻 2018005	广西壮族自治区农业科学院水稻研究所	坤两优 1 号	桂审稻 2018110	广西恒茂农业科技有限公司等
田两优 705	桂审稻 2018006	贺州市绿田农作物研究所	坤两优 3 号	桂审稻 2018111	广西恒茂农业科技有限公司等
锦两优华占	桂审稻 2018007	袁隆平农业高科技股份有限公司等	坤两优 22	桂审稻 2018112	广西恒茂农业科技有限公司等
深两优 31	桂审稻 2018008	四川泰隆农业科技有限公司	桂红糯 1 号	桂审稻 2018113	广西壮族自治区农业科学院水稻研究所
龙两优 237	桂审稻 2018009	中国农业科学院作物科学研究所等	丰糯 1 号	桂审稻 2018114	广西皓凯生物科技有限公司等
甬优 7753	桂审稻 2018010	宁波市种子有限公司	桂硒红占	桂审稻 2018115	广西壮族自治区农业科学院水稻研究所
V 两优 777	桂审稻 2018011	广西百香高科种业有限公司	桂育黑糯	桂审稻 2018116	广西壮族自治区农业科学院水稻研究所

（续表）

品种名称	审定编号	选育单位	品种名称	审定编号	选育单位
神9优28	桂审稻2018012	重庆中一种业有限公司	桂育糯188	桂审稻2018117	广西壮族自治区农业科学院水稻研究所
葛68优9938	桂审稻2018013	崇左市农业科学研究所等	百丰香糯	桂审稻2018118	广西百香高科种业有限公司
万太优3158	桂审稻2018014	广西壮族自治区农业科学院水稻研究所	百香长糯	桂审稻2018119	广西百香高科种业有限公司
长泰优298	桂审稻2018015	北京金色农华种业科技股份有限公司等	百香糯33	桂审稻2018120	广西百香高科种业有限公司
巡两优75	桂审稻2018016	贺州市绿田农作物研究所等	粉之稻	桂审稻2018121	广西金百禾种业有限公司
荃香优822	桂审稻2018017	安徽荃银高科种业股份有限公司等	穗香黑糯	桂审稻2018122	广西金百禾种业有限公司
龙丰优9115	桂审稻2018018	广西壮族自治区农业科学院水稻研究所	穗香糯603	桂审稻2018123	广西金百禾种业有限公司
博优1598	桂审稻2018019	广西稻花源农业科技有限公司	穗香糯719	桂审稻2018124	广西金百禾种业有限公司
名丰优276	桂审稻2018020	岑溪市朝阳农业科技有限公司	友香红稻	桂审稻2018125	广西金百禾种业有限公司
32两优706	桂审稻2018021	华南农业大学农学院	友香糯717	桂审稻2018126	广西金百禾种业有限公司
龙丰优169	桂审稻2018022	广西壮族自治区农业科学院水稻研究所	友香糯806	桂审稻2018127	广西金百禾种业有限公司
深两优3206	桂审稻2018023	袁隆平农业高科技股份有限公司等	五优61	桂审稻2018128	江西天涯种业有限公司等
广星优289	桂审稻2018024	四川仁寿金农种业有限公司等	泰丰优208	桂审稻2018129	广东省农业科学院水稻研究所等
华浙优26	桂审稻2018025	中国水稻研究所等	五优618	桂审稻2018130	广东省农业科学院水稻研究所等
犇优88	桂审稻2018026	广西百香高科种业有限公司	吉田优622	桂审稻2018131	广东源泰农业科技有限公司等
河西丰占	桂审稻2018027	河池市农业科学研究所	隆香优华占	桂审稻2018132	湖南隆平种业有限公司等
美香新占	桂审稻2018028	深圳市金谷美香实业有限公司	隆优3155	桂审稻2018133	湖南隆平种业有限公司
绣占15	桂审稻2018029	中垦锦绣华农武汉科技有限公司	隆优4945	桂审稻2018134	袁隆平农业高科技股份有限公司等

（续表）

品种名称	审定编号	选育单位	品种名称	审定编号	选育单位
桂育 11 号	桂审稻 2018030	广西壮族自治区农业科学院水稻研究所	深优 9582	桂审稻 2018135	上饶市农业科学研究所
鑫丰优 868	桂审稻 2018031	广西百香高科种业有限公司	泰优 398	桂审稻 2018136	广东省农业科学院水稻研究所
早优美占	桂审稻 2018032	广西恒茂农业科技有限公司等	五优 369	桂审稻 2018137	湖南泰邦农业科技股份有限公司等
灵丰 616	桂审稻 2018033	广西桂穗种业有限公司	五优 376	桂审稻 2018138	广东省农业科学院水稻研究所
欣荣优 0861	桂审稻 2018034	广西荃鸿农业科技有限公司等	卓优 4 号	桂审稻 2018139	广东天弘种业有限公司
乾两优 2 号	桂审稻 2018035	广西恒茂农业科技有限公司等	晶两优 1377	琼审稻 2018001	袁隆平农业高科技股份有限公司等
乾两优 8 号	桂审稻 2018036	广西恒茂农业科技有限公司等	晶两优黄莉占	琼审稻 2018002	袁隆平农业高科技股份有限公司等
晶两优 534	桂审稻 2018037	袁隆平农业高科技股份有限公司等	农两优 631	琼审稻 2018003	福建农林大学作物科学学院等
吉两优 37 号	桂审稻 2018038	南宁市桂福园农业有限公司等	金龙优 068	琼审稻 2018004	中国种子集团有限公司三亚分公司等
广 8 优 3711	桂审稻 2018039	广西兆和种业有限公司等	博Ⅱ优 2102	琼审稻 2018005	湖南正隆农业科技有限公司
特优 791	桂审稻 2018040	广西智友生物科技股份有限公司	博Ⅱ优 386	琼审稻 2018006	中国种子集团有限公司三亚分公司
林优 1005	桂审稻 2018041	广西瑞特种子有限责任公司等	博Ⅱ优 339	琼审稻 2018007	澄迈金丰种业有限责任公司
旺两优 1118	桂审稻 2018042	广西瑞特种子有限责任公司等	特优 1617	琼审稻 2018008	海南省农业科学院粮食作物研究所
灵丰 896	桂审稻 2018043	广西桂穗种业有限公司	特优 386	琼审稻 2018009	福建省农业科学院水稻研究所等
特优 638	桂审稻 2018044	广西桂穗种业有限公司	特优 156	琼审稻 2018010	宁德市农业科学研究所等
和两优 1086	桂审稻 2018045	广西瀚林农业科技有限公司等	特优 211	琼审稻 2018011	安徽金培因科技有限公司
特优 3528	桂审稻 2018046	广西瀚林农业科技有限公司	吉丰优 3301	琼审稻 2018012	广东省农业科学院水稻研究所等
清香优华占	桂审稻 2018047	广西皓凯生物科技有限公司等	科优 16	琼审稻 2018013	南平市农业科学研究所
葛 68 优 1058	桂审稻 2018048	海南神农基因科技股份有限公司等	绿稻 Q7	琼审稻 2018014	湖北省种子集团有限公司
竞优 977	桂审稻 2018049	海南神农基因科技股份有限公司等	中香黄占	琼审稻 2018015	海南波莲水稻基因科技有限公司

（续表）

品种名称	审定编号	选育单位	品种名称	审定编号	选育单位
悦香优 89	桂审稻 2018050	广西皓凯生物科技有限公司等	乐丰占	琼审稻 2018016	海南海亚南繁种业有限公司
龙两优 1616	桂审稻 2018051	中农常乐（深圳）生物育种技术有限公司等	科选 19	琼审稻 2018017	海南海亚南繁种业有限公司
泰优 2068	桂审稻 2018052	广西恒茂农业科技有限公司等	东丰 A	琼审稻 2018018	三亚永丰红南繁种业有限公司
五丰优 009	桂审稻 2018053	广西智友生物科技股份有限公司等	川种 7A	琼审稻 2018019	中国种子集团有限公司等
北方稻区					
哈粳稻 4 号	黑审稻 2018001	哈尔滨市农业科学院等	平安粳稻 18	吉审稻 20180040	吉林省吉玺农业发展有限公司
松 836	黑审稻 2018002	黑龙江省农业科学院五常水稻研究所	通禾 77	吉审稻 20180041	通化市农业科学研究院
龙稻 30	黑审稻 2018003	黑龙江省农业科学院耕作栽培研究所	吉农大 168	吉审稻 20180042	吉林农业大学等
桦优 1 号	黑审稻 2018004	黑龙江孙斌鸿源农业开发集团有限责任公司等	吉粳 816	吉审稻 20180043	吉林省农业科学院
龙稻 31	黑审稻 2018005	黑龙江省农业科学院耕作栽培研究所	通系 933	吉审稻 20180044	通化市农业科学研究院
龙稻 29	黑审稻 2018006	黑龙江省农业科学院耕作栽培研究所	粳优 653	辽审稻 20180001	辽宁省水稻研究所
垦粳 8 号	黑审稻 2018007	北大荒垦丰种业股份有限公司等	福星稻 39	辽审稻 20180002	开原市好收成农作物研究所
富尔稻 1 号	黑审稻 2018008	齐齐哈尔市富尔农艺有限公司	美锋稻 63	辽审稻 20180003	辽宁东亚种业有限公司
东农 456	黑审稻 2018009	东北农业大学等	美锋稻 113	辽审稻 20180004	辽宁东亚种业有限公司
绥粳 29	黑审稻 2018010	黑龙江省农业科学院绥化分院等	美锋稻 115	辽审稻 20180005	辽宁富友种业有限公司
龙庆稻 23 号	黑审稻 2018011	庆安县北方绿洲稻作研究所	锦稻 109	辽审稻 20180011	盘锦北方农业技术开发有限公司
育农粳 1 号	黑审稻 2018012	佳木斯市育农种业有限公司等	营春粳 6 号	辽审稻 20180012	大石桥市富元种子有限公司
莲汇 4 号	黑审稻 2018013	黑龙江省莲江口种子有限公司	勇华粳 508	辽审稻 20180013	辽宁丰民农业高新技术有限公司
绥稻 9 号	黑审稻 2018014	绥化市盛昌种子繁育有限责任公司	辽粳 419	辽审稻 20180014	辽宁省水稻研究所
绥粳 26	黑审稻 2018015	黑龙江省农业科学院绥化分院	隆粳 852	辽审稻 20180015	天津天隆科技股份有限公司

（续表）

品种名称	审定编号	选育单位	品种名称	审定编号	选育单位
绥粳 23	黑审稻 2018016	黑龙江省农业科学院绥化分院	北粳 1501	辽审稻 20180016	沈阳农业大学水稻研究所
绥粳 28	黑审稻 2018017	黑龙江省农业科学院绥化分院	浑粳 219	辽审稻 20180017	沈阳博科种业有限公司
莲育 1013	黑审稻 2018018	黑龙江省莲江口种子有限公司	誉粳 5 号	辽审稻 20180018	沈阳市乐嘉种业有限公司
龙粳 63	黑审稻 2018019	黑龙江省农业科学院佳木斯水稻研究所	沈 9 优 09	辽审稻 20180019	沈阳市农业科学院
莲汇 631	黑审稻 2018020	黑龙江省莲江口种子有限公司	沈 6 优 09	辽审稻 20180020	沈阳市农业科学院
莲育 124	黑审稻 2018021	黑龙江省莲江口种子有限公司	港辐粳 16	辽审稻 20180021	东港市金禾谷物种植发展有限公司
龙粳 64	黑审稻 2018022	黑龙江省农业科学院佳木斯水稻研究所	丹粳糯 3 号	辽审稻 20180022	丹东农业科学院
龙粳 65	黑审稻 2018023	黑龙江省农业科学院佳木斯水稻研究所	稻源 16	辽审稻 20180023	营口天域稻业有限公司
龙粳 66	黑审稻 2018024	黑龙江省农业科学院佳木斯水稻研究所	天域稻 2 号	辽审稻 20180024	营口天域稻业有限公司
富合 3 号	黑审稻 2018025	黑龙江省农业科学院佳木斯分院	三秋稻 6 号	辽审稻 20180025	沈阳沃土同创科技有限公司
创优 31	黑审稻 2018026	创世纪种业有限公司	盘育稻	辽审稻 20180026	盘锦祝氏种业有限公司
绥粳 27	黑审稻 2018027	黑龙江省农业科学院绥化分院	宁粳 55 号	宁审稻 20180001	宁夏农林科学院农作物研究所等
龙粳 67	黑审稻 2018028	黑龙江省农业科学院佳木斯水稻研究所	宁粳 56 号	宁审稻 20180002	宁夏农林科学院农业生物技术研究中心等
绥粳 25	黑审稻 2018029	黑龙江省农业科学院绥化分院	宁粳 57 号	宁审稻 20180003	宁夏农林科学院农作物研究所
龙粳 69	黑审稻 2018030	黑龙江省农业科学院佳木斯水稻研究所	通稻 1 号	蒙审稻 2018001	通辽市农业科学研究院
育龙 9 号	黑审稻 2018031	黑龙江省农业科学院作物育种研究所	乌兰 105	蒙审稻 2018002	内蒙古恒正集团保安沼农工贸有限公司等
莲育 625	黑审稻 2018032	黑龙江省莲江口种子有限公司	乌兰 107	蒙审稻 2018003	内蒙古恒正集团保安沼农工贸有限公司等

（续表）

品种名称	审定编号	选育单位	品种名称	审定编号	选育单位
龙庆稻22号	黑审稻2018033	庆安县北方绿洲稻作研究所等	龙科3号	蒙审稻2018004	龙江县丰吉种业有限责任公司
黑粳9号	黑审稻2018034	黑龙江省农业科学院黑河分院	富育198	蒙审稻2018005	扎赉特旗绰尔蒙珠三安稻米专业合作社
龙粳62	黑审稻2018035	黑龙江省农业科学院佳木斯水稻研究所	蒙松138	蒙审稻2018006	公主岭市松辽农业科学研究所等
龙洋11	黑审稻2018Z001	五常市民乐水稻研究所	兴育13A04	蒙审稻2018007	扎赉特旗绰尔蒙珠三安稻米专业合作社
通院332	吉审稻20180001	通化市农业科学研究院	兴育F83	蒙审稻2018008	扎赉特旗绰尔蒙珠三安稻米专业合作社
庆林698	吉审稻20180002	吉林市昌邑区汇丰水稻种植基地	兴育913	蒙审稻2018009	扎赉特旗绰尔蒙珠三安稻米专业合作社
通育413	吉审稻20180003	通化市农业科学研究院	垦育99	冀审稻20180001	河北省农林科学院滨海农业研究所
庆林798	吉审稻20180004	吉林市丰优农业研究所	垦香48	冀审稻20180002	郯城县精华种业有限公司等
庆林298	吉审稻20180005	吉林市丰优农业研究所	垦糯6号	冀审稻20180003	河北省农林科学院滨海农业研究所
吉粳116	吉审稻20180006	吉林省农业科学院	垦糯8号	冀审稻20180004	河北省农林科学院滨海农业研究所
东粳67	吉审稻20180007	通化市富民种子有限公司	胭脂稻2号	冀审稻20180005	河北省农林科学院滨海农业研究所
吉洋46	吉审稻20180008	梅河口吉洋种业有限责任公司	津特8	冀审稻20180006	国家粳稻工程技术研究中心（天津）等
吉大156	吉审稻20180009	吉林大学植物科学学院	金穗16	冀审稻20180007	河北省农林科学院滨海农业研究所
通系949	吉审稻20180010	通化市农业科学研究院	天隆优619	冀审稻20180008	国家粳稻工程技术研究中心（天津）
庆林598	吉审稻20180011	吉林市丰优农业研究所	阳光958	鲁审稻20180001	郯城县种子公司
长粳616	吉审稻20180012	长春市农业科学院	圣稻23	鲁审稻20180002	山东省水稻研究所
松花江1	吉审稻20180013	吉林市松花江种业有限责任公司	圣稻24	鲁审稻20180003	山东省水稻研究所等
旭粳7	吉审稻20180014	东丰县东旭农业科学研究所	圣糯1号	鲁审稻20180004	山东省水稻研究所等
吉洋96	吉审稻20180015	梅河口吉洋种业有限责任公司	阳光900	鲁审稻20180005	郯城县农业种子研究所等
德禹326	吉审稻20180016	吉林德禹种业有限责任公司	圣稻25	鲁审稻20180006	山东省水稻研究所等

（续表）

品种名称	审定编号	选育单位	品种名称	审定编号	选育单位
宏科 185	吉审稻 20180017	辉南县宏科水稻科研中心	津原 77	津审稻 20180001	天津市原种场
东稻 9	吉审稻 20180018	中国科学院东北地理与农业生态研究所	津原 97	京津冀审稻 20180001	天津市原种场
吉大 618	吉审稻 20180019	吉林大学植物科学学院等	垦育 99	京津冀审稻 20180002	河北省农林科学院滨海农业研究所
吉大 816	吉审稻 20180020	吉林大学植物科学学院等	津育粳 22	京津冀审稻 20180003	天津市农作物研究所等
吉农大 738	吉审稻 20180021	吉林农业大学等	金粳 818	京津冀审稻 20180004	天津市水稻研究所
通禾 887	吉审稻 20180022	通化市农业科学研究院	广优 7289	豫审稻 20180001	信阳市农业科学院
通育 269	吉审稻 20180023	通化市农业科学研究院	信优糯 721	豫审稻 20180002	信阳市农业科学院
吉粳 525	吉审稻 20180024	吉林省农业科学院	B 两优 141	豫审稻 20180003	安徽新安种业有限公司
吉粳 529	吉审稻 20180025	吉林省农业科学院	广两优 419	豫审稻 20180004	湖北华占种业科技有限公司
万生 688	吉审稻 20180026	东丰县惠丰农资有限公司科农种子农药商场	乐优 190	豫审稻 20180005	创世纪种业有限公司等
旭粳 5	吉审稻 20180027	吉林东丰东旭农业有限公司	新农稻 5 号	豫审稻 20180006	河南省新农种业有限公司
金丰 188	吉审稻 20180028	梅河口市诚信种业有限责任公司等	新稻 89	豫审稻 20180007	河南省新乡市农业科学院
春阳 718	吉审稻 20180029	长春市农业科学院	中粳优 9313	豫审稻 20180008	中国种子集团有限公司
吉垦 1	吉审稻 20180030	辽源市农业科学院等	甬优 2640	豫审稻 20180009	宁波市种子有限公司
通粳 887	吉审稻 20180031	通化市农业科学研究院	新粳 4 号	新审稻 2018 年 01	新疆农业科学院核技术生物技术研究所等
吉农大 735	吉审稻 20180032	吉林农业大学等	新粳 5 号	新审稻 2018 年 02	新疆农业科学院核技术生物技术研究所等
吉大 788	吉审稻 20180033	吉林大学植物科学学院等	荃香优 1521	陕审稻 2018001	汉中市农业科学研究所等
吉农大 158	吉审稻 20180034	吉林农业大学	陕农优 229	陕审稻 2018002	汉中市农业科学研究所
九稻 86	吉审稻 20180035	吉林市农业科学院	盛优 145	陕审稻 2018003	安康市农业科学研究所等

（续表）

品种名称	审定编号	选育单位	品种名称	审定编号	选育单位
吉农大 853	吉审稻 20180036	吉林农业大学等	雅优 5808	陕审稻 2018004	四川泰隆农业科技有限公司等
通科 39	吉审稻 20180037	通化市农业科学研究院	内 6 优 294	陕审稻 2018005	四川农业大学水稻研究所等
吉科稻 518	吉审稻 20180038	吉林农业科技学院	禾优 1693	陕审稻 2018006	湖北惠民农业科技有限公司
吉粳 815	吉审稻 20180039	吉林省农业科学院			

附表 9　2018 年水稻新品种授权情况

品种权号	品种名称	品种权人	品种权号	品种名称	品种权人
授权日：2018-01-02					
CNA20080144.9	R225	海南省农业科学院粮食作物研究所	CNA20151565.4	龙粳 1424	黑龙江省农业科学院佳木斯水稻研究所、佳木斯龙粳种业有限公司
CNA20080144.9	R225	海南省农业科学院粮食作物研究所	CNA20151619.0	隆晶 4302A	袁隆平农业高科技股份有限公司、湖南隆平高科种业科学研究院有限公司
CNA20110822.9	广两优 1128	湖南杂交水稻研究中心、湖南隆平种业有限公司	CNA20151709.1	桂恢 110	广西壮族自治区农业科学院水稻研究所
CNA20130009.2	南粳 51	江苏省农业科学院	CNA20151774.1	建两优华占	湖南金健种业科技有限公司
CNA20130043.0	北国 1A	江苏北国之春农业科技有限公司	CNA20151777.8	金 28S	湖南金健种业科技有限公司
CNA20130067.1	北国 5A	江苏北国之春农业科技有限公司	CNA20151780.3	望两优 1150	湖南金健种业科技有限公司
CNA20130443.6	天禾 1S	安徽天禾农业科技股份有限公司	CNA20151781.2	广两优 143	湖南金健种业科技有限公司
CNA20130462.2	楚粳 39 号	楚雄彝族自治州农业科学研究推广所	CNA20151782.1	广两优 1150	湖南金健种业科技有限公司
CNA20130557.8	新丰 6 号	河南丰源种子有限公司	CNA20151784.9	德 S	湖南金健种业科技有限公司
CNA20130909.3	Q 恢 28	重庆中一种业有限公司、重庆市农业科学院	CNA20151831.2	中丰 S1	湖南农业大学、中国种子集团有限公司
CNA20130949.5	川优 6789	四川华丰种业有限责任公司	CNA20151832.1	中丰 S2	中国种子集团有限公司、湖南农业大学
CNA20131020.5	隆两优 1102	湖南隆平种业有限公司	CNA20151834.9	中香 28A	中国种子集团有限公司
CNA20131023.2	深两优 527	湖南隆平种业有限公司	CNA20151842.9	中种 1157	中国种子集团有限公司

（续表）

品种权号	品种名称	品种权人	品种权号	品种名称	品种权人
CNA20131070.4	W115S	湖南袁创超级稻技术有限公司	CNA20151927.7	创两优727	北京金色农华种业科技股份有限公司
CNA20131088.4	西科恢5816	西南科技大学	CNA20160019.7	隆粳680	国家粳稻工程技术研究中心、天津天隆科技股份有限公司
CNA20131090.0	锦优953	云南金瑞种业有限公司	CNA20160021.3	隆粳香88号	国家粳稻工程技术研究中心、天津天隆科技股份有限公司
CNA20131169.6	L39S	天津天隆科技股份有限公司	CNA20160437.1	R071	安徽省农业科学院水稻研究所
CNA20131170.3	L6S	天津天隆科技股份有限公司	CNA20160439.9	徽两优882	安徽荃银高科种业股份有限公司、安徽省农业科学院水稻研究所
CNA20131172.1	L6A	天津天隆科技股份有限公司	CNA20160729.8	新质恢1号	中国种子集团有限公司
CNA20131173.0	隆粳670	天津天隆科技股份有限公司	CNA20160730.5	中种芯2S	中国种子集团有限公司
CNA20131182.9	绥粳18	黑龙江省农业科学院绥化分院、黑龙江省龙科种业集团有限公司	CNA20160810.8	北粳3号	沈阳农业大学
CNA20131223.0	川恢907	四川省农业科学院生物技术核技术研究所	CNA20160811.7	北粳4号	沈阳农业大学
CNA20131264.0	湘两优3号	湖南年丰种业科技有限公司	CNA20160812.6	北粳5号	沈阳农业大学
CNA20131266.8	湘两优2号	湖南年丰种业科技有限公司	CNA20160813.5	北粳6号	沈阳农业大学
CNA20131267.7	湘两优143	湖南年丰种业科技有限公司	CNA20160814.4	北粳7号	沈阳农业大学
CNA20131269.5	众两优189	安徽嘉农种业有限公司	CNA20160815.3	华浙A	中国水稻研究所、浙江勿忘农种业股份有限公司
CNA20131270.2	峰两优938	安徽嘉农种业有限公司	CNA20160816.2	华浙2A	中国水稻研究所、浙江勿忘农种业股份有限公司
CNA20131501.9	隆两优华占	袁隆平农业高科技股份有限公司、中国水稻研究所、湖南亚华种业科学研究院	CNA20160817.1	华中1A	浙江勿忘农种业股份有限公司
CNA20131502.8	陵两优741	袁隆平农业高科技股份有限公司、湖南亚华种业科学研究院	CNA20160818.0	华中优1号	浙江勿忘农种业股份有限公司
CNA20131503.7	晶两优华占	袁隆平农业高科技股份有限公司、中国水稻研究所、湖南亚华种业科学研究院	CNA20160819.9	嘉67	浙江省嘉兴市农业科学研究院(所)、浙江勿忘农种业股份有限公司
CNA20140094.7	两优1318	武汉大学	CNA20160820.6	南粳5626	江苏省农业科学院

（续表）

品种权号	品种名称	品种权人	品种权号	品种名称	品种权人
CNA20140095.6	珞优 9348	武汉大学、武汉国英种业有限责任公司	CNA20160821.5	南粳 5758	江苏省农业科学院
CNA20140098.3	广两优 676	福建省农业科学院水稻研究所	CNA20160822.4	南粳 5826	江苏省农业科学院
CNA20140101.8	蜀恢 212	四川农大高科农业有限责任公司	CNA20160823.3	南粳 5854	江苏省农业科学院
CNA20140104.5	蜀恢 205	四川农大高科农业有限责任公司	CNA20160824.2	南粳 5923	江苏省农业科学院
CNA20140120.5	Y 两优 2010	湖南隆平种业有限公司	CNA20160828.8	桂 1082	广西壮族自治区农业科学院水稻研究所
CNA20140124.1	深两优 571	安徽喜多收种业科技有限公司	CNA20160829.7	惠泽 8 号	广西壮族自治区农业科学院水稻研究所
CNA20140125.0	深两优 841	湖南隆平种业有限公司	CNA20160843.9	恒达 A	福建省农业科学院水稻研究所
CNA20140130.3	宣两优 2010	湖南隆平种业有限公司	CNA20160844.8	福恢 212	福建省农业科学院水稻研究所
CNA20140136.7	福禄稻 2 号	凤阳金小岗农林科技产业发展有限公司	CNA20160845.7	富 3S	中国水稻研究所
CNA20140137.6	福禄稻 3 号	凤阳金小岗农林科技产业发展有限公司	CNA20160846.6	中恢 8012	中国水稻研究所
CNA20140138.5	福禄稻 4 号	凤阳金小岗农林科技产业发展有限公司	CNA20160847.5	203A	武汉大学
CNA20140148.3	广两优 916	信阳市农业科学院	CNA20160848.4	8109S	武汉大学
CNA20140183.9	深两优 865	江西科源种业有限公司	CNA20160849.3	川康 606A	四川省农业科学院作物研究所
CNA20140184.8	深两优 862	江苏明天种业科技股份有限公司、江西科为农作物研究所	CNA20160850.9	川 609A	四川省农业科学院作物研究所
CNA20140185.7	和两优 1 号	广西恒茂农业科技有限公司	CNA20160851.8	川优 5778	四川省农业科学院作物研究所
CNA20140199.1	R0861	北京金色农华种业科技股份有限公司	CNA20160852.7	川优 6778	四川省农业科学院作物研究所
CNA20140253.4	C 两优 298	江西先农种业有限公司	CNA20160883.0	垦早 5 号	湖南农业大学
CNA20140257.0	龙粳 58	黑龙江省农业科学院佳木斯水稻研究所、黑龙江省龙科种业集团有限公司	CNA20160884.9	帮早 408	湖南农业大学
CNA20140261.4	龙交 114569	黑龙江省农业科学院佳木斯水稻研究所、黑龙江省龙科种业集团有限公司	CNA20160885.8	帮晚 281	湖南农业大学

（续表）

品种权号	品种名称	品种权人	品种权号	品种名称	品种权人
CNA20140263.2	龙粳 56	黑龙江省农业科学院佳木斯水稻研究所、黑龙江省龙科种业集团有限公司	CNA20160886.7	帮晚 859	湖南农业大学
CNA20140268.7	强两优二号	安徽荃银欣隆种业有限公司	CNA20160887.6	盛泰优 997	湖南农业大学、湖南洞庭高科种业股份有限公司
CNA20140415.9	跃恢 1573	江西省超级水稻研究发展中心、江西汇丰源种业有限公司	CNA20160891.0	吉粳 303	吉林省农业科学院水稻研究所
CNA20140450.5	两优 98816	合肥信达高科农业科学研究所	CNA20160892.9	吉粳 515	吉林省农业科学院水稻研究所
CNA20140451.4	Y 两优 896	合肥信达高科农业科学研究所	CNA20160893.8	吉优 371	广东省金稻种业有限公司
CNA20140573.7	D080S	安徽隆平高科种业有限公司	CNA20160894.7	金稻糯 S	广东省金稻种业有限公司
CNA20140591.5	R828	浏阳市万礼长生物科技有限公司	CNA20160923.2	甬 06S	中国水稻研究所
CNA20140747.8	R220	湖北省农业科学院粮食作物研究所	CNA20160924.1	中 18S	中国水稻研究所
CNA20140788.8	云谷 1 号	云南省农业科学院粮食作物研究所	CNA20160925.0	中佳早 76	中国水稻研究所
CNA20140957.3	L06S	安徽省农业科学院水稻研究所	CNA20160926.9	C787	辽宁省水稻研究所
CNA20141029.5	AC3206	湖南隆平种业有限公司	CNA20160927.8	辽粳 433	辽宁省水稻研究所
CNA20141061.4	圣稻 678	山东省水稻研究所	CNA20160928.7	辽粳 1305	辽宁省水稻研究所
CNA20141062.3	圣稻 873	山东省水稻研究所	CNA20160960.6	两优 6375	安徽省农业科学院水稻研究所
CNA20141145.4	W4390	南京农业大学	CNA20160965.1	九香粘	江西省农业科学院
CNA20141157.9	徽两优 630	安徽省农业科学院水稻研究所	CNA20160971.3	鄂丰莹占	湖北省种子集团有限公司
CNA20141198.0	永丰 1134	合肥市永乐水稻研究所	CNA20160972.2	R399	湖北省种子集团有限公司
CNA20141204.0	隆优 3217	湖南隆平种业有限公司	CNA20160973.1	鄂优华占	湖北省种子集团有限公司
CNA20141217.7	简 S	湖南隆平种业有限公司	CNA20160974.0	泰优 332	湖北省种子集团有限公司、长沙中亿丰农业科技有限公司
CNA20141221.1	五丰优 7 号	湖南隆平种业有限公司	CNA20160976.8	广恢 208	广东省农业科学院水稻研究所

（续表）

品种权号	品种名称	品种权人	品种权号	品种名称	品种权人
CNA20141243.5	宁粳7号	南京农业大学	CNA20160977.7	广恢390	广东省农业科学院水稻研究所
CNA20141509.0	惠两优369	武汉惠华三农种业有限公司	CNA20160978.6	广恢736	广东省农业科学院水稻研究所
CNA20141561.9	中作稻3号	中国农业科学院作物科学研究所	CNA20160979.5	广恢3618	广东省农业科学院水稻研究所
CNA20141600.2	中佳早18	中国水稻研究所	CNA20160981.1	荣3A	广东省农业科学院水稻研究所
CNA20141603.9	陆两优17	中国水稻研究所、湖南亚华种业科学研究院	CNA20160984.8	早丰优33	北京金色农华种业科技股份有限公司
CNA20141628.0	中种芯2号	中国种子集团有限公司	CNA20160985.7	欣荣优33	北京金色农华种业科技股份有限公司
CNA20141690.3	吉粳301	吉林省农业科学院、吉林吉农水稻高新科技发展有限责任公司	CNA20160986.6	创两优259	北京金色农华种业科技股份有限公司
CNA20141758.2	隆两优1206	袁隆平农业高科技股份有限公司、湖南亚华种业科学研究院	CNA20160988.4	跃恢520	江西省超级水稻研究发展中心
CNA20141765.3	R19	天津天隆科技股份有限公司	CNA20160989.3	跃恢航1698	江西省超级水稻研究发展中心
CNA20141769.9	隆优649	天津天隆科技股份有限公司	CNA20160998.2	九优27占	安徽荃银高科种业股份有限公司
CNA20141770.6	隆优669	天津天隆科技股份有限公司	CNA20161002.4	荃两优华占	安徽荃银高科种业股份有限公司、中国水稻研究所
CNA20150078.6	徽两优898	安徽荃银高科种业股份有限公司、安徽省农业科学院水稻研究所	CNA20161003.3	中佳早19	安徽荃银高科种业股份有限公司、中国水稻研究所
CNA20150079.5	荃优丝苗	安徽荃银高科种业股份有限公司	CNA20161006.0	两优早17	湖南金健种业科技有限公司
CNA20150080.2	荃优华占	安徽荃银高科种业股份有限公司	CNA20161007.9	R1858	湖南金健种业科技有限公司
CNA20150081.1	荃优822	安徽荃银高科种业股份有限公司	CNA20161008.8	川华A	四川华丰种业有限责任公司
CNA20150082.0	YR596	安徽荃银高科种业股份有限公司	CNA20161009.7	中1优188	四川华丰种业有限责任公司
CNA20150119.7	天稻261	天津天隆科技股份有限公司	CNA20161031.9	丝占	广西恒茂农业科技有限公司
CNA20150120.4	隆粳71	天津天隆科技股份有限公司	CNA20161032.8	隆优丝占	广西恒茂农业科技有限公司
CNA20150121.3	隆18A	天津天隆科技股份有限公司	CNA20161033.7	恒优丝占	广西恒茂农业科技有限公司

（续表）

品种权号	品种名称	品种权人	品种权号	品种名称	品种权人
CNA20150122.2	隆粳24号	天津天隆科技股份有限公司	CNA20161034.6	早优丝占	广西恒茂农业科技有限公司
CNA20150168.7	金恢189	广东省金稻种业有限公司	CNA20161035.5	晶两优丝占	广西恒茂农业科技有限公司
CNA20150220.3	徽两优丝苗	安徽荃银高科种业股份有限公司、安徽省农业科学院水稻研究所、安徽省皖农种业有限公司	CNA20161041.7	C315	辽宁省水稻研究所
CNA20150260.4	隆粳852号	天津天隆科技股份有限公司	CNA20161042.6	C586	辽宁省水稻研究所
CNA20150323.9	T161S	安徽省农业科学院水稻研究所	CNA20161043.5	辽粳337	辽宁省水稻研究所
CNA20150324.8	T4012A	安徽省农业科学院水稻研究所	CNA20161044.4	云粳42号	云南省农业科学院粮食作物研究所
CNA20150468.4	龙生03010	佳木斯龙粳种业有限公司、黑龙江省农业科学院佳木斯水稻研究所	CNA20161045.3	云粳43号	云南省农业科学院粮食作物研究所
CNA20150470.0	龙生04021	佳木斯龙粳种业有限公司、黑龙江省农业科学院佳木斯水稻研究所	CNA20161098.9	隆晶优1号	湖南亚华种业科学研究院
CNA20150599.6	中种Z0021	中国种子集团有限公司	CNA20161100.5	锦4128S	湖南亚华种业科学研究院
CNA20150669.1	京粳1号	中国农业科学院作物科学研究所	CNA20161102.3	华恢641	湖南隆平高科种业科学研究院有限公司
CNA20151020.3	福恢7028	福建省农业科学院水稻研究所	CNA20161104.1	徽两优858	安徽省农业科学院水稻研究所
CNA20151021.2	福恢03	福建省农业科学院水稻研究所	CNA20161106.9	两优799	安徽省农业科学院水稻研究所
CNA20151022.1	福恢7011	福建省农业科学院水稻研究所	CNA20161211.1	R997	湖南杂交水稻研究中心
CNA20151096.2	中种芯1B	中国种子集团有限公司	CNA20161212.0	洪A	江西农业大学
CNA20151111.3	中种芯3R	中国种子集团有限公司	CNA20161213.9	昌恢891	江西农业大学
CNA20151345.1	EK1S	湖北省农业科学院粮食作物研究所	CNA20161215.7	华丰65A	江西现代种业股份有限公司
CNA20151349.7	明S	湖南杂交水稻研究中心	CNA20161279.0	煜两优22	湖南亚华种业科学研究院、中国水稻研究所、中国科学院遗传与发育生物学研究所、江西博大种业有限公司

（续表）

品种权号	品种名称	品种权人	品种权号	品种名称	品种权人
CNA20151562.7	龙交 08119	黑龙江省农业科学院佳木斯水稻研究所、佳木斯龙粳种业有限公司			
授权日：2018－04－23					
CNA20090494.0	稼禾 004 号	绥化市稼禾特种水稻研究所	CNA20151180.9	中旱 47	中国水稻研究所
CNA20100316.3	绿珠 1 号	五常市绿珠水稻原种场	CNA20151181.8	中旱 46	中国水稻研究所
CNA20130446.3	G38S	安徽天禾农业科技股份有限公司	CNA20151182.7	中恢 179	中国水稻研究所
CNA20131056.2	矮粳 15S	上海市浦东新区农业技术推广中心	CNA20151245.2	KX4149	安徽省农业科学院水稻研究所
CNA20140003.7	T01S	合肥龙研农业科技有限公司	CNA20151246.1	KX4049	安徽省农业科学院水稻研究所
CNA20140128.7	深优 9595	湖南隆平种业有限公司	CNA20151247.0	H4013	安徽省农业科学院水稻研究所
CNA20140152.6	龙占 11	北京金色农华种业科技股份有限公司	CNA20151273.7	徽两优 9348	北京金色农华种业科技股份有限公司
CNA20140255.2	圣黄香 1 号	山东省水稻研究所	CNA20151274.6	C 两优 727	北京金色农华种业科技股份有限公司
CNA20140256.1	圣香糯 1 号	山东省水稻研究所	CNA20151275.5	徽两优 958	北京金色农华种业科技股份有限公司
CNA20140267.8	亿 64S	安徽绿亿种业有限公司	CNA20151285.3	荃优 401	北京金色农华种业科技股份有限公司
CNA20140283.8	R662	江西惠农种业有限公司	CNA20151354.9	R1053	长沙奥林生物科技有限公司
CNA20140758.4	皖垦粳 1 号	安徽皖垦种业股份有限公司	CNA20151357.6	R8387	长沙奥林生物科技有限公司
CNA20140876.1	早籼 902	安徽省农业科学院水稻研究所	CNA20151521.7	R4667	北京未名凯拓作物设计中心有限公司
CNA20140884.1	创恢 911	湖南袁创超级稻技术有限公司	CNA20151612.7	GHY6	安徽省农业科学院水稻研究所
CNA20141000.8	禾源 02S	安徽禾泉种业有限公司	CNA20160980.2	广泰 A	广东省农业科学院水稻研究所
CNA20141034.8	两优 6919	宣城市农业科学研究所	CNA20162288.7	荃早优丝苗	安徽荃银高科种业股份有限公司
CNA20141069.6	P9382	安徽省农业科学院水稻研究所	CNA20162349.4	中两优华占	湖南农业大学
CNA20141070.3	R9727	安徽省农业科学院水稻研究所	CNA20162461.6	W0868	南京农业大学

（续表）

品种权号	品种名称	品种权人	品种权号	品种名称	品种权人
CNA20141199.9	隆两优 674	湖南隆平种业有限公司	CNA20170356.7	R901	湖南杂交水稻研究中心
CNA20141208.8	隆优 3206	湖南隆平种业有限公司	CNA20170357.6	R1574	湖南杂交水稻研究中心
CNA20141214.0	C两优 3206	湖南隆平种业有限公司	CNA20170358.5	R8007	湖南杂交水稻研究中心
CNA20141299.8	扬两优 900	湖南袁创超级稻技术有限公司	CNA20171020.1	美特占	江西农业大学
CNA20141301.4	红华 1A	安徽绿亿种业有限公司	CNA20171301.1	天隆优 518	江苏天隆科技有限公司
CNA20141302.3	红华 2A	安徽绿亿种业有限公司	CNA20171641.0	隆恢 2000	袁隆平农业高科技股份有限公司
CNA20141414.8	宁 84	宁波市农业科学研究院	CNA20171643.8	R687	袁隆平农业高科技股份有限公司
CNA20141475.4	金稻 800	天津市农作物研究所	CNA20171644.7	隆香优华占	袁隆平农业高科技股份有限公司
CNA20141479.0	5 优 280	天津市水稻研究所	CNA20171645.6	隆香 634A	袁隆平农业高科技股份有限公司
CNA20141489.8	钧香 A	湖南正隆农业科技有限公司	CNA20171646.5	隆香 634B	袁隆平农业高科技股份有限公司
CNA20141498.7	甬优 1540	宁波市种子有限公司	CNA20171647.4	韵 2013S	袁隆平农业高科技股份有限公司
CNA20141507.6	BCR131	创世纪种业有限公司	CNA20171648.3	宇 340S	袁隆平农业高科技股份有限公司
CNA20141508.5	BCR132	创世纪种业有限公司	CNA20171649.2	亚 43S	袁隆平农业高科技股份有限公司
CNA20141509.4	BCR151	创世纪种业有限公司	CNA20171650.8	R3248	袁隆平农业高科技股份有限公司
CNA20141581.5	泉恢 106	李小青	CNA20171651.7	R987	袁隆平农业高科技股份有限公司
CNA20141602.0	中佳早 98	中国水稻研究所	CNA20171653.5	陵两优 7713	袁隆平农业高科技股份有限公司
CNA20141626.2	中种 1014S	中国种子集团有限公司	CNA20171654.4	晶两优 1468	袁隆平农业高科技股份有限公司
CNA20141652.9	浙科 47S	浙江农科种业有限公司	CNA20171655.3	锦两优 1988	袁隆平农业高科技股份有限公司
CNA20141653.8	浙科 52S	浙江农科种业有限公司	CNA20171656.2	炳优 270	袁隆平农业高科技股份有限公司
CNA20141655.6	浙恢 562	浙江农科种业有限公司	CNA20171657.1	煜两优 415	袁隆平农业高科技股份有限公司

（续表）

品种权号	品种名称	品种权人	品种权号	品种名称	品种权人
CNA20141658.3	粤禾丝苗	广东省农业科学院水稻研究所	CNA20171658.0	隆两优 836	袁隆平农业高科技股份有限公司
CNA20141666.3	中种恢 0048	中国种子集团有限公司	CNA20171667.9	隆两优 1273	袁隆平农业高科技股份有限公司
CNA20141667.2	中种恢 0077	中国种子集团有限公司	CNA20171676.8	隆晶优华占	袁隆平农业高科技股份有限公司
CNA20141668.1	中种恢 0080	中国种子集团有限公司	CNA20171681.1	隆优 4945	袁隆平农业高科技股份有限公司
CNA20141669.0	中种恢 0081	中国种子集团有限公司	CNA20171686.6	陵两优 915	袁隆平农业高科技股份有限公司
CNA20141670.7	中种恢 0084	中国种子集团有限公司	CNA20171694.6	晶两优 836	袁隆平农业高科技股份有限公司
CNA20141671.6	上农粳 2 号	上海黄海农贸总公司	CNA20171696.4	深优 5113	袁隆平农业高科技股份有限公司
CNA20141673.4	南粳 23105	江苏省农业科学院	CNA20171698.2	中浙 2 优 12	中国水稻研究所
CNA20141674.3	苏垦 118	江苏省农业科学院	CNA20171700.8	华浙优 71	中国水稻研究所
CNA20141713.6	泰恢 1298	四川泰隆农业科技有限公司	CNA20171701.7	华浙优 1 号	中国水稻研究所
CNA20141718.1	炳优 98	四川泰隆农业科技有限公司	CNA20171702.6	恢 7	中国水稻研究所
CNA20141739.6	矮两优 6 号	安徽金山都农业发展有限公司	CNA20171703.5	华恢 71	中国水稻研究所
CNA20141745.8	D7420	合肥华韵生物技术研究所	CNA20171704.4	恢 1	中国水稻研究所
CNA20141756.4	晶两优 1125	袁隆平农业高科技股份有限公司	CNA20171705.3	华恢 12	中国水稻研究所
CNA20150001.8	糯 1A	湖南隆平种业有限公司	CNA20171706.2	桂恢 717	广西壮族自治区农业科学院水稻研究所
CNA20150002.7	隆 398A	湖南隆平种业有限公司	CNA20171707.1	桂恢 760	广西壮族自治区农业科学院水稻研究所
CNA20150029.6	YHR801	安徽荃银欣隆种业有限公司	CNA20171708.0	桂恢 780	广西壮族自治区农业科学院水稻研究所
CNA20150030.3	Ⅱ优 MR28	宣城市种植业局	CNA20171709.9	野抗 R171	广西壮族自治区农业科学院水稻研究所
CNA20150048.3	申粳 1205	上海市农业科学院	CNA20171710.6	野抗 R1	广西壮族自治区农业科学院水稻研究所
CNA20150052.6	扬粳 805	江苏里下河地区农业科学研究所	CNA20171711.5	桂恢 963	广西壮族自治区农业科学院水稻研究所

（续表）

品种权号	品种名称	品种权人	品种权号	品种名称	品种权人
CNA20150059.9	中冷 23	中国水稻研究所	CNA20171712.4	桂恢 581	广西壮族自治区农业科学院水稻研究所
CNA20150211.4	泰恢 2083	江苏红旗种业股份有限公司	CNA20171713.3	桂 3158	广西壮族自治区农业科学院水稻研究所
CNA20150212.3	泰恢 609	江苏红旗种业股份有限公司	CNA20171722.2	新泰 A	广东省农业科学院水稻研究所
CNA20150263.1	象牙香珍	湖南金稻种业有限公司	CNA20171723.1	广恢 1002	广东省农业科学院水稻研究所
CNA20150313.1	Ⅱ优 009	安徽省农业科学院水稻研究所	CNA20171724.0	广恢 2068	广东省农业科学院水稻研究所
CNA20150314.0	两优 669	安徽省农业科学院水稻研究所	CNA20171725.9	广恢 1008	广东省农业科学院水稻研究所
CNA20150339.1	瑞两优 1576	安徽国瑞种业有限公司	CNA20171726.8	吉丰 B	广东省农业科学院水稻研究所
CNA20150397.0	G 两优 1719	合肥国丰农业科技有限公司	CNA20171727.7	泰丰优 736	广东省农业科学院水稻研究所
CNA20150439.0	两优 2018	安徽袁粮水稻产业有限公司	CNA20171728.6	润 A	广东省农业科学院水稻研究所
CNA20150487.1	H153S	安徽省农业科学院水稻研究所	CNA20171729.5	五乡 A	广东省农业科学院水稻研究所
CNA20150488.0	赫敏 59	安徽省农业科学院水稻研究所	CNA20171730.2	中种黄润占	中国种子集团有限公司
CNA20150490.6	创优 736	安徽荃银种业科技有限公司	CNA20171731.1	中种 1302	中国种子集团有限公司
CNA20150494.2	湘优 269	安徽袁粮水稻产业有限公司	CNA20171732.0	中种 918	中国种子集团有限公司
CNA20150556.7	蜀鑫糯 337	合肥市友鑫生物技术研究中心	CNA20171733.9	中种芯 1S	中国种子集团有限公司
CNA20150557.6	国丰 8S	合肥国丰农业科技有限公司	CNA20171734.8	中种恢 90	中国种子集团有限公司
CNA20150569.2	益 51A	黄冈市农业科学院	CNA20171735.7	888S	中国种子集团有限公司
CNA20150576.3	台早 733	台州市农业科学研究院	CNA20171736.6	望恢 1068	湖南农业大学
CNA20150596.9	中种 Z0012	中国种子集团有限公司	CNA20171737.5	望恢 517	湖南农业大学
CNA20150597.8	中种 Z0014	中国种子集团有限公司	CNA20171738.4	望恢 1200	湖南农业大学
CNA20150603.0	中种 Z0050	中国种子集团有限公司	CNA20171739.3	YR929	安徽荃银高科种业股份有限公司

（续表）

品种权号	品种名称	品种权人	品种权号	品种名称	品种权人
CNA20150604.9	中种 YX0052	中国种子集团有限公司	CNA20171740.0	YR53213	安徽荃银高科种业股份有限公司
CNA20150605.8	中种 YX0053	中国种子集团有限公司	CNA20171741.9	荃恢 5 号	安徽荃银高科种业股份有限公司
CNA20150606.7	中种 YX0056	中国种子集团有限公司	CNA20171743.7	全 151S	安徽荃银高科种业股份有限公司
CNA20150614.7	金丰 S	北京金色农华种业科技股份有限公司	CNA20171744.6	荃粳 1A	安徽荃银高科种业股份有限公司
CNA20150639.8	申优 17	上海市农业科学院	CNA20171745.5	荃香优丝苗	安徽荃银高科种业股份有限公司
CNA20150640.5	申武 1A	上海市农业科学院	CNA20171746.4	荃香优华占	安徽荃银高科种业股份有限公司
CNA20150646.9	12h293	湖南农业大学	CNA20171747.3	康 53S	江西现代种业股份有限公司
CNA20150647.8	13h590	中国种子集团有限公司	CNA20171748.2	秀 73S	江西现代种业股份有限公司
CNA20150648.7	12H336	中国种子集团有限公司	CNA20171749.1	科恢 773	江西省超级水稻研究发展中心
CNA20150659.3	优糖稻 2 号	上海市农业科学院	CNA20171750.7	科恢 5146	江西省超级水稻研究发展中心
CNA20150802.9	旱恢 57 号	上海市农业生物基因中心	CNA20171751.6	泰优航 1573	江西省超级水稻研究发展中心
CNA20150803.8	旱恢 61 号	上海市农业生物基因中心	CNA20171753.4	富美占	广西恒茂农业科技有限公司
CNA20150804.7	旱恢 63 号	上海市农业生物基因中心	CNA20171754.3	浙粳优 1578	浙江省农业科学院
CNA20150805.6	旱恢 73 号	上海市农业生物基因中心	CNA20171756.1	粳优 653	辽宁省水稻研究所
CNA20150806.5	旱恢 75 号	上海市农业生物基因中心	CNA20171784.7	Y 两优 358	江苏天隆科技有限公司
CNA20150807.4	沪旱 103 号	上海市农业生物基因中心	CNA20171842.7	雨两优 471	湖南金健种业科技有限公司
CNA20150860.8	渔稻 2 号	浙江大学	CNA20172030.7	丰占	中国水稻研究所
CNA20150881.3	旱恢 59 号	上海市农业生物基因中心	CNA20172031.6	新占	中国水稻研究所
CNA20150883.1	旱恢 77 号	上海市农业生物基因中心	CNA20172032.5	富 5S	中国水稻研究所
CNA20150890.2	金穗 128	湖南省水稻研究所	CNA20172165.4	辽 99A	辽宁省水稻研究所

（续表）

品种权号	品种名称	品种权人	品种权号	品种名称	品种权人
CNA20150895.7	国恢 1 号	合肥国丰农业科技有限公司	CNA20172169.0	C397	辽宁省水稻研究所
CNA20150896.6	国恢 2 号	合肥国丰农业科技有限公司	CNA20172292.0	京粳 2 号	中国农业科学院作物科学研究所
CNA20150897.5	国恢 3 号	合肥国丰农业科技有限公司	CNA20172339.5	红优 3348	武汉大学
CNA20150898.4	国恢 5 号	合肥国丰农业科技有限公司	CNA20172340.2	WD915S	武汉大学
CNA20150899.3	国恢 101	合肥国丰农业科技有限公司	CNA20172341.1	两优 8341	武汉大学
CNA20150982.1	红 4A	江西红一种业科技股份有限公司	CNA20172453.5	福恢 7076	福建省农业科学院水稻研究所
CNA20151070.2	早秀 28	浙江省嘉兴市农业科学研究院（所）			

授权日：2018－07－20

品种权号	品种名称	品种权人	品种权号	品种名称	品种权人
CNA20090154.1	越光籽 4 号	本田技研工业株式会社	CNA20150537.1	川 106B	四川省农业科学院作物研究所
CNA20120199.3	华润 2 号	湖北省农业科学院粮食作物研究所	CNA20150545.1	Y 两优 800	湖南袁创超级稻技术有限公司
CNA20121182.0	粤恢 9802	广东省农业科学院植物保护研究所	CNA20150552.1	创恢 957	湖南袁创超级稻技术有限公司
CNA20130632.7	龙稻 18	黑龙江省农业科学院耕作栽培研究所	CNA20150553.0	创恢 17	湖南袁创超级稻技术有限公司
CNA20131116.0	创两优华占	北京金色农华种业科技股份有限公司	CNA20150562.9	农香 26	湖南省水稻研究所
CNA20140061.6	仁 5A	萍乡市农业科学研究所	CNA20150564.7	R47	湖南省水稻研究所
CNA20140557.7	吉宏 6	吉林市宏业种子有限公司	CNA20150575.4	旌 2A	四川省农业科学院水稻高粱研究所
CNA20140897.6	耀丰 A	北流市良农种业有限公司	CNA20150635.2	启元 S	江西兴安种业有限公司
CNA20141122.1	R8977	张志程	CNA20150636.1	川 345B	四川省农业科学院作物研究所
CNA20141124.9	R9835	张志程	CNA20150638.9	川绿 389B	四川省农业科学院作物研究所
CNA20141312.1	农香 24	湖南省水稻研究所	CNA20150658.4	优糖稻 3 号	上海市农业科学院
CNA20141412.0	卓 A	广东天弘种业有限公司	CNA20150690.4	华恢 235	华南农业大学
CNA20141413.9	弘恢 3088	CNA20141413.9	CNA20150691.3	G 南珍 A	华南农业大学

（续表）

品种权号	品种名称	品种权人	品种权号	品种名称	品种权人
CNA20141424.6	千香糯	朱小秋	CNA20150692.2	G华珍A	华南农业大学
CNA20141451.2	赣929	江西省农业科学院水稻研究所	CNA20150812.7	皖16S	安徽省农业科学院水稻研究所
CNA20141453.0	珍96S	华南农业大学	CNA20150819.0	谷优157	中国种子集团有限公司
CNA20141488.9	泸6B	四川省农业科学院水稻高粱研究所	CNA20150877.9	潭原优4903	湘潭市原种场
CNA20141490.5	卓69A	湖南正隆农业科技有限公司	CNA20150878.8	潭原优0845	湘潭市原种场
CNA20141533.4	桂恢663	广西壮族自治区农业科学院水稻研究所	CNA20150918.0	创宇9号	长沙大禾科技开发中心
CNA20141541.4	桂582	广西壮族自治区农业科学院水稻研究所	CNA20151093.5	中种芯3B	中国种子集团有限公司
CNA20141578.0	复H59	江汉大学	CNA20151094.4	中种芯2B	中国种子集团有限公司
CNA20141638.8	正茂丝苗1号	广东正茂农业科技有限公司	CNA20151095.3	中种芯1R	中国种子集团有限公司
CNA20141639.7	正茂长粘1号	广东正茂农业科技有限公司	CNA20151185.4	创5S	湖南农业大学
CNA20141640.4	正茂长粘2号	广东正茂农业科技有限公司	CNA20151186.3	耘9S	湖南农业大学
CNA20141641.3	正茂丝苗2号	广东正茂农业科技有限公司	CNA20151207.8	马泰A	南昌市康谷农业科技有限公司
CNA20141642.2	正茂香占2号	广东正茂农业科技有限公司	CNA20151212.1	Z236S	湖南农业大学
CNA20141646.8	正茂兰花稻	广东正茂农业科技有限公司	CNA20151228.3	明恢164	三明市农业科学研究院
CNA20141647.7	正茂莲花稻	广东正茂农业科技有限公司	CNA20151229.2	明恢829	三明市农业科学研究院
CNA20141648.6	正茂桃花稻	广东正茂农业科技有限公司	CNA20151239.0	桃优香占	桃源县农业科学研究所
CNA20141685.0	中农01S	江西现代种业股份有限公司	CNA20151269.3	耐德1号	广西耐德农业科技开发有限公司
CNA20141687.8	绵恢138	绵阳市农业科学研究院	CNA20151302.2	青丰一号A	海南波莲水稻基因科技有限公司
CNA20141689.6	绵53A	绵阳市农业科学研究院	CNA20151325.5	T108S	福建建瓯市旺福种业有限公司
CNA20141724.3	泰恢199	四川泰隆农业科技有限公司	CNA20151360.1	中香黄占	海南波莲水稻基因科技有限公司

（续表）

品种权号	品种名称	品种权人	品种权号	品种名称	品种权人
CNA20141751.9	竹稻1号	广东竹稻农业科技有限公司	CNA20151437.0	福恢202	福建省农业科学院水稻研究所
CNA20141755.5	华香优69	袁隆平农业高科技股份有限公司	CNA20151438.9	福恢919	福建省农业科学院水稻研究所
CNA20150044.7	达恢3663	达州市农业科学研究所	CNA20151445.0	陆A	厦门大学
CNA20150123.1	辐稻667	湖南省核农学与航天育种研究所	CNA20151458.4	中益1949	湖南中益仁种业股份有限公司
CNA20150124.0	辐稻680	湖南省核农学与航天育种研究所	CNA20151466.4	粤莉占	广东省农业科学院水稻研究所
CNA20150134.8	中种恢2877	中国种子集团有限公司	CNA20151520.8	师两优6767	北京未名凯拓作物设计中心有限公司
CNA20150160.5	桃农1A	桃源县农业科学研究所	CNA20151608.3	新桂16号	杨立坚
CNA20150169.6	龙丰A	广西壮族自治区农业科学院水稻研究所	CNA20151767.0	中种芯5B	中国种子集团有限公司
CNA20150192.7	花2优3301	福建农林大学	CNA20151768.9	中种芯6B	中国种子集团有限公司
CNA20150193.6	M20A	福建农林大学	CNA20151833.0	中丰S3	中国种子集团有限公司
CNA20150283.7	泰恢309	江苏红旗种业股份有限公司	CNA20152018.5	乾S	广西恒茂农业科技有限公司
CNA20150295.3	五优028	北京金色农华种业科技股份有限公司	CNA20162164.6	金稻1302	江苏金色农业科技发展有限公司
CNA20150352.3	泰优390	湖南金稻种业有限公司	CNA20170536.0	早糯5号	宣城市农业技术试验中心
CNA20150353.2	广8优199	湖南金稻种业有限公司	CNA20172290.2	XR868	安徽喜多收种业科技有限公司
授权日：2018－11－08					
CNA20130585.4	G69S	合肥国丰农业科技有限公司	CNA20141679.8	通禾859	通化市农业科学研究院
CNA20130624.7	德两优1103	德农种业股份公司	CNA20141680.5	通禾858	通化市农业科学研究院
CNA20130970.7	锦303A	云南金瑞种业有限公司	CNA20141681.4	通禾99	通化市农业科学研究院
CNA20131091.9	锦优956	云南金瑞种业有限公司	CNA20141684.1	武运粳32号	江苏（武进）水稻研究所
CNA20131171.2	L62S	天津天隆科技股份有限公司	CNA20141688.7	绵优3523	绵阳市农业科学研究院
CNA20140318.7	桂禾丰	广西壮族自治区农业科学院水稻研究所	CNA20141692.1	吉粳113	吉林省农业科学院

（续表）

品种权号	品种名称	品种权人
CNA20140340.9	百绿海籼01	深圳市百绿生物科技有限公司
CNA20140383.7	龙粳54	黑龙江省农业科学院佳木斯水稻研究所
CNA20140428.4	宛粳096	南阳市农业科学院
CNA20140526.5	淮稻14号	江苏徐淮地区淮阴农业科学研究所
CNA20140527.4	淮香粳15号	江苏徐淮地区淮阴农业科学研究所
CNA20140574.6	垦粳5号	北大荒垦丰种业股份有限公司
CNA20140638.0	豪两优996	安徽国豪农业科技有限公司
CNA20140647.9	宁恢9号	江苏省农业科学院
CNA20140956.4	RPE3S	安徽省农业科学院水稻研究所
CNA20140980.4	创恢977	湖南袁创超级稻技术有限公司
CNA20140994.8	富合2号	黑龙江省农业科学院佳木斯分院
CNA20141024.0	R886	湖南隆平种业有限公司
CNA20141025.9	R1110	湖南隆平种业有限公司
CNA20141033.9	创两优70122	袁隆平农业高科技股份有限公司
CNA20141039.3	苏香粳100	江苏太湖地区农业科学研究所
CNA20141108.9	文稻11号	文山壮族苗族自治州农业科学院
CNA20141207.9	隆香优3117	湖南隆平种业有限公司
CNA20141216.8	隆香优7号	湖南隆平种业有限公司
CNA20141260.3	XM307	宁夏钧凯种业有限公司
CNA20141354.0	农香32	湖南省水稻研究所
CNA20141714.5	和两优143	四川泰隆农业科技有限公司
CNA20141715.4	川香优199	四川泰隆农业科技有限公司
CNA20141719.0	深两优523	四川泰隆农业科技有限公司
CNA20141727.0	T优199	四川泰隆农业科技有限公司
CNA20141728.9	深两优华航31	四川泰隆农业科技有限公司
CNA20141738.7	富粳1号	安徽省创富种业有限公司
CNA20141744.9	DF24	合肥华韵生物技术研究所
CNA20141746.7	华韵粳1号	合肥华韵生物技术研究所
CNA20141754.6	C两优248	湖南亚华种业科学研究院
CNA20141762.6	L1S	国家粳稻工程技术研究中心
CNA20141763.5	隆1A	天津天隆科技股份有限公司
CNA20141766.2	天稻119	国家粳稻工程技术研究中心
CNA20141768.0	隆粳8号	国家粳稻工程技术研究中心
CNA20141771.5	隆粳40号	天津天隆科技股份有限公司
CNA20141772.4	隆粳868号	天津天隆科技股份有限公司
CNA20150003.6	哈12563	黑龙江省农业科学院耕作栽培研究所
CNA20150085.7	R475	湖南恒德种业科技有限公司
CNA20150087.5	贺优328	湖南恒德种业科技有限公司
CNA20150113.3	绥粳21	黑龙江省农业科学院绥化分院
CNA20150114.2	绥粳20	黑龙江省农业科学院绥化分院

（续表）

品种权号	品种名称	品种权人	品种权号	品种名称	品种权人
CNA20141379.1	旱稻906	安徽皖垦种业股份有限公司	CNA20150115.1	绥粳28	黑龙江省农业科学院绥化分院
CNA20141397.9	宁206S	江苏省农业科学院	CNA20150116.0	天稻320	天津天隆科技股份有限公司
CNA20141398.8	宁207S	江苏省农业科学院	CNA20150136.6	圣020	山东省水稻研究所
CNA20141399.7	Y两优832	江苏丘陵地区镇江农业科学研究所	CNA20150137.5	圣稻027	山东省水稻研究所
CNA20141400.4	镇籼优146	江苏丘陵地区镇江农业科学研究所	CNA20150138.4	圣香802	山东省水稻研究所
CNA20141401.3	镇恢82	江苏丘陵地区镇江农业科学研究所	CNA20150154.3	阳光800	郯城县种子公司
CNA20141452.1	甬优4949	宁波市种子有限公司	CNA20150165.0	新稻69	河南省新乡市农业科学院
CNA20141476.3	金粳818	天津市水稻研究所	CNA20150167.8	新科稻29	河南省新乡市农业科学院
CNA20141478.1	金粳优11号	天津市水稻研究所	CNA20150209.8	莲育06124	黑龙江省莲江口种子有限公司
CNA20141486.1	泸恢22	四川省农业科学院水稻高粱研究所	CNA20150218.7	两优766	安徽省农业科学院水稻研究所
CNA20141487.0	泸恢828	四川省农业科学院水稻高粱研究所	CNA20150221.2	绥129287	黑龙江省农业科学院绥化分院
CNA20141495.0	品两优295	福建农林大学	CNA20150224.9	新两优998	安徽省农业科学院水稻研究所
CNA20141503.0	创9A	创世纪种业有限公司	CNA20150225.8	隆科16号	保山市隆阳区农业技术推广所
CNA20141504.9	创优31	创世纪种业有限公司	CNA20150322.0	莲育093252	黑龙江省莲江口种子有限公司
CNA20141505.8	创优32	创世纪种业有限公司	CNA20151271.9	荃优粤农丝苗	北京金色农华种业科技股份有限公司
CNA20141506.7	创优41	创世纪种业有限公司	CNA20161001.5	荃优527	安徽荃银高科种业股份有限公司
CNA20141536.1	K70s	柯　箫	CNA20161443.1	C两优113	江苏瑞华农业科技有限公司
CNA20141537.0	K75s	柯　箫	CNA20162006.8	早籼310	芜湖青弋江种业有限公司
CNA20141542.3	金粳优132	天津市水稻研究所	CNA20162025.5	泰优647	江苏红旗种业股份有限公司
CNA20141548.7	西科恢768	西南科技大学	CNA20170113.1	绥粳26	黑龙江省农业科学院绥化分院

（续表）

品种权号	品种名称	品种权人	品种权号	品种名称	品种权人
CNA20141556.6	早籼 009	安徽省农业科学院水稻研究所	CNA20170114.0	绥粳 25	黑龙江省农业科学院绥化分院
CNA20141562.8	R8117	湖南杂交水稻研究中心	CNA20170118.6	绥粳 29	黑龙江省农业科学院绥化分院
CNA20141601.1	中佳早 20	中国水稻研究所	CNA20170313.9	绥 11151	黑龙江省农业科学院绥化分院
CNA20141606.6	松峰 899	吉林市宏业种子有限公司	CNA20170540.4	明糯 1332	江苏明天种业科技股份有限公司
CNA20141618.2	中种 165	中国种子集团有限公司	CNA20171429.8	宏科 181	高玉森
CNA20141619.1	中种 446	中国种子集团有限公司	CNA20171430.5	宏科 185	高玉森
CNA20141620.8	中种 623	中国种子集团有限公司	CNA20171678.6	隆两优 1353	袁隆平农业高科技股份有限公司
CNA20141622.6	中种恢 181	中国种子集团有限公司	CNA20171680.2	晶两优 1212	袁隆平农业高科技股份有限公司
CNA20141623.5	中种恢 362	中国种子集团有限公司	CNA20171688.4	隆晶优 1212	袁隆平农业高科技股份有限公司
CNA20141624.4	中种 1038A	中国种子集团有限公司	CNA20171695.5	隆两优 1125	袁隆平农业高科技股份有限公司
CNA20141625.3	中种恢 9313	中国种子集团有限公司	CNA20171718.8	宁籼优 42	江苏省农业科学院
CNA20141627.1	中种 1023S	中国种子集团有限公司	CNA20171840.9	N 两优 1133	湖南金健种业科技有限公司
CNA20141651.0	浙科 17S	浙江农科种业有限公司	CNA20173010.9	广两优 867	湖南桃花源农业科技股份有限公司
CNA20141654.7	浙科 82S	浙江农科种业有限公司	CNA20173033.2	源两优 1562	湖南桃花源农业科技股份有限公司
CNA20141672.5	6 两优 8 号	江苏省农业科学院	CNA20173349.1	N 两优 1998	安徽新安种业有限公司
CNA20141678.9	通禾 867	通化市农业科学研究院			
以下品种的品种权已终止					
CNA20010186.2	丰源 A	湖南杂交水稻研究中心	CNA20120042.2	紫兴 101	无锡求是生物农业有限公司、浙江大学、浙江省嘉兴市农业科学研究院（所）
CNA20010217.6	先恢 207	湖南隆平种业有限公司	CNA20120043.1	紫兴 111	无锡求是生物农业有限公司、浙江大学、浙江省嘉兴市农业科学研究院（所）

（续表）

品种权号	品种名称	品种权人	品种权号	品种名称	品种权人
CNA20030547.6	W001	南京农业大学	CNA20120071.6	G569	贵州省水稻研究所
CNA20040132.7	富优1号	四川中正科技种业有限公司	CNA20120136.9	嘉66	浙江省嘉兴市农业科学研究院(所)
CNA20040279.X	桂649	广西壮族自治区农业科学院水稻研究所	CNA20000063.2	盐恢559	江苏沿海地区农业科学研究所
CNA20040591.8	Y11S	杨振玉，北京金色农华种业科技有限公司	CNA20000105.1	K17A	四川省农业科学院、四川省农业科学院水稻高粱研究所
CNA20040654.X	F3020	四川省嘉陵农作物品种研究中心	CNA20010143.9	冈优1577	宜宾市农业科学研究所
CNA20040655.8	F3018	四川省嘉陵农作物品种研究中心	CNA20010144.7	宜恢1577	宜宾市农业科学研究所
CNA20040656.6	F3027	四川省嘉陵农作物品种研究中心	CNA20010145.5	宜恢3551	宜宾市农业科学研究所
CNA20050264.6	645A	湖南金健种业有限责任公司、常德市农业科学研究所	CNA20010146.3	冈优3551	宜宾市农业科学研究所
CNA20050268.9	R6602	广西桂穗种业有限公司	CNA20010174.9	扬两优6号	江苏里下河地区农业科学研究所
CNA20050288.3	Ⅱ优107	南京农业大学	CNA20010210.9	绵5A	绵阳市农业科学研究所、四川国豪种业股份有限公司
CNA20060068.0	丽粳314	丽江市农业科学研究所	CNA20010211.7	Ⅲ优98	中国种子集团公司、三井化学株式会社
CNA20060243.8	协优107	南京农业大学	CNA20030261.2	玉香A	湖南杂交水稻研究中心、湖南隆平种业有限公司
CNA20060835.5	嘉恢30	浙江省嘉兴市农业科学研究院（所）福州纳科农作物育种研究所	CNA20050681.1	版纳21号	西双版纳傣族自治州农业科学研究所
CNA20070601.2	两优6393	南京神州种业有限公司	CNA20100019.3	榆杂34	云南汉和科技发展有限公司
CNA20080132.5	合系42A	云南农业大学	CNA20100019.3	榆杂34	云南汉和科技发展有限公司
CNA20080736.6	国豪国香8号	绵阳市农业科学研究院、四川国豪种业股份有限公司	CNA20100080.7	滇优7号	云南汉和科技发展有限公司
CNA20090257.7	赣农旱稻1号	江西农业大学	CNA20110973.6	容恢590	容县种子公司
CNA20090610.9	芳A	广西壮族自治区种子公司	CNA20020148.4	盐稻8号	江苏沿海地区农业科学研究所
CNA20090666.2	容恢9846	容县种子公司	CNA20100557.1	植A	中国科学院华南植物园

（续表）

品种权号	品种名称	品种权人	品种权号	品种名称	品种权人
CNA20090905.3	R599	湖南农业大学	CNA20101165.3	钦恢 1167	钦州市农业科学研究所
CNA20100240.4	通科 18	通化市农业科学研究院	CNA20110511.5	植优 523	中国科学院华南植物园
CNA20100509.0	孝早糯 08	孝感市农业科学研究所	CNA20120003.9	沈稻 11	沈阳农业大学
CNA20100914.9	吉粳 108	吉林省农业科学院水稻研究所	CNA20120004.8	沈稻 47	沈阳农业大学
CNA20100968.4	绵恢 662	绵阳市农业科学研究院	CNA20120618.6	川谷 A	四川农业大学
CNA20100969.3	绵优 616	绵阳市农业科学研究院	CNA20010018.1	Y 华农 A	华南农业大学
CNA20101161.7	R9323	中国科学院遗传与发育生物学研究所、陵水稼和生物技术有限公司	CNA20010109.9	金优 725	绵阳市农业科学研究所、四川国豪种业股份有限公司
CNA20101163.5	明恢 23	中国科学院遗传与发育生物学研究所、陵水稼和生物技术有限公司	CNA20010141.2	宜香优 1577	宜宾市农业科学研究所
CNA20110031.6	云资粳 41	云南省农业科学院生物技术与种质资源研究所	CNA20010159.5	中浙 A	中国水稻研究所、浙江省杂交水稻种业有限公司
CNA20110034.3	云资籼 44	云南省农业科学院生物技术与种质资源研究所	CNA20000098.5	明恢 86	福建省三明市农业科学研究所
CNA20110121.7	岫粳 16 号	保山市农业科学研究所	CNA20010090.4	宜香 1A	宜宾市农业科学研究所
CNA20110831.8	鄂荆 CI 稻	荆门市珍珠养殖研究所 荆门鄂荆四不像种植农民专业合作社、西双版纳鄂荆四不像繁殖农民专业合作社	CNA20020030.5	川香优 2 号	四川省农业科学院、四川省农业科学院作物研究所
CNA20110942.4	绵恢 9939	绵阳市农业科学研究院	CNA20020128.X	丰两优一号	合肥丰乐种业股份有限公司
CNA20110978.1	R101	江西省农业科学院水稻研究所	CNA20020129.8	中 9 优 838 选	中国水稻研究所、合肥丰乐种业股份有限公司
CNA20111211.6	深优 9789	深圳市兆农农业科技有限公司	CNA20020147.6	盐稻 7 号	江苏沿海地区农业科学研究所
CNA20111215.2	天优 2180	中国水稻研究所、广东省农业科学院水稻研究所、德农正成种业有限公司	CNA20020190.5	明恢 100	福建省三明市农业科学研究所
CNA20120041.3	紫兴 113	无锡求是生物农业有限公司、浙江大学、浙江省嘉兴市农业科学研究院（所）	CNA20020270.7	宜香 725	绵阳市农业科学研究所、四川国豪种业股份有限公司

注：来源于农业农村部科技发展中心《品种权授权公告》《品种权事务公告》（2018 年）。